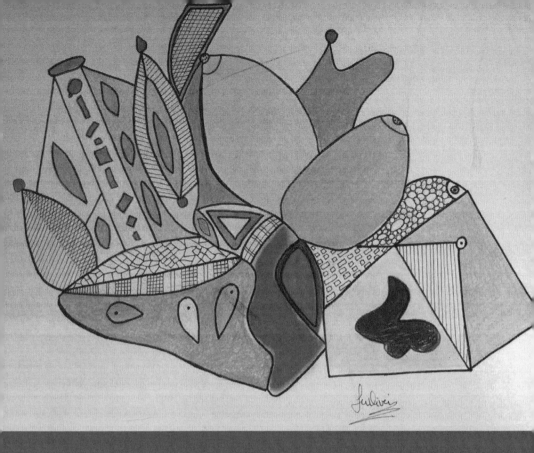

TEORIA GERAL DOS
COMPLEXOS

IMAGENS, ESTEREÓTIPOS E OBSTÁCULOS

LUZIA BATISTA DE OLIVEIRA SILVA

TEORIA GERAL DOS COMPLEXOS:

IMAGENS, ESTEREÓTIPOS E OBSTÁCULOS

Segunda edição, revista e atualizada

2023

Copyright © 2023 Luzia Batista de Oliveira Silva
1ª Edição

Direção editorial: José Roberto Marinho

Capa: Fabrício Ribeiro
Projeto gráfico e diagramação: Fabrício Ribeiro
Imagem da capa: a autora

Edição revisada segundo o Novo Acordo Ortográfico da Língua Portuguesa

Dados Internacionais de Catalogação na publicação (CIP)
(Câmara Brasileira do Livro, SP, Brasil)

Silva, Luzia Batista de Oliveira
Teoria geral dos complexos: imagens, estereótipose obstáculos / Luzia Batista de Oliveira Silva. – 2. ed. – São Paulo: Livraria da Física, 2023.

Bibliografia.
ISBN 978-65-5563-335-1

1. Complexos (Psicologia) 2. Interpretação psicanalítica 3. Psicologia I. Título.

23-157098 CDD-154.24

Índices para catálogo sistemático:
1. Complexos: Psicologia 154.24

Eliane de Freitas Leite - Bibliotecária - CRB 8/8415

Todos os direitos reservados. Nenhuma parte desta obra poderá ser reproduzida sejam quais forem os meios empregados sem a permissão da Editora.
Aos infratores aplicam-se as sanções previstas nos artigos 102, 104, 106 e 107 da Lei Nº 9.610, de 19 de fevereiro de 1998

Editora Livraria da Física
www.livrariadafisica.com.br
(11) 3815-8688 | Loja do Instituto de Física da USP
(11) 3936-3413 | Editora

"Se déssemos mais importância à imaginação,
veríamos muitos falsos problemas psicológicos esclarecidos"
(Gaston BACHELARD, *O ar e os sonhos*, 1990, p. 65)

Aos amores da minha vida - meu filho
Dante e meu companheiro Décio.
Ao Prof. Dr. Edgar de Assis Carvalho,
supervisor dessa pesquisa, por sua amizade, generosidade e eterna gratidão.
Aos amigos que a vida me presenteou:
gratidão e obrigada por fazerem parte
da minha vida.

À Maryvonne Pierrot (*in memoria*),
gratidão pela recepção em Dijon-FR e
por sua generosidade na avaliação dessa
pesquisa.

Ao Programa de Estudos Pós-
Graduados em Ciências Sociais –
PEPG em Ciências Sociais – PUC-SP.
À UNB – Université de Bourgogne –
Dijon-FR; o *Centre Gaston Bachelard*
– Dijon-FR e a AIGB – *L`Association
Internationale Gaston Bachelard*
– Dijon-FR.

SUMÁRIO

PREFÁCIO I 21

PREFÁCIO II 23

INTRODUÇÃO 27

**PARTE 1 – CONCEITOS, CARACTERÍSTICAS
E VARIAÇÕES DOS COMPLEXOS** 39

PARTE 2 – ELENCO DOS COMPLEXOS 59

1. COMPLEXO AFETIVO 59

2. COMPLEXO AGRONULAR DA MUTILAÇÃO 60

3. COMPLEXO AMBÍGUO DA CLAUSTRAÇÃO 61

4. COMPLEXO ANAL MANIFESTO 63

5. COMPLEXO ANAL REPRIMIDO 65

6. COMPLEXOS ANTROPOCÓSMICOS 66

7. COMPLEXO ASTROBIOLÓGICO 69

8. COMPLEXO CRIATIVO 70

9. COMPLEXOS CULTURAIS 72

10. COMPLEXO DA ÁGUIA 73

12. COMPLEXO DA ÉTICA 75

13. COMPLEXO DA FADA DO SONO 76

14. COMPLEXO DA FONTE DE JUVENTA 77

15. COMPLEXO DA FORÇA E DA DESTREZA 78

16. COMPLEXO DA FORÇA FÍSICA 79

17. COMPLEXO DA FRONTE 82

18. COMPLEXO DA FRONTE PENSATIVA 83

19. COMPLEXO DA INTRUSÃO 85

20. COMPLEXO DA LOBA 86

21. COMPLEXO DA MEMÓRIA E DA IMAGINAÇÃO 88

22. COMPLEXO DA PURIFICAÇÃO 89

23. COMPLEXO DA SERPENTE - DA IMAGINAÇÃO 90

24. COMPLEXO DA VIDA AÉREA 92

25. COMPLEXO DA VIDA ANIMAL 93

26. COMPLEXO DA VIDA MARINHA 94

27. COMPLEXO DAS CHAMAS DO INFERNO 97

28. COMPLEXO DE ADÃO 98

29. COMPLEXO DE ADÔNIS 99

30. COMPLEXO DE ALEXANDRE O GRANDE 103

31. COMPLEXO DE ALTURA 106

32. COMPLEXO DE ALTURA DE SARKOZY 107

33. COMPLEXO DE AMÉLIA 109

34. COMPLEXOS DE ANGÚSTIA DOS NEURÓTICOS
COMPULSIVOS 113

35. COMPLEXO DE ANJO 113

36. COMPLEXO DE ANTEU 114

35. COMPLEXO DE ANTICRISTO I 117

36. COMPLEXO DE ANTICRISTO II -
ETICISMO IDEOLÓGICO 118

37. COMPLEXO DE ANTÍGONA 119

38. COMPLEXO DE ASMA 122

39. COMPLEXO DE ASTARTE 124

40. COMPLEXO DE ATLÂNTIDA 125

41. COMPLEXO DE ATLAS - COMPLEXOS DE HÉRCULES 127

42. COMPLEXO DE AXL 129

43. COMPLEXO DE BARRABÁS 130

42. COMPLEXO DE BIA FALCÃO 132

43. COMPLEXO DE BODE EXPIATÓRIO 132

44. COMPLEXO DE BRANCO SALVADOR 139

45. COMPLEXO DE CABRAL 140

46. COMPLEXO DE CACHORRO..141

47. COMPLEXO DE CAIM 143

48. COMPLEXO DE CALOR E FRESCURA 143

49. COMPLEXO DE CARCARÁ 145

50. COMPLEXO DE CARONTE 146

51. COMPLEXO DE CARRIE 147

52. COMPLEXO DE CASA GRANDE 148

53. COMPLEXO DE CASCÃO..150

54. COMPLEXO DE CASANOVA 151

55. COMPLEXO DE CASSANDRA..153

56. COMPLEXO DE CASTRAÇÃO..154

57. COMPLEXO DE CATARINA, A GRANDE 158

58. COMPLEXO DE CENTOPEIA 159

59. COMPLEXO DE CHAPEUZINHO VERMELHO....................161

60. COMPLEXO DE CHARLIE BROWN 162

61. COMPLEXO DE CHONOS..164

62. COMPLEXO DE CIDADÃO DE SEGUNDA CATEGORIA....165

64. COMPLEXO DE CINDERELA 167

65. COMPLEXO DE CLARK KENT 170

66. COMPLEXO DE CLEÓPATRA 173

67. COMPLEXO DE CORNO 174

68. COMPLEXO DE CULPA DO OCIDENTE...............................175

69. COMPLEXO DE CULPABILIDADE 176

70. COMPLEXO DE CULTURA 177

71. COMPLEXO DE DANTE 179

72. COMPLEXO DE DESAMOR...180

73. COMPLEXO DE DESTREZA..181

74. COMPLEXO DE DEUS – DE CHANCELER............................182

75. COMPLEXO DE DEVANEIOS DO PROFESSOR....................183

76. COMPLEXO DE DI...184

77. COMPLEXO DE ÉDIPO...187

78. COMPLEXO DE ÉDIPO E PEDOFILIA............................189

79. COMPLEXO DE ELECTRA 191

80. COMPLEXO DE ELIAS...192

81. COMPLEXO DE EMPÉDOCLES 193

82. COMPLEXO DE ÉPICO...194

83. COMPLEXO DE ESQUERDA 196

84. COMPLEXO DE ESQUILO 197

85. COMPLEXO DE FAUSTO..198

86. COMPLEXO DE FRACASSO 199

87. COMPLEXO DE FRANKENSTEIN 201

88. COMPLEXO DE GABRIELA 203

89. COMPLEXO DE GATA BORRRALHEIRA 204

90. COMPLEXO DE GENOVEVA..206

91. COMPLEXO DE HAMLET 207

92. COMPLEXO DE HARPAGON 208

93. COMPLEXO DE HARPAGON DO FOGO...........................209

94. COMPLEXO DE HOFFMANN 209

95. COMPLEXO DE HOUSE 210

96. COMPLEXO DE HULK..211

97. COMPLEXO DE ÍCARO 212

98. COMPLEXO DE INFERIORIDADE 213

99. COMPLEXO DE INFERIORIDADE BRASILEIRO 215

100. COMPLEXO DE INFERIORIDADE DO LULA 216

101. COMPLEXO DE INTENSIDADE E DURAÇÃO....................217

102. COMPLEXO DE INVERSÃO DO GIGANTE.........................220

103. COMPLEXO DE ÍTACA 221

104. COMPLEXO DE JACÓ – ESPETACULAR 222

105. COMPLEXO DE JESSÉ...223

106. COMPLEXO DE JOCASTA...224

107. COMPLEXO DE JONAS..225

108. COMPLEXO DE JÚPITER..226

109. COMPLEXO DE LADY MACBETH 227

110. COMPLEXO DE LAOCOONTE...228

111. COMPLEXO DE LAUTRÉAMONT...229

112. COMPLEXO DE LAUTRÉAMONT NEGATIVO....................230

113. COMPLEXO DE LAUTRÉAMONT LARVADO -
ESCLEROSADO 231

114. COMPLEXO DE LEAR..232

115. COMPLEXO DE LOIS LANE..234

116. COMPLEXO DE LUZ E VENTO 236

117. COMPLEXO DE MACACO 236

119. COMPLEXO DE MAMELUCO..237

120. COMPLEXO DE MAZEPPA..241

121. COMPLEXO DE MEDO-CURIOSIDADE 242

122. COMPLEXO DE MEDUSA..243

123. COMPLEXO DE MEFIBOSETE 244

124. COMPLEXO DE MELANCOLIA...245

125. COMPLEXO DE MELANINA..246

126. COMPLEXO DE MEMÓRIA E IMAGINAÇÃO.........................247

127. COMPLEXO DE MESSIAS 248

128. COMPLEXO DE MINORIA COM COMPLEXO
DE MAIORIA..251

129. COMPLEXO DE MOSCA DO COCÔ DO CAVALO DO
BANDIDO...252

130. COMPLEXO DE MUTILAÇÃO 252

131. COMPLEXO DE NAPOLEÃO...253

132. COMPLEXO DE NARCISO 254

133. COMPLEXO DE NAUSICAA 254

134. COMPLEXO DE NEYMAR...255

135. COMPLEXO DE NERO 256

136. COMPLEXO DE NIETZSCHE...257

137. COMPLEXO DE NOBREZA...257

138. COMPLEXO DE NOÉ...258

139. COMPLEXO DE NOVALIS 259

140. COMPLEXO DE OFÉLIA...260

141. COMPLEXO DE ORFEU..261

142. COMPLEXO DE OSÍRIS 262

143. COMPLEXO DE OTHELO..262

144. COMPLEXO DE PACIÊNCIA E ENTUSIAMO 263

143. COMPLEXO DE PAGU...264

144. COMPLEXO DE PAI 266

145. COMPLEXO DE PAI ABANDONADO...................................266

146. COMPLEXO DE PANTAGRUEL 267

147. COMPLEXO DE PERFEIÇÃO..268

148. COMPLEXO DE PERSEGUIÇÃO..271

149. COMPLEXO DE PETER PAN 272

150. COMPLEXO DE PIGMEU 273

151. COMPLEXO DE PINÓQUIO 274

152. COMPLEXO DE PINÓQUIO NAS CERTIFICAÇÕES 276

153. COMPLEXO DE POLIANA 277

154. COMPLEXO DE PORTNOY...278

155. COMPLEXO DE POTÊNCIA 280

156. COMPLEXO DE PSYCHÉ 280

157. COMPLEXO DE PRISCILLA 281

158. COMPLEXO DE PROMETEU 283

159. COMPLEXO DE RANK 284

160. COMPLEXO DE RETIRO 285

161. COMPLEXO DE RETORNO À MÃE.......................................287

162. COMPLEXO DE "ROSÂNGELA"...288

163. COMPLEXO DE SABOTAGEM..290

164. COMPLEXO DE SANSÃO 291

165. COMPLEXO DE SANSÃO E DALILA 295

166. COMPLEXO DE SANTIDADE 297

167. COMPLEXO DE SÃO JORGE E O DRAGÃO 299

168. COMPLEXO DE SATURNO 300

169. COMPLEXO DE SECA E DESAMOR AO SERTÃO.............302

170. COMPLEXO DE SECULARIDADE E FECUNDIDADE.......304

171. COMPLEXO DE SEITA 304

172. COMPLEXO DE SERVO 305

173. COMPLEXO DE SINHARZINHA 306

175. COMPLEXO DE SUBLIMAÇÃO...308

176. COMPLEXO DE SUPER-HOMEM 308

177. COMPLEXO DE SUPERIORIDADE.......................................310

178. COMPLEXO DE SUPERIORIDADE DO CRÍTICO
LITERÁRIO 310

179. COMPLEXO DE SWINBURNE...311

180. COMPLEXO DE SWINBURNE LARVADO...........................312

181. COMPLEXO DE SWINBURNE VIGIADO, DOMINADO 312

182. COMPLEXO DE TENDÊNCIAS..313

183. COMPLEXO DE TITANIC...314

184. COMPLEXO DE VIRA-LATAS...315

185. COMPLEXO DE VIRILIDADE 318

186. COMPLEXO DE XERXES AÉREO..319

187. COMPLEXO DE XERXES AQUÁTICO 320

188. COMPLEXO DE XERXES DA MONTANHA 320

189. COMPLEXO DE ZÉ CARIOCA 321

190. COMPLEXO DE ZÉ NINGUÉM..322

191. COMPLEXO DE ZEUS..336

192. COMPLEXO DE WALTER MITTY..337

193. COMPLEXO DE WENDY...338

194. COMPLEXO DOS CABELOS RAPADOS..................................339

195. COMPLEXO DO CISNE...340

196. COMPLEXO DO DESMAME...341

197. COMPLEXO DO EGO OU COMPLEXO EGÓICO...............341

198. COMPLEXO DO GLÁDIO..342

199. COMPLEXO DO GRANDE INQUISIDOR.............................343

200. COMPLEXO DO INCONSCIENTE...344

201. COMPLEXO DOS LATINOS...345

202. COMPLEXO DO NASCIMENTO...346

203. COMPLEXO DO NINHO DE ÁGUIA.....................................347

204. COMPLEXO DO PAI AUSENTE...348

205. COMPLEXO DO PEQUENO LUCRO.....................................348

206. COMPLEXO DO PLAYBOY...350

207. COMPLEXO DO PONCHE..351

208. COMPLEXO DO PREJUÍZO...351

209. COMPLEXO DO PRENDER..352

210. COMPLEXO DO PROFESSOR..353

211. COMPLEXO DO RETORNO À MÃE.......................................354

212. COMPLEXO DO SUPERJONAS..354

213. COMPLEXO DO VISCOSO...355

214. COMPLEXO DUCASSIANO..356

215. COMPLEXO ESPETACULAR..356

216. COMPLEXO ESPETACULAR COM INTERDIÇÃO
DO OLHAR...357

217. COMPLEXO FAMILIAR...358

218. COMPLEXOS FAMILIARES...360

219. COMPLEXO FRATERNO 360

220. COMPLEXO HESITAÇÃO-CRIAÇÃO....................................362

221. COMPLEXO INFERNAL...363

222.COMPLEXO LACUNAR 363

223. COMPLEXO MÁGICO 364

224. COMPLEXO MATERNO...364

225. COMPLEXO MATERNO DE EROS 365

226. COMPLEXO NUCLEAR...366

227. COMPLEXO OPPOSITORUM 366

228. COMPLEXO OPPOSITORUM DOS HERÓIS........................367

229. COMPLEXO PARENTAL 367

230. COMPLEXO PATERNO 369

231. COMPLEXO PEDAGÓGICO 369

232. COMPLEXO PESCADOR-PEIXE..370

233. COMPLEXO REALIDADE E SONHO 370

235. COMPLEXO SEXUAL DOS AMERICANOS 371

236. COMPLEXO SIMBÓLICO 372

237. COMPLEXO SIMBÓLICO DO FOGO..................................372

238. COMPLEXO SOCIAL DA EDUCAÇÃO 373

239. COMPLEXO SOMÁTICO 374

CONSIDERAÇÕES FINAIS..300

REFERÊNCIAS 304

PREFÁCIO I

Relegado aos subterrâneos da ciência como algo a ser esquecido e descartado, o imaginário integra necessariamente qualquer cosmovisão sobre o entendimento do mundo. Plasmada pela visão cartesiana, a oposição entre o racional e o imaginal consolidou-se como nunca, desde que a hegemonia da ciência, da técnica, da indústria, do Estado fincou seu pé no mundo da modernidade líquida em que vivemos.

Nesses tempos fraturados, título, aliás, do último livro de Eric Hobsbawm. Pensadores oriundos de vários ramos do conhecimento, desterritorializaram-se e partem na direção de uma escuta do mundo, a qual pretende romper de uma vez por todas, com essa oposição excludente. Reações brotam de toda parte, em nome das excelências, das expertises e micropoderes das ditas hegemonias de áreas, nas quais somos obrigados a conviver, escolas de todos os graus.

Luzia Batista de Oliveira Silva enfrentou esse desafio com determinação e criatividade. Neste livro, encontram-se elencados 195 complexos a serem saboreados pelo leitor com parcimônia, meditação, emotividade. Resultado de um estágio pós-doutoral realizado na PUC/SP, vinculado ao núcleo de estudos da complexidade, sob minha supervisão, o produto final compunha-se de 232 complexos que foram reduzidos para a versão deste livro inquietante, norteado pela transdiciplinaridade.

Trata-se de uma leitura obrigatória para todos aqueles empenhados na decifração do contemporâneo. Utilizo este termo na acepção de Giorgio Agamben. Contemporâneo, ele enfatizou, são todos aqueles que reconhecem as luzes da razão, mas não se deixam seduzir por elas. Sob a luminosidade excessiva da razão e da racionalidade, existem sombras, escuridões, buracos negros, que precisam ser perscrutados, reconhecidos, admitidos.

O pensamento complexo atua aqui como um operador cognitivo multidimensional. Pela própria etimologia da palavra, um complexo, qualquer complexo, compõe-se de partes entrelaçadas, restos calcinados, memória involuntárias, cuja função primeira é recuperar o tempo perdido, redirecioná-lo para as incertezas do futuro. Oriunda do latim, a palavra *complexus*, implica a religação, por vezes a desligação, jamais a soma inerte de partes mortas. Complexos são pacotes de energia, significantes flutuantes que se dissipam pela teia da vida em busca de uma constante decifração e reorganização de sentido.

Por isso, o modo de leitura deste livro é aberto e transpessoal. Cada um pode escolher o caminho que mais lhe convém. Caso prefira a linearidade pode seguir a ordem sequencial; caso opte pela surpresa, pelo descaminho, pela potência imaginária, pode reagir ao sabor dos vestígios do dia, das emanações do amor, das pulsões desejantes. No lugar de querer enquadrar-se nesse ou naquele complexo, deixar que emoções fluam, brotem livremente, sem censuras ou recalques.

Estamos diante de um mosaico incandescente que permite acessar a grande narrativa do mundo, da história, do indivíduo, da sociedade, da espécie e, com isso redefinir e reinventar nosso ser-no-mundo, reconhecer nossa impertinência, nossa pequenez diante da imensidão do cosmo.

Se parece óbvio que o mundo líquido requer urgentemente a reinvenção das instituições, o leque desse conjunto de complexos pode saturar a consciência do sujeito-leitor, inseri-lo em novas configurações e plataformas de tempo e espaço que lhe permitem romper com o conformismo que grassa por toda parte e, assim, acionar as comportas da revolta, da indignação, da esperança, da esperança em prol de um mundo mais justo e ético.

Prof. Dr. Edgar de Assis Carvalho
Docente do PEPG em Ciências Sociais - PUC-SP.

PREFÁCIO II

Aprocuramos a etimologia da palavra, *plexus* - tecer, os complexos nos levam a uma tessitura energética que compõe a nossa psiquê, ou seja, se religam e flutuam, reorganizando os sentidos da nossa grande teia da vida. Freud entendia que, o complexo de Édipo estruturava a mente do ser humano ocidental, e quiçá, do ser humano oriental; Jung, por usa vez, contestou a afirmação freudiana, a da existência de um complexo complexo compadre estrutura nossa mente; Bachelard atesta a posição junguiana e nos presenteia com outros inúmeros complexos.

A pesquisa de Luzia nos presenteia com uma catalogação precisa, inovadora e no mínimo complexa, aquela que revela uma série de novos complexos, aplicados, principalmente no campo da educação. *"Teoria Geral dos complexos: imagens, estereótipos e obstáculos"* se tornando, dessa forma, um livro de cabeceira para pesquisadores do imaginário, justamente por nos facilitar a decifração da grande complexidade da imaginação.

O poder do inconsciente individual (Freud) e coletivo (Jung) nos leva ao âmago das pulsões fundamentais do ser humano: a dor e o prazer. Entre a fuga da dor e a busca pelo prazer, nos deparamos com os obstáculos e os estereótipos que compõem nosso inconsciente e foram decifrados nessa pesquisa.

Ao pensar nos conceitos taoistas, de *Yin* e *Yang* que compõem a base complementar entre a racionalidade e a imaginação, na mesma medida em que, o devaneio se constitui na partícula *Yin* que equilibra o lado *Yang* do *animus* do Espírito Científico, os obstáculos e complexos compõem a parte *Yang* do hemisfério *Yin* da animação da Imaginação.

Ora, toda essa complexidade acaba por perturbar a nossa racionalidade, por isso os obstáculos do imaginário acabam se condensando em complexos. É aí justamente que o trabalho da pesquisadora pode nos esclarecer as pontes entre devaneios e complexos por meio das imagens, ligadas, principalmente à mitanálise e ao imaginário da nossa cultura.

Não é à toa que já em sua obra *"Psicanálise, Poética, Epistemologia e Educação: Uma Contribuição de Gaston Bachelard"* é possível encontrar 68 complexos, entre eles, alguns marcantes como os da inferioridade, superioridade, o de Édipo e as derivações do complexo de Lautréamont que nos mostravam suas implicações com os recalques, arquétipos, mitos, para a superação aos obstáculos da nossa subjetividade, em processo de evolução.

Num outro momento, estive com a autora, que após um generoso convite meu, demonstrou a sua maestria em uma aula para estudantes de mestrado em filosofia. Nesse episódio ela nos revelou alguns novos complexos, sendo possível elencar como eles são nevrálgicos em nossa cultura, como o *complexo do mameluco*, baseado na obra do sociólogo Carlos Fernandes, como uma espécie de abandono pátrio e paterno na formação identitária do nosso país. Foram relegados os filhos de uma miscigenação, no qual o aspecto paterno foi, e ainda é em muitos aspectos, o de uma recusa em legitimar a sua descendência. Isso é o que nós brasileiros (brasilianos) atestamos em muitos casos familiares, mas ao mesmo tempo é o que nós assistimos continuamente, um clamor descolonial e decolonial, que valoriza nossa matriarcalidade de uma mátria e uma fátria.

Outro importante complexo destacado e criado pela autora, é o *Complexo do Zé Ninguém*, baseado na obra de um dos discípulos de Freud, talvez, o mais incompreendido, Wilhelm Reich (1897- 1957), esse complexo caracteriza o ser humano fofoqueiro, sabotador da boa-fé e da boa vontade alheia. Entre outras palavras, o Zé Ninguém, na atualidade contribuiu com o desdobramento que levou às *Fakenews* que polarizou nosso país, numa tensão que é, entre outras coisas, o reflexo de uma total incompreensão da complementariedade que existe entre as oposições binárias fundamentais.

Se consideramos somente esses dois complexos, eles já nos levam a uma profunda reflexão acerca da cultura brasileira. Luzia nos brinda com duzentos e trinta e oito (238) complexos, dentre os quais, mais um de sua autoria, o *Complexo de Sinharzinha*, resultado de observações das relações escravagistas com as mulheres jovens, e na atualidade, o comportamentos de algumas jovens, que agem como as sinhazinhas, cuja vaidade está em alta, vivem sem questionamento social, ético ou político, com excesso de vaidade, se preocupam apenas com sua elevada *belezocracia,* para viver em nossa sociedade atual. A crítica vem justamente do fato de que todas essas técnicas pseudo-estéticas são exclusivas de uma camada mais abastada da sociedade. Do ponto de vista ontológico, nem o ter e nem o ser importam, porque se vive a deflagração do "parecer ter", configurando um *status* da mediocridade social capitalista.

Com isso, voltamo-nos ao fato do quão o especular se tornou mais importante que o refletir, mas ainda bem que temos obras, como a de Luzia para podermos aprender a pensar, com mais reflexão acerca dos complexos e de tantas outras contribuições para os estudos do imaginário. A autora cria generosamente iniciativas para o campo da Filosofia e da Educação. Uma delas, é o fato de tornar esse trabalho um ebook acessível a todos, outra, entre tantas, é o fato de Luzia ter criado grupos em redes sociais que aliam e unem estudantes de diversos locais do Brasil e do mundo nos estudos dos imaginários.

É uma imensa honra, poder de certa forma, ser um interlocutor desses caminhos abertos por Luzia, essa vereda do imaginário que vem se sedimentando cada vez mais como uma área do saber que, reúne todas as ciências humanas e afins. Gratidão eterna à Luzia por nos compartilhar sua pesquisa que é uma complexidade da universalidade e regionalidade do imaginário.

Prof. Dr. Gabriel Kafure da Rocha

Docente Efetivo do IFSertãoPE e Docente Permanente do PPGFIL

UECE.

INTRODUÇÃO

Esse livro é resultado de um pós-doutorado na Pontifícia Universidade Católica de São Paulo (2010-2013), com estágio pós-doutoral e professora convidada na Universidade de Borgonha (2011-2012) Dijon-FR, sob a supervisão do sociólogo e antropólogo, Prof. Dr. Edgard de Assis Carvalho – PUC/SP.

Esse livro é uma segunda edição, revista e ampliada. Foram suprimidas as ilustrações, a fim de manter o livro mais enxuto e ampliar as descobertas de novos complexos, então, acrescentou-se alguns complexos novos e alguns que estavam somente no relatório pós-doutoral, apresentado ao PEPG em Ciências Sociais - PUC-SP (2010-2013) e UNB-FR – Universidade de Borgonha, Dijon-FR (2011-2012). A primeira versão desse livro foi publicada pela editora CRV[1], 2013, com 195 complexos.

O trabalho começou e terminou com duas dimensões: uma primeira dimensão – a teórica – na qual pude debruçar-me, durante quase trinta anos, buscando apontar a importância da obra de Gaston Bachelard para o Brasil e nesse contexto, para o estudo dos complexos, inclusive, traçando uma classificação geral dos complexos na obra desse autor, disseminados por toda ela, tanto as que se refere à ciência/epistemologia, quanto às que dizem respeito à poética filosófica. Uma segunda dimensão - a criativa - para mim a mais difícil, dada a minha formação em filosofia, em que a questão teórica tem um significado profundo. Foi um momento muito especial, dado que, aliado a responsabilidade de um trabalho exaustivo, esse estudo pôde ser cultivado ao longo desses anos e, assim, foi possível contribuir para a caracterização dos complexos que foram alvo do meu interesse, do meu olhar, aqueles que se revelaram ao meu mundo imaginário. Por isso, pude classificar cerca de duzentos e trinta e dois (232) na época em que a primeira versão foi publicada, dos quais, sessenta e sete (67), nessa revisão (68) se encontravam na obra de Gaston Bachelard. Já, na obra de Gilbert Durand foram elencados trinta (30) complexos.

---

1 Na primeira versão, tem-se o título: Os complexos imaginários: Imagens, estereótipos e obstáculos.

Dos duzentos e trinta e dois, selecionamos na primeira versão, cento e noventa e cinco (195) para publicação. Na atual versão, incluímos praticamente todos os complexos que foram encontrados durante a pesquisa até a atualidade, num total de duzentos e trinta e nove (239).

Na minha trajetória de pesquisadora, foi, sem dúvida, fundamental encontrar diversos autores teóricos e aqueles que escreveram sobre ou criaram alguns complexos, encontrados em livros, artigos, matérias jornalísticas e comentários em blogs e sites da Internet.

Minha curiosidade e senso de observação ficaram mais acurados, passei a prestar atenção aos estereótipos e personificações atribuídos aos diversos autores de variadas áreas, escritores, personagens mitológicos e bíblicos, poetas que Bachelard estudava e por vezes atribuía-lhes um complexo, mediante as constelações de imagens.

Foram fundamentais os diversos autores que serviram de suporte teórico para esta pesquisa por não ser possível atestar, com o próprio Bachelard, sua relevância na compreensão da noção de complexo e a complexidade inerente ao seu estudo e à compreensão do conceito relacionado aos complexos, cujas imagens, estereótipos e obstáculos, ora aparecem na dimensão da ciência, como verdadeiros entraves ao conhecimento científico, ora aparecem na dimensão estética da arte, especialmente da literatura, como imagem e também como estereótipos sociais e culturais.

A pesquisa se constitui num estudo no campo do imaginário a partir da filosofia de Gaston Bachelard, alcançando outros autores, áreas e lugares de diferentes partes do mundo, inclusive as comunicações de muitos internautas, que escreveram em sites de relacionamento para denunciar, caracterizar e rotular pessoas, instituições, culturas, sociedades, contribuindo, dessa forma, para este este estudo, por haver muita estereotipia, assim como, informações equivocadas ou do senso comum, que criam e reforçam equívocos para a compreensão dos complexos. Esse tipo de discussão, talvez, se caracteriza como a manifestação da "popularização" da psicanálise, a partir do aumento da população com acesso a informações, sites de relacionamento, inclusive com interessantes materiais para consultas, fomentação de discussões e esclarecimento aos que procuram ampliar informações; os programas televisivos também contribuem para que isso ocorra porque, muitas vezes, discutem, ainda que de maneira superficial, questões de saúde, destacam problemas comportamentais, psíquicos e outros; além disso, concorrem para essa "tomada de consciência", ou melhor, é possível afirmar que, há mais percepção da área psíquica dos indivíduos, porque as pessoas têm tido mais acesso à educação, não somente no Brasil, como em outras partes do planeta.

O estudo procurou centrar-se na investigação dos complexos, por isso, acreditei ter sido fundamental navegar nas ondas, tramas e armadilhas do imaginário, uma vez que, são muitas as dificuldades para compreender o alcance e o escoamento de imagens, padrões arquetípicos e artefactos inconscientes, embrenhados na primitividade, formando constelações, enxames de imagens complexas, carregados de sentidos simbólicos e valores fundamentais à vida humana; os complexos, no sentido filosófico e antropológico são enxames de imagens, embrenhados nos artefactos do inconsciente, tal como delineado por Sigmund Freud e seus seguidores.

Este estudo começou no mestrado em 1995-1997, ao debruçar-me sobre a obra do filósofo francês, Gaston Bachelard, para investigar o papel da imaginação criadora. Enquanto extraia material para a dissertação, refletia acerca dos complexos que surgiam nas diversas obras analisadas, Fui registrando, na minha memória, algumas citações do autor. Ao prestar atenção aos elementos presentes, reportava-me a algumas referências. Percebi que era algo recorrente na obra do tutor, mas, nessa altura da pesquisa, a dissertação ganhou forma e consistência com o desfecho que a caracterizou[2].

Ainda assim, pude elencar, na dissertação de mestrado, alguns complexos e obstáculos na obra deste autor, especialmente, aqueles que pareciam extremamente significativos na análise de obras literárias e científicas. Compreendi, então, que havia implícita, na obra de Bachelard, uma **Teoria geral dos complexos**. Nesse contexto, para uma segunda edição, optou-se pelo título *Teoria Geral dos Complexos: Imagens, Estereótipos e Obstáculos*. Levamos em consideração a grande contribuição de Bachelard, nossa principal referência nessa pesquisa.

---

2   A dissertação de mestrado foi publicada pela Editora da Universidade Estadual de Londrina (UEL), em 1999, com o mesmo título da dissertação de mestrado: Psicanálise, Poética e Epistemologia: uma contribuição de Gaston Bachelard (1997). Em 2018, uma nova edição foi publicada, atualizada e ampliada, com acréscimo no título: Psicanálise, Poética, Epistemologia e Educação: uma contribuição de Gaston Bachelard, pela Editora Livraria da Física, SP.

Minha curiosidade e senso de observação ficaram mais acurados, passei a prestar mais atenção às imagens, estereótipos, obstáculos e personificações atribuídas aos diversos autores das mais variadas áreas, os quais, o autor, por vezes, homenageava, atribuindo-lhes um complexo de acordo com as constelações/enxames de imagens que caracterizavam a obra do escritor/autor. Na obra de Bachelard, contribuem para essa caracterização os elementos: terra, água, fogo e ar porque ajudam a formar as constelações de imagens que foram amplamente explicitadas na obra dos autores analisados pelo filósofo francês.

Depois disso, aconteceu meu contato com a antropologia de Gilbert Durand, na qual encontrei vasto material, como as personificações que reforçam, inclusive, aquelas que foram amplamente citadas e caracterizadas por seu mestre: Gaston Bachelard. Minha curiosidade ficou ainda mais aguçada. Nas obras de Durand estudadas e analisadas, há constantes referências aos complexos.

Em algumas obras, Bachelard explicitou alguns complexos, em outras, apenas citou-os, superficialmente, dado que, em muitos casos, considerou que os mesmos já estavam devidamente caracterizados e eram conhecidos dos seus leitores. Tratou-os, então, como partes de um discurso já conhecido da academia.

Entretanto, é fundamental lembrar aqui que a psicanálise não tinha, naquele período, o *status* de que hoje goza nos meios acadêmicos, especialmente na ciência médica, quando o autor se dedicou, arduamente e de maneira responsável, à leitura de obras da psicanálise, mantendo a crítica e o distanciamento que somente os grandes mestres são capazes de fazer, bem como, mantendo seu senso de observação, curiosidade e admiração por determinados autores, certamente, alguns com reserva e outros com olhar de empatia.

O filósofo francês valorizou trabalhos nessa área, chamou a atenção para autores pouco conhecidos e apreciados, como no caso de Robert Desoille e Carl Gustav Jung, que começava a surgir; mas, eram autores que não gozavam, ainda, de um reconhecimento tal como Sigmund Freud, que também enfrentava críticas e procurava consolidar seu próprio caminho psicanalítico, refiro-me, aqui, aos anos de 1930, 40, 50 e 60, nos quais Bachelard produzia e construía sua obra filosófica; construía seu próprio método psicanalítico, que foi amplamente discutido em nossa dissertação de mestrado, no qual, contudo, ele não negou o mérito da contribuição da psicanálise de Freud, com seus seguidores e opositores. Para o autor, o conhecimento é resultado de avanços técnicos e racionalizações; por isso, se o conhecimento não é espontâneo, mas construído, não pode ser imediato, o que requer sempre reformulações, sendo fundamental psicanalisar a consciência para detectar os obstáculos que se interpõem na esfera científica.

A psicanálise do conhecimento objetivo ou psicanálise da razão elaborada pelo autor possibilita estudar as condições objetivas da construção do saber científico, porque, ao acompanhar a história da ciência, poderão ser reveladas as bases filosóficas da ciência, assim, "longe de maravilhar-se, o pensamento objetivo deve ironizar" (BACHELARD, 1994, p. 2), dado que, a ironia é uma arma efetiva contra qualquer não vigilância pessoal (SILVA, 1999). Em sentido análogo, pode-se considerar que, assim como a literatura e a poesia procuram superar as falsas metáforas, a ciência busca superar os obstáculos ou falsos valores na construção do conhecimento científico.

Para o autor (1996, p. 221), também "no reino das exatas, nossa imaginação é uma sublimação", devendo-se considerar que, por trás de um discurso racional, está em questão, nas teorias, o uso do saber como obstáculo ao pensamento científico. Sendo assim, "na obra da ciência só se pode amar o que se destrói" (p. 292). Os obstáculos ao conhecimento científico geralmente correspondem a um mau uso da fantasia, do devaneio porque estão carregados de valorações emotivas, afetivas do real, portanto, "os obstáculos se constituem como conjunto de erros ratificados"(p. 173).

Bachelard colocou em destaque os trabalhos daqueles autores que levavam à compreensão do papel do imaginário no equilíbrio e organização mental das vidas das pessoas, por isso, chamou a atenção para as sessões de terapia promovidas por Robert Desoille, das quais, ele próprio acompanhou alguns trabalhos. Desoille contou com o uso disciplinado da imaginação criadora a fim de promover curas psíquicas, a superação de fixações tristes e infelizes, opressoras.

Bachelard também teceu comentários à obra de Jung, especialmente, na caracterização dos complexos, que ele relacionou com os cinco elementos da filosofia pré-socrática na metafísica grega (fogo, água, terra, ar e éter), como sendo as produções-criações da imaginação, cuja força e vigor advêm do inconsciente.

A valiosa contribuição de Gilbert Durand na leitura de Bachelard, elevou; sem dúvida, o estudo dos complexos para além dos cinco elementos, elevou-o ao nível das questões fundamentais no estudo do *antropos* na ciência e na antropologia.

Bachelard se referiu em inúmeras passagens de sua obra, aos complexos como caracterizações já compreendidas nos meios acadêmicos, especialmente, quando estereótipos e fulgurações e nuances destes remetiam a determinados problemas imaginários ou inconscientes, como as obsessões ou fixações sexuais; outras vezes, quando percebia e identificava predileção por coisas pequenas, grandes, objetos com formas, geometrias específicas e repetitivas nas obras analisadas; imagens alegres, felizes, tristes, sombrias e infelizes, de mágoa, ódio, rancor, agressividade, maldade, ironia, raiva, que simbolizavam dores e dramas humanos, por exemplo, as constantes imagens da água como o elemento da tristeza e da dor, na poesia de Edgar A. Poe; também considerou relevante as imagens deformadas e deformantes, as ingênuas, aquelas que denunciam revoltas; agressividade; considerou as impressões captadas pelo imaginário para além de uma classificação positiva e negativa, posto que, todas elas estão consubstanciadas nas tendências imaginárias dos autores analisados, aquelas que despertaram a atenção do poeta-filósofo ou filósofo-poeta.

Também nas obras científicas, de caráter diurno, encontram-se citações aos complexos, tal como na obra *Le Racionalisme appliquée* (1949), em que estão explicitados os complexos de *Prometeu* e *Cassandra*, fundamentais para refletirmos sobre os entraves científicos e aqueles na área da educação, apontando suas ambiguidades, o sentido positivo e negativo implícito nelas.

Os complexos, em geral, se apresentam na obra de Gaston Bachelard e também na de Gilbert Durand, carregados de conotações mitológicas, históricas e bíblicas, o que significa que, é possível classificá-los por meio de uma abordagem mito-hermenêutica, filosófica, psicológica, psicanalítica ou antropológica, isso porque, metafisicamente podem se relacionar com os cinco elementos, considerando-se o éter como o quinto elemento, o luminoso, então: água, terra, fogo, ar e éter.

Os elementos para Gaston Bachelard são os hormônios da imaginação, subjacentes em sua poética filosófica. São eles que embalam os sonhos e os delírios, as sanidades e as loucuras dos poetas e daqueles que se entregam ao elemento originário de sua personalidade, cuja função poética ganha expressão ao se libertar do jugo do homem diurno, o cientista de laboratório e suas teorias cientificas.

Para Gilbert Durand, os complexos podem estar relacionados ao universo da angústia mediante os símbolos *teriomórficos, nictomórficos* e *catamórficos*, aos símbolos ascensionais, espetaculares e diairéticos das estruturas *esquizomórficas do imaginário*; aos símbolos da inversão, intimidade das estruturas místicas do imaginário, aos símbolos cíclicos do esquema rítmico ao mito do progresso *das estruturas sintéticas do imaginário e estilos da história*; aos *mitos*; à *universalidade dos arquétipos*, ao *espaço* e ao *esquematismo transcendental do eufemismo*.

Na obra de Gilbert Durand, os complexos se caracterizam com certa carga íntima, pesada, especialmente aqueles que estão na dimensão do universo da angústia, em que a morte, o inferno, as perseguições e as provações descambam para fixações, obsessões com imagens depressivas, com uma carga negativa intensa, imagens perturbadoras, visões nefastas, obumbrosas.

Esses complexos podem também se apresentar nas imagens ou símbolos da consciência racional iluminada, heróica, em que o combate e a separação são elementos fundamentais, podendo-se apresentar de maneira negativa e positiva, com imagens de sublimação, sem cair em exageros e nem separatismos; e podem se apresentar, de maneira exacerbada, como imagens extremamente sublimadas ou doentias, em que combater é a regra para purificar, separar, excluir e organizar.

Podem ainda se apresentar mediante os símbolos da consciência mítica, que remetem ao bem-estar, segurança, proteção, aconchego e ganham destaque, também, de modo positivo e negativo; de modo negativo, quando os exageros da proteção e da devoção transformam o sujeito numa espécie de conformista; sobressai uma consciência apaziguada de maneira alienada e alienante com tudo e com todos; ou, ainda, de maneira positiva, quando é necessário apaziguar a consciência, fazê-la descambar dos combates e embates, encontrar refúgio em situações de prazer, conforto e segurança, ser menos radical, deixar de lado, colocar a espada ou qualquer outra arma de combate deitada, apoiada ao chão, nem em riste e nem em repouso completo, para baixo. E na medida do possível e do suportável, conciliar as consciências heróica e mística, deixar a consciência sintética trabalhar; conciliar ações da consciência heróica e ações da consciência mística, desde que, não se excluam mutuamente, nem se aniquilem, funcionando para ajudar o sujeito a superar conflitos e problemas nas esferas em que transita e vive.

Este livro buscou responder não somente a uma curiosidade da autora, mas **justifica-se**, especialmente, por reunir autores e obras e discutir por que, atualmente, os complexos remetem aos significados usuais, recorrentes e diversificados; remetem muito além daquilo que consideramos estereótipos, armadilhas, personificações; remetem para além daquilo que compreendemos de imediato, posto que, também remetem a sentidos e significados desconhecidos e inusitados, podendo, quiçá, apontar uma representação do imaginário, em que o papel do inconsciente é fundamental na manutenção da vida, na criação imaginária e nos devaneios cristalizados, heróicos, místicos, sublimados, eróticos, ironizados ou depressivos. Podem apontar as faces ocultas e desveladas da alma humana em meio à sua condição existencial, absurda e nefasta em muitos sentidos, bela e majestosa em muitos outros.

O objetivo foi mostrar a pertinência do estudo dos complexos na compreensão de obras, autores, comunidades e sociedades a fim de constituir uma Teoria geral dos complexos ancorada em material filosófico, antropológico e psicanalítico a fim de embasar análises e leituras dos complexos em diversificadas situações e realidades.

Como embasamento teórico, optou-se pela *hermenêutica* de Gaston Bachelard; a *antropologia* de Gilbert Durand e a *epistemologia da complexidade* de Edgar Morin; autores que possibilitam compreender uma obra de modo aberto, inovador, e especialmente criativo, sem cair numa subjetividade vulgar, nem tampouco no jugo único e exclusivo da razão.

A palavra complexo pode designar um conjunto de atributos na caracterização de setores, instituições e outros, por exemplo: *complexo automobilístico, portuário, residencial, hospitalar, educacional, psiquiátrico, desportivo, poliesportivo, turístico, lagunar, multifuncional, vitamínico, pantanoso, cafeeiro, coureiro, multiuso, industrial, agroindustrial, homeopático, viário, metropolitano, logístico, de saúde, eletrônico, cultural, de museu, de soja, de arte rupestre, de lazer, cristalino brasileiro* (rochas de granito brasileiro), *do alemão* (área geográfica na cidade do RJ), *crocobeach* (praia do Ceará); *da Zilda* (região agradável em MG, com pousadas e outros elementos de repouso e beleza) etc.

Também, a palavra complexo aparece em muitos títulos de obras de variadas áreas: *Complexo do ato administrativo*; *Crime complexo*; *A escola como sistema complexo*; *Formação do povo com complexo cafeeiro*; *Reabilitação do complexo do ombro*; *Amor e sexo – assunto complexo?*; *Complexo do gasômetro*; *Didática sob a ótica do pensamento complexo*; *Édipo, não tão complexo*; *Caderno de dentística – proteção complexa*; *Cartão postal – complexo cultural Júlio Prestes*; *Complexo agroindustrial e modernização agrária*; *Complexo, arquétipo, símbolo*; *Desafios de um sistema complexo na gestão ambiental*; *Édipo – Messias ou complexo?*; *Complexo Brasil – o difícil é fazer*, *decidir e Implementar em um Mundo Complexo, veloz;* esta palavra pode aparecer associada a sistemas como: *Sistema complexo, Pensamento complexo, Pensar complexo* (Edgar Morin); *"Pensamento Jurídico complexo"*; *"Complexo poli-hidreto de molibdênio"*.

Complexo para grifes de roupas, como: *"Complexo B"* (parece de remédio, mas é o nome de uma grife de roupa). A palavra complexo também aparece associada a alguns conjuntos musicais, por exemplo: *"Complexo Lo-Fi"*, *"Complexo Vulgo"* e *"Complexo de Phil Spector"*; *Complexo de piadas* (blog de piadas, chistes, deboches diversificados).

Podemos ter, aqui, o inusitado ou não, mas certamente, teremos respostas de imaginários criadores, cujo material pode estar impregnado da cultura psicanalítica na atualidade, podendo estar assimilado ou simplesmente reforçado inconscientemente, mas ainda assim, pode ser uma impregnação cultural.

São comuns informações advindas de múltiplas direções para desembocar em diversos campos e áreas, e por vezes, de maneira equivocada, incompleta, absurda, mas também, podem trazer informações valiosas, que despertam a curiosidade e a compreensão sobre pontos relevantes na vida das pessoas. Ademais, não sabemos até que ponto as informações não refletidas, advindas dos diversos acessos como internet, jornais, revistas, livros e obras que se transformam em conhecimento ou não, podem contribuir ou não para transformar visões e emperrar padrões de comportamento. Resposta que, provavelmente, não teremos.

Os complexos aparecem também no cotidiano em sites como *"complexo de Othelo"* (blog que discute a personificação de pessoas ciumentas em excesso, em se referindo a Othelo, personagem da obra de W. Shakespeare); *"complexo da panelinha anti-java"*, *"complexo de seu Madruga"* (personagem da TV, enlatado mexicano que ganhou admiração de muitos brasileiros, sem entrar aqui no mérito de uma pesquisa etnográfica ou quantitativa que possa classificar por idade, sexo, padrão cultural, classe social e outros). Complexo para sites pornográficos como *"Complexo de anjo"* (evidentemente, anjos do prazer, bem-dotados, "sarados", bonitos e sedutores); "complexo do cocô do cavalo do bandido" (banalização do sentido do complexo de inferioridade); muitos blogs com o título ou algo próximo a: "complexo de Pagu" – homenagem à poeta Patrícia Galvão; também são muitas as homenagens a W. Shakespeare – "complexo de Hamlet" e outros; mas o complexo que tem chamado mais atenção está relacionado ao mito grego de Édipo, especialmente a partir da denominação de Freud e Jung a Édipo, este complexo gerou muita especulação, caracterizações, referências e homenagens, críticas, comentários e elaboração de obras com os títulos nas áreas da psicanálise, literatura, filosofia e outras.

A palavra complexo também tem sido usada pela ciência para designar males como: *complexo de golgi* (refere-se ao funcionamento de proteínas e lipídios no organismo humano, este complexo está envolto de muita pesquisa, algumas recentes apontam a importância do funcionamento correto destas proteínas na aprendizagem humana*); complexo de antifaminas* (A, B, C e outros); *complexo emagrecedor; complexo Eisenmenger; complexo Dentino; complexo de Goldenhauer; complexo de SIDA* (ajuda à AIDS) e *complexo glucasil.* Em termos médicos, pode-se verificar a designação de *vírus complexo* e outros.

Gaston Bachelard e Gilbert Durand são autores de embasamento teórico e também autores criadores de grande parte dos complexos aqui elencados, por isso é fundamental, a epistemologia de Edgar Morin na compressão destes autores e da própria noção de complexo.

Os complexos atribuídos aos personagens por autores literários e outros, talvez se (co) relacionem com esses elementos, porque, como nos ensina Edgar Morim, as coisas não estão isoladas. Se a complexidade sistêmica é real em todas as áreas, por que não seria na área dos estudos dos complexos?

Foram elencados nessa pesquisa, depois da revisão e ampliação, duzentos e trinta e oito complexos, a partir das leituras de obras de Bachelard desde 1995, na pesquisa de mestrado, continuando a encontrá-los aleatoriamente, em diversificadas obras e autores, pesquisa que já dura cerca de vinte e cinco anos. Pode-se verificar que grande parte deles encontra-se nas obras dos principais autores deste estudo: Gaston Bachelard e Gilbert Durand, mas como explicitado nesta introdução, levou-se em consideração, para uma análise e leitura coerente, as diversas contribuições de áreas e fontes, algumas nem sempre muito bem aceitas pela academia, como as diversificadas narrativas da internet, mas que são relevantes para um estudo completo, na medicada em que atendem a necessidade de averiguação de impregnações culturais da área da psicanálise, no cotidiano e nas produções acadêmicas. Considerou-se, também, que os complexos são expressões do inconsciente humano, os quais ganham força e se manifestam à medida que constroem um canal para se comunicarem.

PARTE 1

CONCEITOS, CARACTERÍSTICAS E VARIAÇÕES DOS COMPLEXOS

Gaston Bachelard (1989a, p. 20) refere-se aos complexos como signos culturais, os quais podem estar obscuros para homens que vivem longe dos livros, mas cheios de encanto para aqueles que procuram emoções nas obras. Nos complexos, as imagens culturais viram figuras de retórica para perpetuar-se na cultura poética – o estudo dos complexos conforme este autor leva-nos

> [...] a passar da psicologia do devaneio comum à psicologia do devaneio literário, estranho devaneio que se escreve, que se coroa ao ser escrito, que ultrapassa sistematicamente seu sonho inicial, mas que ainda assim permanece fiel a realidades oníricas elementares. Para ter essa constância do sonho que dá um poema, é preciso ter algo mais que imagens reais diante dos olhos. É preciso seguir imagens que nascem em nós mesmos, que vivem em nossos sonhos, essas imagens carregadas de uma matéria onírica rica e densa que é um alimento inesgotável...(BACHELARD, 1989a, p. 20)

As imagens dos elementos *terra, água, fogo, ar e éter* podem revelar o complexo, visto que, para Bachelard (1989a, p. 88)

> [...] **um complexo é um fenômeno psicológico tão sintomático que basta um único traço para revelá-lo por inteiro**. A força emergente de uma imagem geral que vive por um de seus traços particulares é por si só suficiente para explicar o caráter parcial de uma psicologia da imaginação que se absorve no estudo das formas. [grifos meus]

O que o estudo dos complexos pode revelar? O movimento da imagem em questão, por exemplo, no tema da cabeleira, "não é a forma da cabeleira que faz pensar na água corrente, mas o seu movimento. A cabeleira pode ser a de um anjo do céu; no momento em que ondula ela traz naturalmente sua imagem aquática" (BACHELARD, 1989a, p. 88 - [grifo do autor]).

Edgard de Assis Carvalho (2003, p. 97) pontua que: "Muitas vezes foi reiterada a palavra latina complexo, complexidade, *complexus*". Significa de acordo com o autor que a palavra complexo:

> Literalmente traduzida, identifica-se como tudo aquilo que se tece em conjunto, que reassocia o que está dissociado, comunica o que está incomunicável, religa o que está separado. A complexidade não deve ser identificada a um niilismo imobilizador, nem a uma irracionalidade que joga a razão na lata de lixo da história e, muito menos, a um discutível sentimento pós--moderno, voltado para o instantâneo, o imediato e o efêmero. Heráclito já havia praticado esta indissociabilidade. Para ele, a harmonia e a desarmonia, a *hybris*, centrada na arrogância e no orgulho e a diké, disseminada na parcimônia e na equidade, são invariantes da vida, fazem parte do mesmo movimento dilacerador. (CARVALHO, 2003, p. 97)

Para Bachelard (1989a, p. 90), "todos os grandes complexos poetizantes" podem elevar-se até o nível cósmico. As particularidades de um complexo levam-nos a identificá-lo, porque "um complexo é sempre a articulação de uma ambivalência. Em torno de um complexo, a alegria e a dor estão sempre prontas a trocar seu ardor" (p. 174). Todo complexo tem uma carga energética, uma energia primitiva, dado que, "[...] todos os complexos particularmente são, com efeito, produções dos complexos primitivos, mas os complexos primitivos só se tornam estetizantes quando se particularizam numa experiência cósmica, cobrindo-se de traços pitorescos, exprimindo-se numa beleza objetiva". (BACHELARD, 1989a, p. 175)

Na obra *Lautréamont*, Bachelard (1989b) pontua a importância da leitura de obras literárias, bem como, a função do inconsciente na formação dos complexos, cuja energia vital pode ser estimulada com a leitura de obras da ciência e obras da cultura geral.

O autor descarta a possibilidade de um complexo estar associado a fatores como a loucura, posto que, é difícil uma pessoa considerada louca, que não escreve, nem se comunica de maneira apropriada, criar um sistema organizado de escrita para expressar seus complexos. O que se pode deduzir então, que um complexo quando cristalizado, tem uma estrutura ou núcleo organizado, ainda que permeado de material doentio, deformante, mas pleno de simbolismo.

Pierre Quillet (1977, p. 77) chama a atenção para um detalhe relevante na obra científica de Gaston Bachelard, considerando que, os complexos receberam um certo tratamento na obra bachelardiana, mas, no âmbito da ciência eles são limitadores do entendimento humano. Um complexo é um perturbador, mas também um revelador, cujas dificuldades humanas revelam um *'sociodrama'*, como no teatro de Moreno, o sociodrama trabalha a imaginação, na busca de alívio ou cura.

Pode-se citar como exemplo, Isidore Ducasse, que foi considerado um louco pela tamanha agressividade com que expressava as maldades humanas em seus cantos, *Os Cantos de Maldoror*, contudo, o escritor conseguiu expressar seus complexos e até os sentimentos mais obscuros porque "desde que um complexo alcança os centros da linguagem escrita o problema é outro. Enfim, não é ainda a impressão que vem modificar o estado de espírito do autor" (BACHELARD, 1989b, p. 67).

Para que um complexo se mostre e mostre sua coerência, será fundamental ganhar expressão: "[...] para bem calcularmos toda a importância do complexo, para compreendermos os múltiplos sentidos da psicologia complexual, é, por vezes interessante ver em ação um complexo mal implantado, um complexo dividido por contradições, travado por escrúpulos" (BACHELARD, 1989b, p. 94).

A loucura pode impossibilitar um complexo de expressar-se e comunicar-se de forma coerente, assim como, outros entraves, assinala o autor. Entraves ocasionados por excesso de cultura, por uma supervalorização da cultura escolar, por esconder pensamentos e imagens sórdidas, recalques morais e afetivos, porque, pessoas, às vezes, não sabem ou não querem lidar com fracassos, fraquezas, males e mazelas humanas, desvarios eróticos e obsessivos. Porque alguns pensam que não possuem nenhum tipo de complexo e nem querem ser classificadas como pessoas complexadas.

Também não querem fazer parte de uma cultura fechada ou "menor", reforçando, assim, o discurso do outro, aquele que julga de fora, dificultando, por exemplo, que pessoas se posicionam politicamente, ideologicamente, como assinala Paul Ricoeur (1986, p. 285), considerando que, a ideologia considera como um "ato fundamental de um grupo que se representa ideologicamente, este ato é político na sua essência", é também "[...] um processo de distanciação e dissimulação pelas quais nos escondemos de nós mesmos, por exemplo, a nossa posição de classe e, mais geralmente, a nossa forma de pertença às diversas comunidades de que participamos".

Algumas pessoas sentem admiração inconsciente por certos comportamentos de outrem, por causas mitológicas, personalidades artísticas, sociais, personagens bíblicas e outros. E, muitos acreditam que não sofrem de nenhum tipo de complexo, se sentem as pessoas mais racionalizadas do mundo, mas, ignoram que o excesso de admiração pela ciência e por áreas mais racionais, não impedem o inconsciente de trabalhar, inclusive, pode aproximar-se de certos complexos, dos quais querem ganhar distância.

A obra de Gilbert Durand (1997a) contribui para o estudo do imaginário, e, pode-se afirmar que ultrapassa os estudos bachelardianos no sentido de elevar os problemas imaginários ao nível dos sistemas isotópicos de classificação.

No estudo do imaginário, na obra de Durand (1997a, p. 17), é fundamental considerar, como elementos articuladores dos complexos, as estruturas, os símbolos e os arquétipos; cujas contribuições teóricas advêm do campo dos saberes e de ciências como a psicanálise, a biologia, a reflexologia e as ciências sociais, especialmente, a antropologia; ciências que abrem leques de considerações e compreensão do imaginário individual e social, cujas pulsões, produções e construções revelam o homem e seu universo imaginário, pois, "a única coisa normativa são as grandes reuniões plurais de imagens em constelações, enxames, poemas ou mitos" (DURAND, 1997a, p. 17).

Os complexos, conforme Gilbert Durand (1997a, p. 18) não atestam a gênese dos problemas imaginários e nem poderiam, dado que, "a gênese escapa à história e reservamos para outros trabalhos o estudo dinâmico – complexo e não linear – da formação e da transformação das imagens, dos mitos, dos símbolos e... da história"

Para Gilbert Durand (1997a, p. 18),

> O Imaginário – ou seja, o **conjunto de imagens e relações de imagens que constitui o capítulo pensado do homo sapiens – aparece-nos como o grande denominador fundamental onde se vêm encontrar todas as criações do pensamento humano. O Imaginário é esta encruzilhada**

> **antropológica que permite esclarecer um aspecto de uma determinada ciência humana por um outro aspecto de uma outra** (...) Mais do que nunca, reafirmamos que todos os problemas relativos à significação, portanto ao símbolo e ao Imaginário, não podem ser tratados – sem falsificação – por apenas uma das ciências humanas. [grifos do autor]

Um complexo pode estar embotado por uma sublimação artificial, sem fé, sem força, sem expressão, neste caso, "o dinamismo do complexo está como que falseado; porém este erro, esta paragem, fazem de súbito compreender um mecanismo psicológico que se mantinha secreto enquanto funcionava normalmente" (BACHELARD, 1991, p. 94). Isso porque, segundo o autor (1989b, p. 94-5), existe um paradoxo do complexo, cuja,

> [...] *originalidade é necessariamente um complexo e um complexo nunca é muito original...* Se a originalidade é poderosa, o complexo é energético, imperioso, dominante; ele conduz o homem; ele produz a obra. Se a originalidade é pobre, o complexo é larvado, fictício, hesitante. De qualquer modo a originalidade não pode analisar-se inteiramente no plano intelectual. Só o complexo pode fornecer a medida dinâmica da originalidade (BACHELARD, 1989b, p. 94-95) [grifos do autor]

Recorro também neste estudo dos complexos, aos autores G. Deleuze e Félix Guattari (1976, p. 156), os quais analisam, criticam e de certa forma atestam esta questão da originalidade do complexo comentada por Bachelard:

> O complexo de Édipo, a edipianização, portanto, são o fruto da dupla operação. **É num mesmo momento que a produção social repressiva se faz substituir pela família recalcante, e que esta dá, da produção desejante, uma imagem deslocada que representa o recalcado como pulsões familiares incestuosas**. [grifos do autor].

A tônica do falseamento do complexo pode vir da família, do contexto social, também pode ser a resultante destes contextos articulada com as disposições mentais, espirituais e imaginárias do próprio sujeito imaginativo. Os desejos podem estar recalcados por diversas situações e problemas. Mas, será "...preciso forças muito potentes, na verdade, para vencer as do desejo, levá-las à resignação, e substituir em toda parte reações do tipo papai-mamãe ao que era essencialmente ativo, agressivo, artista, produtivo e conquistador no próprio inconsciente" (DELEUZE; GUATTARI, 1976, p. 158).

Esses autores (1976) criticam afirmações que pontuam a existência de dois tipos de complexos: aqueles que podem surgir de recalques na neurose e aqueles que podem surgir de recalques na psicose. No sentido freudiano, na neurose, o ego recalca as pulsões do *id* porque está ainda sob o jugo da realidade, mas na psicose o *id* pode romper com a realidade. Os autores (1976, p. 159) observam que:

> [...] as idéias de Freud demoravam um certo tempo antes de chegar na França. Não essa, entretanto... na neurose, a função objetal da realidade é conservada, mas com a condição de que o **complexo causal** seja recalcado; na psicose, **o complexo invade a consciência** e se torna seu objeto, à custa de um 'recalcamento' que incide agora sobre a própria realidade ou a função do real. Sem dúvida, Freud insistia sobre o caráter esquemático da distinção, pois a ruptura se encontra também na neurose com o retorno do recalcado (a amnésia histórica, a anulação obsessiva), e, na psicose, um reganho de realidade aparece com a reconstrução delirante. [grifos meus]

Freud encontrou ao que parece, de acordo com os autores (1976, p. 159-60), "a idéia de que a loucura está fundamentalmente ligada a uma perda de realidade". No entanto, dizem os autores (p. 162):

> [...] à bela história de Nerval: ele quer que Aurélie, a mulher amada, seja a mesma que Adrienne, a menina de sua infância; ele as 'percebe' como idênticas. E Aurélie e Adrienne, todas as duas são a mãe. Dirão que a identificação como 'identidade de percepção' é aqui signo de psicose. *Reencontramos o critério de realidade*: **o complexo só invade a consciência psicótica à custa de uma ruptura com o real, enquanto que na neurose a identificação continua sendo de representações inconscientes e não compromete a percepção**... um passo a mais, e Aurélie, Adrienne e mãe são a Virgem... [grifos meus].

Mas esta diferenciação de neurose e psicose não convence Deleuze e Guattari (1976, p. 164), que advertem:

> Tudo se converte em neurose, ou tudo se derrama em psicose: no entanto, não é assim que a questão deve ser colocada. Seria inexato guardar para as neuroses uma interpretação edipiana, e reservar às psicoses uma explicação extra-edipiana. **Não há dois grupos, não há diferença de natureza entre neuroses e psicoses.** Porque de qualquer maneira é a produção desejante que é causa, causa última, seja das subversões psicóticas que quebram Édipo ou o submergem, seja das ressonâncias neuróticas que o constituem [grifos meus].

Esta produção desejante do sujeito neurótico ou psicótico pode resultar numa constelação ou enxames de imagens, no sentido de Gilbert Durand e pode formar um complexo, dependendo de o sujeito, em estado de alteração da consciência, se revelar muito produtivo ou muito improdutivo; ou ainda, extremamente incoerente, sem articulação ou conexão do imaginário criador com os materiais inconscientes. Para Gaston Bachelard, tudo depende da capacidade do sujeito imaginante mobilizar o seu material imaginário, seus hormônios da imaginação criadora para expressar dor, prazer, felicidade, infelicidade, saúde, doença, fraqueza, vitalidade.

Para Jean-Jacques Wunenburger (cf Araújo e Baptista, 2003, p. 17),

> [...] **o imaginário representa sem dúvida uma matriz de desejos, de modelos, de sentidos e de valores que permitem que os humanos estruturem a sua experiência, desenvolvam as suas construções intelectuais e dêem início a acções.** Entre os determinismos materiais (biológicos, econômicos) das infra-estruturas (demasiadamente utilizadas como argumentos pelas ideologias marxistas) e as livres escolhas conscientes e racionais (muitas vezes sobredeterminadas pelos filósofos e pelos materialistas), o imaginário constitui uma espécie de plano intermédio que induz estruturas psíquicas comuns (das quais as religiões e as ideologias são exemplos vivos), convidando simultaneamente cada um a imaginar um mundo próprio. [grifos meus].

As ciências humanas, de acordo com Wunenburger (cf Araújo e Baptista, 2003, p. 18), procuram dissecar e encontrar uma explicação para a organização e o comportamento humano. O autor comenta que,

Tal como referiu Gilbert Durand, o Homem nunca se ilumina tanto como quando é retomado na sua unidade viva, que, sem excluir os determinismos neurobiológicos ou as escolhas livres próprias da noosfera (o mundo das idéias), se enraíza na sua alma enquanto memória, sonho e projeção no futuro, em suma, criação de imagens através das quais dá sentido e enfrenta o seu destino votado à morte. **A imaginação e o imaginário seriam assim lugares e instâncias que contêm um poder decisivo de hominização.** Esta ciência das imagens, da imaginação e do imaginário tem conhecido um desenvolvimento lento, mas constante, há já mais de um século, desde os trabalhos sobre a mitologia ou o inconsciente no final do século XIX, até às impressionantes Mitologias de um Claude Lévi-Strauss ou às Estruturas Antropológicas do Imaginário de um Gilbert Durand, passando pelas abordagens filosóficas de um Ernst Cassirer ou de um Gaston Bachelard... Importa agora avaliar os resultados obtidos pelas diferentes escolas, metodologias, ordenando-as em torno das mais inovadoras, das mais prometedoras, das mais ambiciosas e, por conseguinte, capazes de corrigir e de enriquecer a imagem de Homem, bem como, de o compreender melhor. Este tipo de empresa se beneficia da criatividade dos pioneiros, dos orientadores, das figuras dominantes que são por exemplo Mircea Eliade, C. G. Jung, Gaston Bachelard, Paul Ricoeur, Henry Corbin, Gilbert Durand, Edgar Morin, etc. [grifos meus]

Com Edgar Morin (2001, p. 182) compreende-se o quanto é fundamental a interação e a troca de material cultural, cujo processo social possibilita produzir e se produzir como ser cultural, porque o que caracteriza

> A organização recursiva é a organização cujos efeitos e produtos são necessários à sua própria causação e a sua própria produção. (...) problema da autoprodução e da auto-organização. **Uma sociedade é produzida pelas interações entre indivíduos e essas interações produzem um todo organizador**, o qual retroage sobre os indivíduos para co-produzi-los na sua qualidade de indivíduos humanos, o que eles não seriam se não dispusessem da instrução, da linguagem e da cultura. Portanto, o processo social é um círculo produtivo ininterrupto no qual, de algum modo, os produtos são necessários à produção daquilo que o produz. [grifos meus]

Este homem capaz de expressar mais que opostos, disjunções, também as junções do *sapiens* e do *demens*, é atestado na epistemologia de Edgar Morin (1982), cuja palavra complexo ou elemento complexo, pode nos levar a relacionar com o sujeito complexo, aquele que reúne na unicidade, a multiplicidade, a pluralidade de personagens, de caracteres e de potencialidades, sujeito *bio-psico-sócio-cultural*, que em sua inteireza transita e busca a sutura epistemológica entre Natureza e Cultura – *homo sapiens* e *homo demens*, portanto, ou seja, trata-se do que Morin designa como um ser da álea, multidimensional. "O destino do *sapiens-demens* é obra aberta, rio majestoso como Morin considera, simultaneamente sereno e tempestuoso" (CARVALHO, 2003, p. 101).

Carvalho (2003, p. 101) lembra que é fundamental para o pensamento complexo, a religação dos saberes, por isso:

> É sempre biodegradável, redefine-se a todo o momento, funda-se na dialogia, na recursividade e no holograma, operadores cognitivos a serem simultaneamente acionados em qualquer pesquisa, ensaio, tese, conferencia. O primeiro associa termos aparentemente irreconciliáveis; o segundo nega a linearidade entre causa-efeito; o terceiro identifica na parte e no todo a totalidade da informação contida em todo o sistema. O todo, que simultaneamente está na parte que, por sua vez, se presentifica nele, produz uma miríade de fluxos, dobras, interconexões, multidimensionalidades, ressonâncias, ondas, partículas, vidas, mortes, desejos, recalques. Individuo, sociedade, cosmo encontram-se mutuamente implicados na totalidade da natureza, aqui entendida como a totalidade inatingível na vida.

Para Morim (1982, p. 221) esta definição de sujeito remete ao problema da complexidade, por ser fundamental na questão da construção do conhecimento porque rompe com as formas fragmentadas, racionalistas de produzir conhecimento acadêmico, por isso:

> [...] uma noção cuja primeira definição não pode deixar de ser negativa: **a complexidade é aquilo que não é simples**. O objeto simples é o (...) que pode ser concebido como uma unidade elementar indecomponível. A noção simples é a que permite conceber este objeto de forma clara e distinta, como uma entidade isolável do seu ambiente. (...) A causalidade simples é a que pode isolar a causa e o efeito e prever o efeito da

causa segundo um estrito determinismo. O simples exclui o complicado, o incerto, o ambíguo, o contraditório. A fenômenos simples corresponde uma teoria simples. Todavia, pode-se aplicar a teoria simples a fenômenos complicados, ambíguos, incertos. Faz-se então simplificação. **O problema da complexidade é o que é levantado por fenômenos não redutíveis aos esquemas simples do observador.** É certo, pois, supor que a complexidade se manifestará primeiro, para este observador, sob a forma de obscuridade, de incerteza, de ambigüidade e até de paradoxo ou de contradição. [grifos meus]

Morim (1984, p. 14) adverte que a complexidade não pode se reduzir ao complicado, cujo estatuto epistemológico procura conciliar a dificuldade de pensar e articular a lógica, as palavras e os conceitos, problemas que a filosofia tem se deparado,

Mas hoje este problema é colocado pela enorme transformação que está a operar as diferentes ciências da natureza e do homem, pelo menos nos seus setores de ponta. Além disso, **o problema da complexidade tornou-se uma exigência social e política vital do nosso século**: damo-nos conta de que o pensamento mutilante, isto é, o pensamento que se engana, não porque não tem informação suficiente, mas porque não é capaz de ordenar as informações e os saberes, é um pensamento que conduz a ações mutilantes. [grifos meus]

Talvez residam, neste novo obscurantismo do pensamento, as fulgurações imaginárias tão caras e tão preciosas aos poetas para a construção de redes sistêmicas, complexas, de imagens plenas de vida, de símbolos, de jogos e signos distorcidos, equivocados, mas expressões de inconscientes, cujo aval pode vir do material vivencial, devaneado pelo sonhador, daquele que sofre e chora e daquele que canta e sublima, lágrimas que podem se transformar em virtudes, imagens muitas vezes, simples, ingênuas, distorcidas, mas ainda assim, repletas de significados.

Este obscurantismo, por sua vez, cresce nos meios científicos também, ao que Morin (1987, p. 17) pontua: "(...) Cresce no próprio seio do saber, ao mesmo tempo em que permanece invisível para a maior parte dos produtores desse saber (...). Inconscientes do que é e faz a ciência na sociedade, os científicos são incapazes de controlar os poderes subjugadores ou destrutores saídos do seu saber."

Edificam-se uma verdadeira Torre de Babel do conhecimento, vertiginosa, mas não é menos verdadeiro que nosso século mergulha numa também vertiginosa crise com relação aos fundamentos epistemológicos do conhecimento.

Esta Torre de Babel, segundo James Hillman (1997b, p. 106) é resultante de novas linguagens, signos, símbolos e significados criados nas sociedades, cujas

> Grandes questões filosóficas giram em torno das relações entre o visível e o invisível. Nossas crenças religiosas separam os céus e a terra, esta vida e a vida após a morte, e nossa mentalidade filosófica dicotomiza mente e matéria, o que força um abismo entre visível e o invisível. Como fazer uma ponte entre ambos? Como se pode transpor o invisível para o visível? Ou o visível para o invisível?

Por isso, separar as coisas como faz a mente racional, parece simplificar aquilo que não podemos explicar, diz Hillman (1997b, p. 122): "O que não sou capaz de ver, não sou capaz de conhecer. O que não conheço, temo. O que temo, odeio. O que odeio, quero destruído... a mente racional prefere o fosso à ponte. Gosta do corte que separa os domínios. De dentro de sua casamata de concreto, todos os invisíveis são iguais – e maus".

Em virtude disso é que Morin (2001, p. 199) adverte a respeito da necessidade de um sujeito ser capaz de fazer a sutura entre a natureza e a cultura, sem excluir de sua aprendizagem os erros e a ilusão, o imaginário e a arte, o afetivo e o racional, para não asfixiar a mente racional. Não asfixiar o pensamento gerador de material consciente e inconsciente, porque "ainda que o ser humano seja ao mesmo tempo biológico, psicológico e cultural, uma cortina de ferro separa o cérebro do espírito, o homem biológico do homem social".

Para Morin (2001), as coisas são "causadas e causadoras, ajudadas e ajudantes, mediatas e imediatas, e todas se mantêm por um elo natural e invisível que liga as mais afastadas e as mais diversas".

Compreende-se então porque Hillman (1997b) adverte que somente estando numa casamata de concreto para separá-las sem se dar conta, assim, se cava um fosso entre a mente racional e a mente criativa.

Neste contexto, Morin (2001, p. 52) pontua que "a complexidade tem sempre contato com o acaso", e Bachelard (1996b) atesta esta idéia quando considera que tanto os discursos míticos como os racionais são feitos de determinações, escolhas, acasos; obstáculos científicos e complexos.

Neste caso, adverte Morin (1969, p. 85), deve-se considerar o elemento cultural, visto que:

> **Uma cultura, afinal de contas, constitui uma espécie de sistema neurovegetativo que irriga, segundo seus entrelaçamentos, a vida real de imaginário, e o imaginário da vida real.** Essa irrigação se efetua segundo o duplo movimento de projeção e identificação... o imaginário é um sistema projetivo que se constitui em universo espectral e que permite a projeção e a identificação mágica, religiosa ou estética. [grifos meus]

O imaginário, para Bachelard (1990a, p. 65), é sinônimo de imaginação, é valorização da condição humana. A imaginação é a faculdade de formar imagens advindas da percepção; imaginação fundamentalmente aberta, evasiva, aquela que representa as experiências de abertura, de novidade e de inovação; experiências, geralmente, permeadas por medo, insegurança ou desconfiança, posto que nenhum sujeito associa-se ao novo guiado somente pela espontaneidade, indiferença. O novo supõe rupturas, quebras, mudanças de paradigmas, de olhar, de direção. Na concepção de imaginário, deve-se levar em consideração o papel do inconsciente, do qual brota a força da vida, das criações.

O imaginário também para Edgar Morin (1969, p. 84) é um grande anunciador do novo, dado que:

> [...] o além multiforme e multidimensional de nossas vidas, no qual se banham igualmente nossas dúvidas. É o infinito jorro virtual que acompanha o que é atual, isto é, singular, limitado e finito no tempo e no espaço. **É a estrutura antagonista e complementar daquilo que chamamos real, e sem a qual, sem dúvida, não haveria realidade humana. O imaginário começa na imagem - reflexo, que ele dota de um poder fantasma – a magia do sósia – e se dilata até os sonhos mais loucos, desdobrando ao infinito as galáxias mentais.** ... liberta não apenas nossos sonhos de realização e felicidade, mas também nossos monstros interiores, que violam os tabus e as leis, trazem a destruição, a loucura ou o horror. Não só delineia

o possível e o realizável, mas cria mundos impossíveis e fantásticos. [grifos meus]

O imaginário, para o autor (2001, p. 228) traça um caminho onde antes não havia caminho, dado que:

> Precisamos romper com a mitologia da ordem para quem a liberdade é desordem. ...(ela) não faz parte só da idéia reacionária, na qual toda novidade se apresenta como desvio, perigo, loucura, desordem; ela faz parte da idéia utópica de uma sociedade que seria harmônica suprimindo toda a desordem, todo conflito e toda a contradição. (...) a liberdade se alimenta de conflituosidade, numa organização que a conflituosidade não seja destruidora. Uma sociedade composta de pura desordem é tão impossível quanto um universo de pura desordem. Uma sociedade composta de pura ordem não é menos impossível. O sonho demente de ordem social pura é traduzido pelo campo de concentração e é punido com a desordem infinita do assassinato.

Estas observações de Edgar Morin apontam - a meu ver - para os riscos que todos corremos ao procurar, obsessivamente, ordenar as coisas, ainda que, seja um material desordenado pela criação estética, que pede por um olhar embasado nos meandros da afetividade e da sensibilidade.

Como ser capaz de apreciar uma obra de arte do ponto de vista da deformidade e não querer destruí-la, como se fosse um descompasso racional ou extravagância emocional? E quando é esse o caso, cuja criação deformante deve ser apreciada do ponto de vista do feio, do desgastante, do disforme da própria vida e seus aleijões físicos, psíquicos e espirituais, aquilo que faz coxear o corpo e também a alma, o que fazer? Por que acreditamos que somente uma ordem racional saberia apreciar, julgar e fazer as necessárias purgações? Será que esta situação é mais fácil por que é mais simplificadora? Como não admitir e reconhecer a complexidade existente nos fenômenos dos complexos imaginários?

Na obra *Ciência com Consciência*, Edgar Morin (2001) chama atenção para o fato de que as ciências não têm consciência dos princípios ocultos que as comandam; não têm consciência justamente porque esta lhes falta, nos mais diversos sentidos e níveis.

Certamente, as mudanças paradigmáticas nem sempre são compreendidas pela consciência, que no dizer de Kuhn (cf Morin, 2001, p. 22), significa que:

> No interior e acima das teorias, inconscientes e invisíveis, alguns princípios fundamentais controlam e comandam, de forma oculta, a organização do conhecimento científico e a própria utilização da lógica (...). Um paradigma, princípio que controla as visões de mundo, desaba para dar lugar a um novo paradigma. Julgava-se que o princípio de organização das teorias científicas era pura e simplesmente lógico.

Assim sendo, torna-se fundamental compreender, diz Morin (2001, p. 111) "que o conflito, a desordem, o jogo, não são escórias ou anomalias inevitáveis, não são resíduos a reabsorver", são "constituintes-chaves de toda a existência social. É isso que se deve tentar conceber epistemologicamente". Concepção que deve considerar o pensamento complexo como um pensamento não redutor, que lida com a finitude e a incompletude do homem; que exclui os pensamentos simplificadores porque estes são mutilantes e mutiladores.

Neste contexto, deve-se considerar, portanto "os que pareciam ser os resíduos não científicos das ciências humanas: a **incerteza**, a **desordem**, a **contradição**, a **pluralidade**, a **complicação**, etc." partes "da problemática geral do conhecimento científico" (MORIN 2001, p. 138) [grifos meus].

Para Morin (2001), a irredutibilidade do acaso e da desordem; a transgressão e a complicação reforçam o fato de uma ciência sem consciência dos entraves epistemológicos, cujo

> [...] primeiro caminho é o da **irredutibilidade do acaso ou da desordem**. O acaso e a desordem brotam no universo das ciências físicas inicialmente com a irrupção do calor, que é agitação-colisão-dispersão dos átomos ou moléculas; depois com a irrupção das indeterminações microfísicas, e, finalmente, na explosão originária e na dispersão atual do cosmo. (...) a **transgressão**, nas ciências naturais, dos limites daquilo a que poderia chamar-se a abstração universalista que elimina a singularidade, a localidade e a temporalidade. (...) O problema da **complicação** surgiu a partir do momento em que percebemos que os fenômenos biológicos e sociais apresentavam um número incalculável de interações, de inter-retroações, uma

fabulosa mistura que não podia ser calculada nem pelo mais potente dos computadores, donde o paradoxo de Niels Bohr que diz: 'As interações que mantêm em vida o organismo de um cão são as impossíveis de se estudar *in vivo*. Para estudá-las corretamente, seria necessário matar o cão'. (p. 177-179) [grifos meus]

Irredutibilidade do acaso e da desordem, transgressão e complicação – que elemento da ordem do complexo na ciência ou na poesia não tem uma parcela destes elementos? Que complexo não agrega, em sua profundidade elementos da superficialidade? A singularidade - ao que parece - está envolta de configurações multifacetadas e disformes, explosões criativas, gestos inconscientes do homo *sapiens*, na sua estrutura biológica e *reflexológica* (MORIN, 2001, DURAND, 1997a).

Somos - ao que parece - uma unidade em meio a uma multiplicidade determinada e determinante de fatores que exigem que o uno não se perca no múltiplo e nem o contrário, o múltiplo no uno, diz Morin (2001, p. 180): "...a organização é o que constitui um sistema a partir de elementos diferentes; nela constitui, portanto, uma unidade e uma multiplicidade. A complexidade lógica de ***unitas multiplex*** exige-nos que não dissolvamos o múltiplo no uno, nem o uno no múltiplo".

Assim, para Morin (2000, p. 55) o **Unitas multiplex** articula de forma complementar e antagônica a unidade e a diversidade humana, mas, a idéia de unidade do homem como espécie não deve apagar a diversidade que caracteriza a própria espécie humana. Complexidade ambivalente que nos faz, de certa forma, romper com a ideologia da ordem, a qual "não está só na idéia reacionária em que toda inovação, toda novidade significa degradação, perigo e morte" (2001, p. 206); mas, na utopia de construir uma sociedade harmônica ou de produzir discursos racionais desprovidos de todo e qualquer material inconsciente.

James Hillman[3] observa em *O mito da Torre de Babel* (1999, p. 1) que:

---

3   Texto de James Hillman retirado da www.rubedo.psc.br - "conferência que o professor Hillman fez em Siena no dia 17 de novembro de 1999. O evento, ao qual participaram estudantes de toda a Itália, foi organizado pelo Centro Interdepartamental de Estudos Antropológicos sobre Cultura Antiga da Universidade de Siena".

(...) se cria a variedade, os vários estabelecimentos... (....) para impedir a uniformidade que se tem a diversidade. É um elemento sobre o qual refletir, em meio a tantos impulsos poderosos em direção à uniformidade, na ciência e na economia, nos negócios, na política e assim por diante. Existe claramente um forte impulso ao universalismo. A aspiração a uma ciência unificada, a um direito internacional, a uma Igreja e a uma língua universais... Esperança de uma paz universal e da possibilidade de solução de todos os conflitos através da unidade. Mas não é essa a lição que nos vem por meio de Babel. Babel nos diz que o Senhor quer: Ele quer a diversidade, a variedade.

Portanto, para Edgar Morin assim como James Hillman, faz-se necessário um novo aprendizado, aquele que nos ensine a conviver e a dialogar com o *homo sapiens*, com o *homo logicus*, com o *homo ludicus*, com o *homo demens, com o homo sapiens demens,* assim como com o *homo miticus,* todos eles antagônicos, mas convergentes, as partes do uno e do múltiplo reunidas na estrutura do *homo complexus,* sem recorrer ao *hibridismo* impotente e desnecessário tanto do ponto de vista cientifico quanto poético, porque:

Como disse um escritor, **os Apaches têm um nome para cada lado do rio, mas nenhum nome para o rio**; eles entendem o particular, o local. E o discurso poético, a metáfora, a língua originária traz muitos significados nas imagens. Embora eles sejam particulares, são também intensos, ricos como qualquer outro universal: são, se quisermos, mais arquétipos simbólicos que puramente sinais. Acreditar que a comunicação pede uma língua universal, abreviada, uma Neolíngua à la Orwell significa reduzir a comunicação a mera informação, transformando a informação e a mensagem em dados. **Uma mensagem é alguma coisa a mais que um conjunto de dados. Uma mensagem é um anghelos, e cada nação, diz o Gênesis, tem o seu anjo, porque tem a sua linguagem**. Os anjos podem ainda falar entre si porque a sua língua é a língua desse mundo: não creio que falem Teologia, creio que falem Natureza. Falam a língua da lenha que queima, da luz das estrelas, do latido de um cão à distância. **Por causa de Babel, todos os povos que não se entendem entre eles podem ao contrário entrar em contato um com o outro através deste profundo universalismo da psique no nível arquetípico da existência, através do fundamento poético da mente** (HILLMAN, 1999, p. 7) [grifos meus]

Encontramo-nos nesta fala do psicanalista James Hillman, ao constatar que alguns complexos foram nomeados por escritores, poetas, pessoas comuns; que alguns conceitos, em determinados autores, ajudaram a compreendê-los em suas expressões; que algumas idéias forneceram de certa forma, uma definição para os fenômenos que os envolvem, do quanto eles podem representar em variadas áreas do conhecimento, dada a necessidade de compreender os fenômenos que cercam a consciência e a natureza do *homo complexus*, como assinala Edgar Morin (2000).

Este homem cuja singularidade não é simplificante e não pode ser definida tão facilmente, como tentam fazer os nominalistas com a língua, em especial, a linguagem da simplificação na Internet, porque segundo Hillman (1999, p. 9), "no nominalismo, uma palavra significa o que aquele que a pronuncia quer que signifique. O significado é dado por aquele que fala", porque, "a uma palavra vem confiado um significado particular, e um acrônimo ou uma abreviação desempenha a mesma função de uma palavra. Não existem nem raízes nem sentido de dependência nas palavras", certamente, "o nominalismo facilita o processo tecnológico, mas e o processo ético, o processo cultural?".

Jacques Lacan (2008, p. 15-6) considera que:

> O complexo, com efeito, liga sob uma forma fixada um conjunto de reações que pode interessar todas as funções orgânicas desde a emoção até a conduta adaptada ao objeto. O que define o complexo é que ele reproduz uma certa realidade do meio ambiente, e duplamente:
>
> 1º - Sua forma representa essa realidade no que ela tem de objetivamente distinto numa certa etapa do desenvolvimento psíquico; essa etapa especifica sua gênese.
>
> 2º - Sua atividade repete na vivencia a realidade assim fixada, cada vez que se produzem certas experiências que exigiriam uma objetivação superior dessa realidade; essas experiências especificam o condicionamento do complexo.
>
> (...) O complexo seja dominado por fatores culturais: em seu conteúdo, representativo de um objeto; **em sua forma, ligada a uma etapa vivida da objetivação**; enfim, em sua manifestação de carência objetiva em relação a

uma situação atual, quer dizer, sob seu triplo aspecto de relação de conhecimento, de forma de organização afetiva e de prova ao chocar-se com o real, o complexo se compreende por sua referência ao objeto. Ora, **toda identificação objetiva exige ser comunicável**, isto é, repousa sobre um critério cultural; é também por vias culturais que ela é na maioria das vezes comunicada. [grifos meus].

Nesse contexto, diferente de Freud, também referencial deste trabalho, para Lacan, o complexo tem uma objetividade, posto que, admite-se que o sujeito tenha consciência do mesmo, dado que:

> Definimos o complexo num sentido muito amplo que não exclui que o sujeito tenha consciência do que ele representa. Mas foi como fator essencialmente inconsciente que Freud o definiu a princípio. Sua unidade é, com efeito, surpreendente sob essa forma, na qual ela se revela como a causa de efeitos psíquicos não dirigidos pela consciência, atos falhos, sonhos, sintomas. Esses efeitos tem caracteres tão distintos e contingentes que forçam a admitir como elemento fundamental do complexo esta entidade paradoxal: uma representação inconsciente designada pelo nome de imago. **Complexos e imago revolucionaram a psicologia e especialmente a da família**, que se revelou como o lugar de eleição dos complexos mais estáveis e mais típicos: de simples tema de paráfrases moralizantes, a família tornou-se o objeto de uma análise concreta. (LACAN, 2008, p. 18) [grifos meus]

Para René Kaes (2010, p. 141), "o complexo pode ser definido como um conjunto organizado de representações e de investimentos inconscientes, construído a partir de fantasias intersubjetivas, nas quais a pessoa ocupa seu lugar de sujeito desejante".

Hyung-Joon Chin (apud Goyon, 2000, p. 46) atesta a importância dos complexos na leitura das culturas ao apontar que, a partir dos complexos de cultura e da própria noção de complexo, na obra de Gaston Bachelard, bem como o conhecimento dos arquétipos culturais, na obra de Gilbert Durand, foi possível analisar muitos aspectos culturais na Coreia do Sul, compreender muitos elementos alienantes, bem como, elementos reclamantes ao longo da história desse país asiático; o que lhe permitiu perceber e compreender mais e melhor os complexos literários que estão presentes, de modo disseminado, no contexto social e na cultura coreana.

O autor atesta, fundamentalmente, o frescor e também a importância capital da filosofia de Gaston Bachelard, dado que nosso autor considera que toda cultura está carregada de complexos culturais e estudá-los significa se aproximar dos sentidos e imagens estereotipadas, mesmo quando essas imagens são ignoradas, distorcidas e recalcadas na esfera social; que é possível constatar a presença de inúmeros obstáculos e entraves científicos, culturais, humanos e sociais, o que acaba gerando comportamentos individuais e de grupos que mais escondem do que revelam. Nesse jogo de revelar/esconder, deve-se atentar para aquilo que se sublima, de maneira exagerada, podendo inclusive criar uma falsa imagem da cultura, ao tentar afirmá-la apenas naquilo que lhe parece positivo ainda que errado. Assim, aqueles que fizeram uma leitura diferente correm o risco de não serem compreendidos e podem, inclusive, ser perseguidos. Nesse contexto, a obra de Gaston Bachelard é altamente instrutiva e educativa por nos conduzir ao cerne das questões e, ao desmistificar complexos culturais, aponta o quanto eles revelam de uma cultura, sendo, por isso, um alerta e um guia para que compreendamos culturas e suas produções e criações.

Christian Despont (matéria do jornal Le matin Dimanche, 20/jan./2012, p. 79) comenta que, "un complexe naît aujours d'un ascendent problématique: ao départ, un point fort percute un point faible, ou particulièrement sensible. Un liftpuissant sur un reversà une main. Un bras musculeux sur un coeur dès-thète. Une exubérance animale sur un flegme choisi". O complexo se fortalece cada vez mais, em proporções equivalentes ao grau de confiança e distorção; um complexo se alimenta de qualquer coisa alienante, contida no subconsciente. No sentido terapêutico, "le complexe signifie un ensemble de représentations douloureuses, peu supportables".

Nessa obra, pesquisamos aquilo que foi possível apontar, fugindo radicalmente da tentação de trazer lições, receituários ou uma classificação rígida; e, com isso, possivelmente, contribuir para o estudo do imaginário, pontuando a pertinência dos elementos impertinentes, que se aglutinam em enxames de imagens para expressar os complexos, através de obstáculos, imagens, estereótipos, considerando fundamental que deem as suas mensagens: inconscientes, vigorosas, desconcertantes.

PARTE 2

ELENCO DOS COMPLEXOS

Aclassificação dos complexos poderia ser feita por autores como Bachelard e Durand, considerando que eles se destacam pela quantidade. Bachelard em especial, com imensa produção nesse aspecto, mas, optamos por seguir uma classificação, de acordo com uma ordem alfabética, independente se o autor trata do assunto num artigo ou livro ou se o complexo foi publicado em algum site ou blog da internet, como em alguns casos que aparecem na classificação dessa obra. Também, não fizemos uma nova pesquisa exaustiva e abrangente, advertimos que, completamos a classificação com uma série de complexos que não foram publicados na primeira versão dessa obra, bem como, alguns novos que foram encontrados nesses anos de estudos de obras e autores no âmbito da filosofia e áreas correlatas.

1. COMPLEXO AFETIVO

Para o sociólogo, antropólogo e filósofo francês, **Edgar Morin** (cf Pena-Vega *et all*, 2008, p. 95-98), o *Complexo Afetivo* tem a ver com a articulação do sujeito com seu meio, o que lhe permite discernir as coisas mediante a consciência realista, dado que, "Sentimento e Realismo determinam-se mutuamente. Assim, podemos falar de **um complexo realista-sentimental** ou, para maior comodidade, de um complexo 'afetivo'". Edgar Morin, de acordo com os autores, neste complexo, se refere ao filósofo francês, *Augusto Comte*[4], quando este pontua a caracterização dos três estágios da consciência.

---

4   OBS.: Para Augusto Comte – A lei dos três estados: 1. O estado teológico: não reconhece o alcance científico, apenas a natureza íntima das coisas; 2. O estado metafísico: não reconhece as ideias universais. Pois, no estágio metafísico a investigação só pode conduzir a um grau de abstração maior que o primeiro estado; 3. O estado positivo: valorizava a observação dos fatos concretos, científicos. Neste estágio, o adulto deixa de lado a origem e o destino do universo, para refletir sobre as relações efetivas que permeiam as coisas.

O Complexo afetivo, de acordo com Morin, se manifesta no imaginário das pessoas ao atingir o terceiro estágio, o racional-empírico[5]. Ao que parece, esse estágio se caracteriza por menor força inconsciente, numa espécie de meia obscuridade, em que o sujeito mantém um pé nos *elementos arcaicos*, outro na realidade. Segundo Pena-Veja *et all* (2008, p. 96-7), pode-se dizer que,

> O estado realista sentimental propriamente dito se caracteriza pela intensidade da vida afetiva. Ele se define relativamente ela, que forma uma espécie de plasma psíquico que se situaria entre a magia e a consciência subjetiva; ela se parece com uma e com a outra, mas não se resume a uma nem à outra. Trata-se do reino das P.I.T. (projeção-identificação-transferência) sentimentais, mistas, ambivalentes. Nossa vida afetiva, vida de sentimentos, de devoção, de amores, de amizades, de ternuras, de desprezos, de raivas, de deferências, de invejas, de ciúmes etc., revela toda a gama das P.I.T. com predominância realista-sentimental. (...) A participação afetiva é com um meio coloidal, no qual mil partículas mágicas encontram-se em suspensão.

> [...] Todo estudo sério do século XX, toda crítica séria da 'vida cotidiana' deveria, antes de apresentar 'desmistificações' mistificadoras, considerar os processos das P.I.T. postos em cena em nossa civilização.

2. COMPLEXO AGRONULAR DA MUTILAÇÃO

Esse *Complexo Agronular da Mutilação* foi citado pelo antropólogo francês, **Gilbert Durand** (1997a, p. 307) ao discutir as várias práticas iniciáticas e de purificação, nas culturas mundiais, quando "pode-se dizer que há um verdadeiro *complexo agrolunar da mutilação*: os seres míticos lunares muitas vezes só têm um pé ou uma mão, e nos nossos dias ainda é na lua minguante que os nossos camponeses podam as árvores". O autor lembra que há uma "estreita conexão destes rituais mutilantes com os rituais do fogo" (1997a, p. 307).

Para Durand (1997a, p. 306), nas lendas e histórias de personagens mutiladas, as enfermidades lembram mutilações iniciáticas, dado que "a iniciação

---

5 Para os autores, "a mentalidade racional-empírica é, ela mesma, um complexo no qual se associam uma atitude submissa – a atitude experimental – e uma atitude arrogante – a atitude racional – no que diz respeito ao mundo considerado como um conjunto de fatos.

compreende quase sempre uma prova mutiladora ou sacrificial que simboliza, em segundo grau, uma paixão divina" (1997a, p. 306).

Esse tipo de complexo faz pensar nas pessoas que se pautam nas fases da lua para cortar os cabelos, por isso, quem freqüenta salões de beleza, escuta com certa freqüência ainda, o cliente perguntado para os profissionais qual a fase da lua. Dependendo da resposta, o (a) cliente corta ou não corta os cabelos; e especialmente faz pensar nos jovens que usam certos objetos metálicos, e, por vezes, pesados, nas orelhas, lábios e outras partes do corpo, os quais, às vezes, acabam atrofiando membros e partes do corpo; alguns atrofiamentos pedem por intervenções cirúrgicas. Deve-se considerar que, na maioria dos casos, são resultantes de escolhas livres, gestos espontâneos, livres de coação, impulsionados talvez por símbolos de guetos e tribos, identificação com padrões estéticos e culturais deles, jovens.

Faz pensar também no mito das Amazonas, mulheres guerreiras que mutilavam o seio a fim de valorizar sua força e coragem, elementos fundamentais para a sobrevivência e honra do/a guerreiro/a.

Esse complexo faz pensar, também, nos constantes acidentes de motos, automóveis e outros, na violência do trânsito nas grandes cidades. As fábricas e algumas atividades, como construção civil e outras, costumavam deixar muitos mutilados; a quantidade diminuiu significativamente, mas continuam as mutilações por acidente de trânsito nas cidades movimentadas; também ajuda a causar muitos acidentes de trânsito nas cidades movimentadas; também ajuda a causar muitos acidentes o excesso de entorpecentes e drogas.

A mutilação também pode ser o resultado indireto dos que professam ódio pela vida, ódio contra pessoas, contra grupos sociais, como nos casos de feminicídio, infanticídio; perseguição por raça, pertenças étnicas, revanchismo, vingança e sadismo; as mutilações advindas de práticas fanáticas entre outras.

3. COMPLEXO AMBÍGUO DA CLAUSTRAÇÃO

O autor é **Gilbert Durand** (1997a, p. 240) e, o *Complexo Ambíguo da Claustração* aparece na obra desse, quando ele comenta a respeito do túmulo como morada nupcial. Conforme o autor, pôde-se compreender o porquê da escolha de Antígona pelo túmulo como morada nupcial.

Durand (1997a) considera que há na obra de *Victor Hugo* referências que remetem ao *complexo ambíguo da castração*, visto que, na obra *Os Miseráveis*, pululam imagens de sepulcros, claustração, emparedamentos, jazigos, refúgios, esgotos e esconderijos; destacados na análise do ensaísta e psicanalista francês, Charles Baudouin:

> Em Hugo, o motivo do jazigo é valorizado de maneira hesitante, porque é ao mesmo tempo temido e desejado. A este **complexo ambíguo da claustração**, Baudouin liga no grande poeta o tema da *insularidade*. A insularidade seria uma espécie de 'Jonas' geográfico: para alguns psicanalistas é este engrama da ilha que chegaria para separar psicologicamente a Irlanda católica do 'continente' inglês e protestante (DURAND, 1997a, p. 240) [grifos meus].

Pela ênfase dada ao túmulo, aos refúgios e esconderijos, trata-se no sentido bachelardiano, do **elemento terra**. A ambigüidade do complexo está na história de Antígona para quem a morada no túmulo é resultado de uma escolha ética e da imposição da Lei. Antígona fez aquilo que seus preceitos éticos determinaram, acatou aquilo que a Lei determinou, ainda que não concordasse com uma condenação desumana como a que recebera.

Na atualidade, existem muitos filmes sobre personagens que vivem experiências da clausura. No mundo, em geral, chama a atenção os tipos de clausuras, que às vezes são denunciados pela mídia, como os de empregados domésticos, que vivem uma situação humilhante, de exploração de mão de obra escravizada; clausura, silenciamento e morte de crianças, jovens e adultos enclausurados por pessoas ciumentas, e possessivas; violentas e agressores rudes; os sequestradas, muitas vezes pagam um preço alto, o da vida, por tentarem sair do subjugo e exploração, dominação.

Existem as pessoas que foram ou estão enclausurados para retirada de órgãos, para escravização sexual, exploração de tráfico de drogas ilícitas ou mão de obra em trabalhos dolorosos.

As clausuras modernas estão espalhadas pelo planeta, que virou a casa do ser vivo e também a casa que abriga o ódio, a má fé, o crime e os mais variados desregramentos de conduta, cerceando vidas, explorando-as, sacrificando-as e subjugando-as por prazer torpe ou exploração capitalista doentia.

4. COMPLEXO ANAL MANIFESTO

O *Complexo Anal Manifesto* aparece na obra *A terra e os devaneios do repouso*, do filósofo francês, **Gaston Bachelard** (1990b, p. 129, 174, 190 e 192). Há seqüências inteiras de capítulos e referências aos intestinos, algumas citações de obras de **Vitor Hugo** e de outros autores.

Para Bachelard (1990b), esse complexo está presente, especialmente na obra de Victor Hugo, quando descreve os horrores mundanos como sendo o intestino de Leviatã, na obra *Les Misérables*. Para Hugo, o intestino de Leviatã é o esgoto de Paris, no qual predominam imagens do subterrâneo, do "jogo dos valores... sujos" (BACHELARD, 1990b, p. 190).

Também na obra *L'homme qui rit*, Hugo descreve um labirinto tenebroso, imagem que, segundo Bachelard, "traz de volta a mesma imagem, o que prova claramente, em nossa opinião, a ação de um arquétipo" (1990b), Hugo faz pensar num intestino antropofágico, uma cidade com alma enlameada, com fome voraz pelas imundícies. Há um sentido moralizante quando Hugo diz "a lama, porém a alma" (HUGO, cf BACHELARD, 1990b, p. 192). Bachelard observa que, por vezes, na obra *Os miseráveis*, "a cidade é mostrada como uma alma turva, uma alma repleta de faltas, mas que aspira ao bem!" (1990b, p. 192). Os esgotos são rios infernais, e é para lá que devem ir todas as imundícies e sujeiras, ao mesmo tempo, os esgotos são também benfeitores, porque devoram as sujeiras, as imundícies, 'devoram o mal'.

Há nessa obra de Hugo valorização do horrível, do fétido e do infernal. O elemento é a lama, combinação da água com a terra. A terra recebe em seu grande ventre os "rios infernais" - as águas nefastas e sujas. O rio nesta situação está pesado pela sujeira, portanto, mais próximo da terra do que da água. É um objeto parado, enlameado.

Esse complexo faz pensar na questão dos lixões mundiais, o lixo não tratado, que contamina cotidianamente os esgotos. No Brasil, o lixo é uma questão crítica, para ser resolvida pelos órgãos competentes, contando com a cooperação da população, todos sofrem com o excesso de lixo nas ruas, com a falta de reaproveitamento das água das chuvas, com as matérias descartadas sem critérios e sem controle, e as que são produzias ilegalmente.

Também, tem a questão da falta de combate do lixo gerado ilegalmente, no país e daquele que vem de fora, tratando o Brasil como um esgoto que deve receber a sujeira de outros países, ignorando a questão ética, humana e política.

Os esgotos não tratados no Brasil, geralmente, ocasionam inúmeros problemas, afetando toda a população, inclusive, afetando outros lugares no planeta.

Chama a atenção também, nessa questão, a falta de posicionamento político, para a compreensão da questão da água, elemento fundamental para a sobrevivência da população. Com isso, os problemas se agravam, seja pela falta da água nas estiagens ou pelo excesso quando acontecem as tempestades, que invadem e causam caos nas cidades.

As medidas que já deveriam ter sido implantadas, ainda se arrastam ano a ano, aumentando o caos e a desesperança, tornando-se, uma questão urgente para o Brasil e o mundo.

Os capitalistas, que geram formas de manutenção da vida, em nome do capital, sempre prometem beneficiar milhares de pessoas no mundo, e de fato, beneficiam aqueles que podem pagar para ter os alimentos que desejam consumir, mas geram também, muita doença para os que, estão no campo, lidando com a quantidade volumosa de pesticidas, eliminando ou diminuindo a saúde de muitas pessoas, em nome dos resultados dos empreendimentos, mesmo que, estes violem a natureza. Em nome da vida, produz-se morte em muitos sentidos reais e figurados.

Ambientalistas, indígenas, indigenistas e quilombolas, por vezes, perdem a vida para defender aquilo que todos deveriam defender, o direito à vida, à dignidade e preservação do patrimônio nacional e internacional, porque um planeta saudável, é uma obrigação planetária para qualquer ser humano, a fim de cuidar e proteger o meio ambiente, para a sobrevivência de todos os seres vivos no planeta.

No sentido estrito, de um esgoto que bebe a sujeita, os esgotos hoje, de modo geral, não conseguem ser reciclados para proteger a vida, não são tratados como uma prioridade no mundo.

Muitos rios, atualmente poluídos, assemelham-se aos esgotos a céu aberto. As chuvas que, por vezes, causam alagamentos, têm uma relação com a estrutura dos esgotos, com a falta de cuidados que deixa a cidade vulnerável aos temporais. Os projetos para construir piscinões nos bairros com mais histórico de alagamentos, praticamente foram abandonados em São Paulo, uma das mais ricas cidades do planeta. Há muito sofrimento por parte da população, os que habitam lugares abandonados à própria sorte e os circulam pela cidade, grupos que sofrem mais com as calamidades geradas pelas chuvas, porque as falhas no sistema de esgoto não foram reparadas devidamente, a fim da população não ter que enfrentar e pagar, muitas vezes, com a vida diante das situações que se apresentam.

A Amazônia, hoje, vilipendiada pela questão dos minérios que são arrancados do solo, deixando os rios poluídos e desgastando a natureza, os exploradores tiram com seus investimentos ilegais ou legais, os alimentos e a água das comunidades indígenas e ribeirinhas, e, de maneira violenta, os conflitos se acirram, eliminam o mais frágil que não significa o mais fraco, o mais frágil é aquele que está mais vulnerável à gana capitalista, aqueles que não se cobrem com a violência dos ditos "civilizados", é mais frágil, justamente, porque não se cobre com as vestes do capitalismo e nem se adorna com as joias que a mãe terra criou vagarosamente e que são arrancadas para manter a vaidade e o ego dos capitalistas do planeta.

O complexo de anal manifesto reside, talvez, nessa sede de exploração, deixando o planeta como um esgoto, ignorando a vida de milhares de seres vivos.

5. COMPLEXO ANAL REPRIMIDO

O *Complexo Anal Reprimido* está na obra, *Dicionário de Símbolos*, dos autores **Jean Chevalier**, escritor, filósofo e teólogo francês e **A. Gheerbrant**, escritor e poeta francês (1999, p. 961). De acordo com os autores, a terra que está sob o signo da Virgem é uma terra ressequida pelo sol, com menor valor nutritivo. Para os autores, este complexo está presente na psicanálise freudiana, quando o psicanalista afirma que,

> [...] trata-se de uma disposição geral de reter, controlar, dominar-se e disciplinar-se; de uma tendência à economia, à parcimônia, ao acúmulo, à conservação, à temporização; de um caráter sério, consciencioso, escrupuloso, reservado, cético, metódico, ordenado, ligado aos princípios, às regras, às

recomendações, sóbrio, cioso do senso cívico e da responsabilidade, trabalhador, voltado para as coisas difíceis, laboriosas, ingratas ou penosas, visando sobretudo a satisfazer um sentimento de segurança...

Todo esse material disciplinar contribui, segundo os autores, para esclarecer nossa conduta social, compreender aqueles desafios que se impõem à nossa consciência individual, como as regras de convivência, os limites do suportável. Aspectos estes que lembram a terra ressequida em termos de criatividade e liberdade estética, limitada também por aquilo que é necessário para que a segurança ou consciência ética possa florescer, como um labor árduo, por vezes, ingrato e penoso, mas necessário ao convívio cultural e social. Símbolo talvez dos inúmeros sacrifícios pessoais em nome dos benefícios sociais.

A terra ressequida ou terra desértica, na literatura mundial, por vezes, é tratada como uma terra infernal, desprovida de vida, da presença divina, relegada à própria sorte. Contudo, a desertificação tem a ver, também, com a degradação dos solos em lugares mais secos e áridos, degradação, muitas vezes, gerada pelo ser humano, por ignorância, ambição, exploração capitalista etc., também pode ocorrer quando o ser humano lida com a terra sem conhecimento e sem o devido cuidado; pode ser ocasionada pelas mudanças climáticas, que podem influenciar na desertificação ou ressecamento da terra, pode ser resultante dos fenômenos climáticos, mas certamente tem a ver com o ser humano e a exploração abusiva da terra, tornando-a ressequida, aparentemente, sem vida.

6. COMPLEXOS ANTROPOCÓSMICOS

Esses *Complexos Antropocósmicos* aparecem na obra de **Gaston Bachelard** (1996). O autor comenta acerca da poética da infância em *Henri Bosco*, para quem a criança vive entre o sonho e a realidade, entre a memória e a imaginação, porque (1996, p. 118):

> Para além dos complexos parentais existem **complexos antropocósmicos** contra os quais o devaneio nos ajuda a reagir. Esses complexos bloqueiam a criança naquilo que chamaremos, com Bosco, a infância interdita. Todos os nossos sonhos de criança devem ser retomados para que alcem seu pleno

vôo de poesia: tal é a tarefa que a poético-análise deveria cumprir. [grifos meus].

Esses complexos, no sentido negativo, caracterizam o estado em que a criança fica impossibilitada de devanear, e no sentido positivo, é quando a criança encontra nas imagens do seu devaneio, um universo de felicidade, porque "nossa infância testemunha a infância do homem, do ser tocado pela glória de viver [...]. Como os arquétipos do fogo, da água e da luz, a infância, que é uma água, que é um fogo, que se torna uma luz, determina uma superabundância de arquétipos fundamentais" (BACHELARD, 1996, p. 119).

Em Henri Bosco, a poesia é a síntese da vida, o manancial de onde brota o vigor da existência, porque os arquétipos são

> [...] reservas de entusiasmos que nos ajudam a acreditar no mundo, a amar o mundo, a criar o nosso mundo....Cada arquétipo é uma abertura para o mundo, um convite ao mundo. De cada abertura eleva-se um devaneio de alto vôo. E o devaneio voltado para a infância devolve-nos às virtudes dos devaneios primeiros. A água da criança, o fogo da criança, as árvores da criança, as flores primaveris da criança... quantos princípios verdadeiros para uma análise do mundo. (BACHELARD, 1996, p. 119)

Mircea Eliade (2000, p. 104-116) pontua que os arquétipos nos impulsionam a repetir atos, gestos, tal como o ato da criação, que se poderia perguntar:

O que significa 'viver' para um homem das culturas tradicionais? Antes de mais nada, viver segundo os modelos extra-humanos, de acordo com os arquétipos. Por conseqüência, viver no seio do real, uma vez que - ...só o arquétipo é verdadeiramente real (...). Os acontecimentos repetem-se porque imitam um arquétipo (...). Na Índia, o Karma garante que tudo o que acontece no mundo se passa de acordo com a lei imutável da causa e do efeito... Dor e os acontecimentos históricos têm assim um significado normal... O sofrimento provém da vontade divina.

Para o psicólogo e escritor alemão, Erich Neumann (1999, p. 27), um arquétipo é sempre um motivo mitológico. Os arquétipos se encontram no inconsciente como um conteúdo "eternamente presente". Um arquétipo é comum à humanidade, e "pode aparecer tanto na teologia egípcia, como nos mistérios helenísticos de mitra, no simbolismo cristão da Idade Média e nas visões de um doente mental dos dias de hoje".

Os arquétipos na psicologia profunda, do psiquiatra e psicoterapeuta suíço, Carl-Gustav Jung (1985), apontam caminhos simbólicos para a consciência coletiva, porque um arquétipo se diferencia de um símbolo, de um sinal e de uma imagem. Um arquétipo penetra na consciência humana por via indireta e se incorpora ao material do inconsciente, formando então, uma imagem arquetípica.

De acordo com Freud (cf Jung, 1985), quando um conteúdo latente se transforma em um conteúdo manifesto através do trabalho terapêutico, então, estamos diante de um símbolo; mas para Jung, estamos diante de um sinal, isso porque, a cada dado consciente, corresponde um dado inconsciente, visto que, deve-se considerar que em cada significante tem-se um significado.

Um símbolo para Jung é algo inconscientizável, porque é produção inconsciente, mas seus sinais podem ser conhecidos, definidos, identificados. Neste contexto, um complexo pode revelar no sentido junguiano muitos sinais, mas também pode remeter para muitos símbolos, que funcionam como transformadores de energia ligando o material consciente ao material inconsciente.

Voltando ao arquétipo, pode-se dizer que é uma energia pura, aquela energia captada pelo inconsciente individual, por via indireta, que, por sua vez, irá se engendrar com os elementos do consciente, formando assim, uma imagem arquetípica. Os arquétipos existem em grandes números, estão interligados por uma rede comum, porém, têm, porém, autonomia para se manifestarem. Já uma imagem arquetípica se forma quando os arquétipos assumem uma forma sensível.

Para Bachelard (1996, p. 119), os arquétipos são aberturas para o mundo, o arquétipo da infância é abertura para o devaneio em torno dos elementos: fogo, água, terra, ar e éter, cujo "devaneio voltado para a infância devolve-nos as virtudes dos devaneios primeiros".

O arquétipo da infância é talvez o arquétipo da descoberta do homem, descoberta de si mesmo no mundo, do ser cercado pela natureza e pela cultura, pelas coisas, objetos. O arquétipo da criança que se perde e que se refugia nos braços da mãe natureza, para quem a natureza ensinante convida, contempla, mas também castiga, e por vezes, devora ou traga.

Na obra de Henri Bosco (1972, 1988 e 1995) é possível constatar que o autor descreve *uma poética da infância e seus mistérios insondáveis,* na qual os adultos ora são meras personagens de superfície, ora são entraves, e ora são entradas e saídas com segurança para a criança no mundo da natureza e dos homens. Bosco considerou fundamental, para vencer os mistérios do mundo, compreender os mistérios da natureza humana, tão caros e tão plenos de significados. As lutas humanas, as magias, os feitiços, as crendices, por exemplo, a ciência dos herboristas, dos magos, dos camponeses, dos místicos e iniciados nos mistérios do invisível, se misturam e se confundem, aprisionam e fazem reféns seus seguidores, como nas obras *L'Antiquaire, Malicroix* e *Hyacinthe* (BOSCO, 1972, 1988 e 1995), cujos personagens adultos e infantis são tragados pelos elementos, como no deserto de *L'Antiquaire,* a água e os ventos ensurdecedores de *Malicroix,* o jardim misterioso e a passagem para o subterrâneo em *Hyacinthe.*

A metafísica dos elementos da infância ganha em G. Bachelard expressão e dinamismo estético. O autor clama por todos os elementos, numa constelação de imagens de infância em que os sonhos são livres como os vôos, os desafios são teimosias, os combates demonstrações de egos e inconscientes, os elementos luminosos do éter são as proteções dos céus.

7. COMPLEXO ASTROBIOLÓGICO

Para **G. Durand** (1997a, p. 299), por um lado, esse *Complexo Astrobiológico* "traduz fielmente a noção primitiva de *kamo,* 'o vivo', aquele que 'escapa absolutamente à morte', como mostrou Leenhardt, e, por outro lado, estrutura unitariamente toda a rede social". Deve-se compreender que a astrobiologia, tanto no plano individual, como no social e no universal, conduz a "um vasto sistema explicativo unitário" (1997a), o qual se vale de quatro fatores fundamentais: - "constelação isomórfica entre a aritmologia fornecida pelas técnicas nascentes da astronomia; ...meditação acerca do movimento periódico dos astros; ...o fluxo e refluxo vital, especialmente o ritmo sazonal" (DURAND, 1997a, p. 299).

O autor entende que, este complexo tem a ver com a noção pré-científica de cosmo, e tem a ver também com "a moderna concepção científica do Universo". As deusas que remetem a esse complexo são: *Rita* (hindu), *Tão* (chinês) e *Moira* (grego), e por estar associado a uma visão cósmica, o elemento neste caso, pode ser o **ar,** ou o quinto elemento, o **éter** ou ambos.

8. COMPLEXO CRIATIVO

O médio e psiquiatra **João Dummar Filho** (1999), autor do *Complexo Criativo*, na obra *O Complexo Criativo: A arte, o Inconsciente Coletivo e a Transcendência.* Considera a arte como elemento fundamental à vida do inconsciente humano. P complexo criativo:

> [...] explicita a gênese do processo criativo à luz dos conceitos ligados à psicanálise, psicologia analítica e logoterapia. O autor penetra na teoria dos complexos revelando, com Jung, **a existência de um complexo criativo** – este ao invés de produzir sofrimento e angústia, como nos complexos neuróticos, libera potenciais adormecidos que fazem o homem crescer no sentido da individuação e da criação. [grifos meus].

Dummar Filho (1999, p. 7) lembra que o filósofo alemão, Hegel (1770-1831), nome representativo da dialética na filosofia, afirma que:

> [...] o espírito absoluto se manifesta principalmente através da arte, da filosofia e da religião. Para ele para ele a arte seria uma das atividades supremas do espírito humano, expressando o inteligível de forma sensível, pois o valor artístico de uma oba de arte é proporcional à sua capacidade de tornar visível o absoluto. Benedetto Croce (1866-1952) veio dar ênfase e clarificar o universo da arte, nos mostrando que ele é autônomo, não estando sujeito a outras esferas do conhecimento. Nos revela que o espírito humano na busca da autoconsciência exercita atividade na circularidade do espírito.
>
> Com o advento do positivismo tentou-se reduzir a arte a uma subdivisão da psicologia. Sigmund Freud (1856-1939) postulou que ela seria uma sublimação sexual, produto de uma neurose. Mas Carl Gustav Jung (1875-1961), colaborador de Freud na teoria dos complexos, veio textualmente confirmar a visão de Croce, recusando-se a aceitar o reducionismo da arte. Escreveu assim sobre a relação entre a pesquisa psicológica e a arte que seriam dois campos espirituais com áreas reservadas e peculiares. E o artista por excelência, um porta-voz do inconsciente coletivo.

No sentido junguiano, a individuação representa o processo de crescimento psíquico, ampliação da consciência, o evoluir, o passar do estado infantil para um estado de diferenciação, no qual a pessoa se sente mais capacitada e livre das subjugações do meio em que vive e transita; na individuação, a pessoa pode criar e posicionar-se de acordo com o seu material psíquico.

Para Dummar Filho (1999, p. 8), "as ciências que discutem o ser-no-mundo encontram-se em frequentes interfaces convergindo para a totalidade do ser. É uma das chaves para o conhecimento da criatividade, é o inconsciente coletivo que contém em seu interior o complexo criativo".

O autor lembra que não é papel da ciência negar a arte ou a religião e cita o exemplo de Albert Einstein (1879-1955), matemático e físico judeu-alemão, criador da Teoria da Relatividade, quando afirma que:

> A opinião comum de que sou um ateu repousa sobre erro [...]. Não há oposição entre a ciência e a religião. Apenas há cientistas atrasados, que professam ideias que ditam de 1880 [...] A mais bela e profunda emoção que se pode experimentar é a sensação do místico. Este é o semeador da verdadeira ciência. Aquele a quem seja estranha tal sensação, aquele que não mais possa devanear e ser empolgado pelo encantamento, não passa, em verdade, de um morto. Saber que realmente existe aquilo que é impenetrável a nós e que se manifesta como a mais alta das sabedorias e a mais radiosa das belezas, que as nossas faculdades embotadas só podem entender em suas formas mais primitivas, esse conhecimento, esse sentimento está no centro mesmo da verdadeira religiosidade. A experiência cósmica religiosa é a mais forte e a mais nobre fonte de pesquisa científica (DUMMAR FILHO, 1999, p. 22-23).

Para Dummar Filho (1999, p. 30), não se pode ignorar o sentido negativo dado para complexo, por Freud e Jung, que o descobriram, em contato com pacientes neuróticos e psicóticos, mas, é fundamental considerar que:

> O **complexo criativo** é anunciado pela inspiração que a flora e nos domina, levando-nos a querer transformá-lo em realidade palpável tal como uma obra artística. O **conceito de complexo** envolve a ideia de um núcleo ideo-afetivo que sim contra em nível inconsciente e sempre foi acompanhado de uma aura pejorativa, como se estivesse ligado definitivamente a uma

neurose. Mas isso é um equívoco. Determinados momentos marcantes de nossa vida, plenos de felicidade, também podem criar complexos, mas complexos benéficos que impulsionam o indivíduo em direção ao futuro. Grandes momentos românticos, grandes amizades podem marcar para sempre a existência e formar complexos emocionais construtivos, gerando os personagens marcantes das suas pesquisas com pacientes neuróticos que sofriam em decorrência de suas mensagens perturbadoras, encobertos pelo manto do inconsciente.

[...] Enquanto **o complexo neurótico** gera angústia e egocentrismo, pois o indivíduo fica debruçado sobre si mesmo e sobre seus próprios sintomas, **o complexo criativo faz o indivíduo olhar para a humanidade desejando e realizando obras que enaltecem o homem e a Deus**, enriquecendo assim o patrimônio cultural da civilização. Ai encontramos uma das razoes que explicam como a arte pode ter papel terapêutico, participando da recuperação de pacientes psicóticos, como nas experiências terapêuticas de Carl Jung e seus diversos seguidores. [grifos meus]

Pode-se pensar aqui, na obra de Aristóteles, *A poética* (*poiética*), na qual o autor considerou a poesia como sendo mais nobre e mais filosófica que a história; uma vez que a poesia trata mais do universal e menos do particular; dizer que a arte "imita" é dizer que ela trabalha na dimensão do possível e do "verossímil"; a arte descarrega as emoções, ela nos recupera. Em Aristóteles, o potencial criativo, quando usado criativamente pode libertar o ser humano dos sofrimentos e agressividades, advindos da esfera irracional. Neste sentido, a criatividade pode ser a resultante do processo de individuação, ou seja, amadurecimento da psique.

9. COMPLEXOS CULTURAIS

Gaston Bachelard (1989b) é o autor dos *Complexos Culturais*, na obra *Lautréamont*, na qual, se refere à prematuridade da violência sofrida e também causada por Isidore Ducasse na fase escolar, uma fase dolorosa para esse escritor dado seu temperamento, comportamento intempestivo e agressivo. Bachelard (1989b, p. 50-51) pontua:

[...] é extraordinário que a psicologia da troça aos caloiros e da emulação não tenha ainda tentado qualquer autor. Seria necessário um livro inteiro para a explicar, para delas extrair os caracteres sociais e individuais, para determinar as razões da sua persistência, a indiferença ou a incapacidade dos educadores perante essa monstruosidade que marca com dois sinais nefastos os vexadores e os vexados. Os primeiros são mais culpados no meio escolar porque são contemporâneos de uma cultura...A nossa tese resume-se em sugerir que o período cultural da adolescência foi, para Isidore Ducasse um período doloroso, intelectualmente nevrosante. De um modo geral, uma psicanálise mais intelectualizada do que a psicanálise clássica só teria a ganhar se considerasse mais de perto as circunstâncias da cultura. Uma psicanálise do conhecimento não tardaria a descobrir na camada sedimentária – sob a camada primitiva explorada pela psicanálise freudiana – certos complexos específicos, **complexos culturais** resultantes de uma fossilização prematura. [grifos do autor].

As provocações no ambiente escolar resultaram no caso deste escritor em formações de complexos somáticos, em que recalques e repressões sedimentaram sentimentos arquetípicos, fossilizaram no sentido utilizado por Bachelard em referência à psicanálise freudiana, de modo prematuro, sofrimentos que viraram agressões e revides imaginários.

Para Bachelard, *Ducasse* rebelou-se contra uma cultura escolar e social, cujos hábitos e agressões estão latentes também naquilo que não expressamos porque escondemos dos outros ou de nós mesmo, porque não conseguimos libertar as imagens; mas os gestos inconscientes podem retratar dores, em obras que chocam porque fazem troça daquilo que o homem é capaz de fazer com outro homem em estado doentio ou por maldade.

10. COMPLEXO DA ÁGUIA

Gilbert Durand (1997a, p. 132) descreve esse *Complexo da Águia*, quando faz referência a águia romana como a mensageira da vontade do alto, e afirma que, "em *Hugo* existe um forte '**complexo da águia**'" [grifos meus]. Para C. Baudouin (cf Durand, 1997a, p. 132) "a águia do capacete conserva a incorruptível virtude do pai ideal". Em *La fin de Satan*, "...assiste-se a um processo de angelização da ave: é por uma pluma, a única que permanece branca, que

Lúcifer será resgatado. Esta pluma metamorfoseia-se em anjo vitorioso 'do velho monstro fatalidade'. A causa final da asa, como da pena, na perspectiva de uma 'pteropsicologia', é o angelismo (DURAND, 1997a, p. 132).

A pena é elemento leve, assim como o ar que a embala, o anjo é uma entidade provida de asas para levitar, ganhar os céus e as alturas celestes.

A águia é um animal simbólico também para algumas culturais atuais, por exemplo, Os Estados Unidos da América que a consideram a representante da força, do poder, do controle, animal que tem capacidade para proteger um território; portanto, a águia simboliza segurança, vôo com precisão, capacidade de identificar um invasor e descer em grande velocidade, não dando tempo de o inimigo se retirar. A águia é também símbolo de destruição e extirpação do animal inimigo.

As guerras e suas ameaças têm gerado inúmeros mortos, deixado pessoas com lesões corporais e mentais, contudo, os seres humanos que criam estratégias e as executam, provocando massacres do território inimigo, ignoram que a vida é para ser vivida, que o diálogo é cura, que a vontade de cultivar a paz deve prevalecer no mundo, a fim de deixar o planeta mais leve para os viventes.

Os olhos das águias modernas são os olhos espiões, como os drones e outras formas de vigiar, depois, pode-se punir o inimigo de modo certeiro. Não basta termos conhecimento, sabedoria, porque nem sempre são usados de maneira ética, como é o caso, dos governantes que se colocam de maneira ávido e vingativa, diante do perigo, que, por faz sangrar o outro lado, esquecendo-se que se trata de vidas planetárias, ignorando os inocentes e aqueles que, sequer compreendem o que se passa ao seu redor, ignorando os soldados que não se sentem em condições de eliminar um outro ser humano, por uma divergência que ele sequer compreende, assim como, não compreende porque os chefes de estado não sentam numa mesa e fazem acordos, a fim de não ferir, lesionar ou tirar a vida de milhares de inocentes. Os seres empoderados, que lideram as guerras sofrem do complexo de águia, por isso, sempre esperam atingir o ponto certo, o alvo certo, o patrimônio de outrem, ou seja, buscam atingir o alvo com precisão, como fazem as águias, símbolo do olho que vê tudo, ataca e dificilmente perde uma presa.

12. COMPLEXO DA ÉTICA

Na obra de **G. Lukács**, segundoTassigny (2004, p. 6), o autor recorre ao *Complexo da Ética*, como:

> [...] à metáfora do trabalho (Franco, 1986, p. 138) para explicitar seu papel fundamental na constituição dos demais complexos sociais e, sobretudo, na constituição do **complexo da ética**, concebido como modalidade de práxis social *sui generis,* de fundamental importância no desenvolvimento do gênero humano. [grifos meus]

A crítica de G. Lukács não é direcionada para a ética nas instituições ou na área da educação, mas quando a ética é vista apenas como um aparato educacional, um apelo ético na educação - apelo moralizante; remetendo assim, a problemática ética a uma imagem que não condiz com a realidade, essa imagem reforça o falseamento do complexo da ética nas instituições em geral e nos centros educacionais.

Na atualidade, a ética vem ganhando destaque dentro das organizações que buscam crescer e consolidar uma imagem empresarial; também nos meios de comunicação que, apesar das reservas dispensadas ao assunto, fazem, de certa forma, um trabalho de vigilância e denúncia contra empresas que desrespeitam e negligenciam valores éticos na convivência e na prestação de serviços e outros. Os códigos de ética de profissões, instituições, entidades e setores funcionam como guias de orientação, significando, também, que a falta de ética social, na atualidade, pede por códigos orientadores, norteadores de condutas, comportamentos, ações e atitudes.

No campo da educação, a ética nunca esteve tão ausente e distante das condutas, das ações e dos compromissos sociais, culturais, educacionais e políticos, o jogo de fazer qualquer coisa a fim de garantir uma competitividade, que no fundo, não passa de um jogo desequilibrado, os cenários de competitividade são carregados de violência, encontra-se um pouco de tudo, menos o que é fundamental, a ética permeando as relações humanas.

Existem situações que se assemelham às condutas éticas, mas não passam de figuração, falseamento da realidade, cujos discursos são recheados de otimismo vazio, as falas mansas, por vezes, com apelos religiosos, em nome da fraternidade, que aliás, está em alta nos discursos empolados, mas na prática, podem assustar até os seres mais espertos, todos são joguetes em muitas instituições de ensino, saúde, tecnologia e comércio. Outros são mais diretos, assumem a deselegância, e a grosseria tornando-se cada vez mais explícita as condutas anti-éticas quando se relacionam com outros seres humanos. Os subordinados não passam de subalternos, como aqueles que devem obedecer sem negligenciar nenhuma regra, imposição, mesmo que sejam regras desumanizastes e perversas, no palco das simpatias e antipatias, o que perde a identidade, nem consegue se colocar mais no triste mundo do trabalho, agônico e por vezes, sem nenhum respaldo ético, aliás, muitos preferem a invisibilidade, a fim de pagar as contas em dia, ignorando que no dia seguinte, a luta é sem trégua e o risco de se perder não deve ser ignorado por nenhuma pessoa em sua jornada de trabalho.

Subjugam-se também numa relação artificializava e com aparência de uma relação pautada na ética, aquele que pode ser um subordinado, enquanto isso, o dono ou responsável pelo negócio, age à semelhança dos vampiros, os mortos-vivos modernos, que semeiam a competitividade e o jogo da discriminação enquanto destilam veneno mortal.

13. COMPLEXO DA FADA DO SONO

Sylvie Tenenbaum, psicoterapeuta francesa, é autora do *Complexo da Fada do Sono*, a autora escreveu um livro, intitulado de "Le *syndrome de la fée Colchette*" (matéria do jornal Le Matin Dimanche, de 20/ja./2012, p. 79), no qual, ela comenta a respeito desse complexo. Para Sylvie, a mulher Colchette (fada) tem dificuldade de se relacionar com os homens porque não faz nada para conquistá-los.

Normalmente, se trata de mulheres independentes, inteligentes, "un mal qui frapé des fremes emancipées, hyperactives, sûres d'elles, qui mènent parfaitement leur barque dans le monde du travail, plus s'avèrent être, sur le plan affectif, d'éternelles insatisfaites, tout bonnement incapables d'aimer un homme".

São, geralmente, mulheres perfeccionistas e sedutoras, mas por temerem a dependência, elas não cuidam de segurar nenhum homem. Sylvie cita o sociólogo francês Jean-Claude Kauffmann, que afirma que essas mulheres esperam tanto pelo homem perfeito, que fica difícil encontrá-lo hoje em nossa sociedade.

Mas, para Sylvie, na verdade, essas mulheres não se inspiram nas fadas, mas na mulher sombria de James M. Barrie. A pequena fada é uma mulher mignon, ambígua, pois é "chamante, intelligente, elle est aussi jalouse et manipulatrice, c'est d'ailleurs elle qui dénonce Peter Pan au Capitaine Crochet".

As fadas não fazem nada para serem amadas, e mesmo quando chamam atenção, o fazem para satisfazer o próprio ego; são sedutoras e manipuladoras, atendem aos desejos dos himens maduros. Contudo, aqueles que se jogam aos seus pés, que as mimam em demasiam, são os que escondem sua fragilidade e egoísmo, imaturidade afetiva, talvez porque tiveram "une mère trop possessive, ou un un père misogyne, absente, voire, pervers. Enquêteuse cet amour inconditionnel qu'elles n'ont pas reçu petites, les Clochettes tarînent un gros doute seu leur propre valeur qu'elles compensent par un narcissisme exacerbe".

Finalizando, a autora afirma que, as razões podem ser individuais, mas, na sociedade atual, fabricam-se fadas do somo, dinâmicas, brilhantes, clientes perfeitas para as clínicas de cirurgia estética, "elles se posent elles-mêmes em femmes-objets", e, esperam causar sedução por esses feitos cirúrgicos, antes da menopausa; são mulheres que se incomodam se não levam o antigo mas ainda válido, psiu! Oi! Olá! Ulalá! Uauu!, quando passam.

14. COMPLEXO DA FONTE DE JUVENTA

Esse *Complexo da Fonte de Juventa* está presente na obra *A água e os sonhos*, de **Gaston Bachelard** (1989a, p. 153-56), para quem "ao complexo da Fonte de Juventa liga-se naturalmente a esperança de cura". Simboliza nessa acepção, a cura através de uma água subterrânea, água interior, aquela que é capaz de agir como um componente moral. O autor literário, considerado no exame desse complexo, é Paul Claudel em *Positions et propositions*(ibid.). Nessa obra, Claudel descreve o projeto de construção de uma igreja subterrânea em Chicago para buscar uma água interior, capaz de promover a cura para todos os males que atingem as pessoas da cidade.

Também **Gilbert Durand** (1997a, p. 172) comenta esse complexo e pontua que ele remete à própria ambivalência da água, visto que

> [...] o elemento água é em si mesmo ambivalente, ambivalência que Bachelard reconhece de boa-fé ao denunciar o 'maniqueísmo' da água. Essa água lustral tem imediatamente um valor moral: não atua por lavagem quantitativa mas torna-se a própria substância da pureza, algumas gotas de água chegam para purificar um mundo inteiro: para Bachelard é a aspersão que é a primitiva operação purificadora, a grande e arquetípica imagem psicológica de que a lavagem não passa da grosseria e exotérica duplicação. Assiste-se mesmo à passagem de uma substância a uma força 'irradiante', porque a água não só contém a pureza como 'irradia a pureza'. Não é a pureza, na sua quintessência, raio, relâmpago e deslumbramento espontâneo?

A cura pela água é reforçada em Claudel pelo poder que a água tem de aliviar, limpar males e curar perturbações e doenças. A hidroterapia não se dá apenas no âmbito periférico; ela é um componente central da cura, desperta os centros nervosos, pois tem um componente moral que nos desperta para a vida da energia, para a vida energética (BACHELARD, cf SILVA, 1999, p. 43).

Atualmente, assistimos aos movimentos e descobertas de fontes de águas termais, sulfurosas, águas, segundo pesquisadores da área da saúde, capazes de curar males e doenças físicas e psíquicas. A mídia, em geral, tem mostrado fontes e pessoas testemunhando esses benefícios da hidroterapia, águas que aliviam, que fazem o imaginário hídrico funcionar com grandeza e sublimação; alguns casos, dizem os especialistas, têm comprovação cientifica, com exames comprobatórios de laboratório; elementos que, de certa forma, atestam, no plano real, os sonhos imaginários do poeta, para quem seria possível a construção de uma Catedral subterrânea, contando, obviamente, com os benefícios de uma fonte subterrânea de águas curativas.

15. COMPLEXO DA FORÇA E DA DESTREZA

Para **Gaston Bachelard** (1994b, p. 69), esse *Complexo da Força e da Destreza* valoriza o tempo pensado mais que o tempo de realização, posto que,

> [...] um psiquismo destro é um psiquismo educado. Pode-se identificá-lo quando o pensador consegue equilibrar forças qualitativas e quantitativas, quando estas forças se organizam na multiplicidade, quando a consciência

funciona como um caleidoscópio, para a destreza, a Natureza, em nós mesmos, assim como fora de nós mesmos, é de início um obstáculo. É sobretudo esse obstáculo íntimo que faz da destreza uma verdadeira controvérsia energética, uma verdade dialética.

O autor considerado para o exame deste complexo é o psicólogo Rignano em *La Psychologie du raisonnement* (BACHELARD, 1994b, p. 51), este complexo é capaz de revelar um psiquismo educado, aquele que equilibra forças qualitativas e forças quantitativas, isto é, forças da natureza e forças da cultura, que de acordo com E. Morin (1984, p. 14), caracteriza aquele sujeito capaz de articular natureza e cultura sem cair no pensamento redutor, "que se engana, não porque não tem informação suficiente, mas porque não é capaz de ordenar as informações e os saberes, é um pensamento que conduz a ações mutilantes".

Bachelard (1994b, p. 70) diz: "o tempo pensado ganha, então prioridade sobre o tempo vivido e a dialética das razões de hesitação se transforma numa dialética temporal". Por isso, o autor entende que este complexo se caracteriza pela **capacidade humana em equilibrar forças instintivas e forças reflexivas**, cuja sabedoria recusa ações artificiais, deixando evidente uma consciência educada, transformadora, emancipada e não uma consciência que se diz educada.

16. COMPLEXO DA FORÇA FÍSICA

O autor é **Theodor W. Adorno** (In Zuin *et all*, 2008, p. 162), que se refere ao *Complexo da Força Física*, como um elemento advindo dos materiais arcaicos que estão presentes de certa forma no inconsciente dos professores, especialmente quando se trata de colocar em xeque o empoderamento da força física dos guerreiros, soldados, carrascos e carcereiros, os antecessores do professor; os mestres que usam a palmatória e os que batem nas nádegas das crianças.

> O menosprezo ao professor – pelos menos na Alemanha, talvez nos países anglo-saxãos e com certeza na Inglaterra – pode ser caracterizado como ressentimento do guerreiro, que por um permanente mecanismo de identificação acaba por impregnar o povo como um todo. É comum que as crianças tenham uma forte inclinação a se verem como pequeno soldados, como hoje se costuma dizer; lembro-me de como gostam de se vestir de cowboys, que alegria lhes dá correrem de um lado para o outro com suas armas.

Explicitamente repetem, ontogeneticamente, o processo filogenético que aos poucos liberou os homens da violência física. Todo o complexo da força física, altamente ambivalente e afetivamente carregado num mundo em que atuam diretamente apenas nas situações-limite bem conhecidas, desempenha aqui um papel decisivo. É bem conhecida a história do condottiere Georg Von Frundsberg, que, na Dieta Imperial de Worm, deu uns tapinhas no ombro de Lutero e lge disse: 'Ah, meu pequeno monge! Estás indo por um caminho perigoso'. Um comportamento no qual se combinam o respeito pela autonomia de espírito e o fácil desprezo por quem não porta uma arma e que, no próximo momento, pode ser morto por beleguins. Analfabetos, movidos por rancor, chegam a considerar como inferiores as pessoas instruídas na medida em que estas os enfrentam com alguma autoridade sem que ocupem cargos elevados – como os do alto clero – ou sem exercer algum poder social. O professor é herdeiro do monge. Depois que este perdeu, em grande parte, sua função, o ódio ou a ambivalência que lhe eram dirigidos foram redirecionadas ao professor.

A ambivalência diante dos homens estudados já é arcaica. Verdadeiramente mítica é a ótima história de Kafka sobre o médico de aldeia que é assassinado ao atender a um falso chamado noturno. Como a etimologia descreve, o feiticeiro ou o chefe da tribo, ao mesmo tempo em que goza de toda sorte de honras, está também sujeito, em determinadas situações, a ser sacrificado.

Adorno comenta ainda que, no processo emancipatório, o professor não pode esquecer que é um agente desse processo. O processo educacional tem se revelado um fracasso,

> [...] é evidenciado pela dupla hierarquia que pode ser observada no interior da escola: uma hierarquia oficial, segundo a capacidade intelectual, o desempenho e as notas e outra que se mantém latente, não-oficial, e na qual representam importante papel a força física, a pressão de ser homem e até algumas disposições intelectuais orientadas para a prática e que não são aceitas pela hierarquia oficial. Essa dupla hierarquia foi bem explorada pelo nacional-socialismo – e de maneira alguma apenas na escola – ao atiçar a segunda contra a primeira, como também procedeu na grande política quando atirou o partido contra o Estado. A hierarquia latente da escola

deveria ser objeto de especial atenção por parte da pesquisa pedagógica. (IN ZUIN ET ALL, 2008, p. 162).

As resistências e ojerizas com relação às hierarquias, por vezes são transmitidas aos jovens e as crianças pelos pais, os estereótipos herdados, em outros casos, pelo comportamento mesmo do professor.

Significa dizer que, mesmo em menor número, ou um pequeno número de educadores, por vezes, se portam de maneira agressiva, com um ou com todos os alunos. Existem professores que assustam, com suas condutas negativas ou quando agem, impondo uma superioridade ao aluno, simplesmente, por que seu domínio de conhecimento escolar é maior, dos que dos seus alunos, com isso, é possível identificar, o quanto a nossa sociedade administrada conspira para que, os herdeiros desse arcaísmo da profissão continuem, se impondo no processo de formação do outro.

Muitos profissionais da educação, especialmente, os educadores nem sempre percebem ou sequer se dão conta, que os novos tempos pedem por diálogo, empatia, cortesia e sabedoria para lidar com a diversidade, com o diferente, com os mais arredios e resistentes ao processo de formação escolar.

Por isso, inconscientemente, alguns ultrapassam a barreira da civilidade e agem com descortesia, ironia, agressividade, com falta de ética, sem zelo ou o devido respeito para com o aluno, que independente, de como age com o educador, cabe ao educador se pautar pelo respeito, interatividade e reciprocidade, e deixar isso claro na sua relação na sala de aula.

Chama atenção ainda, o número cada vez mais amplo dos educadores que, assediam seus alunos, assédio moral, assédio sexual, o que significa que muitos continuam ignorando que estão trocando uma forma de intimidação, por outra forma, num mundo que parece que os valores do corpo se esgotaram, com os novos movimentos, que pedem mais liberdade. Contudo, ter mais liberdade não significa abolir os direitos ao uso do próprio corpo, sem intimidação e com critérios pessoais, inegociáveis, também, nao significa que, em nenhuma situação compete ao educador ignorar a agressividade e o abuso de poder, para com aquele que está numa relação de aprendizado, ao educador compete sempre, promover o diálogo, a polidez nos gestos e no trato com todos numa sala de aula, ou no espaço educacional, saber agir com cortesia e civilidade.

17. COMPLEXO DA FRONTE

Gilbert Durand (1997a, p. 138 e 141-2) considera que, esse *Complexo da Fronte* é simbolizado pela elevação ambiciosa daquele que admira as imagens nas rochas, imagens ascensionais e montanhosas e, por fim, aquelas que simbolicamente tem a ver com as representações sociais do pai.

Toda a ambivalência edipiana aparece no poeta, no simbolismo do Imperador. As investidas do princípio da obra poética podem esconder uma veneração, que vai se desenvolvendo, no desenrolar da obra mesma. Essa ambivalência pode ser explicada pelo contraste, por exemplo de duas imagens de Napoleão:

1) aquela imagem que caracteriza uma verticalização monárquica, deixando sobressair o verdadeiro imperador que insere a imagem da ave, da águia, um "símbolo coletivo, primitivo, do pai, da virilidade e da potência" (p. 138);

2) também remete à uma imagem diversificada, a imagem da águia rapace, da águia de majestade, ou águia livre dos Alpes.

Compreende-se, por estes exemplos, qual é a coerência de uma constelação monárquica e paternal, explicitada por Durand, sobretudo quando essa imagem é reforçada pela imagem de Édipo nas civilizações de estrutura patriarcal.

Dumézil — é quem nas suas célebres conclusões sobre a tripartição do poder social entre os indo-europeus — parece, segundo o autor, melhor evidenciar a virilização monárquica do poderio.

Durand chama a atenção também para as tribos primitivas, visto que, nestas, "a cabeça é o centro e o princípio da vida" (1997a, p. 141). Observa, ainda, que a veneração do crânio humano e animal é uma "veneração do símbolo da cabeça". Enfim, o símbolo do crânio humano tem um sentido mais geral e explicito, porque:,

> [...] Os bambara deixaram claro na sua cosmologia: a cabeça é ao mesmo tempo o signo, o resumo abstrato da pessoa, e o rebento pelo qual o indivíduo cresce em idade e em sabedoria. É esse sentido geral que um grande poeta civilizado confirma, para quem **a imagem da fronte, símbolo da elevação orgulhosa, da individuação para além do rebanho dos irmãos e em**

face da própria pessoa divina, é tão freqüente que se pode falar a seu respeito de um verdadeiro '**complexo da fronte**'. (DURAND, 1997a, p. 142).

Também para muitos religiosos de diversas denominações religiosas, a fronte é uma parte especial do ser vivo, é considerada a porta de entrada, a via de comunicação com o plano espiritual, superior ou inferior, significa que, são forças divinas ou maléficas, possível de percepção na região das vidências, das intuições e das percepções espirituais.

18. COMPLEXO DA FRONTE PENSATIVA

De acordo com **Gaston Bachelard** (1991, p. 157), pode-se pensar nesse *Complexo da Fronte Pensativa*, a partir da metáfora que se aplica à *fonte do rochedo*, que aparece na imaginação criativa de Victor Hugo, quando da compilação de sua obra por Edmond Huguot, que depois foi estudada por Charles Baudouin em *A Psicanálise do Mestre*. Nesta obra, Baudouin considera que o rochedo na obra de Hugo tem uma fronte; é também o rochedo que provoca o mar, que desafia o vento. Hugo afirma que "diante do mar imenso, o rochedo é o ser viril" (BACHELARD, 1991, p. 157).

O Brasil é um país que contém inúmeras rochas, locais praianos ou mesmo montanhosos como a chapada de Diamantina, chapada dos Guimarães (Bahia, Minas Gerais e outros estados). Também nos Estados Unidos e outros lugares do planeta, são comuns morros que têm nomes de animais, pedreiras imensas que lembram determinadas formas físicas, lembram formas animais e humanas e são encontradas em muitos lugares do planeta.

Esta fronte pensativa pode ser uma fantasia do escritor Vitor Hugo, como pode ser resultado de suas observações, cujo imaginário, ativo e potente, trabalhou suas impressões no sentido de dar-lhe forma e ritmo para ganhar expressão. Formas concretizadas pelo poder da imaginação, dinamizadas pelo movimento do psiquismo terrestre, caracterizando uma verdadeira apoteose nos céus, cuja amplidão do espaço, cede lugar à majestade do elemento terrestre – os grandes picos, colunas e montanhas de pedras.

É comum, no Brasil e em muitos outros países, morros, grutas e picos receberem um nome; o *Pico do Jaraguá*, localizado no Parque Estadual do Jaraguá, na cidade de São Paulo - BR, o *Pão de Açúcar*, um enorme monólito (granito), conhecido como *gnaisse facoidal*, localizado na cidade do Rio de Janeiro - BR; o *Vale da Lua*, uma planície que se parece com o solo lunar, localizado na Argentina, país da América Latina, vizinho do Brasil, trata-se de um cemitério de fósseis. O *Rochedo de Gibraltar*, também, conhecido como *Coluna de Hércules* - o nome vem do árabe, *Jebel Tarik*, localizado no território britânico, na entrada do Mar Mediterrâneo.

Pode-se nomear uma pedra, com um nome que, marca inclusive, uma determinada região, como é o caso do pico conhecido como *Monte Elbert* — localizado no estado do Colorado — EUA; outros exemplos que citamos aqui, são: a *Rocha de Ayer* ou *Uluru* - em aborígene, *Uluru*, e o *Wave Rock* que estão localizados na Austrália; a *Pedra de Roseta* — encontrada no antigo Egito, que foi esculpida com antigos hieróglifos egípcios. Trata-se de o "um pedaço de granito encontrado em 1799 nos arredores da cidade de Roseta, no Egito, e que foi a chave para o entendimento dos hieróglifos. Ela foi achada por soldados franceses durante a invasão de Napoleão Bonaparte..." (2023)[6].

Significa que, podemos nos deparar com nomes para certas rochas e formações rochosas, como o *Olho da África* ou *Olho de Saara*, trata-se da estrutura de Richat, localizada no deserto do Saara; outra rocha famosa é *Pedregulhos de Moeraki*, localizada na Nova Zelândia, a rocha tem alguns descascados que lembram cascos de tartarugas. Pode-se citar ainda, os rochedos coloridos na China, como o *Relevo Danxia* e a *Floresta de Shilin*. Também chama a atenção, as *Colinas do Chocolate*, que são morros de calcário, localizadas nas Filipinas. Nos Estados Unidos, tem-se o conhecido Parque Nacional, que abriga o *Cânion Bryce*; no México tem-se a *Caverna do Cristais*. *Ainda no Brasil, tem-se A Caverna do Diabo* em Eldorado - SP, Brasil; a *Calçada do Gigante*, localizada na Irlanda do Norte; o *Morro do Tanquinho*, na cidade de Tanquinho e *Morro do Chapéu*, na cidade de mesmos nome, ambos os morros estão localizados no estado da BA - BR; a *Pedra da Galinha Choca*, localizada no CE-BR; a *Pedra da Gávea*, localizada no Estado do RJ-BR etc. Trata-se de um costume antigo nomear as rochas em quase todos os lugares conhecidos mundialmente.

---

6   REVISTA SUPERINTERESSANTE: <https://super.abril.com.br/mundo-estranho/o-que-e--a-pedra-de-roseta/>. Janeiro/2023.

19. COMPLEXO DA INTRUSÃO

Jacques Lacan (2008, p. 27) considera que o *Complexo da Intrusão*, cujo ciúme infantil "é uma identificação mental", simboliza a relação primitiva de aprendizado com os membros da família, a capacidade de se reconhecer como irmão; é quando o sujeito aprende com os outros integrantes da família sobre os valores familiares, os sócio-culturais, os históricos e pode então 'repetir experiências' ou ter experiências a partir dos valores comuns à família. Existem variações com relação ao núcleo familiar, o lugar e hierarquia dentro da própria família, sendo fundamental compreender que a partir da capacidade inicial de não entrar em conflito, pode-se tomar decisões mediante a posição de "abastado ou de usurpador" da cultura, dos costumes e valores da família.

O ciúme segundo Lacan (2008, p. 27), não pode ser considerado apenas do ponto de vista de uma rivalidade entre irmãos e membros da família, mas como identificação mental, dado que, "o ciúme humano se distingue, portanto, da rivalidade vital imediata, já que ele forma seu objeto mais do que o determina; ele se revela como o arquétipo dos sentimentos sociais" (p. 37).

Se a criança estiver psiquicamente segura, a intrusão do outro, no caso o recém-nascido, não afetará o primogênito, o irmão mais velho, que será o verdadeiro paciente quando afetado pela chegada do outro, pois

> O papel traumatizante do irmão, no sentido neutro, é, pois, constituído por sua intrusão. O fato e a época de seu aparecimento determinam sua significação para o sujeito. A intrusão parte do recém-chegado para infestar o ocupante; na família, é, em regra geral, a ocorrência de um nascimento e é o primogênito que, em princípio, desempenha o papel de paciente. A reação do paciente ao traumatismo depende de seu desenvolvimento psíquico

O irmão na estrutura mental do sujeito funciona como modelo arcaico do próprio eu, dado que "é pelo semelhante que o objeto como o eu se realiza: quanto mais pode assimilar de seu parceiro, mais o sujeito conforta ao mesmo tempo sua personalidade e sua objetividade, garantias de sua futura eficácia". (LACAN, 2008, p. 38).

20. COMPLEXO DA LOBA

Colette Dowling (1996)[7], na obra *Complexo da Loba: uma redefinição da juventude* considera que a terceira idade é a fase em que a mulher costuma ser mais sábia, seja no modo de viver ou na maneira como passa a enfrentar os problemas. O Complexo da Loba de acordo com a resenha do livro[8]:

> Se refere às mulheres maduras.... A autora narra sua passagem para a terceira idade e mostra como fazer dessa época uma das mais belas fases da vida. Um livro para quem enxerga além e quer tomar para si a difícil tarefa de viver de forma diferente ao estabelecido pelo inconsciente coletivo.

A autora tece um comentário a respeito da idade da mulher na sociedade; entrevista cerca de sessenta mulheres na idade de cinquenta anos — a meia idade; confrontando as expectativas de vida no século XX e no agora, século XXI com as novas tecnologias para os cosméticos e modo de viva, carros, motocicletas, academias, haja vista

> Neste fim de século vários fatores estão prolongando a juventude e a vitalidade femininas. Entre eles, as novas tecnologias cosméticas, os tratamentos modernos de reposição hormonal, as cirurgias plásticas e, principalmente, o aumento da idade média da população mundial como um todo. Tudo isto vem transformando o cotidiano de todas nós, desde a adolescência até a velhice, e também aumentando a necessidade de qualificação, de estudo, o que prolonga a adolescência, muitas vezes, quase até os trinta anos. As mulheres estão casando mais tarde. Entram no mercado de trabalho, e, aos cinquenta anos, na época da menopausa, é que se encontram na idade de ouro de suas carreiras. Aos 65 anos, em de estarem velhas e se aposentarem, já possuindo netos e uma rica experiência de vida, continuam suas atividades, inclusive frequentemente a sexual, por muito mais tempo. Assim, a Modernidade inventa uma nova fase de vida: a Terceira Idade.

> Esta passagem dos cinquenta aos 65 anos é hoje uma nova adolescência. Mas ao contrário, com o corpo alcançando novas funções e adaptando-se

---

7   REVISTA SUPERINTERESSANTE: <https://super.abril.com.br/mundo-estranho/o-que-e--a-pedra-de-roseta/>. Janeiro/2023.

8   Disponível em: <http://www.submarino.com.br/menu/1060/Livros>.

melhor para a velhice, atualmente a juventude é prolongada, proporcionando às mulheres, ao menos, mais vinte anos de plenitude, coisa que nunca havia acontecido na história humana.

Em O Complexo da loba, a autora, Colette Dowling, narra seu próprio rito de passagem, mostrando às leitoras brasileiras como fazer desta fase a mais bela de suas vidas, ao contrário do que induz o inconsciente coletivo convencional. É este o grande benefício que a revolução tecnológica do limiar do Terceiro Milênio está trazendo para as mulheres. (MURARO, IN. DOWLING, 1996).

Pode-se considerar também como uma derivação do *Complexo da Loba*, a obra de **Clarissa Pinkola Estes** (1999), *Mulheres que Correm com os lobos*. Nessa obra, a autora chama a atenção para o arquétipo feminino, que sob uma constelação positiva leva as mulheres a agir como as lobas, o animal que protege e tem sabedoria para viver em "família", no grupo. Em analogia com as mulheres, a loba não se torna uma prisioneira fácil dos homens e dos entraves sociais e econômicos, assim como, não se deixa seduzir por coisas comuns e nem sofisticadas. A mulher loba é na verdade, a mulher sábia que tem autoconhecimento.

Este complexo vem ao encontro dos novos discursos das diversas áreas da saúde sobre os cuidados físicos, psíquicos e atividades de lazer e outras recomendadas para esta fase da vida da mulher madura, ajuda a elevar a auto-estima, a encorajá-las a ter uma vida amorosa e sexual normal. Buscar a felicidade, dado que, a sociedade capitalista a passos lentos está abrindo espaços para que estas mulheres *"envelhescentes"* (PRATA, 2008)[9] se encorajem na busca por colocação no mercado de trabalho ou se recolocarem; sendo fundamental por isso, voltar a atuar, especialmente para aquelas mulheres que ficaram afastadas do mercado de trabalho, seja para cuidar da família, da educação dos filhos e outros. **Mário Prata** (2008) diz:

Se você tem entre 45 e 65 anos, preste bastante atenção no que se segue. Se você for mais novo, preste também, porque um dia vai chegar lá. E, se já passou, confira.

---

9   Disponível em: < https://www.vivaavelhice.com/2019/10/o-envelhescente-por-mario-prata.html>

> Sempre me disseram que a vida do homem se dividia em quatro partes: infância, adolescência, maturidade e velhice. Quase correto. Esqueceram de nos dizer que entre a maturidade e a velhice (entre os 45 e os 65), existe a ENVELHESCÊNCIA.
>
> A envelhescência nada mais é que uma preparação para entrar na velhice, assim com a adolescência é uma preparação para a maturidade. Engana-se quem acha que o homem maduro fica velho de repente, assim da noite para o dia. Não. Antes, a envelhescência. E, se você está em plena envelhescência, já notou como ela é parecida com a adolescência?

A mulher loba tem a idade em que provavelmente está na *envelhescência*, aquela que é possível ser mais seletiva e ao mesmo tempo menos exigente com coisas banais. Está possivelmente menos compromissada com a família, mas ao mesmo tempo, mais sensata e colaborativa com a mesma, com afazeres domésticos; talvez já tenha se desvencilhado dos problemas da educação dos filhos pequenos e não quer assumir uma função de avó babá, como se pode observar em certas classes sociais, em que as avós não desfrutam do merecido descanso, nem buscam se auto-afirmar como mulher ou profissional; não buscam novas jornadas como as lobas, porque os afazeres com os netos e a família tomam-lhe grande parte do tempo e das economias financeiras.

21. COMPLEXO DA MEMÓRIA E DA IMAGINAÇÃO

Esse *Completo da Memória e da Imaginação* encontra-se na obra A poética do espaço, de **Gaston Bachelard** (1974, p. 372). O autor destaca o trabalho com os sonhos pela psicanálise. Somente uma "fenomenologia do devaneio pode desmontar o complexo da memória e da imaginação", porque distingue os símbolos dos sonhos quando "o devaneio poético, criador de símbolos, dá à nossa intimidade uma atividade polissimbólica. E as lembranças se depuram. A casa onírica, no devaneio, atinge uma sensibilidade extrema". Esse complexo faz pensar na primitividade dos refúgios que o ser humano pode criar para se abrigar da dor, dos infortúnios, da falta de segurança num mundo que nem sempre oferece abrigo para todos, são muitos os que passam por provações e violências, mesmo quando tentam sinalizar que precisam de abrigo e constroem abrigos improvisando, especialmente nas cidades grandes, e são continuamente sacrificados a viver pelas ruas perambulando, sem direito a um abrigo, improvisado, provisório ou definitivo, porque "o sonhador de refúgios sonha com a cabana, com o ninho, com os cantos em que gostaria de se encolher como um animal em um buraco" (p. 374).

Na sociedade mundial contemporânea, não são poucas as pessoas, as famílias desabrigadas, quando é de conhecimento geral, que o ser humano é o animal mais frágil para suportar as intempéries da natureza, que sua pele, seus órgãos precisam de abrigo, que sua alimentação deve ser cotidiana. São muitos os rostos tristes e de indignação que imploram por um pedaço de pão e um pedaço de pano para se abrir do frio das madrugadas e das noites geladas, a barriga vazia faz o frio parecer ainda mais insuportável. Falta humanidade na humanidade, falta políticas públicas de proteção aos mais fragilizados.

22. COMPLEXO DA PURIFICAÇÃO

Para o antropólogo **Gilbert Durand** (1997a, p. 178), o *Complexo da Purificação* pode estar relacionado com uma fantasia diairética em torno do "corte da lâmina, da limpidez da água, luz do fogo, imaterialidade, ligeireza e quase ubiqüidade do ar". Diz-se que no seio de um *Complexo da Purificação* está subjacente, "osmoses entre os elementos, com acentuações segundo se deseja valorizar um líquido purificador, 'espécie de fogo líquido', de fenomenologia mordicante e militar e que 'mata a sujeira', ou, pelo contrário, trata-se do uso de saponáceos e detergentes que simplesmente 'fazem desaparecer' a sujeira.

Para Durand (1997a, p. 179), deve-se observar que **"Omo"**[10] ou **"Persil"**[11] não passam de

> [...] últimos representantes publicitários do arquétipo policial e justiceiro do arcanjo puro e vitorioso sobre os negros demônios. Gládio, espada de fogo, archote, água e ar lustrais, detergentes e tira-manchas constituem assim o grande arsenal dos símbolos diairéticos de que a imaginação dispõe para cortar, salvar, separar e distinguir das trevas o valor luminoso.

---

10   A explicação do nome OMO, um sabão em pó para lavar roupas, foi lançado na Inglaterra nos anos 40; a palavra por extenso é Old Mother Owl, ou seja, "Velha Mãe Coruja", aquela que cuida de tudo.

11   A palavra Persil tem um significado específico na botânica, trata-se de uma planta, muito usada na culinária mundial, para enriquecer o sabor das comidas, é a Salsa.

Ironicamente ou sabiamente existe na atualidade um verdadeiro batalhão de soldados defensores do planeta. "Soldados" prontos para combater estes deuses da limpeza higiênica, capazes até de reprimir aqueles que têm este tipo de complexo de purificação, e tudo por uma causa justa, a natureza. Estes defensores do planeta se posicionam contra aqueles que recorrem aos produtos de limpeza, seja para saciar a sede de um mundo limpo, puro, com odores comprados em supermercados e lojas de especialidades, mas se esquecem comumente dos danos que podem causar na atmosfera e na natureza.

Ambientalistas e ecologistas de plantão vigiam e cobram controle do uso destes produtos de limpeza. Pode-se dizer até que existe um complexo de combate ao complexo de purificação (complexo antipurificação), dado que, este tipo de purificação neurotizante está respaldado e endossado pela mídia do sistema capitalista. A cidadania planetária pode ser um agente do contra a este tipo de mídia do consumo indisciplinado, a fim de combater a sujeira com produtos químicos, sendo fundamental também pensar no combate à sujeira de uma forma que não agrida o meio ambiente, mas um combate em prol da saúde e da segurança do planeta.

23. COMPLEXO DA SERPENTE - DA IMAGINAÇÃO

Para **G. Bachelard** (1991, p. 201-21), o *Complexo da Serpente* ou *Complexo da Imaginação* simboliza a serpente como "um dos arquétipos mais importantes da alma humana. É o mais terrestre dos animais. É realmente a raiz animalizada e, na ordem das imagens, o traço de união entre o reino vegetal e o reino animal".

Esse complexo se caracteriza através do medo e da repugnância pela serpente, animal que segundo Bachelard, desempenha um papel importante para a imaginação humana, considerada um verdadeiro símbolo móvel, capaz de apresentar diversas aparências. Estão consubstanciadas à figura da serpente, as formas e as impressões sensíveis: dureza, moleza, frieza, aspereza, maciez, flexibilidade, forma longa, curta, redonda, circular, impressões advindas de ligeireza, da vagarosidade, podendo causar esteticamente um sentimento de beleza e de feiúra, de adoração, medo ou pavor – algo que pode causar uma linda ou feia impressão; para alguns a serpente é atraente e bela, para outros, ela é repugnante, feia e asquerosa.

Existem adoradores de serpentes, que a colocam sob o teto, no convívio familiar, e aquelas que não precisam de nenhum motivo para desejar eliminá-las do mundo dos homens e dos animais, os matadores de serpentes.

Existem crendices, como as do nordeste do Brasil, especialmente na Bahia, onde alguns acreditam que se matar uma serpente no dia da sexta-feira santa, da paixão de Cristo, poderá salvar cem (100) almas do purgatório. Assim, a serpente é eliminada porque é um objeto de barganha com os deuses e com Deus.

Referindo-se à obra ***D. H. Lawrence***, Bachelard (1991, p. 205) diz: "...a serpente é naturalmente uma **imagem complexa** ou, para sermos mais exatos, um **complexo da imaginação**. Imaginamo-la trazendo a vida e também a morte, maleável e dura, reta e arredondada, imóvel ou rápida. Por isso ela desempenha um papel tão grande na imaginação literária. [grifos do autor].

As obras citadas por Bachelard do escritor, D. H. Lawrence são: *Le serpent à plumes* e *Kangourou*[12]. Bachelard comenta que Lawrence descreve situações em que a serpente mostra suas muitas formas e facetas, revelando que o imaginário tem um potencial criador em essência.

São muitos os filmes que retratam a figura da serpente, a obra cinematográfica *O ovo da serpente*, dirigida por Ingmar Bergman, com os protagonistas: Liv Ullmann e David Carradine, no ano de 1977, retrata um cenário que se remete à situação de 1923, período de recessão econômica, transformação política e catástrofe político-social. As experiências absurdas com seres humanos são recorrentes. O ovo da serpente nesse contexto, simboliza a estação do mal social, que recairá sobre a população, ou sobre alguns grupos e suas exclusões, assim como os banimentos dos indesejados humanos da sociedade.

Em 2022, a escritora Consuelo Dieguez, autora do livro *O ovo da serpente*, apontou os desmandos e os problemas ocasionados, pela extrema direita no Brasil e as consequências no futuro. O ovo da serpente nessa ótica da obra e no filme citado, simboliza a ascensão do nazismo, na Alemanha com A. Hitler e do fascismo na Itália, com Mussolini.

Na atualidade, no Brasil, é possível perceber, um namoro escandaloso com o fascismo, com exclusão de pessoas, perseguição por racismo e discriminação generalizada, preconceito, violência, perseguição e extrema pobreza,

---

12 Na tradução para o português, A Serpente emplumada e Canguru.

numa sociedade, como a brasileira, prioritariamente mestiça, onde os negros e mestiços são a maioria, mas sofrem com as perseguições dos que se sentem superiores pelo sobrenome, por serem filhos e netos de estrangeiros brancos, independentes se são filhos dos que fugiram da miséria em outros países ou foram convidados a se retirar, se esquecem que, o ápice da imigração da massa de trabalhadores, que deixaram a Itália aconteceu, principalmente no período de 1880 a 1930. No Brasil, em geral, quem não é descendente dos povos originários, os indígenas dessa terra, ou são descendentes de imigrantes brancos como os portugueses, italianos e espanhóis, ou de africanos, e povos do oriente médio, como os árabes, ou dos africanos, estes últimos trazidos ao Brasil em condições de exploração e escravização, muitos são mestiços, mas, com uma pele claras e sentem e acreditam que são brancos.

A serpente, nesse contexto, intensificará a sociedade com uma febre regada a ódio, bala e loucura midiática, idolatria a uma figura politica, elegendo um ídolo que trará a ditadura para correção dos incautos, dos que pedem pela paz, amor e civilidade, justiça social e um olhar para os povos originários e os mais empobrecidos e esquecidos, no contexto social do Brasil, como os negros e mestiços.

24. COMPLEXO DA VIDA AÉREA

Para **G. Bachelard** (1989b, p. 38), existe na poética dos *Cantos de Maldoror* "um **complexo da vida marinha** e um **complexo da vida aérea** menos fortemente ligado" [grifos meus]. O *Complexo da Vida Aérea* aparece porque misturam-se animais marinhos com suas barbatanas e animais "alados", com verdadeiras asas, como os polvos, que no imaginário aéreo tem asas porque são polvos alados, mas o autor comenta que, mais parecem corvos, dragões e águias na poética de Jeanne Mégnen, do que animais marinhos.

É notável como o cinema tem retratado estas imagens híbridas, deformantes, em que homens e animais perdem formas naturais e ganham outras, por vezes, arquitetadas e arranjadas pelos computadores, por exemplo, seriados como os dos *Caça vampiros*, deuses da mitologia - *Hercules, rainha Xênia*; séries como *Hary Potter, Lost*; filmes como *O senhor dos anéis, A ilha do doutor Moreau, Alien* e tantos outros.

Nesse universo, são comuns seres pequenos, miúdos, se tornarem gigantes, ofensivos, violentos – formigas, gafanhotos e abelhas também têm sido retirados no cinema como seres que atacam, que são perigosos e mutantes, por isso, são muitas as formas aéreas e marinhas retratadas, ou que se tornam aéreas e marinhas, como os homens pássaros, cavalos alados que voam e também nadam, fazem travessias impossíveis; desenhos orientais em que carros ganham asas e viram pássaros ou ganham turbinas que os fazem voar. O personagem do *Batman* que corre através de carro tão potente que ganha as alturas e voa; o *Homem aranha* que tem um fio tão longo, elástico, flexível que o conduz para além das alturas, é um fio que estica, encolhe e amortece a queda.

As metamorfoses que foram atribuídas, geralmente, aos animais irracionais, também passaram a ser atribuídas aos seres humanos, objetivando promover um enfrentamento aos mesmos, a fim de exterminá-los. Na atualidade, o ser humano também passa a ter metamorfoses, que os fazem enfrentar e também agir, como um animal predador, inclusive, muitos seres humanos envergonhariam por suas condutas, até os animais irracionais, se esses soubessem o que os humanos fazem contra eles e contra os de sua espécie.

25. COMPLEXO DA VIDA ANIMAL

Para **G. Bachelard** (1989b, p. 8), esse *Complexo da Vida animal* está relacionado à violência com que um poeta devora o tempo e o espaço, é o complexo que simboliza "a energia da agressão. De modo que a obra de *Lautréamont* aparece-nos como uma verdadeira **fenomenologia da agressão**, mesmo aquele estilo em que se trata de **poesia pura**" [grifos do autor].

É fundamental compreender, que muitas agressões na poesia ducassiana, são denúncias sobre os seres humanos violentos, os que cultivam o ódio e sequer calculam o retorno de suas ações, agem de maneira vil e depravada contra outro ser humano, muitas vezes, ingênuo. As denúncias de violência e abusos praticadas pelos humanos, com certeza, formariam um bestiário, que envergonharia qualquer ser humano, com um mínimo de ética e dignidade.

O homenageado para esse complexo é *Isidore Ducasse*, cuja obra, *Os Cantos de Maldoror* pode ser considerada uma poesia da agressão e da inquietação. "Na obra ducassiana, a vida animal não é uma metáfora vã. Não contém símbolos de paixões, mas antes, de verdade, instrumentos de ataque" (BACHELARD,

1989, p. 9). Um verdadeiro bestiário da imaginação, cujas cenas são resultados das possíveis ações humanas e não dos animais, como nas fábulas e analogias. Para o autor, esse complexo simboliza todos os vícios humanos no reino animal (1989b, p. 39).

A poesia de alguns grupos musicais simboliza a agressão, com estilos sutis, pouco som e muito vocalismo; a música e o timbre da voz do cantor poeta denunciam um presente impactante, apontam a perda do fio da história, com abolição do tempo, a fim de espantar a dor, a angústia e a realidade demasiado insuportáveis. São comuns artistas e jogadores de futebol serem homenageados com nomes de animais.

Também são comuns, na sociedade capitalista, e especialmente, nos times de futebol, a adoção de nomes de alguns animais, que pode ter como origem, uma escolha própria, também pode ter a ver com os sobrenomes de animais, usados pelos humanos, ou simplesmente, porque lembram certos animais, sua força, esperteza, inteligência, atitudes e comportamentos, pode ter a ver com elementos que compõem o tipo físico de um determinado animal, pode ser algo que lembra algum animal, feio, esquisito, atrapalhado ou que tem uma característica pouco comum, por brincadeira ou por discriminação.

No Brasil, país em que o macaco muitas vezes aparece como uma ofensa, discriminação e racismo aos povos afrodescendentes, na mesma linha de raciocínio, quando alguém age com preconceito e discriminação, dizer que uma mulher é vaca, piranha, cobra, onça, galinha, cachorra etc., bem como, quando se quer elogiar uma mulher sexy, diz-se que ela é uma "gatinha manhosa", uma coelhinha, uma pantera (Canção de Erasmo Carlos). No caso masculino, de modo discriminador, é comum um homem ser chamado de Zé galinha, galo, cobra, tubarão, cavalo, jumento, boi, 'garanhão'; e de modo elogioso, de gatinho, leão, tigrão, urso, leopardo.

26. COMPLEXO DA VIDA MARINHA

G. Bachelard (1989b, p. 39) o *Complexo da Vida Marinha* pode, seguramente, ser identificado na frase de *Isidore Ducasse*, na qual o escritor afirma que desejaria ser "o filho da fêmea do tubarão, cuja fome é a amiga das tempestades" ou filho da fêmea "de um tigre".

Ducasse deseja ser um tubarão na água ou um tigre na terra, ou melhor, deseja ser a metamorfose desses dois animais que admira. Deseja, especialmente, ser um animal devorador, filho de uma fêmea, mãe devoradora. Assim, a fêmea do tubarão seria a mãe e a amante ideal para Maldoror, o tigre. Se o sonhador tiver azar, será um tigre com sua esposa tigresa, que, ao se abraçarem, estariam abraçando todas as violências cósmicas, profundas e abissais. Dessa forma, eliminariam ou controlariam tudo que é "casto e medonho!" (1989, p. 39) porque toda pureza e castidade estariam sob o signo da violência, cujo acasalamento seria perfeito porque "...estamos em presença do amor do abismo, o amor frio, o amor que gela, aquele que os íncubos descrevem como a queimadura do frio" (1989b, p. 39), será esse amor de Hades à sua rainha?

A água, nesse caso, representa o elemento primordial, aquele que conduz o potencial de amor de Ducasse: "Maldoror só é capaz de amar no mar" (1989b, p. 39). Ainda que embalado e embevecido pela poesia da agressividade, Maldoror somente se revela capaz de amar apenas as águas violentas, desconhecidas, resistentes, selvagens, a água abissal, dos infernos e das profundezas marinhas por que lhe parece ser impossível conquistá-las, concretizar esse desejo? Aquilo que foge ao controle excita sua vontade latente de reconquistar a pureza para domá-la, subjugá-la à sua vontade má, conquistá-la através do mal, a única crença que lhe parece real, porque,

> Observemos de passagem que todos os nossos vícios se encontram concretizados no reino animal. Em Lautréamont, a fauna é o inferno do psiquismo. Será o amor realizado uma queda, um momento de fraqueza? Dever-se-á passar subitamente de Platão para Chamfort, do amor platônico – contacto de duas ilusões – para o amor físico – contacto de duas epidermes? **O epitálamo da fêmea do tubarão é verdadeiramente um réquiem. Canta a morte de uma inocência, a decepção de um entusiasmo puro e juvenil** (BACHELARD, 1989b, p. 40) [grifos meus].

Na atualidade, talvez por causa do espaço disputado pela mídia para atrair, chocar, informar, expõem-se cenas deploráveis em que homens e mulheres vampirescos se assemelham a "tubarões terrestres" ou quem sabe, "tigres aquáticos" que lembram apenas, seres humanos, como na lei de Gérson[13]. As deformidades e mazelas humanas superam a selvageria típica dos animais, sombras do mal perto dos seres humano libidinosos ou aqueles que vivem da exploração de negócios fáceis, em que a tônica pode estar na esperteza, o saber levar vantagem e se dar bem na vida.

Claro que sair da zona do conforto na sociedade atual é também conviver com o perigo, mas alguns não saíram apenas da zona do conforto, estão entrando numa zona em que parece ser ilimitado a fim de alcançar sucesso e recompensa, para além das teorias administrativas, da exposição e exploração do outro; teorias que, por vezes, fazem parte do mundo da inocência empresarial, ou a política do vale tudo para se destacar, se posicionar ou apenas manter um *status quo* conquistado por vias não muito louváveis, mas aceitáveis na política do vale tudo por dinheiro. Na sociedade atual existem muitos filhos de tubarão, assim como, muitas amantes e mães de tubarão, Ducasse certamente é atualíssimo.

No Brasil e no mundo, em pleno século XXI, na segunda década do século, assistimos anestesiados a miséria que se espalha pelas grandes cidades e campos, como uma verdadeira epidemia, empobrecendo, adoecendo e eliminando vidas, quando há fartura na produção, mas uma distribuição injusta e cruel, cujo descarte poderia salvar vidas, enquanto o desperdício é imenso e selvagem, faz parecer que, os que se alimentam todos os dias e fazem todas as refeições são pessoas especiais, os que têm muita sorte ou foram muito espertos no acirrado mercado competitivo e explorador. Todos querem se dar bem, mas muitos poucos estão interessados em salvar vidas e zelar pela vida humana, dos aniamis e dos vegetais no planeta.

---

13 A Lei de Gérson é uma "lei" não-escrita na qual a pessoa que "gosta de levar vantagem em tudo" segue, no sentido negativo de se aproveitar de todas as situações em benefício próprio, sem se importar com questões éticas ou morais. A expressão originou-se em uma propaganda, de 1976, para a marca de cigarros Vila Rica, na qual o meia armador Gérson da Seleção Brasileira de Futebol era o protagonista. "Gosto de levar vantagem em tudo, certo? Leve vantagem você também" (Gérson). A propaganda dizia que esta marca de cigarro era vantajosa por ser melhor e mais barata que as outras. Mais tarde, o jogador anunciou o arrependimento de ter associado sua imagem ao reclame, visto que qualquer comportamento pouco ético foi sendo aliado ao seu nome nas expressões Síndrome de Gérson ou Lei de Gérson. O diretor do comercial, José Monserrat Filho declarou: "Houve um erro de interpretação. O pessoal começou a entender como ser malandro. No segundo anúncio dizíamos: "levar vantagem não é passar ninguém para trás. É chegar na frente", mas a sabedoria popular usa o que lhe interessa. Nos anos 80 começaram a surgir sujeiras, escândalos e as pessoas começaram a usar a Lei de Gérson"

Assistimos, ao lado da miséria, a subida vertiginosa dos novos "tubarões" dos negócios, especialmente, os capitalistas vampirescos, predadores da vida no planeta, aqueles que, sofrem de uma doença chamada excesso de amor próprio, que esbanjam incomensuravelmente, extremo egoísmo, alimentado por muita vaidade, indiferença e inteligência congelada na frieza, o que parece certo para ser habitante de um planeta chamado Terra, mas não é correto e nem ético, o retorno pode ser o fim da vida no planeta, que chamamos de terra, no qual, a natureza é dadivosa e generosa, a fartura poderia alimentar todos os humanos, sem exclusão de nenhum ser vivo.

27. COMPLEXO DAS CHAMAS DO INFERNO

Gaston Bachelard (1989c) na obra *A chama de uma vela*, chama a atenção para o *Complexo das Chamas do Inferno*, nas imagens da infância, como a da chama amarelada da vela e dos candeeiros antigos, a lembrança dos amigos e da infância, do fogo, especialmente, as cenas de solidão do sonhador em sua mesa de trabalho; aquele que acende a vela tosca na esperança de que ela possa clarear suas lembranças.

Já no prólogo dessa obra, na sexta parte, o autor se refere a esse complexo quando procura diferenciar o sonho noturno, no qual a *anima* não fala ao sonhador, visto que o sonho noturno é um sonho intelectualizado, no qual o sonhador busca respostas mediante material do inconsciente.

Para o autor (1989c), somente o devaneio noturno em volta da vela permite um sonho em *anima*, sonho da intimidade da alma, da leveza, que se posicionará contra todo e qualquer infortúnio, porque "escrevendo sobre a vela, queremos ganhar doçuras d'alma. É necessário que se tenha vinganças a executar para imaginar o inferno. Existe nos seres do pesadelo *um complexo das chamas do inferno* que não queremos, nem de perto nem de longe, alimentar" (p. 19).

Esse complexo caracteriza as almas sofredoras que usam a a*nima* não para sonhar com coisas leves, agradáveis, mas para planejar vinganças, infortúnios, reforçando a própria infelicidade. Prisão e pesadelos impossibilitam a *anima* libertar-se do jugo e cansaço da vida burocrática, diurna, deixar descansar o *animus*. O autor compara nesse caso, a leveza do devaneio à fragilidade e leveza da chama da vela, pois em ambas, encontra-se, "a mesma paciência"(1989c, p. 19).

No sentido figurado, o cinema na atualidade bate qualquer recorde, quando representa o inferno, e, sempre um inferno habitado, com figuras de vestes chamativas e exuberantes, que só a imaginação pode criar.

Existe uma contínua disputa e competitividade entre esses seres mitológicos ou bíblicos, certamente, a inspiração para criar um inferno fictício, pode ser a resultante de pesquisas e observação dos escritores sobre a imensa semelhança do mundo humano com um terreno fictício, como é o caso do inferno, considerado pelos cristãos, o destino final daqueles que perseveram nos 'sete pecados' ou nos muitos outros, aqueles que conspiram e fazem o planeta ser povoado por uma aura pesada. Essa situação lembra, a luta terrena contra os sentimentos negativos dos seres humanos, talvez, o modo como o inferno tem sido representado, nos alerta sobre o destino final do ser humano, impor o medo pelo demoníaco, o inferno com suas sagas, brigas, disputas de poder, violência, agressão e morte , nesse caso, não é uma passagem para outro plano de existência, mas um desaparecimento total.

28. COMPLEXO DE ADÃO

O senador **Mailson da Nóbrega**, no dia 08 de maio de 2009, comentou que o Presidente da República, *Luiz Inácio Lula da Silva*, tem complexo de Adão por sentir-se sempre o primeiro homem a fazer as coisas no cenário político. A jornalista *Tania Meinerz*[14] escreveu: "de acordo com ele (Mailson), o presidente Luiz Inácio Lula da Silva tem dificuldades em reconhecer os feitos de seus antecedentes. "Lula tem complexo de Adão", declarou".

Segundo a jornalista, o senador Mailson da Nóbrega fez uma análise do momento econômico e político na tentativa de apontar tendências e encontrar possíveis soluções para o Brasil reagir à crise mundial, a qual assola e assombra o mundo.

Mailson (cf Meinerz) comentou que "o pior já passou e o sistema não quebrará. Possuímos um sistema financeiro sólido e sofisticado". O Brasil se manterá firme e encontrará saídas para novas crises, posto que,

---

14 Disponível em: <http://marlucistein.spaceblog.com.br/366824/Lula-tem-complexo-de-Adao-segundo-Mailson-da-Nobrega/>.

No contexto mundial, Nóbrega destaca que com a crise os países emergentes adquiriram uma importância sistêmica. 'Três quartos do crescimento mundial em 2008 veio do Brasil, Rússia, Índia e China -, além da Coréia do Sul e da Indonésia' enfatiza. Para ele, a recessão mundial atinge a pior fase neste primeiro semestre, depois a situação começa a se normalizar. Contudo, indica que um dos riscos é a piora da crise de crédito dos Estados Unidos, pode prolongar a recessão, além de provocar ações protecionistas (MEINERZ, 2009).

O *complexo de Adão* ao qual se refere o senador Mailson da Nóbrega é justamente porque o Brasil atual consegue se manter inabalável porque antes do presidente Luis Inácio Lula da Silva ser eleito, seus antecessores trabalharam para o Brasil caminhar para uma autonomia, mas o presidente Lula parece se esquecer disso, e sente-se como alguém que descobriu sozinho e pela primeira vez, os caminhos para manter a segurança econômica do país. Mailson lembra que governos anteriores também deixaram suas contribuições para o atual, e "Já se vão 7 meses desde o agravamento da crise e o país resistiu a ela graças às mudanças experimentadas nos últimos anos" (2009), o que não significa que os esforços atuais sejam dispensáveis tampouco menos significativos.

29. COMPLEXO DE ADÔNIS

Os autores **Harrison G. Pope**, **Katharine A. Phillips** e **Roberto Olivardia**[15] (2006)[16], na obra *O Complexo de Adônis*, fazem um ensaio longo a respeito da apreciação da beleza física do corpo masculino esculpido, cultuado e admirado pelos rapazes. O complexo caracteriza uma obsessão masculina pelo corpo – a busca pelo corpo perfeito.

No prefácio do livro, os autores (2006, p. 13) comentam que as

---

15 HARRISON G. POPE, JR, M.D., é Professor de Psiquiatria na Harvard Medical School e Chefe do Laboratório de Psiquiatria Biológica no McLean Hospital. Mora em Concord, Massachusetts; KATHARINE A. PHILLIPS, M.D., autora de The Broken Mirror, é Professora Associada de Psiquiatria na Escola de Medicina da Brown University e Diretora do Programa de Distúrbio Dismórfico Corporal do Butler Hospital. Mora em Providence, Rhode Island; ROBERTO OLIVARDIA, PH.D., é Assistente Clínico de Psicologia na Escola de Medicina de Harvard. Mora em Malden, Massachusetts

16 Fonte: site da editora Campus-RJ: http://www.editoras.com/campus/20668.htm

[...] muitas obsessões corporais são formas do que chamamos o 'Complexo de Adônis'. É um problema que afeta até adolescentes e meninos. Estudos recentes demonstraram que já nos primeiros anos escolares muito meninos estão insatisfeitos com seus corpos e, com isso, podem sofrer perda de auto-estima ou depressão. Alguns chegam à adolescência tomando esteroides anabolizantes, desenvolvem distúrbios alimentares ou experimentam outras condições psiquiátricas relacionadas com a imagem corporal. Pais, professores e treinadores em geral não percebem esses problemas porque os rapazes, tal como os homens adultos, não conversam francamente sobre suas preocupações com a aparência. Em nossa sociedade, os 'homens de verdade' não devem demonstrar preocupação com tais coisas. Os pais não perguntam e os rapazes não respondem.

A pesquisa sobre o Complexo de Adônis foi realizada na Faculdade de Medicina das Universidades de Harvard e Brown, em colaboração com cientistas de Universidades dos Estados Unidos e de outros países; a pesquisa contou com entrevistas a centenas de homens nas academias.

A obra chama a atenção para a crise mundial da saúde que também atinge os homens, independentemente da idade e situação econômica, especialmente, os jovens que pensam, sentem e veem os próprios corpos como uma obra a ser cultuada. O livro se propõe ajudar muitos homens a repensar o próprio corpo, como templo de beleza e de saúde.

Para os autores, durante muito tempo, os cientistas não se deram conta de que o problema com a imagem corporal não era somente um problema enfrentado pelas mulheres, e que muitos homens não comentavam essa obsessão - que também têm - com medo de não serem compreendidos.

A ditadura do corpo e da aparência que as mulheres enfrentam, sob pressão social, há muito tempo, está atingindo também os homens, que passaram a dar maior atenção ao próprio corpo e à aparência. São recorrentes os produtos, ambientes, tratamentos e "grifes" ofertados aos homens; cresce o número daqueles que procuram ajuda de profissionais e especialistas para inovar a própria imagem, visando a uma repercussão positiva na carreira profissional.

O lado perverso desse complexo é a loucura em que estão vivendo muitos homens que se tornaram reféns da moda e das novas práticas de esporte, não por saúde, mas apenas por vaidade. Jovens que lutam para adquirir ou manter a perfeição, um padrão estético que nem sempre condiz com a sua própria estrutura física e biológica ou com a vocação e escolha de vida pessoal e profissional.

Os autores chamam a atenção para as ginásticas modeladoras, halterofilismo e esteróides, compulsivamente praticados e adquiridos; cirurgias estéticas necessárias e desnecessárias acentuam essa febre de beleza; consumir para deixar em evidência os músculos, uma silhueta bem delineada, com contornos delineados e perfeitos, peles hidratadas, tratadas e saudáveis, cabelos penteados, criteriosamente hidratados e vigorosos.

Esse complexo caracteriza a obsessão por músculos, o que, de certa forma, faz pensar no complexo da serpente, o que faz com que o psiquismo de alguns revele admiração e atração por formas físicas musculosas e enrijecidas; para outros, contudo, são formas que causam repulsa.

Para os autores, são *sintomas obsessivos*: halterofilismo e exercício compulsivo; distúrbio dismórfico corporal; distúrbios de alimentação e o abuso de esteroides, os quais, nas palavras de William Pollack[17], significa que

> Dez anos após **O Mito da Beleza**, finalmente compreendemos a relação entre as expectativas sociais de rapazes e homens e como eles pensam a respeito de seus corpos. **O Complexo de Adônis** dispara o alarme a respeito da mais nova e menos compreendida ameaça ao seu desenvolvimento físico, social e emocional. Todas as pessoas que se preocupam com algum homem, seja jovem ou idoso, deveriam ler este livro indispensável [grifos meus].

A beleza sempre foi algo de preocupação e sempre será. A necessidade de exercícios físicos foi ressaltada pelos gregos desde a Antiguidade. Mas a beleza como ditadura do corpo acaba adoecendo partes desse mesmo corpo, distanciado a pessoa daquilo que seria uma vida saudável. Esse complexo possibilita refletir acerca da beleza e da ditadura impostas ao corpo pelas novas estéticas da medicina, das cirurgias plásticas, que, inegavelmente, permitem recuperar elementos preciosos para a saúde e a autoestima das pessoas, como também rompem com os padrões de beleza natural.

Para os autores (2006, p. 23),

---

17   William POLLACK é Ph.D e autor da obra Real Boys.

Devemos observar que o 'Complexo de Adônis' não é um termo médico oficial e não descreve qualquer problema de imagem corporal dos homens. Nós o usamos neste livro para indicar um conjunto de preocupações com a imagem corporal geralmente secreta, mas surpreendentemente comuns entre rapazes e homens. Essas preocupações vão de pequenos desgostos até obsessões devastadoras e às vezes perigosas para a vida – de uma insatisfação possível de administrar até distúrbios psiquiátricos graves com a imagem corporal. De uma forma ou de outra, o Complexo de Adônis atinge milhões de rapazes e homens – e inevitavelmente as mulheres presentes em suas vidas.

A mídia, em especial a TV, com seus filmes, seriados e comerciais, apelando para imagens de perfeição, o que, segundo os autores, provoca uma expectativa de que somente os corpos lindos e sarados são os mais felizes e valorizados. Assim, aqueles que não se sentem próximos desse ideal passam a sofrer as consequências. Também muitos jovens recorrem aos esteroides para possuir um corpo musculoso, mas os pais sequer sabem que não foram apenas os exercícios da academia que proporcionaram tal corpo, mas também, a química. Muitos jovens mentem quando afirmam que somente os exercícios foram suficientes para terem o corpo que têm. Apesar disso, comentam os autores (2006, p. 46):

> Como clínicos e pesquisadores em psiquiatria e psicologia, testemunhamos esse desgosto masculino crescente cada vez mais nos últimos anos. Vimos como o Complexo de Adônis pode afetar as vidas de norte-americanos comuns, jovens e velhos, produzindo uma identidade masculina estropiada, depressão crônica, comportamentos compulsivos e, não raro, relacionamentos seriamente prejudicados com membros da família e pessoas amadas.

> O que parece particularmente preocupante é que tantos desses homens estejam inconscientes das forças sociais que estão constantemente minando sua auto-estima. Rapazes e homens cresceram tão acostumados à constante barragem do corpo masculino produzidos pelas indústrias, que não param para questioná-las. Raramente se dão conta da extensão em que aceitaram essas imagens hercúleas como representações sensíveis da beleza masculina. Em vez disso, mudam de comportamento para tentar tornar seus corpos parecidos com o novo padrão. Raramente consideram que nenhuma

geração parcialmente anterior na história foi jamais assaltada por imagens comparáveis – parcialmente porque era impossível criar muitos desses corpos modernos de supermachos antes da disponibilidade de anabolizantes. Raramente, também, os homens modernos percebem, mesmo para si mesmos, quanto sua auto-estima e sua noção de masculinidade estão ligadas às preocupações com sua imagem corporal. Em consequência desses sentimentos, podem se tornar cada vez mais concentrados nas deficiências de seus corpos, sem realmente compreenderem por quê.

30. COMPLEXO DE ALEXANDRE O GRANDE

O autor é **Michael Meyer** (1992), do *Complexo de Alexandre o Grande*, cuja obra descreve os sonhos e visões que motivam os grandes homens de negócios, os novos Alexandres que buscam conquistar o mundo: Steven Jobs; Ross Perot; James Rouse; Robert Swanson; Ted Turner; Daniel Ludwig. Por isso, o autor procura retratar a vida desses homens conquistadores e empreendedores.

Meyer (1992, p. 9) tenta mostrar que, para além dos lucros, os empresários, como Alexandre, O Grande, também sonham em transformar o mundo, assim o autor utiliza-se:

> [...] do arquétipo de Alexandre para contar a historia de seis poderosos empresários... cuja capacidade de liderança, idealismo e obstinação mudaram e continuam os padrões da sociedade e a história dos Estados Unidos. **O complexo de Alexandre** uma surpreendente pesquisa de reportagem mostrando que, acima de tudo, os empresários não têm como meta apenas lucros fabulosos, mas a constante transformação do mundo em que vivem.

Mayer (1992) pontua que Alexandre foi um jovem, bonito, carismático e com megalomania. Assim, em 11 anos, praticamente mudou o mundo com suas conquistas. Para o autor, alguns americanos visionários se assemelham a Alexandre porque souberam conciliar tecnologia e poder econômico, como os autores citados, os quais são pessoas que trabalham por prazer, por exemplo:

> **Steven Jobs, o arrogante fundador da Apple Computer, pode ser o último líder carismático, um hábil manipulador que comanda tanto**

pela sedução e pela intimidação como pelo poder de suas ideias. Descrito pelos seus companheiros como 'mostro visionário', Jobs devorou sua própria criação – e foi por ela devorado. Quando foi deposto por um golpe de diretoria, fundou a NeXT, uma empresa de computadores destinados à educação, que, modestamente, promete 'revolucionar os métodos pelos quais os professores ensinam e os alunos aprendem' (MAYER, 1992, p. 9) [grifos meus]

Steven Jobs foi adotado por sua família, e, desde pequeno, revelou uma certa autonomia para decidir sobre as coisas que gostava de fazer, capaz de mostrar suas preferências; uma pessoa que afirma que gosta de trabalhar naquilo que lhe dá prazer e que não liga para dinheiro, simplesmente, ganhou dinheiro, mas que isso não é sua principal realização. Jobs foi aquele que popularizou o computador pessoal. Ainda muito jovem, se revelou com espírito de autoconfiança, criativo, visionário e muito dedicado ao trabalho.

Ross Perot o patriarca ou o patriota? Aquele que, numa atitude excêntrica, foi capaz de aliar o sentimento do patriarca com o de patriota e resgatar aqueles que lhe eram caros, haja vista:

> **Ross Perot, o excêntrico bilionário de Dalla, que fundou a Eletronic Data Systems, é o Patriarca.** Ele resgatou funcionários seus mantidos como reféns no Irã, mandou, por via área, ceias de Natal para americanos prisioneiros de guerra no Vietnã, assumiu a gigantesca General Motors, numa cruzada pessoal, para tornar a indústria americana novamente competitiva. E ele mesmo diz que sua posição o obriga a falar francamente, abrigar pelo que é direito. Uma grande fortuna cria grandes obrigações – com a família, com os empregados, com os pais – e Perot é capaz de tudo para cumpri-las. (MAYER, 1992, p. 9-10) [grifos meus]

Já James Rouse, com visão salvacionista, busca recuperar as cidades americanas com seu trabalho de revitalização urbana, e garantindo a lucratividade dos seus negócios.

> **James Rouse, o messiânico empreiteiro, é chegado a mensagens como: 'O que importante não é quantas pessoas vivem numa cidade; é quantas pessoas desfrutam dela'.** Ao criar a mais bem-sucedida 'cidade nova'

dos Estados Unidos, Columbia, Maryland, ao desenvolver o Harborplace, em Baltimore, e o projeto Faneuil Hall, em Boston, Rouse se tornou o indiscutível padrinho da revitalização urbana da América. Agora, sua nova Enterprise Foundation está despejando milhões de dólares em cidades do interior – transformando moradias arruinadas ou abandonadas em residências acessíveis, de baixo custo – e de uma maneira que qualquer um considera impossível: lucrando. (MAYER, 1992, p. 10) [grifos meus]

Para Meyer, Robert Swanson é aquele que cuida da saúde dos americanos, aliando sucesso e lucro, porque

> **Robert Swanson, o fundador da Genetech, é o Construtor. Ele é o pai da biotecnologia.** Seu mais recente medicamento miraculoso, um soro contra ataques cardíacos denominado Activa-se, salva vidas de milhares de americanos a cada ano. Swanson vive para resolver problemas – problemas como AIDS, artrite e diabetes. Seu sucesso é a razão de profundas análises neste iluminado sistema moderno de administração. (MAYER, 1992, p. 10) [grifos meus]

Já Ted Turner deixou os veleiros nos oceanos e navegou para mares mais bravios e intempestivos, a mídia televisiva e seus encantos. Mostrou-se capaz de ser bem-sucedido nos negócios e cultivar seu lado excêntrico ao pagar para obter direitos exclusivos de filmes que lhe eram caros. Assim,

> **Ted Turner, ex-campeão da America's Cup, regata internacional para veleiros oceânicos, transformou uma quase falida empresa familiar de** *ourdoors* **na TBS, a primeira rede de televisão por cabo, e lançou a CNN, a emissora que transmite notícias 24 horas por dia. Turner tem sede de fama.** Ele pagou vários milhões de dólares pelo estúdio da MGM em Hollywood, principalmente para ter os direitos sobre seu filme favorito, ...E o *Vento Levou*. E esta extravagância quase lhe custa o império. Agora, Turner está de volta. Com sua nova Sociedade Para Um Mundo Melhor, ele espera salvar todos nós. (MAYER, 1992, p. 10) [grifos meus]

O último homem citado por Meyer é Daniel Ludwig, o colecionar de madeiras. Sonhava plantar todas as árvores ou transformar todas as árvores em madeira? Protetor ou predador da floresta?

Daniel Ludwig, que foi o homem mais rico do mundo, imaginava poder açambarcar o mercado mundial de madeira. Seu sonho era 'plantar árvores como quem planta milho, e foi assim que aplicou metade de sua fortuna para comprar e colonizar um latifúndio do tamanho do estado de Connecticut no coração da floresta amazônica. Ele julgava capaz de subjugar a selva; mas, pelo contrário, foi a selva que o subjugou. A humilhação fez com que ele se recolhesse à reclusão – mas não à inatividade. O Nonagenário magnata aplicou recentemente setecentos milhões de dólares num empreendimento imobiliário, residencial e comercial do outro lado do rio Hudson, em frente a Manhattan. Estava tão excitado com as perspectivas do projeto que, pela primeira vez em vinte anos, permitiu ser fotografado (MAYER, 1992, p. 10-11) [grifos meus]

Todos os homens citados têm em comum, o desejo de serem bem-sucedidos e reconhecidos por seus feitos, são visionários e grandes empreendedores, querem ser reconhecidos por suas descobertas e contribuição com as novas tecnologias mundiais.

31. COMPLEXO DE ALTURA

Para **Gaston Bachelard** (1990a, p. 127-162), esse *Complexo de Altura* tem como representante maior *F. Nietzsche*, que, majestosamente, se caracteriza como aquele que simboliza o caminhante em plena ascensão; aquele que não se importa com a subida, nem com o vento das alturas, porque nada pode perturbá-lo nas alturas; aquele cuja maior riqueza é sublimá-la, ao que Bachelard diz:

[...] uma alma tão sensibilizada pelo drama do alto e do baixo não flutua indiferente entre a grandeza e o rebaixamento. Para ela não existem virtudes médias. É ela realmente a alma de um 'pesador'. O valor de baixo quilate será precipitado no vazio. Aos que são incapazes de voar, Nietzsche lhes ensinará 'a cair mais depressa' (*Velhas e novas tábuas*, § 20). E nada escapa a essa pesagem da alma: tudo é valor; a vida é valorização. Que vida vertical não existe nesse conhecimento da alma verticalizada! Não se trata, com efeito, 'da alma... na qual todas as coisas têm sua subida e sua descida'. A alma nietzschiana é o reagente que precipita os falsos valores e sublima os verdadeiros... Quem quiser viver realmente as imagens conhecerá a realidade primeira de uma psicologia da moral. Será colocado no centro da metafísica nietzchiana, que é, a nosso ver, muito embora a palavra repugne a Nietzsche, um idealismo de força. Eis o axioma desse idealismo: *o ser que sobe e desce é o ser por quem tudo sobe e desce*. O *peso* não está sobre o mundo, está sobre a nossa alma, sobre o espírito, sobre o coração – está sobre o homem. Àquele que vencer o peso, ao super-homem, será dada uma supernatureza – exatamente a natureza que um psiquismo do aéreo imagina [grifos do autor].

Bachelard cita várias obras de Nietzsche, nas quais ele pôde perceber essa valorização da altura, totalmente sublimada em Nietzsche, em obras como: *Zaratustra*, *Gai Savoir*, *Le crépuscule des idoles*, *Ecce Homo* entre outras. Nietzsche é o representante maior das alturas sublimadas, valorizadas, idealizadas e cultuadas como a força que regula e impulsiona o psiquismo dos fortes.

A maneira como Bachelard faz uma leitura da obra de Nietzsche, é fundamental, porque se trata de enxergar, as muitas facetas da obra nietzscheana, sua riqueza, sua expressividade, sua filosofia tempestiva, sua admiração pelas alturas, a capacidade humana de ter uma visão de águia para com a vida e os viventes, sua capacidade para romper com paradigmas e pensamentos retrogrados na filosofia, trazendo à público um pensamento e uma filosofia ascensional.

32. COMPLEXO DE ALTURA DE SARKOZY

Na matéria da *Folha Online*, veiculada no dia 8 de maio de 2009, às 12h59, lê-se o seguinte comentário, Publicidade ANSA, Paris: "Filme sobre o *complexo de altura* de Sarkozy faz sucesso na internet" [grifos meu]. Comentário do internauta:

> Um dos vídeos mais comentados atualmente na França deixa evidente **o complexo que o presidente Nicolas Sarkozy tem com sua altura, especulada em 1, 65 m.** Na gravação, feita pelo canal francês RTBF na Bélgica, uma mulher diz que a assessoria do francês seleciona apenas pessoas de baixa estatura para permanecerem ao lado dele em ocasiões públicas.

A mulher foi uma das escolhidas para ficar atrás do presidente durante a visita que Sarkozy fez na quinta-feira passada (3) à fábrica de autopeças Faurecia, na Normandia. Conforme a RTBF, antes do presidente chegar, as funcionárias foram selecionadas conforme as alturas para permanecerem perto dele.

No vídeo, o repórter Jean-Philippe Schaller fala com uma das mulheres que ficou sabendo que ela tinha sido escolhida por causa do quesito. **"Sim, ninguém pode ser mais alto que o presidente. É assim que funciona"**, responde a mulher.

O jornalista também diz que, na reportagem, tentou demonstrar o esforço que os assessores de Sarkozy fazem para melhorar a imagem do presidente na Normandia, já que, em fevereiro passado, o mandatário recebeu comentários hostis em um ato público na região.

O possível complexo de altura de Sarkozy é muito especulado pela imprensa internacional, principalmente porque sua mulher, a ex-modelo Carla Bruni, tem quase 1,80 m. [grifos meus]

Maldades e malícias à parte, também o Presidente da França, Nicolas Sarkozy, tem sido alvo dos simbolizadores de complexos da atualidade. Há de se perguntar e se questionar, que homem de estatura menos avantajada, mediana, não gostaria de aumentar uns centímetros na sua estatura? As mulheres recorrem aos saltos; e os homens? Que recursos e artimanhas aceitáveis podem ajudá-los no que diz respeito ao quesito altura?

É trabalho para a mídia, acostumada a despertar a curiosidade, a maquiar imagens, chocar, fuçar e escarafunchar os pontos delicados e individuais das pessoas públicas. Assim, pessoas comuns, como a funcionária da fábrica, uma simples cidadã, encontrou neste exemplo do arranjo, motivo para ter destaque na mídia, revelar um segredo que não era tão segredo, a altura do presidente francês, motivo que, ocupou um lugar de destaque na mídia, a pessoa pensa que se fez notável por alguns minutos, o suficiente para sentir-se recompensada.

33. COMPLEXO DE AMÉLIA

O livro de autoajuda da escritora americana, psicóloga e pesquisadora de temas relacionados ao casamento, **Dalma Heyn** (2001) sobre o *Complexo de Amélia*, é um guia para ajudar as pessoas a se prevenirem das armadilhas do casamento.

Heyn traz relatos a respeito dos sentimentos mais recorrentes e que acometem algumas mulheres após o casamento; algumas mulheres perdem a espontaneidade depois do casamento, outras ficam com depressão, outras sentem mágoa e raiva por se sentirem apenas *Amélias*, capazes de satisfazer a vontade e desejos do outro, mas incapazes de ouvir a própria voz interior. A autora comenta que, nos Estados Unidos, tanto homens como mulheres gostam de se casar uma ou mais vezes, visto que

> [...] mais de noventa por cento de todas as mulheres se casam pelo menos uma vez antes dos 49 anos. E apesar de 65 por cento desses casamentos terminarem em divórcio, o número de enlaces simplesmente continua aumentando, pois três quartos separados – cinco dentre seis homens e três dentre quatro mulheres – casam-se novamente nos quatros anos depois da morte do parceiro.
>
> Em outras palavras, há mais mulheres se casando, e com maior frequência, do que em qualquer época do passado.
>
> Nós amamos o casamento. Gostamos de sonhar com ele, de nos preparar para ele, de entrar nele, de sair dele e fazer tudo de novo. Sobre o que as mulheres falam depois de dez minutos de conversa, quando se encontram? Casamento. Casamentos que se realizam. Casamentos que se desfazem. Casamentos de estrelas do cinema. Casamentos infernais. O nosso último casamento. O nosso próximo casamento, caso tenhamos a intenção de nos casar novamente. A glória do casamento. A agonia dele. (HEYN, 2011, p. 11-12).

A mulher busca fugir do rótulo de tornar-se, depois do casamento, *Amélia*, não se tornando, parafraseando o poeta, "uma mulher de verdade", sendo fundamental fugir do estereotipo de mulher boazinha, caseira, aquela que se contenta com tudo e aceita tudo, inclusive com a falta de fidelidade do companheiro. Mas, como é possível ajudar pessoas a não cair num casamento-armadilha? Na capa do livro, pode-se ler o seguinte comentário:

> Depois do casamento, a mulher leva um choque. Sem saber como, mesmo a executiva mais independente vê mudanças em seu próprio comportamento, a ponto de não mais reconhecer quem é. Seu passado parece se apagar enquanto uma nova mulher - a esposa - assume preocupações tão antigas quanto as de sua avó sobre como agradar o companheiro e manter a relação. Aos poucos, a mulher desinibida se restringe, a elegante se torna séria, a despreocupada encontra seu lado Amélia. Dalma Heyn fala deste processo sutil, apoiado por toda a sociedade e pela própria mulher, que torna o casamento uma instituição opressora. E dá excelentes indicações de como transformar o mais importante relacionamento da mulher num processo rico e favorável à sua autenticidade e à convivência com seu marido.

Para Heyn, sentir que as coisas estão superficiais no casamento, que a alma já não participa das decisões e do relacionamento é um sinal de que o casamento está chegando ou chegou ao fim, pois

> O primeiro momento em que uma nova esposa sente essa estranha transformação – em que as suas palavras parecem não vir de sua própria alma, sua vida real entra subitamente em choque com a expectativa do que essa vida supostamente deveria ser – é o momento que eu chamo de '**complexo de Amélia**'... uma mulher poderá experimentar primeiro o **complexo de Amélia** simplesmente como um conflito entre duas vozes, a sua própria e outra que não lhe pertence, como uma linha cruzada que de repente se intromete numa conversa telefônica particular e a interrompe. (HEYN, 2001, p. 85; [grifos meus]).

Essas vozes fazem com que a mulher fique confusa em ser o que esperam que ela seja como esposa: feminina e generosa ou ser o que ela decidir por si mesma. Assim, "a curiosa discrepância entre o que ela é e o que dizem que deveria ser, entre o que ela de fato vê, conhece, sente e quer dizer e o que ela acha que deveria conhecer, ver, sentir e dizer caso queira ter um casamento feliz, é a experiência do complexo de Amélia" (2001, p. 86).

As vozes da sociedade funcionam como a Testemunha, simbolicamente, é aquela "parte da psique que repete roteiros culturais; ninguém pode ser culpado pela sua existência ou pelos seus murmúrios" (2001, p. 96). A voz da Testemunha exige da mulher abnegação e perfeição. Assim, decide o que pode ser feito ou não no casamento, por isso, "a testemunha não parece preocupada com os sentimentos da mulher: suas dores, seus temores, seus desejos, suas perdas, seus sucessos e seu amor não são incluídos na mensagem, apesar de o comportamento prescrito ser supostamente benéfico para a mulher" (2001, p. 90).

Alguns mitos, segundo Heyn (2001, p. 15), devem ser observados na perspectiva do casamento, como "a crença, sustentada culturalmente, de que é no casamento que as mulheres desabrocham simplesmente se choca com a realidade da tristeza, da desorientação e até da depressão que sentem nele – o que provoca a consequente saída dele". Por isso, "o complexo de Amélia marca o momento em que, subitamente, você fica sabendo que terá de ouvi-La" (p. 97). Ouvir, portanto, a Testemunha, cujo "propósito é preservar a instituição, proteger o *status quo*, assegurar a continuidade do casamento como nós o conhecemos e sua função é controlar a conduta das mulheres, incutir em nós o conceito dessa moralidade específica criada na mesma ocasião em que as esferas se separaram" (p. 96).

Heyn (2001, p.175-76) finaliza a obra pontuando que, ao longo do seu trabalho, descobriu que:

> [...] uma mulher quer – o infame enigma de Freud – não é o papel idealizado e os relacionamentos que o conto de fadas lhe promete, mas as ligações comuns, rotineiras, nas quais pode ser ela mesma, sentindo prazer em seus relacionamentos tanto quando fora do casamento. As mulheres que têm relacionamentos mais satisfatórios sentem-se livres para se expandir, explorar, querer, ser elas mesmas, construir sua própria história – e, é óbvio, sempre se trata de casamentos nada convencionais. Elas matam a Esposa, sufocam a Testemunha e vivem relacionamentos problemáticos, triunfantes, conectados e conflitantes. Não idealizam o casamento, mas colocam-no num *continuum* com a sua ampla experiência de outros relacionamentos. Ousaram despedaçar o contexto e construir uma moralidade própria, inserindo-se plenamente em casamentos espaçosos, prazerosos e singulares.

Pode-se questionar em que período, a sociedade se voltou para discutir abertamente com o público feminino sobre machismo? Quando a sociedade discutiu sobre a violência ao feminino, os feminicídios, as diferenças salariais entre homens e mulheres?

As mulheres estão conseguindo, cada vez mais, empoderaramento no trabalho, mas quando retornam ao lar, quase sempre, as tarefas domésticas ainda parecem ser apenas de sua competência, o que, sem dúvida, aumenta sua carga horária, e quando têm filhos, então, a coisa pode se complicar ainda mais, os parceiros ou ex-parceiros esperam que a mãe dê conta de sua dupla ou tripla jornada de trabalho, e ainda seja um exemplo, como parceira ou ex-parceira, contando que não queiram dividir as tarefas, nem reclamar da cansativa jornada de trabalho, dentro e fora do lar.

O complexo de Amélia discute, a relação da mulher na sociedade, no trabalho, no casamento e nas rotinas do lar, tornando-a submissa e muitas vezes refém, no âmbito familiar.

Ignora-se que, se uma mulher se comportar como uma pessoa "boazinha", cordata e caseira, pode nao decolar num trabalho fora de casa, pode ficar refém de um casamento, e numa separação não saber conduzir a própria vida e de sua família, ignora-se também, que ela pode se comportar dessa forma porque convive com uma pessoa violenta, agressiva.

Para além de qualquer discurso sobre um possível perfil ideal para a mulher, 'prendas do lar', em nenhum lugar no mundo está escrito que a mulher deve desistir de uma vida de remuneração e ascensão pelo trabalho em nome de um casamento ou uma família, a não ser em sociedades em que a mulher é tratada com servilismo, dominação, manipulação e não tem direito de opinar sobre a própria vida, como em muitos países do mundo, a mulher é tratada como inferior e propriedade dos homens, especialmente, dos machistas.

No mundo atual, em muitos países livres e democráticos, as mulheres buscam se dissociarem da imagem de uma mulher ingênua, servil e submissa, aquela que aceita e fica à disposição da família vinte e quatro horas por dia, que não reclama, que chora escondido para não ser motivo de atenção dos familiares, porém, muitas vezes, uma mulher pode não saber que lhe falta amor próprio, que ela é capaz, sim, de conduzir a própria vida.

34. COMPLEXOS DE ANGÚSTIA DOS NEURÓTICOS COMPULSIVOS

O autor é **Walter Benjamin**, a obra é, *Sobre o Haxixe e outras Drogas* (2010, p. 30), na qual, o filósofo apresenta-nos, os *Complexos de Angústia dos Neuróticos Compulsivos*. Trata-se de uma obra que tem como resultado, de seus estudos, sua participação em grupos de estudos de pessoas, que procuram ajuda para lidar com o vício das drogas ilícitas.

Sobre esse complexo, Benjamin discute acerca dos efeitos ou não do Haxixe, droga que ele considera que abarca os complexos de angústia dos neuróticos compulsivos, e tem a ver com um tipo de benevolência ilimitada com os fracassos e os complexos para o ser humano, especialmente, quando as angústias neurótico-compulsivas estão sob o efeito das drogas.

35. COMPLEXO DE ANJO

Existe muitos sites na internet[18] e revistas que caracterizam o *Complexo de Anjo*. Discute-se em quase todos eles, a respeito dos direitos das pessoas que declaram sua orientação sexual, como no caso dos homossexuais, citados no site.

Muitos avanços já foram conquistados, mas, a ignorância e a violência continuam em alta contra aqueles que têm uma orientação sexual diferenciada daquela historicamente aceita, convencional, a união somente entre sexos opostos.

Comunicam-se ideias e divulgam-se imagens plenas de erotismo; a maioria das imagens é de homens bem dotados, fisicamente lindos e "sarados", exibindo, descontraidamente, seus órgãos sexuais, suas genitálias avantajadas e se oferecendo como objeto de prazer; com promessas de levar pessoas às alturas, ganhar o Céu dos prazeres sexuais, satisfação plena, felicidade libidinosa, que somente um anjo dessa natureza poderia proporcionar e, quiçá, garantir.

A analogia com os anjos está implícita na satisfação de desejos, no saber lidar com o outro, em que "anjos" exibicionistas contam com a possibilidade de trocas ardentes e sedutoras, talvez nem possam cumprir com tais promessas,

---

18 Blog Viver sem fronteiras (2008). Disponível em <http://viversemfronteiras.blogspot.com/2008_08_01_archive.html>.

por isso, apenas prometem mais prazer sexual, prometem satisfazer desejos eróticos. São, ao que parece, "anjos" dispostos a trocar prazer e informações e demonstrar que a sexualidade é mais que um discurso complexo e significativo, algo muito além de uma genitália.

Pode-se ler no Blog *Viver sem fronteiras* (2008) a seguinte expressão para o Complexo de Anjo: "Eu não poderia deixar de indicar o Complexo de Anjo. Pois, foi nele que eu comecei a enxergar que no mundo não havia somente eu que passasse por tais sofrimentos. Um blog profundo, onde o seu autor, Marcelo, expõe toda a dificuldade da auto-aceitação, assim como abre discussões sobre assuntos de interesse da comunidade homossexual".

"Anjos" que ajudam pessoas a lidar com a própria sexualidade, que discutem, que dialogam e consequentemente dividem preocupações, sentimentos, receios e possibilidades de se espelharem nas ações e atitudes adotadas para conviver com a desorientação das pessoas, especialmente aquelas que se consideram normais e isentas de problemas e tabus que envolvem a sexualidade humana.

Ressalta-se, que no Brasil, a violência e morte de pessoas LGBTQIA+ chama a atenção, e não pode ficar apenas nesse contexto, faz-se necessárias, medidas educativas, respaldadas no direito e na punição pela justiça, daqueles que agem com desrespeito, violência, agressão, preconceito e crime contra àqueles que têm, uma orientação sexual diferenciada do padrão "considerado normal" e idealizado pela sociedade.

36. COMPLEXO DE ANTEU

Para **Gilbert Durand** (1997a, p. 112-13), esse *Complexo de Anteu* está relacionado com a queda vertiginosa, aquela que pode ser compreendida nas análises da obra de R. Desoille por G. Bachelard, porque segundo Durand (1997a, p. 112), Bachelard afirma que "nós imaginamos o impulso para cima e conhecemos a queda para baixo".

A sensação provocada pela adrenalina nas subidas é tão forte quanto a sensação de queda. Para o autor, são muitos os mitos e lendas que colocam a tônica da queda em evidência, tais como: *Ícaro* que cai no mar aniquilado pelo Sol, que derrete suas asas de cera, queda que pode ser qualificada como uma queda moral certamente, em que a arte ou a glória de voar como pássaro se tornam punições — despencar do alto de um morro; cair no mar em grande profundidade; ser tragado pelas águas profundas. *Tântalo*, depois de presenciar o filho sendo devorado no Olimpo, é engolido por *Tártaro*; *Faetonte* conhece a queda quando acaba sendo fulminado pelo raio de seu pai, Zeus, num momento de cólera — a cólera é por si mesma um raio cortante, aniquilador. *Atlas*, o carregador de peso, aquele que alivia a dor alheia, mas não alivia a própria dor, é condenado a carregar o fardo terrestre, visto que,

> [...] a queda resume e condena os aspectos temíveis do tempo, 'dá-nos a conhecer o tempo que fulmina'. Analisando em si próprio, como em Balzac ou Alexandre Dumas, aquilo a que chama o '**complexo de Anteu**', **complexo definido pelo mal-estar vertiginoso que o afastamento de um ponto de apoio estável e terrestre cria**, Bachelard confirma as observações de Desoille sobre o fenômeno da vertigem. Tanto para um como para o outro, o inconsciente parece prévia e funcionalmente sensibilizado para receber o choque criado pela imagem de uma banal ascensão num edifício elevado. Para um como para o outro, a vertigem é imagem inibidora de toda a ascensão, um bloqueamento psíquico e moral que se traduz por fenômenos psicofisiológicos violentos. **A vertigem é um relembrar brutal da nossa humana e presente condição terrestre** (DURAND, 1997a, p. 113) [grifos meus].

Na história bíblica, Sansão, cuja força física está oculta nos cabelos, tem seu segredo desvelado pela sedutora Dalila; perde os cabelos e também a liberdade; mais tarde, sucumbe em sua vingança de fazer ruir as edificações do palácio.

Na atualidade, o complexo de Anteu faz pensar na onda de esportes: *asas deltas*; *alpinismo* em pontes, morros e montanhas; saltos de cima de pontes, de helicópteros preparados para esse tipo de esporte; de guinchos suspensos no ar, inclusive com personalidades conhecidas da mídia, que ficam suspensas em guindastes, não para salvar pessoas, mas para que pessoas brinquem com seus medos de altura, de vertigem; as acrobacias dos aviões; os voos espetaculares da *Esquadrilha da Fumaça* (Brasil); aviões que descendo de bico, parece que vão entrar na terra. mas que, rapidamente, voltam a subir, voar, provocando em quem assiste às acrobacias uma sensação de adrenalina, vertigem.

Atualmente, também são comuns edifícios gigantescos dotados de *elevadores com transparência*, capazes de aproximar o sentir e o ver da paisagem externa com um toque de realidade, inconfundível.

Playcenters com centenas de brinquedos extravagantes e pessoas dispostas a enfrentar os desafios das alturas e velocidades: juntam-se máquinas e homens para vencer o desafio do espaço aéreo, o tempo, a altura e as vertigens, elementos que despertam a natureza animal. Embarcações, as mais inusitadas, trens aéreos, barcas, xícaras que rodopiam, rodas que rolam e não rodam estão prontas para subir e descer com passageiros em suas poltronas "confortáveis" e assombrosas. Assim, pessoas "montadas" nas máquinas superequipadas e "poderosas" sentem a subida vertiginosa e o "despencar" na mesma velocidade; assemelham-se, por vezes, a robôs ou bonecos divertindo-se, desprovidos de asas, mas capazes de subir nas asas eletrônicas desse universo mágico e, ao mesmo tempo, assustador; "no loop da montanha-russa", no dizer de Sevcenko (2001).

O livro *Complexo de Anteu*, de autoria do jornalista, teatrólogo, artista e romancista brasileiro, **Eduardo Campos** (1977, p. 11)... versa "sobre fatos vistos e tocados na comunidade cearense, - letras, pensamento, ideias e trabalho envolventes – o livro tem marca da fábrica, de cunho regional, mas o seu belo ensaio logo atinge, por escrito e objetivo jáctico, o escopo melhor atualizado das grandes preocupações humanas, universais".

O *complexo de Anteu*, para Campos, simboliza o sertanejo e toda sua vida de Titã para enfrentar as dificuldades do meio ambiente em que vive e no qual trava uma luta incessante com a natureza e os obstáculos sociais que lhe são impostos. – a majestade do sertão na figura imortalizada do sertanejo!

A bela frase de *Euclides da Cunha*, em *Os Sertões*, certamente poderia apontar a beleza e a majestade dessa imagem do sertanejo como um titã brasileiro, quando afirma: "*a natureza toda protege o sertanejo. Talha-o como Anteu, indomável. É um titan bronzeado fazendo vacilar a marcha dos exércitos*" (CF CAMPOS, 1977, p. 3).

35. COMPLEXO DE ANTICRISTO I

O autor é **Miguel Ramos Duarte Fortes Resende**[19] (28/10/2007), do *Complexo de Anticristo*. Resende considera que, as mulheres, mais que os homens, inconscientemente, desejam crucificar alguém numa relação externa ao lar, como sinal de que exorcizaram algo de incomodativo. Esse tipo de complexo, ao que parece, é semelhante ao complexo de bode expiatório, caracterizado pelas fraquezas humanas e sentimentos de impotência para lidar com a própria esquizofrenia, por vezes, acentuada no sistema capitalista, reforçando a necessidade de encontrar "um alguém que pague pelos pecados do mundo", de encontrar um Cristo para crucificar ou um bode expiatório para rechaçar. Resende comenta:

> O Complexo de Anticristo refere-se à necessidade, na mulher, particularmente e mais frequentemente, mas também no homem, para as suas inter-relações quotidianas com outras mulheres, e também com homens, de um bode expiatório, particularmente, de **um alegado esquizofrénico**, onde elas possam projectar maciçamente os seus medos, a saber, **um grande medo quanto à existência de patologia mental nela**, e permanecerem naquilo a que elas pensam ser a sanidade mental, normal.

> [...] Especificamente **no Complexo de Anti-Cristo,** há uma necessidade de querer "crucificar" alguém nas relações externas, para expiar os sentimentos negativos tidos e não admitidos como seus, e isto a maior parte das vezes, já que poderá suceder os mesmos sentimentos serem conscientes, não podendo os mesmos serem mantidos internamente, ou seja, terem que ser "evacuados". Isto parece ser bastante comum, pelo menos num sistema capitalista, e, claro está, pelo que se me afigura.

> [...] Não nos esqueçamos, portanto, de que **quando se está a falar em Anti-Cristo, deveremos estar a falar neste Complexo de Anti-Cristo,** que inverte a cultura habitual e nos referencia um fenômeno muito vivo. [grifos meus]

---

19   Disponível em: <http://www.redepsi.com.br/portal>.

O *Anticristo*, também nessa situação, simboliza aquele que é pego para "ser crucificado", ou literalmente, ser malhado, maltratado, de forma gratuita, a fim de que aceite pagar a conta que não deve, dado que, muitas vezes, não tem nenhuma relação com aquilo de que é acusado; é apenas alguém externo ao mundo psíquico do acusador.

Para o autor, trata-se, nesse caso, de mulheres esquizofrênicas que sentem necessidade de romper, ou melhor, de exterminar as próprias fraquezas, e, uma vez não alcançado esse resultado, se sentem ainda mais fragilizadas e, por isso, acabam por exteriorizar tais fraquezas fazendo de alguém refém, a fim de crucificá-lo.

Deve-se considerar, na atualidade, a alta competitividade entre homens, mulheres e organizações, a política de tudo pelo lucro e sucesso. Esquizofrenias e esquizofrênicos à parte, pessoas inocentes e ou desprevenidas e despreparadas são, muitas vezes, bodes expiatórios, pessoas usadas como papéis em branco em que se pode escrever aquilo que for a decisão do momento. Essas pessoas terminam crucificadas, malhadas se algo der errado, seja pelo mundo dos negócios, ou pelos companheiros que se apresentam para receber os louros, mas não dividem os fracassos, as perdas.

O complexo de *Anticristo* caracteriza - a meu ver - pessoas que não são parceiras; no entanto, não são algozes no sentido verdadeiro da palavra; são pessoas despreparadas e imaturas, peças de um jogo, de um tabuleiro em que não há vencedores porque não há bons jogadores. Pessoas frágeis que não sabem que o são e por que são esquizofrênicas. Dito de outro modo: por que veem a fraqueza do outro, mas não veem a sua própria fraqueza? Certamente, são pessoas que sonham trilhar um caminho de sucesso, mas não são capazes de examinar a própria consciência, ou sequer reconhecer quem realmente é fraco, por isso, cedem ao jogo e ao jugo dos verdadeiros *Anticristos*, aqueles que sabem condenar inocentes a pagar pelo que não fizeram. Mas será que nesse jogo de sedução pelo sucesso, das tentações e tentáculos do capital, não sucumbem algozes e vitimas com a mesma velocidade e fraqueza?

36. COMPLEXO DE ANTICRISTO II - ETICISMO IDEOLÓGICO

O autor é **Rafael Angel Herrera** (1997, p. 240) do *Complexo de Anticristo ou Eticismo Ideológico*, contudo, o texto de Herrera apenas sugere, porque em nenhum momento de seu texto, o autor explica tal complexo, ou seja, é possível compreender que ainda se vive uma situação dramática em muitos países da América Latina e América Central, especialmente, seu país Costa Rica, que é bem desenvolvido, mas perpetuam os problemas políticos, sociais e culturais, os quais acometem toda a sociedade.

O autor nos faz pensar, no sentido histórico e filosófico, que existe sempre um anticristo na sociedade, aquele que coloca seus interesses acima dos demais cidadãos, e sem nenhum pudor, posiciona-se como um herói nacional, aquele que faz promessas que nunca são cumpridas, aquele que persegue os que pensam diferente dele, e por isso, o dito anticristo, age como um traidor da pátria, sem ética ou de acordo com uma ética ideológica, a fim de garantir o interesse particular ou das minorias, age como anticristo, pronto para defender apenas os grupos elitizados, portanto, trata-se de uma eticismo ideológico.

37. COMPLEXO DE ANTÍGONA

Muitos autores em variadas épocas escreveram sobre o **mito de Antígona**. Para o escritor, filósofo e teólogo francês **Jean Chevalier** e o escritor, poeta, explorador e editor francês, **Alain Gheerbrant** (1999, p. 64), o *Complexo de Antígona* simboliza Antígona como uma moça forte e rebelde, aquela que teve coragem inclusive, para se voltar contra a tirania familiar, social e política. Por isso, os autores chamam atenção para o sentido que,

> [...] **a psicanálise fez de Antígona um símbolo, ao dar seu nome a um complexo, o da fixação afetiva da jovem pelo pai, pelo irmão, por seu círculo familiar,** chegando ao extremo de recusar uma vida de desabrochamento pessoal através de outro amor, que supuoria uma ruptura com os laços infantis. **Sua morte tem valor de símbolo: enforca-se no jazigo familiar, e seu noivo morre.** Mas a dramaturgia moderna ressuscitou Antígona, retirando-a de seu túmulo. **Antígona é exaltada como aquela que se revolta contra o poder do Estado,** simbolizado por Creonte; aquele que se insurge contra as convenções e as regras, em nome das leis não escritas, as de sua consciência e de seu amor. **É a jovem emancipada, que deixa no jazigo familiar o despojo da inocente, esmagada pelos hábitos e pelas repressões sociais** (CHEVALIER; GHEERBRANT, 1999, P. 64) [grifos meus].

Para a filósofa e escritora brasileira, **Marilena Chauí** (2000, p. 345), o mito de Antígona simboliza os revolucionários da modernidade contra o Estado – representado por uma figura que contesta as leis do Estado em nome da honra da família. Antígona na visão desta autora é a figura mítica que protagoniza a agonia de nosso século – as lutas e as reivindicações por direitos, por acesso à cultura, pelos dilemas éticos e estéticos e outros.

O dicionarista e especialista em literatura comparada, **Pierre Brunel** (1997, p. 46) refere-se ao mito de Antígona conforme as quatro tragédias atenienses anteriores ao século V: 1) *Os sete contra Tebas* (de Ésquilo, 467 a.C.), 2) *Antígona* (de Sófocles, 441 a.C.), 3) *As fenícias* (de Eurípides, 409 a.C.) e 4) *Édipo em Colona* (de Sófocles, 407 a.C.).

Fundamentalmente, as duas tragédias de Sófocles, autor que criou o mito de Antígona, retratando-a como aquela que simboliza o "modelo das virtudes familiares", cuja piedade filial ampara o pai cego, Édipo, depois, desacata o Estado (Creonte) ao enterrar o irmão Polinices, conseqüentemente atrai para si mesma, dores e sofrimentos atrozes.

Mais tarde, segundo Brunel (1997), por volta do século XVI, o mito de Antígona foi retratado como modelo de piedade, e bem mais tarde, no ano de 1944, Antígona foi retratada como modelo de dedicação familiar, piedade religiosa e piedade familiar.

Certamente por isso, as adaptações do mito de Antígona nas tragédias "encarnou sucessivamente a jovem piedosa e compassiva, uma religiosa que se sacrifica pelos pecados do mundo e uma mártir comparável a Joana d'Arc, uma rival de Cristo" (1997, p. 48). Segundo o autor (1997, p.51), "Antígona é aquela que desarruma. Desarruma a ordem estabelecida. Perturba as nações de bem e de mal" [grifo do autor].

Esse mito ganha maior reconhecimento a partir da Segunda Guerra Mundial, ao ser retratado em tragédias de teatros, cinemas, televisão e cidades, como Berlim, Moscou, Nova York, Coréia do Sul, Rússia, em cuja

> [...] cena das leis está no centro de nossa reflexão política. Incessantemente ela coloca em questão as noções essenciais do direito: o fundamento da lei e a desobediência à lei. O nome de Antígona serve também de senha aos jornalistas ocidentais. **Foi invocado durante a Guerra da Argélia, depois pelos irlandeses perseguidos, pelos libaneses massacrados, e a cada vez**

que os resistentes se opunham à razão de Estado ou ocupação estrangeira. Os filósofos a tomam de bom grado como exemplo: figura do direito maternal para o alemão Ernst Bloch (*Direito natural e dignidade humana*, 1961), heroína do direito natural para Jacques Maritain (*Lês Droits de l'Homme et la Loi naturelle [Os direitos do homem e a lei natural]*, 1942), ela foi saudada magnificamente por Marguerite Yourcenar: "**O pêndulo do mundo é o coração de Antígona**" (*Feux [Fogos]*, 1967). Não há herói mítico com o qual a consciência moderna – principalmente na França – se identifique com tanta facilidade. (BRUNEL, 1997, p. 51) [grifos meus].

O Complexo de Antígona também aparece relacionado às questões éticas no texto do filósofo, cientista político e escritor brasileiro, **Renato Janine Ribeiro** (2006, p. 8)[20]:

[...] Antígone, eu violar a lei, pode significar isto. **Se uma lei é injusta, ou se uma lei na sua aplicação está se mostrando injusta, uma obrigação ética relevante é violá-la.** Lembrem que os tribunais em Nuremberg em 46, não aceitaram o argumento nazista de que ordens são ordens. Então, chegavam os nazistas um por um, diziam a ele: o senhor matou 100.000 judeus! Ele dizia: recebi ordens do Fuehrer, tô limpo. Manda a conta para o Fuehrer, que já morreu, aliás está desaparecido, então isto não se justifica. Nem o tribunal de Nuremberg, aceitou isso, nem o direito contemporâneo aceita esse princípio, mas sobretudo eticamente, isto não se sustenta. Ao contrario, **eticamente eu tenho em certas ocasiões, até o dever de me insurgir contra algo que seja nocivo a sociedade, ao que seja antiético, etc.** Agora esse direito ou obrigação que eu tenho, não significa que, uma vez eu tendo violado a lei por uma questão ética, eu possa dizer, bom, eu fiz isso por uma questão ética, não devo ser punido, estou limpo, não existe nenhum tipo de sansão contra mim. **O importante na história de Antígone é que existe uma sanção, ela aceita a sanção. Quer dizer a conduta ética não é uma conduta facilitada. Não podemos pensar bom, a pretexto de ética eu violo a lei e ponto. Vou para casa, e consigo tudo, tudo, a minha boa consciência, a minha liberdade e talvez o respeito dos outros. Se eu violo a lei por uma questão ética pode ser que eu precise pagar por isso, e nesse caso é bom saber que vale a pena pagar isso.** [grifos meus]

---

20 O texto do filósofo brasileiro é uma transcrição de sua palestra, proferida no SESC-SP, no ano de 2006.

Fazer com boa intenção as coisas, ainda que contra a Lei. Há de se lembrar também, no sentido negativo do ditado popular, que diz que de boa intenção o inferno está cheio. Mas, no que tange ao Complexo de Antígona, deve-se lembrar da questão ética, porque, nem sempre, o que está na Lei está totalmente em consonância com a ética.

Na atualidade, pode-se assistir, a inumeráveis filmes americanos e/ou americanizados, em que os heróis quebram qualquer regra, infringem as leis, inclusive as do seu próprio país, quando se trata de consagrar heróis salvadores/salvacionistas dos EUA e do planeta. Estaria a cultura americana influenciada pelo complexo de Antígona, a América do Norte, nesse caso, a pátria irmã dos homens, por isso, oferecendo-lhes sua proteção e ombro fraterno? Ou será que se trata de, um salvacionismo propagandista?

38. COMPLEXO DE ASMA

Para **G. Bachelard** (1991, p. 114), esse *Complexo de Asma* está relacionado aos complexos inconscientes em que sobressaem as dificuldades respiratórias, que se ligam tanto à "herança genética" como às "heranças psíquicas" e aos "recalques familiares", sofridos ao longo da vida. Bachelard (1991, p. 114) pontua que:

> Esse complexo colocado por um psicólogo no plano familiar nos parece ter raízes ainda mais profundas. Toda **criação** deve superar uma ansiedade. Criar é desatar uma angústia. Deixamos de respirar quando somos convidados a um **esforço novo**. Há, assim, uma espécie de **asma do trabalho** no limiar de toda aprendizagem [grifos do autor].

O autor considerado para o exame deste complexo é G. Hauptmann, na obra *La cloche engloutie*, por descrever a felicidade do resfolegante renovado pela energia da forja, ou seja, renovar o ar pulmonar no sentido de ser capaz de vencer as dificuldades para criar e renovar-se constantemente, vencendo as limitações genéticas.

Atualmente são recorrentes os discursos a respeito da criatividade e da inovação, da não acomodação do trabalhador a tarefas e funções. No campo da arte, são inumeráveis os artistas que venceram dificuldade de variadas naturezas para deixar sua marca, sua obra.

Esse complexo faz pensar no renomado poeta brasileiro, Manuel Bandeira, fantástico poeta pernambucano, crítico literário e crítico de arte, que teve uma vida fustigada pela tuberculose, com dificuldades respiratórias. A doença e a morte, talvez por estarem sempre marcando presença em sua vida, imbricadas, lhe privaram de certa forma, de outra existência possível, mas a doença não o impediu de ser o que foi - grande no legado que construiu.

Manuel Bandeira (1886-1968), grande poeta brasileiro, passou sua vida toda, lutando contra os problemas pulmonares, depois de sobreviver à tuberculose. O autor escreveu um poema intitulado Pneumotórax, no livro intitulado *Libertinagem*:

> Febre, hemoptise, dispnéia e suores noturno.
> A vida inteira que podia ter sido e que não foi.
> Tosse, tosse, tosse.
> Mandou chamar o médico:
> Diga trinta e três.
> Trinta e três... trinta e três... trinta e três...
> Respire.
> ....
> O senhor tem uma escavação no pulmão esquerdo e o pulmão direito infiltrado.
> Então, doutor, não é possível tentar o pneumotórax?
> Não. A única coisa a fazer é tocar um tango argentino.

Vivendo, como a maioria das pessoa vive, em cidades que cospem todo dia baforadas de fuligem, carbono, poeira, lixos tóxicos, poluição sonora e visual, difícil é saber que sujeito se pode chamar de asmático. Se ele tem neuroses e sente-se asfixiado ou tem um organismo frágil, que se debilita com facilidade, em meio a este caos, e dá sinais concretos dessa fragilidade, pode ser considerado um sujeito asmático?

Difícil é saber, quando uma asma é de origem genética ou foi provocada pelo meio ambiente poluído, concretado, das cidades grandes.

39. COMPLEXO DE ASTARTE

Na obra de **M. Maffesoli** (1985, p. 60), esse *Complexo de Astarte* aparece quando esse autor se refere aos antigos cultos de Astarte, nos quais, aconteciam os êxtases coletivos; simboliza a união e junção de um grupo contra a angústia provocada pelo tempo, que não se pode reter ou parar. O autor também relaciona a esse complexo, os cultos orgíacos na China antiga, conhecidos como a Arte da Alcova, o meio espiritual para garantir harmonia no cotidiano, mediante a união sensual, do racional e do religioso. Hoje, adverte o autor (1985, p. 60):

> Seria preciso escrever a história dos místicos orgíacos em nossa tradição cristã. Na instituição oficial, o corpo e os afetos são objetos de abstração, mas ressurgem regularmente em paroxísticas comunidades sexuais, das quais somente conhecemos as mais importantes ou as que sofreram buscas judiciais. A título de exemplificação, podemos citar uma curiosa seita judeu-cristã, a dos sarabaitas, que teve vida longa (do século IV ao X) ou, classicamente, os nicolaites, os corpocracianos, os cainistas, os "pietistas de Königsberg" (século XVIII), os *quatters* espiritualistas de Hydesville, na Inglaterra (1901), e mesmo soa adamitas. Como se buscou mostrar, **é a intensidade do sentimento religioso que conduz todos estes fiéis às orgias –sentimento este que é preciso compreender como sendo a volúpia mística da união exprimindo-se pelo contato íntimo dos corpos.** Em continuidade lógica em relação ao conselho evangélico, que preconiza a autonegação do individuo, estes sectários orgíacos – assim como os adamitas (gnósticos) no século II ou os "Picards" no século XIII, atendendo a seus instintos sexuais, renunciavam à sua estreita individualidade para se fundirem à *alteridade absoluta* do coletivo. O êxtase orgásmico, que assim alcançavam, os levava à união com este Outro, que é a divindade. É sob esta perspectiva que devemos apreciar as orgias cotidianas, que transparecem às vezes nos *faits divers* que jornais e revistas, especializados ou não, relatam em suas edições. **Há o que poderíamos chamar de complexo de Astarte, que conduz as pessoas a se unirem, a se fundirem ao grupo para lutar contra a angústia do tempo que passa** [grifos em itálico do autor, em negrito, meus].

Festas religiosas que acabam em orgias são, por vezes, denunciadas pela mídia. Festas de terreiro, em que entidades espirituais, como a *Pomba Gíria* e *Exu*, se incorporam nos homens, os cavalos de montaria do "santo"; por analogia, os cavalos, os seres humanos – que deveriam ser disciplinados e submetidos ao controle das entidades que conhecem o mal, que podem eliminar e subjugar o espírito mau que está atravessando o caminho desse alguém,- os são usados para montaria sexual; festas que podem terminar também em orgia sexual se o álcool exceder a cota do médium incorporador e se as libidos coletivas se aflorarem em demasia, certamente, o êxtase dionisíaco acontecerá de forma coletiva.

Casas de *Swingers*, de massagem para atendimento individual e grupal são comuns; troca de casais, sexo grupal de Calígula, nos dias atuais, são conhecidos, inclusive, divulgados na mídia televisiva. Festas de adolescente, com público seleto, possibilitam explorar prazeres, com prendas, que podem ser, desde a virgindade de um jovem, como outras prendas mais abusadas. Exploração do prazer pelos que gostam de observar; os vídeos pornográficos e a indústria pornográfica, no caso do Brasil, tudo isso é, praticamente, comandado por mulheres, que "exploram" o prazer mediante imagens, cujos desregramentos e apetites sexuais adormecidos, de muitas pessoas, fazem Dionísio, Eros, Afrodite e Salomé reinarem com força e vigor, se fundirem no complexo de Astarte.

40. COMPLEXO DE ATLÂNTIDA

O autor é **Eoin Colfer** (2011), na obra *Artemis Fowl II: O Complexo de Atlântida*, na literatura infanto-juvenil, narra a terrível aventura de Artemis Fowl II – o garoto apaixonado por magia se torna, de repente, um bom rapaz porque está sofrendo de uma doença diagnosticada como *Complexo de Atlântida*. O garoto tem delírios e compulsões que marcam o novo comportamento obsessivo-compulsivo, paranoico, o qual provoca uma espécie de multiplicação de personalidades.

O garoto quer salvar o planeta e salvar a velha Atlântida submergida pelas águas, Artemis terá que lutar contra robôs programados para fazer o mal. Mas o herói contará com a ajuda da capitã Holly Short, que precisa trazer de volta o garoto guerreiro, maquiavélico combatente. Resta saber se ele lutará para manter qual das suas personalidades.

Resenha a respeito do livro, pela editora Record[21]:

> (...). A "solução" encontrada (ou talvez essa seja uma conclusão meio apressada e futuróloga da minha parte) por Eoin Colfer para lidar com essa nova tendência de Artemis, mais politicamente correto e ecologicamente engajado, é no mínimo curiosa. *Artemis Fowl e o Complexo de Atlântida* mostra o protagonista escorregando em obsessões com o número 5 e transtornos obsessivos compulsivos em geral, nem parece aquele Artemis Fowl de acuidade mental afiadíssima que víamos resolver estratagemas intrincados anteriormente.
>
> As mudanças comportamentais de Artemis, como ele ter maiores preocupações com os outros, ser menos egocêntrico e ganancioso (juntamente com sua nova preocupação verde), foram transmutadas em distúrbios de origem patológica, ou melhor psicológica, justamente no que figura no subtítulo do livro, **o Complexo de Atlântida: um distúrbio que atinge aqueles que, além do contato prolongado com a magia, sofrem crises de consciência e de perda de certos referencias anteriores...**
>
> (...). Um dos elementos mais engraçados do livro é outra das "soluções" de Colfer para lidar com o "novo" comportamento de Artemis. Não bastando ele ter entrelaçado o "novo Artemis" com o Complexo de Atlântida, o estágio dois da doença inclui dupla personalidade, o que nos leva a Órion Fowl, a porção romântica, sentimentalóide e poética de Artemis. Ele rebusca todas as frases, permeia todos seus comentários com alusões ora mais explícitas ora mais discretas a sua paixão por Holly e encara tudo como uma grande empresa cavalheiresca digna do medievo.
>
> (...). O resultado dessa combinação de personagens, ação, descrições tecnológicas, situações aparentemente sem saída com soluções mirabolantes e releituras de elementos clássicos de mitos, magia e fantasia fazem o livro funcionar, talvez não com aquele *élan* que caracterizou a trilogia inicial, mas ainda assim uma ótima opção de divertimento, da qual sou fã confesso.

---

21 Disponível   em: <http://www.burnbook.com.br/2011/08/09/resenha-artemis-fowl-e-o-complexo-de-atlantida-eoin-colfer/>

É compreensível esse tipo de literatura, na Irlanda, país vizinho da Inglaterra, onde vive, sofre, apanha e aprende com as magias, o "herói místico", Herry Poter, nos cinemas de todas as cidades grandes. No Brasil, personagens relacionados com magia já figuraram na literatura de Paulo Coelho; mas, geralmente, envolviam-se com magias e mistérios invisíveis, as mulheres e garotas.

O garoto pretende salvar o planeta, que, por sinal, tem o seu nome Atlantis (Artemis); Mas, Órion, seu *alter ego* é um romântico, galanteador, que se vale da oportunidade para conquistar, com galanteios, sua amada Holly.

41. COMPLEXO DE ATLAS - COMPLEXOS DE HÉRCULES

Para **Bachelard** (1991, p. 10, 287, 294 e 307), o *Complexo de Atlas - Complexo de Hércules* simboliza o carregador de peso, aquele que ajuda a aliviar o sofrimento alheio porque se sente forte para tal tarefa. O autor considerado nesse exame é F. **Hölderlin** em *O Canto do Destino e outras obras* (1994).

Segundo Bachelard, esse complexo representa a luta do homem contra a gravidade; o engrandecimento do homem pela força física, o que o torna onipotente, aquilo que representa, ou seja:

> [...] o apego a forças espetaculares e – característica muito especial – a forças enormes inofensivas, até mesmo a forças que não podem senão ajudar o próximo. **O moleiro que é forte chega a carregar seu burro. Encontramos nessa linha todas as metáforas do alívio, de uma ajuda mútua que aconselha carregar em comum os fardos.** Mas se ajuda porque se é forte, porque se crê na própria força, porque se vive numa paisagem da força (1991, p. 294) [grifos meus].

Esse complexo também aparece na obra de **G. Durand** (1997a, p. 159) que o considera polêmico, visto que, remete ao

> [...] esquema do esforço verticalizante do *sursum*, que é acompanhado por um sentimento de contemplação monárquico e que diminui o mundo para melhor exaltar o gigantesco e a ambição das fantasias ascensionais. **O dinamismo de tais imagens prova facilmente um belicoso dogmatismo da representação.** A luz tem tendência para se tornar raio ou gládio e a

ascensão para espezinhar um adversário vencido [grifo em itálico do autor, grifos em negrito, meus].

Neste sentido, pode-se dizer que este complexo simboliza a força, o esforço ascensional, mas também uma exaltação exagerada, superficial, e de certa forma, um exibicionismo de força e destreza.

Ele faz pensar, também, nas mulheres que se portam na atualidade, como mulheres-maravilha, aquelas que assumem muitas tarefas e funções na vida pessoal e profissional para provarem que são competentes e eficientes; assim também ocorre com os homens que se posicionam como super-homens e fazem todo tipo de sacrifício em nome da família ou da organização trabalhista. O forte aqui não é aquele homem forte de Nietzsche, mas o forte do mundo comercial, aquele que se mostra capaz de competir com outros fortes dento das organizações empresariais, cuja batalha pela sobrevivência enfraquece e empalidece verdadeiros talentos humanos, que se endeusam ou são endeusados e explorados como fontes inesgotáveis de energia.

Este complexo faz pensar, ainda nos filmes de *Highlander*, em que o herói centenário se alimenta da energia, da luz do adversário, por ironia, a mesma luz que sai da espada que elimina o inimigo, seu igual. O forte aqui é também aquele que consegue eliminar o concorrente, tragá-lo, aniquilá-lo e não aquele que ajuda, que aceita as provações e provocações do destino, como no mito de Atlas.

No cinema, cita-se aqui o filme, *O Senhor do Anéis*, e, recorre-se à figura de Frodo, menino símbolo de força espiritual e moral, aquele que atravessa o inferno das provações, a fim de salvar os seres humanos de suas tentações - a cobiça e o poder.

Na atualidade, voltando o foco, especificamente, para o trabalhador, as competições, exigências descabidas e absurdas colocam os trabalhadores em contínuos conflitos, mediante competições, sempre objetivando uma produção e rendimentos maiores e melhores no trabalho. O preço desse cenário doentio em muitas situações, pode ser a perda da saúde do trabalhador, transtornos físicos, psíquicos e espirituais. O ambiente doentio é recorrente, especialmente, quando se trata de salários e cargos vantajosos do ponto de vista financeiro, o trabalhador, em geral, coopera para esses cenário doentio, quando não consegue abrir mão do rendimento nem do status em sua profissão.

O mundo capitalista, hoje, é um mundo violento, absurdo e perverso, e quem se afina com ele sem nenhuma restrição, pode ficar gravemente doente, mas sequer, percebe que adoeceu por vaidade, ambição e incapacidade de viver de maneira mais simples e equilibrada.

42. COMPLEXO DE AXL

O autor é **Kim Neely**[22], do *Complexo de Axl*. Ele comenta que "Em 1992, o líder do *Guns N' Roses* buscava entender seu passado triste, com a regressão. Conhecido pelo pavio curto, ele respondeu acusações de racista, misógino e homofóbico e quis garantir a verdade em entrevistas". O cantor se desculpou, justificando que, por falta de privacidade, acaba sempre se irritando com o assédio das pessoas.

O excesso de cobrança parece irritar Axl, pois "quando se sente pressionado ou irritado, falar com ele é como tentar se esquivar de balas. É particularmente desconfortável estar sozinho em uma sala com Axl e notar as nuvens negras que, repentinamente, se acumulam sobre seu rosto por causa de algo recém-dito".

Neely comenta que, estando à vontade e sem sentir-se pressionado, Axl comentou sobre sua família, demissões no grupo, fatos relevantes na carreira do grupo, bem como os estereótipos que o fizeram ter fama de pessoa mimada, avessa e arredia.

Neely lembra que há um lado frágil e meigo em Axl, o qual fez o ator Sinead O'Connor dizer que "o cantor é o tipo de pessoa que 'dá vontade de levar para casa e servir um prato de sopa'».

Axl é, portanto, aquela espécie de celebridade mimada, avessa a invasões de sua privacidade, pronto para ser desagradável, polêmico em determinados assuntos, mas também uma pessoa frágil, que tenta se proteger, por isso ataca; mas sabe se mostrar meigo, bem-humorado e esperançoso quando não se sente forçado a agradar e ser educado.

---

22 Disponível em: <http://www.gunnersbrasil.com/forum/archive/index.php/t-723.html / http://www.rollingstone.com.br/edicoes/29/textos/3618/>.

43. COMPLEXO DE BARRABÁS

Maria Lúcia Barbosa (2007)[23] é autora do *Complexo de Barrabás*. Barbosa comenta que, em 2007, ela postou uma mensagem no site *Alerta Total*, para denunciar o cenário político brasileiro:

> Que triste e deprimente espetáculo do crescimento da desfaçatez os brasileiros puderam assistir quando da eleição dos presidentes da Câmara e do Senado, no dia 1 de fevereiro. Marquemos essa data histórica. Nela, **um festival de traições, nunca dantes havido nesse país, fez definitivamente do Congresso Nacional um balcão de negócios**. E subjacente às negociatas houve a entrega do poder Legislativo ao partido dominante, o PT, significando a outorga de quase plenos poderes ao presidente da República. [grifos meus]

Ela, como socióloga, comenta, nesse caso, os apelos feitos por Gustavo Fruet, no sentido de pedir moralização e ética no cenário político. Barbosa pontua em tom de lamento: "afinal, o que importa a moralização da Instituição que é um dos pilares da democracia, se o que interessa são cargos, sinecuras e a doce vida do poder doam a quem doer, custe o que custar".

A analogia com o personagem bíblico, o *Novo Testamento*, Barrabás, dá-se pela traição dos homens da política, para com a população que votou e elegeu os defensores do povo, para com os partidos que são contrários a esse tipo de comportamento dos políticos. Políticos eleitos para que defendessem mais do que cargos e poderes, defendessem os direitos e a opinião do povo. Nesse cenário de traições, a população acaba, sem perceber, batendo palmas para este tipo de acontecimento, pois

> [...] **a humanidade sempre padeceu do complexo de Barrabás**. E isto se acentua em determinadas épocas. Refiro-me simbolicamente a passagem bíblica, em que Pilatos, tendo apresentado ao povo Jesus e o homicida Barrabás, teve como resposta o clamor da multidão que, referindo-se a Jesus gritou instada pelos pontífices: "Crucifica-o". Aos cristãos e não-cristãos esse episódio deve servir como entendimento sobre nossa espécie,

---

23 MARIA LÚCIA BARBOSA é socióloga. Disponível em: <http://www.alertatotal. net/2007/02/o-complexo-de-barrabs.html>

nossa selva humana tangida sempre pelos "pontífices" do poder que instigam as massas a votarem em Barrabás [grifos meus].

O povo, indiferente em todas as épocas, inconscientemente, endossa atitudes simbólicas como essas. Mas há de se questionar, aqui, quem seriam os "não barrabáses" do Planalto, já que, como diz a autora: "Como sempre disse e reafirmo, não existe oposição no Brasil. Nossas instituições estão fragilizadas e cooptadas pelo poder central. Nossa democracia definhou. É de se temer pela manutenção do Estado Democrático de Direito". A autora finaliza o artigo dizendo:

> Tudo indica que fazemos parte de um plano mais amplo da esquerda do século 21, que ostenta um capitalismo de mercado, mas mantém a linha "politicamente correta" do comunismo que, fracassado em todo mundo, teima em ressurgir por essas plagas sob a roupagem de falso progresso, mas com todo seu séquito de horrores como a perda de das liberdades, o empobrecimento generalizado em nome da igualdade, o avanço da mentalidade do atraso que para nós, latino-americanos, vem sob o comando do caudilho venal, corrupto e incompetente. **Incitado pelos "pontífices" o povo vota nos Barrabás da América Latina.** Tristes trópicos esses. Mas pelo menos nos países vizinhos existem oposições. Aqui não. Como diria Boris Casoy, demitido da TV Record por dizer certas verdades: "tá tudo dominado" [grifos meus].

Será que o governo atual do Brasil é alvo de muitas caracterizações ou estamos numa fase em que os complexos ganham verdadeira expressão e impõem sua presença até no cenário político? Será que é por isso que quebram barreiras e fronteiras de áreas cientificas e humanas e se fazem compreender nas expressões populares, sofisticadas, nas diversidades culturais e áreas nomeadamente científicas e acadêmicas?

42. COMPLEXO DE BIA FALCÃO

Um internauta de site da internet (2009)[24] teceu comentário a respeito do *Complexo de Bia Falcão*, uma personagem de novelas da TV Globo, cujo estereotipo é uma a mulher bem-sucedida, de alta classe social, com elevado QI, ou seja, rica, elegante, inteligente, que faz sucesso, mas é muito arrogante, vazia de sentimentos e espiritualidade.

Bia Falcão é uma personagem de novelas da TV Globo, vivida pela grande e talentosa atriz, Fernanda Montenegro. A personagem é milionária, bonita, elegante e culta, mas uma pessoa fria, espiritualmente, aquele tipo capaz de manipular a família como manipula os negócios; até porque tudo em sua vida gira em torno de negócios.

São aspectos que caracterizam um complexo de Bia Falcão de acordo com o site: "Desprezo aos familiares; Ganância; Ira; Vaidade; e Pedofilia".

Certamente, existem muitas Bias Falcão em nossa sociedade. Aquele tipo de pessoa que não gosta e nem aceita ser contrariada; o autoritarismo parece que sempre esteve presente e se fez uma marca nas relações de trabalhos no Brasil, com algumas exceções. Bia Falcão não aceita contestação no mundo em que controla ou pensa controlar. Por isso, o autor do Blog, Leo Northman, sugere que, pouco a pouco, deve-se ir desconstruindo esse mundo de 'frialdade' em que a pessoa mergulhou, sem desacatá-la de frente.

43. COMPLEXO DE BODE EXPIATÓRIO

Sylvia Brinton Pereira (1991), na obra *O complexo de bode expiatório: rumo a uma mitologia da sombra e da culpa*, considera que, o *Complexo de Bode Expiatório* caracteriza o comportamento de pessoas que procuram alguém para culpar, ignorando a própria sombra pessoal, por isso, essas pessoas projetam a própria sombra em outro alguém. Pode-se ler na sinopse do livro da Livraria Cultura a seguinte referência:

> Análise do mecanismo psicológico por meio do qual o indivíduo nega a sua sombra e a projeta nos outros, responsabilizando-os pelo mal que o aflige

---

24 Disponível em: <http://www.foreverornitorrincos.com/2009/11/complexo-de-bia-falcao.html>.

e que ele não reconhece como seu, reprimindo-o. Indivíduos que assumem responsabilidade pessoal pela sombra rejeitada por outros podem tornar--se prisioneiros de um padrão de auto-rejeição e de um comportamento motivado pela culpa e pela vergonha.

Uma análise da obra de Sylvia Brinton Pereira (1991, p. 11), revela que, o termo 'bode expiatório'

> [...] é usado, atualmente, com grande facilidade nas discussões sobre moral coletiva. Já nos habituamos a identificar o fenômeno na psicologia social, havendo diversos estudos do padrão do bode expiatório em pequenos grupos, na família e nas políticas étnicas e nacionais.
>
> O termo é aplicado a indivíduos e grupos apontados como causadores de infortúnio. A acusação serve para aliviar os outros, os acusadores, de suas responsabilidades, bem como para fortalecer-lhes o sentido de poder e integridade. Nessa acepção corrente, a busca do bode expiatório alivia-nos, também, quando ao nosso relacionamento com a dimensão transpessoal da vida, posto que na época atual chegamos a trabalhar com uma forma pervertida do arquétipo, que ignora os deuses, enquanto acusamos o bode expiatório e o demônio pelos males da vida.

Segundo Pereira (1991, p. 15), o sacrifício do bode expiatório pode ser encontrado na Bíblia, no Levítico, 16, comemorado na tradição judaica no Dia do Perdão:

> Cerimônias semelhantes de reconciliação e expiação do mal, em outras culturas, foram descritas por James George Frazer e por diversos antropólogos. Todas elas representam um veículo de renovação do contato com o espírito que rege o povo. Representam, também, uma tentativa de expulsar os males que afligem a humanidade, sejam estes a morte, a enfermidade, a violência, o sofrimento físico e psíquico ou o sentimento de culpa e pecado que acompanha a consciência de transgressão ao código moral. Tais aflições sempre ameaçam lançar-nos na escuridão e na desordem que encontramos fora e dentro de nós. No decorrer da história, a humanidade procurou livrar-se dessa escuridão através dos ritos de aversão e expurgo, na esperança de evitar seus amedrontadores sofrimentos e culpas.

Pereira (1991, p. 19-24) lembra que a figura do bode expiatória foi relacionada, no mundo ocidental, com o judeu e outras minorias; também está relacionada à "ovelha negra" – aquelas pessoas consideradas com padrões estético-emocionais inaceitáveis para um grupo, o anormal, estigmatizado; caracterizando-se como uma figura que carrega a culpa do grupo. A autora (1991, p. 24) diz: "considero, atualmente, a psicologia dos indivíduos identificados com o complexo de bode expiatório em nossos dias como a manifestação de uma distorção patológica da estrutura arquetípica do ritual hebraico" porque, nesses rituais hebraicos,

> Azazel era um deus-bode dos pastores pré-hebraicos. Mesmo no ritual bíblico, ele não representa um opositor de Jeová, mas sim um estágio na repressão de uma divindade da natureza anterior a Jeová. Estava relacionado com a beleza feminina e sensual, bem como com as religiões naturais. Segundo os últimos patriarcas hebreus, ele levava as mulheres ao pecado, ensinando-as a elaborar cosméticos, e aos homens à guerra, ensinando-lhes s criação e o manejo de armas. Estava relacionado, portanto, com os instintos eróticos e agressivos (PEREIRA, 1992, p. 25).

Para Pereira (1991, p. 47), o *complexo de bode expiatório* afeta quatro dimensões: "1) a percepção e a consciência, ou seja, o modo como indivíduo perceber e forma a experiência; 2) a habilidade em conter e o sofrimento; 3) a capacidade de auto-afirmação do indivíduo; e 4) a capacidade de satisfazer carências".

De acordo com a autora (1991, p. 57), "as pessoas identificadas com o bode expiatório apegam-se a um atributo particular do próprio corpo enquanto causa ou justificativa de seu sentido de alienação". Mas,

> [...] a capacidade de enfrentar o sofrimento como um fato objetivo da vida é, inicialmente, impossível, pois a pessoa atingida pelo complexo de bode expiatório identifica-se com o sofrimento, inflacionado de maneira sensível e negativa, sentindo-se responsável tanto pela sua existência como pela sua remoção concreta. O ego-vítima opera no nível mágico da consciência, literal e concretamente envolvido pelo objetivo do sentimento ou pensamento. A possibilidade de tomar consciência da dor e de suportar sua

presença, por vezes inevitável, sem, todavia, identificar-se com ele, ainda não existe. (PEREIRA, 1991, p. 64)

Pereira considera que, o complexo de bode expiatório também está relacionado com a busca para satisfazer carências; desejos reprimidos e desvalorizados, por isso, busca-se a satisfação dessas carências, que podem se manifestar mediante doenças como diabetes, bulimia; voracidade pelos prazeres carnais; impulsividade descontrolada; hostilidade; autopunição que encontra saída no excesso de alimentação; esconder medo, raiva, ressentimento, rejeição. Esse complexo, num grau mais exacerbado, pode revelar "a possibilidade de uma inflação com o papel do salvador, daquele que leva embora todo pecado como um zeloso sofredor, é outra forma pela qual os indivíduos identificados com o bode expiatório sentem-se, de modo fraudulento, semelhante a Cristo" (1991, p. 105).

Pereira (1991, p. 10) pontua que

> Os indivíduos atingidos pelo complexo de bode expiatório, tendem a identificar-se com sua fraqueza e inferioridade. Caem vítimas da sombra coletiva, à qual se oferecem, numa expiação semelhante à de Cristo. Ou, então, identificam-se com o sobrecarregado Servo Sofredor. Desempenham, dessa forma, o papel do 'homem-deus morto para levar embora o pecado e o infortúnio das pessoas'

É possível curar-se do complexo de bode expiatório? Para Pereira (1991, p. 118),

> A cura do complexo de bode expiatório – a desidentificação com ele – envolve um longo processo., no qual cada uma de suas partes requer uma transformação. Alguns dos passos específicos foram sugeridos acima. Essa transformação leva, em última análise, á descoberta da dimensão transpessoal e à validação de uma totalidade individual abrangendo os opostos presentes no complexo. O relacionamento com o Self individual fornece, assim, uma matriz segura, que alivia o indivíduo da necessidade de ligar-se à moral coletiva perfeccionista, que condena e expulsa os que transgridem suas leis.

Essa identificação com o complexo de bode expiatório e sua desidentificação, por sua vez, se torna difícil quando aqueles que "se identificam com o bode expiatório não conseguem perceber, inicialmente, os aspectos de valor existentes nos elementos rejeitados, por estarem escravizados ao seu exílio e ansiarem por retornar ao mesmo coletivo que os baniu. Eles servem ao Azazel definido pela tradição ocidental" (PEREIRA, 1991, p. 126).

De acordo, ainda, com Pererira (1992, p.135), o complexo de bode expiatório está intrinsecamente relacionado com o mito de Azazel, por isso,

> Da perspectiva do complexo de bode expiatório, Azazel é a divindade que representa tanto a desordem da impulsividade quanto a severa condenação do impulso. Ele constitui, assim, uma imagem arquetípica do portador desses opostos. Ao ser redimido por meio do trabalho terapêutico com as dissociações engendradas pelo complexo, esses opostos podem ser mantidos enquanto ambivalência. Nesse sentido, o deus-bode poderá simbolizar a capacidade de reconciliar o êxtase e a disciplina, a improvisação alegre e o trabalho sério – fornecendo base para a criatividade. Quando o indivíduo consegue suportar e equilibrar a energia instintiva com suas inibições pessoais, tem-se uma capacidade considerada a sabedoria e a criatividade, anteriormente não vividas, da divindade cornígera, a sombra ou *animus* ctônico redimido. O trabalho com o complexo de bode expiatório, portanto, leva inevitavelmente o indivíduo até o deus cornígero enquanto núcleo arquetípico do complexo, mesmo enquanto esse deus é redimido. De um espírito desqualificado da natureza, no qual a sombra de Jeová era projetada, pervertendo-o no sentido de torna-lo o portador de um legalismo abstrato e impessoal, o deus-bode torna-se, em lugar disso, símbolo de uma fonte de vida, nova e espontânea, apta a relacionar-se com o prazer, o jogo, a sensualidade do corpo e as experiências do mundo...

Na perspectiva da psicanalise, Pereira (1991, p.145 e 154) lembra que

> O bode expiatório é uma das muitas imagens que sugerem a interface entre consciente e inconsciente. Ao lado dos artistas, dos sacerdotes, dos xamãs, dos palhaços e dos feiticeiros, o bode expiatório atravessa as fronteiras do coletivo manuseando materiais demasiadamente carregados de perigo e caos para mãos seculares comuns. Junto com essas outras categorias, o bode

ELENCO DOS COMPLEXOS

expiatório tem a função de redimir modalidades antigas, especificamente por precisar confrontar-se e debater-se com os materiais reprimidos pela cultura.

[...]

O próprio arquétipo do bode expiatório pode servir-se de mediador entre um coerente, positivamente identificado, e os marginais, exatamente como medeia entre os ideais do ego individual e a sombra – tornando consciente o sentido e a dinâmica de projeção da sombra. Entretanto, a menos que o arquétipo seja carregado com uma consciência que possibilite uma desidentificação, ele irá atolar os membros do grupo e o espírito grupal em dissociações semelhantes àquelas sofridas pelos indivíduos. Para que o arquétipo seja carregado com consciência, ele carece de uma imagem significativa, capaz de incluir suas dissociações e apresentar um espelho à sua própria natureza.

Sônia Regina C Lages (s/d)[25], em artigo intitulado *Exu – O Puer Aeternus*, ressalta que o novo, o diferente sempre causou incomodo,

> No entanto, se pretende mostrar que, na verdade, o que acontece no campo religioso é que **Exu é utilizado como bode expiatório servindo de tela de projeção para a sombra do inconsciente coletivo "brasileiro", que por um mecanismo de defesa tenta aliviar sua culpa, vendo o diabólico naquela entidade religiosa.** Mas tanto Exu como a Pomba-gira, eleitos pela consciência unilateral e por um ego identificado com os valores coletivos como o mal, são elementos importantes e necessários para o surgimento de uma nova ética.

O complexo de bode expiatório está próximo ao complexo de Anti-Cristo, no entanto, é mais do que fraqueza que se nega, é a própria sombra, o fardo que alguém não quer carregar.

O *"Conhece-te a ti mesmo"*, inscrito no portal de Delfos e tão sabiamente usado por Sócrates, é ainda, segundo Jung (2008), o lema do homem contemporâneo, mas a "nossa sombra, continua a ser o grande fardo do autoconhecimento,

---

25 Disponível em: <http://www.rubedo.psc.br/artigosb/exusonia.htm>.

o elemento destrutivo que não quer ser conhecido... o termo sombra refere-se àquela parte da personalidade que foi reprimida em benefício do ego ideal..., encontramos a sombra na projeção – na nossa visão do outro... e só achamos impossível aceitar nos outros aquilo que não conseguimos aceitar em nós mesmos". (ZIMMER, 1992). O bode expiatório nos remete às sombras que são, nesse sentido, os

> [...] senhores do terrível mundo dos espíritos, os quais estão ao mesmo tempo dentro e fora de nós. Tudo o que nos é exterior, quer o conheçamos em sua relação adequada conosco ou não, quer permaneça aparentemente sem significado ou não vinculado com nossa mente ou nosso coração, nos espelha e repete, na verdade, o ser interior. É o que se espera que aprendamos. Espera-se que, por essa via de conhecimento, aproximemo-nos da excelsa realização final. Esta foi concedida, por fim ao rei: é aquela de nossa identidade divina com a substância, a consciência e a bem-aventurança a que chamamos 'Deus'. É a realização da natureza absoluta do Si-Mesmo. A descoberta da joia oculta no coração da fruta. A última experiência no longo percurso iniciação-integração. Acompanha-a o imediato conhecimento de que nós – e não apenas nós, mas todos os outros, os 'tu', que encontramos na noite e no dia que nos rodeiam – somos avatares, disfarces, máscaras e lúdicas duplicações do Si-Mesmo do mundo. (ZIMMER, 1992, p. 158-59)

Ignorar a sombra é não trabalhá-la, é uma maneira estúpida de lidar com as próprias imperfeições, e atribuir nossas imperfeições ao outro talvez seja uma questão de falta de generosidade consigo mesmo ou uma questão de ética. Mas, se a sombra não se escoar, será difícil a tarefa de corrigi-la, superá-la, pois, quando o sujeito é guiado por outros interesses, que não os interesses conscientes, pode provocar um desastre na própria vida, "impedir-se" de muitas realizações (SILVA, 2011).

A sombra, de acordo com Jung (2008), está intrinsecamente relacionada com os conteúdos do inconsciente pessoal, o qual, por sua vez, é afetado pelos conteúdos arquetípicos do inconsciente coletivo. A sombra é também marcada pelos Afetos, sejam eles obsessivos, possessivos ou autônomos – para que o Ego (o consciente) domine será necessário que este se projete e ganhe expressão conforme o grau de envolvimento com o irracional, podendo acontecer, de modo positivo ou negativo. Caso contrário, quando se rejeita o irracional, podem acontecer os casos de possessão da personalidade – apropriação do Ego por um complexo ou por outro conteúdo arquetípico. Em tal situação, o possuído fica sem poder dispor de sua Vontade e age como um autômato de si mesmo (SILVA, 2011).

44. COMPLEXO DE BRANCO SALVADOR

Silvia Nascimento, jornalista e diretora do site *Mundo Negro*[26], é autora do *Complexo de Branco Salvador*. Seu texto adverte aos turistas que visitam o continente africano, seja para turismo ou para missões humanitárias, esses, muitas vezes, agem de modo antipolítico, arraigados ainda, do velho hábito de tirar fotos das pessoas, como se tirassem fotos de paisagens ou de pessoas amigas, conhecidas.

De acordo com a jornalista, os turistas não param de pagar mico, quando desconsideram que:

> Pessoas não são parte da paisagem, como uma árvore, ou construção antiga, elas são seres humanos e isso deveria ser levado mais em consideração pelos turistas, sobretudo os que viajam em missões voluntárias.
>
> A maior parte das pessoas que viajam para o continente africano, como voluntária, são brancas e muito jovens, e felizmente não foi só eu quem notou a irritante tendência de selfies desses turistas com pessoas em situações de pobreza e vulnerabilidade.
>
> Não me incomoda pessoas brancas atravessando o mundo para ajudar continentes destruídos historicamente por pessoas brancas, inclusive há negros voluntários também. A questão é sobre as fotografias feitas durante essa temporada internacional. (NASCIMENTO, 2017, p. 1)

Nesse contexto, foi criada uma campanha publicitária, a fim de orientar as pessoas que agem dessa forma. Nascimento (2017, p. 1) pontua: "Não

---

26 Mundo Negro. Disponível em: <https://mundonegro.inf.br/complexo-do-branco-salvador-guia-pede-para-turistas-pararem-de-pagar-mico-em-fotos-na-africa/>. Acesso em 18/12/2017.

me incomoda pessoas brancas atravessando o mundo para ajudar continentes destruído historicamente por pessoas brancas, inclusive há negros voluntários também. A questão é sobre as fotografias feitas durante essa temporada internacional".

É fundamental considerar, que esse tipo de campanha é educativa, e deve ser observada e levada em consideração, por todos aqueles que estão dispostos mudar e melhorar as relações humanas no mundo, diminuir as desigualdades, prestar socorro imediato a todas as vítimas da fome no mundo, que não se restringe apenas ao continente africano. E como nos lembra a jornalista, nada que possa diminuir a auto-estima de um ser humano, ou permitir que aquele faz uma boa ação, possa sentir-se constrangido, mesmo sem intenção de magoar ou discriminar, quando usa as fotos com o beneficiado para fins desnecessários e egoístas.

Exemplos de fotos que não devem ser tiradas: "Fotos de voluntários dando doces ou fazendo um "toca aqui" com crianças" - podem gerar expectativas e falsas promessas; "Fotos de crianças brincando"- se os turistas não tiram fotos de crianças brincando, em outros lugares do mundo, por que tiram do continente africano? "Fotos de crianças doentes em hospital"- independente de ser no continente africano, esse tipo de foto é um desrespeito à criança e a qualquer doente.

45. COMPLEXO DE CABRAL

Arnaldo Madeira[27], secretário de governo de São Paulo, em 2005, referiu-se ao Presidente da República Luís Inácio Lula da Silva como aquele que se sente descobridor das coisas porque sofre do *"Complexo de Cabral"*[28], uma vez que, não sendo este o descobridor de muitas coisas, acredita-se descobridor do seu próprio governo.

Para Arnaldo Madeira, o Presidente da República se assemelha a Cabral, por fazer alarde de feitos que não foram conquistados em seu governo, mas que

---

27   Arnaldo Madeira, de acordo com reportagem de Mariana Caetano e Rodrigo Pereira, in. Jornal O Estado de São Paulo, Caderno Nacional, página A6, 24 de dez. de 2005.

28   Pedro Álvares Cabral foi um português navegador das Índias, que no dia 22 de abril do ano de 1500, ao afastar-se da rota africana, foi conduzido para as terras do Brasil. Considerado o "descobridor" do Brasil", tomou posse das terras indígenas em nome da Coroa Portuguesa.

traduzem contribuições iniciadas pelos antecessores de seu governo, portanto, muitos feitos são apenas continuidades da política do ex-presidente, Fernando Henrique Cardoso.

Historicamente, Pedro Álvares Cabal foi o primeiro homem europeu a ancorar suas embarcações na América do Sul, Brasil, na cidade de Cabrália, Bahia. Considerado, portanto, o homem que "descobriu" o Brasil. A analogia com Lula, na ironia de Madeira, é que o ex-presidente Lula se sente o descobridor de um governo capaz de funcionar; o primeiro a fazer coisas inusitadas; aquele que não recebeu nenhuma herança política; aquele que começou do zero, como "Cabral", se é que se poder fazer tal afirmação.

46. COMPLEXO DE CACHORRO

O *Complexo de Cachorro* é o nome de uma letra de música do cantor popular **Reginaldo Rossi**, composição de **Carlos Eduardo**:

> Eu vou virar cachorro porque ela me traiu,
> Porque ela com outro saiu,
> Eu vou virar cachorro e latir,
> Eu vou chegar na ponte e dormir,
> Você me botou chifres grandes demais,
> Deixou eu latindo como um cão cheio de pulgas,
> E me deixou pra trás.

Reginaldo Rossi e Carlos Eduardo recorrem, certamente, aos estereótipos populares, também parece que rememoram o sucesso da canção popular do cantor e compositor baiano

Soriano, cuja letra da música ficou no imaginário popular: *Eu Não Sou Cachorro Não*:

> Eu não sou cachorro, não
> Pra viver tão humilhado
> Eu não sou cachorro, não
> Para ser tão desprezado
> Tu não sabes compreender
> Quem te ama, quem te adora

Tu só sabes maltratar-me
E por isso eu vou embora.
A pior coisa do mundo
É amar sendo enganado
Quem despreza um grande amor
Não merece ser feliz, nem tão pouco ser amado
Tu devias compreender
Que por ti, tenho paixão
Pelo nosso amor, pelo amor de Deus
Eu não sou cachorro, não

Na primeira letra, o cantor diz que vai virar cachorro porque está sendo desrespeitado, traído pela mulher amada, então, melhor é ser cachorro. Na segunda letra, o autor diz que não quer ser tratado como cachorro, não é cachorro para receber um tratamento humilhante, desprezível; vai, por isso, embora para não ser tratado como cachorro. O sentido, pode-se dizer, é semelhante nas duas músicas – ser e virar – não ser e não virar cachorro denunciam o tratamento ainda humilhante que os animais recebem por parte dos seres humanos; as migalhas e os cantinhos relegados da casa.

Deve-se considerar que, atualmente, os cachorros de muitos lares viraram bibelôs de senhoras, senhores, jovens, adolescentes e crianças, "a curtição" de muitas gerações, os filhos adotados de muitos casais.

Muitos cachorros ganharam de seus donos um lugar de destaque, como: jazigos de luxo; cemitério especial; muitos, talvez, até queiram estar no lugar que eles ocupam na casa e na vida da pessoa amada.

Mas a imagem do cachorro abandonado e maltratado continua recorrente no imaginário das pessoas, dada a quantidade de animais que ainda são abandonados pelos donos depois que adoecem ou ficam velhos, feios e dispendiosos, financeiramente. Essa imagem está presente nas cidades grandes, onde animais que já foram bibelôs viram trapos e farrapos, especialmente na cidade de São Paulo, Brasil, onde vive a pesquisadora.

O ser humano, disse Nietzsche, é um animal de rapina, feroz, ressentindo, capaz até de assumir uma moral de rebanho. Seria, hoje, a moral daquilo que está na moda? Era dos modismos, da acomodação, da troca sem arrependimento? Por que, então, não trocar o bicho usado por outro? Parece que também os cachorros acabam tendo um prazo de validade, malvada vida de cachorro dos humanos!

47. COMPLEXO DE CAIM

Esse *Complexo de Caim* foi identificado na obra de Euclides da Cunha por **Walnice Galvão** e comentado por **Marilena Chauí** (2000, p. 66), na obra *O Mito fundador do Brasil*. Para Chauí, a pesquisadora, Walnice identificou esse complexo por acreditar que existe na obra de Euclides da Cunha um "embate entre Deus e o Diabo, centro do drama de Canudo. Euclides da Cunha, no final do século XIX e início do século XX, tomado pelo *"complexo de Caim"*, na bela expressão de Walnice Galvão, descreve o sertão".

O embate entre Deus e o Diabo é conhecido e significativo na obra de inúmeros autores; recorremos, nesse Complexo de Caim, à obra de **Herman Hesse** (1983), *Demian*, por considerá-la uma obra que acentua um embate ou jogo de forças negativas e destrutivas contra as forças positivas e construtivas, o que poderia ser lido por nós como um verdadeiro embate, por parte dos personagens, entre Deus e o Diabo; amor e guerra, bem e mal, Deus e o Diabo, Caim e Abel; Mãe e Amante.

48. COMPLEXO DE CALOR E FRESCURA

Gaston Bachelard (1996a) refere-se ao *Complexo de Calor e Frescura* quando comenta sobre os odores da infância, que são para ele, os "primeiro testemunho de nossa fusão com o mundo" (1996a, p. 132). Os odores estão relacionados com os alimentos, mas também com os cômodos da casa, com os jardins e lugares especiais, como corredores, sótãos, porões, adegas e dispensas, também entram, nesses valores da memória dos odores, as peças de vestuários de algumas pessoas, tecidos, enfeites, e mesmo "o odor ou sabor da *palavra*", tal como em Proust, que "precisava da *Madeleine* para lembrar-se. Mas uma palavra inesperada pode ter por si só o mesmo poder. Quantas lembranças não nos acodem quando os poetas nos contam a sua infância!" (1996a, p. 133) [grifo do autor]. Os odores nos levam, segundo o autor, às nossas lembranças, pois

> Essas lembranças dos odores do passado, nós as reencontramos fechando os olhos. Fechamos os olhos, outrora para saborear-lhes a profundeza. Fechamos os olhos, e assim imediatamente nos pusemos a sonhar. E ao sonhar, ao sonhar simplesmente, num devaneio sereno, vamos reencontrá-las. No passado como no presente, um odor amado constitui o centro de uma intimidade. Há memórias que são fiéis a essa intimidade. Os poetas vão fornecer-nos testemunhos sobre esses odores de infância, sobre esses cheiros que impregnam as estações da infância...

Os odores são diversos e podem se apresentar à memória, de modos diversificados. O autor comenta sobre as gomas (resinas) das árvores. Isso, por exemplo, me fez lembrar das resinas dos angicos, uma planta do sertão nordestino, resinas cheirosas e também saborosas; os diversos cheiros dentro da despensa, os queijos feitos com leite de cabra, os furinhos, os requeijões de leite bovino, as frutas, coalhadas, soros e caldeirões de leite; biscoitos de polvilho, brevidades, bijus, doces de mamão, gergelim, ambrosia, enfim, as guloseimas da fazenda. Faz lembrar e testemunhar a infância farta e generosa, que infelizmente, nem todos puderam ter.

O autor comenta acerca de um poema de Claude-Anne Bozombres e do romance de Jacques de Bourbon-Busset, cujos caminhos descritos são orlados de hortelã. Bachelard (1996a) diz:

> Por si só, o odor da hortelã é um **complexo de calor e frescura**. Aqui ele é orquestrado pela doçura úmida do musgo. Esse encontro foi vivido, vivido na distância da vida que pertence a um outro tempo. Não se trata de experimentá-lo hoje. É preciso sonhar muito para descobrir o justo clima de infância que equilibra o fogo da hortelã com o odor do regato. De qualquer modo, sente-se que o escritor que nos entrega essa síntese respira o seu passado. A lembrança e o devaneio se acham em total simbiose [grifos meus].

Cecília Meireles, poeta brasileira (1901 – 1964) descreve os odores de sua infância, as lembranças de sua mãe morta, fria, pálida, mas com um odor especial, seu último cheiro e abraço. As vozes dos adultos que lhe diziam: "beija a mamãe, beija a mamãe"! A malva, sua planta predileta para perfumar armários e afugentar as traças, o cheiro de terra molhada na infância, os barulhos das águas, as frutas cheirosas e caídas no quintal; as comidas de sua avó, que

Pedrina lhe servia, mas sua falta de apetite era algo preocupante que fazia Pedrina se desdobrar para lhe agradar e distrair, também as músicas e canções populares que Pedrina cantava, numa voz desentoada, cantigas e canções de ninar para que ela comesse, e depois, dormisse. As comidas, aqui, têm o peso como sentido dos carinhos e cuidados de todos para com a criança frágil e amada que ela foi.

49. COMPLEXO DE CARCARÁ

O jornalista **Flávio Aguiar**[29], no dia 12 de junho de 2010, publicou uma matéria a respeito da metáfora dos carcarás e o cenário político brasileiro, e dissertou sobre o *Complexo de Carcará*. Os carcarás são espécies de aves de rapina que vivem de carniças; para o jornalista alguns políticos também vivem de carniças políticas, por isso, são carniceiros.

Leo Strauss, filósofo alemão, ao discutir filosofia política, lembra que o mundo está em estado de putrefação política; são muitos os problemas e as agonias espirituais e humanas na esfera social.

Conchavos políticos em todos os lugares do mundo; ditaduras, ditadores, liberais e exploradores, de toda natureza, eclodem na mídia por suas mazelas; mas há casos que somente chegam aos "olhos" do povo quando a mídia resolve denunciar, ainda assim, pode-se questionar a disposição dela para colocar em evidência certos casos escandalosos, escabrosos, e tudo com dinheiro do povo. Também inúmeros casos em que os políticos são denunciados, mas continuam "em cima da carniça" – não abrem mão do poder e do dinheiro – carniceiros confessos e assumidos publicamente.

Aguiar discute os votos da Turquia e do Brasil a favor da produção de energia nuclear no Irã; o discurso de Hilary Clinton a respeito da Rússia, enfim, pergunta Aguiar:

> Como entender essa cegueira parcial para o mundo, além, evidentemente, da falta de uma consulta bibliográfica adequada sobre a diplomacia brasileira e sua história? **É que aos arautos da nossa "élite" sequiosa**

---

29 Disponível em: w<ww.boxbrazil.com> / <http://dialogospoliticos.wordpress.com/2010/06/12/flavio-aguiar-complexo-de-carcara-das-"elites"/> ("Flávio Aguiar é correspondente internacional da Carta Maior em Berlim")

> de benesses, benefícios e subsídios para os seus supérfluos, assalta um
> 'complexo de carcará' [grifos do autor].

Para o jornalista, o carcará é uma "metáfora perfeita para os nossos roedores na política internacional. Inclusive porque o carcará também é um devorador de carniça, e vive na esteira dos urubus".

De acordo com o autor, esse excesso de demagogia das elites pode ser, também, designado pelo "complexo do beija-mão", ou "Beija-mão da potência, claro, porque por aqui, o que essa "élite" gosta mesmo é do "beija-anel", porque a mão já perdeu faz tempo".

Mas, convenhamos, um carcará não beijaria uma mão viva. Talvez beijar a mão da potência, signifique que, inconscientemente, estamos tentamos destitui-la de seu papel mortífero, cuja

> [...] metáfora hoje se ajusta a essa crosta da sociedade brasileira, mídia conservadora e seus arautos incluídos, que pensa que nossa inserção no mundo deva ser a de ajudar a explorar mais os já explorados e oprimidos, os países menores nossos vizinhos, aliados a uma subserviência mundial que garanta a ideia de que política, internamente, é coisa para quem preza apenas a ascendência europeia da nossa cultura, apesar de quantos pés na cozinha, na oca e em outros lugares assumamos ter.

50. COMPLEXO DE CARONTE

Para **Gaston Bachelard** (1989a), tanto o *Complexo de Caronte* quanto o complexo de Ofélia simbolizam a última viagem, a dissolução final. Caronte simboliza um dos funerais mais primitivos, a morte natural. O autor considerado para o exame desse complexo é E. A. Poe, em *Histoires grotesques et sérieuses* e outras obras (1989a, p. 40).

Esse complexo, para **G. Durand**, (1997a) remete aos vários deuses míticos que viajam em barcas, tais como: Ísis e Osíris, Ishtar, Sin, Noé, Prometeu, o hindu Matariçva. A barca é refúgio e morada eterna, proteção dos vivos e dos mortos, proteção e conservação das almas bem-aventuradas, pois o

> [...] simbolismo da viagem mortuária leva mesmo Bachelard a perguntar-se se a morte não foi arquetipicamente o primeiro navegador, se o 'complexo de Caronte' não está na raiz de toda a navegação dos vivos. O que o folclore universal, tanto céltico como chinês, contraria, e o 'holandês voador' seria a sobrevivência tenaz dos valores mortuários do barco. E de certo por incidência fúnebre, **toda a barca é um pouco 'navio fantasma', atraída pelos inelutáveis valores terrificantes da morte** (DURAND, 1997a, p. 250) [grifos do autor].

No simbolismo da morte, para Bachelard (1989a, p. 78), a água conduz a imaginação ao nível primitivo da consciência, porque

> A imaginação profunda, a imaginação material quer que a **água** tenha sua parte na morte; ela tem necessidade da água para conservar o sentido de viagem da morte. Compreende-se assim, que, para esses devaneios infinitos, todas as almas, qualquer que seja o gênero dos funerais, devem subir na **barca de Caronte**. Curiosa imagem, se a contemplarmos com os olhos claros da razão. Imagem familiar por excelência, ao contrário, se soubermos interrogar os nossos sonhos!

> (...). **O Complexo de Caronte** não é muito vigoroso; a imagem, em nossos dias, está muito desbotada. Em muitas mentes cultas, ele sofre o destino dessas referências tão numerosas a uma leitura morta. Não passa então de um símbolo. Mas sua fraqueza e desbotamento são, em suma, bastante favoráveis para nos fazer sentir que, apesar de tudo, a cultura e a natureza podem coincidir [grifos do autor].

51. COMPLEXO DE CARRIE

O *Complexo de Carrie* foi discutido e intitulado num site da internet (2009)[30], a internauta questiona as características da protagonista da série *Sex and the City*, Carrie, vivida pela atriz Sarah Jessica Parker. Na série, coloca-se em evidência que

---

30 Disponível em: <http://www.necessaire.com.br/complexo-de-carrie-voce-tambem-e-cheia-de-expectativas-em-relacao-aos-seus-relacionamentos/. Postado em 06/04/2009>.

[...] a personagem é uma jornalista que tem uma coluna num jornal nova-iorquino na qual fala sobre sexo e relacionamentos na cidade, daí o nome da série. As maiores inspirações para os seus textos são as vidas amorosas de suas três melhores amigas - Samantha, Charlotte e Miranda - e suas próprias experiências, principalmente seu namoro conturbado com o personagem Mr. Big.

O complexo de Carrie se caracteriza a partir da postura da personagem "Sempre cheia de expectativas, sempre analisando as menores atitudes do namorado e sempre fazendo joguinhos amorosos que só ela joga e que, consequentemente, só ela perde". Consequência: a protagonista sempre se relaciona com o mesmo tipo de pessoa, relacionamentos complicados, que terminam sempre de maneira desastrosa, seja, talvez, pelo fato de a pessoa solteira sentir-se sozinha, pressionada a encontrar um parceiro, para não passar a impressão de incompetente nos relacionamentos.

Talvez Carrie simbolize a mulher mais "modernosa", aquela se permite ser mais livre, contudo, cheia de responsabilidades; aquela que luta para manter-se competente e competitiva no mercado de trabalho, ainda que uma figura confusa, desastrada com as coisas; mas sempre cheia de expectativas para encontrar o parceiro certo, manter um relacionamento diferente - quem sabe - um casamento mais aberto; e talvez por não representar o estereotipo da mulher dona de casa, com perfil maternal, disposta a satisfazer a vontade do parceiro, chame tanta atenção do telespectador. Carrie está mais para aquela mulher que quer ser saciada, presenteada pela troca de prazer que propicia e não porque é um objeto de prazer; mimada, sim, mas sem provocar, no parceiro, expectativas e obrigação de recompensas.

52. COMPLEXO DE CASA GRANDE

Esse *Complexo de Casa Grande* apareceu em um blog (2009)[31] de Belém do Pará, com matéria datada de 21/08/2009. **Adelina Braglia**, a autora do blog, critica o excesso de comilança e as injustiças sociais praticadas pelas pessoas com avantajado poder econômico, as classes econômicas mais abastadas

---

31   Disponível em: <http://bubuia.blogs.sapo.pt/4566.html>.

economicamente – as elites, reforçadas e imitadas pelas classes dominadas na cidade de Belém do Pará. A autora do blog comenta:

> Temos **complexo de Casa Grande**. E morar em Belém é assistir a manutenção do poder dos senhores sobre os escravos. Poder mantido, inclusive, pela enorme inveja e admiração que grande parcela dos dominados tem dos dominadores.

> A comilança, a lambança, a impunidade, são **invejadas**. Os aniversários infantis, por mais modesta que seja a família, precisam de fausto, de excesso de comidas, que jamais são para as crianças. Maniçobas, vatapás, arroz-de-galinha, e cerveja, muita cerveja, superando os brigadeiros e o bolo, que nunca é cortado e repartido na festa. Depois, magnanimamente, manda-se um pedaço para cada vizinho.

> Nosso **complexo de Casa Grande** perpetua o mau hábito, os vícios, as arrogâncias, as prepotências. (...) Se pudermos transgredir qualquer lei, norma ou regra, nem que seja a da higiene e bons costumes – jogar o papel do picolé debaixo do banco do ônibus - nós o fazemos.

> Uma elite atrasada, desumana, gananciosa e medíocre, é louvada em canto e verso. (...) E esse exemplo se perpetua e se dissemina entre os mais frágeis. Abandonados à própria sorte, impedidos de fortalecer suas virtudes, anseiam pelos vícios alheios. Pequena demais nossa alma. Medíocre Casa Grande. Triste senzala.

Esse complexo é real em toda a sociedade brasileira, na qual, a comilança é uma sentença e quase um rito ou grito de festa, guerra de comidas. A população brasileira está ficando obesa, revelam os dados do IBGE – 2010, obviamente, nem sempre por comilança, também por outros motivos; mas, certamente, por excesso de comida, ou por não saber se alimentar corretamente. Pessoas ricas e pobres promovem banquetes e festas em que os animais, por vezes, são as atrações principais. Figura um pouco de tudo, pratos exóticos, majestosamente confeccionados, carnes de todas as espécies, até parece que os animais nasceram para serem devorados pelos humanos; frutas e bebidas em que comer muito é uma regra. Mesmo em banquetes mais finos, pessoas se desequilibram perante as farturas e consomem as pequenas iguarias em quantidades assombrosas. Será que as bocas de tubarão estão à solta, sendo necessário alimentar os apetites, estimular a gula e o sadismo devorante? Será que isso mudou? Quando poucos comem em demasia, seguramente, muitos passam fome, triste realidade brasileira.

53. COMPLEXO DE CASCÃO

Mauricio de Souza é um escritor brasileiro e autor de desenhos infantis da *Turma da Mônica*. O *Complexo de Cascão* é uma homenagem, ao personagem de nome Cascão.

No Brasil, suas histórias em quadrinhos aparecem em gibis para o público infantil e adolescente, mas elas são apreciadas por todas as idades.

Na história de número 49, Souza conta as aventuras de *Cebolinha na Escola de Natação*. Narra a cena em que Cebolinha quase se afoga por inverter o processo de inspirar e respirar (fora e dentro da água). Ele deveria encher os pulmões de ar fora da água para soltá-lo dentro da água ao mergulhar; mas, ao inverter o processo, fica traumatizado e não quer mais saber do elemento água. Evita, assim, tomar banho ou fazer qualquer atividade que estiver relacionada com a água.

Seu mau cheiro agrada muito ao Cascão que acredita que ganhou um novo aliado na sujeira, aquele que entende sua má vontade em tomar banho.

Assim, Cebolinha aprende com o Cascão a nadar fora da água. Na verdade, aprende alguns movimentos que podem ser exercitados fora da água.

Mônica tenta ajudar o Cebolinha, mas toda vez que ele vê uma torneira, uma mangueira ou rio jorrando água, corre furiosamente para bem longe. Mesmo o banho em sua casa, Cebolinha passa a evitar e até prefere não comer se tiver que tomar banho.

Mas Mônica e Cascão, juntos, ajudam o Cebolinha a vencer esse complexo e, assim, armam uma cilada para Cebolinha entrar na água novamente e este fica feliz e recupera sua vontade de limpeza.

Cascão explica que, em princípio, pensou que Cebolinha sentia pavor por limpeza, que tinha resolvido se tornar um menino mais sujinho, como ele; mas, assim que percebeu que se tratava de um trauma, procurou ajudar o amigo a vencer o medo pela água. O complexo de cascão é sem dúvida, uma homenagem ao personagem mais avesso a tomar banho, das histórias em quadrinho.

54. COMPLEXO DE CASANOVA

Peter Trachtenberg (1994) é o autor da obra *O Complexo de Casanova*. Ele, ao longo da obra, trata de revelar as nuances do conquistador sem limites: Casanova.

A tônica da obra são as nuances do complexo de Casanova, no qual estão associados sentimentos como loucura, maldade, perigo e patifaria; o perfil da família, a libertinagem e a cultura do libertino.

Tirso de Molina (cf Trachtenberg, 1994, p. 7) diz:

> Acho que a melhor
> Maneira de descrevê-lo, senhor, seria
> Como um gafanhoto para quem as garotas são a grama...
> Sempre que o senhor estiver para chegar
> As cidades deveriam ser avisadas: Está chegando a praga
> Das mulheres em um só homem
> Aquele que as engana e trai
> O maior libertino de toda a Espanha.

Trachtenberg (1994, p. 16) pontua que o Casanova é mais do que um homem que quer se manter solteiro, que dorme com todas as mulheres que lhe causam prazer, por isso, ele limitou sua definição do Complexo de Casanova, para aqueles homens que

> [...] reportam casos recorrentes de aventuras de uma noite, romances fracassados ou casamentos rompidos; homens que vivem rompendo relações amorosas, que são cronicamente polígamos ou infiéis: homens como eu. No início da minha pesquisa, achei que as explicações 'recorrente', 'viver fazendo algo' e 'cronicamente' eram vagas, e preferi esclarecê-las através da observação efetiva. A única coisa que sabia quando comecei este livro era que eu não estava procurando uma norma, e sim um extremo que às vezes se disfarça de normal. Imagino que a maioria dos homens sonhou, em algum momento de sua vida, em ser um Casanova, e muitos tentar

agir como ele, mas os homens descritos aqui são muito mais raros do que meu amigo pensava, e muito mais perturbados do que tanto ele quanto eu suspeitávamos inicialmente.

Para o autor, simbolizam o complexo de Casanova, os homens que cultivam relacionamentos marcados por brevidade, instabilidade e uma constante infidelidade. O autor confessa sua surpresa com o tipo de homem que sua pesquisa de campo revelou:

> [...] O que aprendi sobre os Casanovas contrariou muitas de minhas pressuposições originais. Em sua maioria, os homens com quem conversei não eram *playboys* refinados, mas contadores, médicos, empresários e carpinteiros. A maioria estava na faixa dos trinta e quarenta anos. Alguns tinham passado dos sessenta e prosseguiam com seus flertes apesar das reclamações dos familiares e dos conselhos médicos. Nem sempre eram bonitos; muitos reclamaram de tendência a engordar aliada à queda de cabelo, cheiro de corpo e problemas de coluna. Apesar de todas as suas conquistas – alguns desses homens haviam dormido com centenas de mulheres – e do evidente prazer que tiraram delas, nenhum dos meus Casanovas me pareceu, nem a mim nem a meus consultores, especialmente invejável. Sua felicidade parecia forçada e obstinada, como a de alguém que fica cutucando o outro e perguntando: 'Não é divertido?!'

O autor (1994, p. 17) diz que procurou enumerar as motivações que movem um Casanova: emoções fortes; jogos sexuais; evasão depois da conquista e do sexo e a avidez por sexo. Também identificou seis tipos de comportamentos do Casanova: os caçadores, os garanhões os nômades, os românticos, os companheiros e os malabaristas. Foi possível verificar que, muitas vezes, um Casanova passa de um estilo a outro, dependendo da motivação. Ao entrevistar alguns homens-Casanovas, foi possível, ao autor, identificar problemas de família, como a ausência paterna, mãe muito ocupada com o próprio ego; e ao entrevistar algumas mulheres que se relacionavam com esses homens, foi possível compreender que

> As mulheres dos mulherengos muitas vezes foram criadas em famílias incrivelmente semelhantes às que produzem Casanovas e, de fato, parecem

sofrer de uma compulsão paralela. Uma dança grotesca – um tango desolador – une esses homens e mulheres através de abandonos e traições repetidas, com seus passos ritualizados e imutáveis.

55. COMPLEXO DE CASSANDRA

Para **G. Bachelard** (1949, p. 75) esse *Complexo de Cassandra* simboliza a ameaça ao "ouro do possível". É o complexo que denuncia o abuso do saber ou a profetização do futuro das crianças e adolescentes pelos educadores. Bachelard se refere a **Erik Satie** com a frase: "*on me disait, quand j'étais petit: tu verras, quand tu seras grand. Je suis um vieux monsieur: je n'ai encore rien vu*" (1949, p. 75).

Para o exame desse complexo, o autor se refere também a Goethe, em *Dichtung um Warheit* (*Poesia e Verdade*) e a **G. Wells** em *l'Autobiographie de Wells*. Este último narra a história de Judd, um professor de geologia, que tenta fazer com que os alunos vejam e sintam as coisas como ele acredita que elas são.

Bachelard denuncia também o fato de o educador adotar uma postura de adivinho ou receitista, ignorando as possibilidades intelectuais de alguém, quando elas não estão claras nem para esse alguém nem para o educador. Assim, racionalizar o futuro é desconhecer, em si mesmo, as verdadeiras razões inconscientes desse ato. A razão não deve ser imposta, ela se impõe por si mesma.

Para o autor, o autoritarismo, detectado nos casos particulares ou nos relacionados à vida intelectual, ocorre por "abuso do saber, mais ainda que o abuso do poder que exercem sobre os outros. O complexo de Cassandra arma um sadismo no educador. O profetizado é uma sanção que parece sem resposta".

Há professores que ainda se referem aos seus alunos como as criaturas sem solução e sem conserto, os objetos danificados pela própria natureza. Os discursos negativos em torno do aluno podem ter melhorado, mas os falatórios e as falas de muitos educadores denunciam esta profecia negativa: os alunos não serão tão bons quanto seus mestres.

Sabe-se da quantidade significativa de profissionais bem remunerados, em alta na mídia, que não foram os alunos mais brilhantes e nem aqueles que se destacaram na escola, mas se destacaram na vida prática. A escola e os meios acadêmicos são meios de passagem, hoje, quase obrigatórios para a sociedade do trabalho, mas não são as aspirações de trabalho para milhares de pessoas. Não somos excelentes em tudo, somos em raras coisas, e – ao que parece – comuns em quase tudo. O profetizado, como sanção, provoca, naquele que a recebe, uma reação de luta para provar que toda profecia é absurda. Assim, negar-lhe é também uma forma de vencer aquilo que, de certa forma, foi imposto, mas não concretizado.

56. COMPLEXO DE CASTRAÇÃO

O *Complexo de Castração* aparece na obra de vários autores. Nossa primeira referência será a obra de **Nadia Julien** (1992, p. 92 e 441), na qual, o complexo analisado está relacionado com o mito de Ártemis e outras deusas consideradas virgens-guerreiras.

Para a autora, em geral, esse complexo "se manifesta na mulher pela incapacitação de seu sexo e de sua função natural. Esta reivindicação viril é a expressão de um *animus* (no sentido junguiano, que aparece como uma imagem arquetípica da masculinidade na psique feminina) muito potente" (p. 92). E diante o excesso de autoritarismo do animus sobre a ânima ou do masculino sobre o feminino, pode-se observar que

> [...] autoritarismo, doutrinação, tendência à disputa, necessidade excessiva de independência, segurança, dureza, olhar de crueldade, falta de tato, temperamento caloroso, falta de humor... Os animais que estão ligados a Ártemis ou ao seu culto (oferecidos em sacrifícios) são aqueles que simbolizam os instintos indomados no homem: necessidade de vingança, subestimar a si mesmo, reações agressivas, prazer de fazer sofrer, de humilhar, egoísmo, possessividade, rancor... Estas tendências determinam um comportamento rígido e inflexível semelhante ao **complexo sado-anal** (1992, p. 93) [grifos da autora][32].

Conforme Nadia Julien, esse complexo pode aparecer também relacionado com o mito de Édipo, nos casos de conflito, quando a criança, no sentido

---

32   OBS.: A tradução do italiano para o português é de responsabilidade da pesquisadora.

freudiano, rivaliza-se com quem a repreende. Se o conflito edipiano não for superado, na infância, a criança tende a ter fixação pela figura do sexo oposto.

No menino, aparece depois, como um complexo da castração, caracterizando-se como uma ansiedade, hostilidade ao pai, gerando incapacidade de se comportar como homem, e, no limite, pode revelar impotência.

Na menina, se não for superado na infância, pode causar uma fixação pela mãe, uma impossibilidade de se identificar com esta enquanto esposa; se não for superado, a menina pode ter medo do homem, ou, ao contrário, atirar-se, de maneira exagerada, para cima do pai, acompanhada de um sentimento de culpa, diante da impossibilidade de ter uma troca amorosa com outros homens.

Para a autora, a homossexualidade reprimida pode ser o resultado de um complexo de Édipo malvivido ou não superado na infância (p. 441).

Para **Laplanche** e **Pontalis** (1970), esse complexo foi descoberto por Freud, em 1908; Freud se referiu à "teoria sexual infantil", quando afirmou que todos os seres humanos têm um pênis, pois, segundo os autores, "o complexo de castração é relacionado com o primado do pênis nos dois sexos e a sua significação narcísica é prefigurada".

O sentimento de perda do pênis diferencia-se, referindo-se aos termos feminino e masculino, quando surge o sentimento de castração. É diferente no menino e na menina. Normalmente, está centrado na diferença anatômica dos gêneros, mas para ambos, no sentido negativo, pode levar a uma não realização, a uma ameaça e sofrimento, pois a estrutura e os efeitos do complexo de castração são diferentes no menino e na menina.

O menino teme a castração como realização de uma ameaça paterna em resposta às suas atividades sexuais, do que lhe advém uma intensa angústia de castração. Na menina, a ausência do pênis é sentida como um dano sofrido que ela procura negar, compensar ou reparar. O complexo de castração está em estreita relação com o complexo de Édipo, e mais especialmente, com a sua função interditória e normativa (1970, p. 111).

Esses autores apontam, ainda, os sinais dessa castração, que pode se manifestar pela fantasia, sob os símbolos da cegueira, o arrancar os dentes e/ou outros danos, como acidente, sífilis, operação cirúrgica e loucura pelo excesso de masturbação. Pode ser manifestado em efeitos clínicos como "inveja do pênis, tabu da virgindade, sentimento de inferioridade etc." (1970), e naquilo que os autores definem como "estruturas psicopatológicas: homossexualidade, fetichismo" (1970, p. 112).

Os autores chamam a atenção, também, para o fato de Freud ter identificado que é, na fase infantil, que a criança percebe a diferença anatômica entre os sexos, e que esse complexo aparece nessa fase. Para o rapaz, o agente da castração é o pai, que também pode ser para a menina, mas, normalmente, ela se vê mais privada de pênis pelo pai, do que pela figura do pai.

Essas análises freudianas, relacionadas à sexualidade, levaram muitos psicanalistas a buscar outras interpretações para esse complexo, por isso, ele também pode ser considerado em situações

> [...] de perda, de separação de um objeto: perda do seio no ritmo da amamentação, o desmame[33], a defecação, detectadas pela psicanálise, entre os diversos objetos parciais, de que o indivíduo é assim separado: pênis, seio, fezes, e mesmo a criança durante o parto (LAPLANCHE e PONTALIS, 1970, p. 113).

Para os autores (1970, p. 115), esse complexo também está relacionado com os sentimentos

> [...] de separação, de perda do objeto narcisicamente valorizado, ao mesmo tempo logo na primeira infância e em experiências vividas muito diversas (angústia moral interpretada como angústia de separação do superego, por exemplo).[...] **o complexo de castração é a condição** *a priori* que regula a troca inter-humana enquanto troca de objetos sexuais, é que ele pode na experiência concreta apresentar-se sob facetas, ser reconduzido a formulações simultaneamente diferentes e complementares, como as que Stärcke indica e em que se combinam o indivíduo e o outro, perder e receber [grifos meus].

---

33 Pntales e Laplanche chamam a atenção para o fato de A. Stärcke ter observado que, pelo fato de a mãe amamentar e depois desmamar a criança, pode aparecer um tipo de castração primária, "reefetuada de cada vez que lhe retiram o seio para culminar no desmame, seria a única experiência real capaz de traduzir a universalidade do complexo de castração: a retirada do mamilo da mãe seria a significação inconsciente última, sempre encontrada por detrás dos pensamentos, dos temores, dos desejos, que constituem o complexo de castração".

Também **Junito de S. Brandão** (1994, vol. I, p. 308-10) considera que o complexo de castração está relacionado com o prazer devorador da relação sexual, que Charles Baudelaire, na obra, *Les Fleurs du Mal,* procurou estampar na figura de uma mulher, com a seguinte frase: "buscando a quem devorar".

Brandão lembra que existem inúmeros perigos na primeira relação, por isso, acredita-se que, em algumas culturas, surgiram os cuidados com a noiva, para dormir, primeiro com o sacerdote ou rei, estrangeiro, prisioneiro de guerra etc, e, dependendo do país, antes do defloramento da virgem, faz-se uma invocação às deusas protetoras.

Esse complexo se corporifica também mediante o medo do homem de fracassar, de ser devorado, de se contaminar com o sangue do hímen, por acreditar que ele pode ser perigoso e nefasto. Existem muitos mitos relacionados com esse complexo, os quais, segundo Brandão, simbolizam a *donzela venenosa*: Lâmia, Harpias, Empusa, Danaides, Sereias... "Sêmele que ficou grávida "de Zeus", porque devorou o coração de Zagreu, o primeiro Dioniso, consoante o mito órfico" (BRANDÃO, 1994, p. 309).

Na mitologia, a fêmea devoradora parece "um mecanismo de defesa arquitetado pelo homem" (1994). Fadiga, fraqueza e até azar podem acontecer após o coito, em especial, quando o homem precisa, depois do coito, realizar atividades de negócios.

Para **Otto Rank** (cf Brandão, 1994, p. 310), "o desprezo que o homem afeta pela mulher é um sentimento que tem a sua fonte na consciência, mas, no inconsciente, o homem teme a mulher".

Já o tratamento dado ao complexo de castração por **Gaston Bachelard** (1989a, p. 8), leva-nos a identificá-lo no *espaço educacional*, no modo como alguns poetas devoram o espaço, e outros, o tempo. Ele também pode aparecer sob a forma metafórica do complexo dos cabelos raspados, pois, "se considerarmos que, na idade da adolescência o menor vexame pode exercer os mais graves efeitos sobre o caráter, não hesitaríamos em reconhecer a existência deste complexo" (1989a, p. 54).

Bachelard lembra que nos *Cantos de Maldoror*, Isidore Ducasse refere-se àqueles que tiveram as cabeças raspadas, por isso, servem de chacotas e vexames. Ducasse (BACHELARD, 1989a, p. 54) diz: "Quem te rapou os cabelos? Talvez porque não tens testa. Prometem-nos que os cabelos voltam a crescer uma vez que, nos animais, os cérebros que se extraem voltam a nascer, com o tempo". E Bachelard pergunta: "será que os adolescentes a quem rapam os cabelos recuperam jamais o orgulho da sua virilidade? Daí o pesadelo com que termina o quarto canto: 'afasta, afasta de mim essa cabeça careca, polida como a carapaça da tartaruga."

Tal comentário nos fez lembrar do filme *Minha Vida em Cor-de-rosa*, lançado no Brasil no ano de 1997, com direção de Alain Berliner, o roteiro conta com o próprio Alain Berliner e Chis Vander Stappen, ganhador do Prêmio Globo de Ouro, como sendo o melhor filme estrangeiro. O corte de cabelo gera amargura ao personagem mirim, que passa pelo ritual de cortar os cabelos, mudando totalmente sua linda imagem andrógina no espelho, e deixando estampar sua dor e vergonha.

57. COMPLEXO DE CATARINA, A GRANDE

Peter Trachtenberg (1994), ao comentar a respeito do *Complexo de Casanova*, explica que excluiu do complexo de Casanova as mulheres e os homossexuais, muito

> [...] Embora existam mulheres habitualmente sedutoras, infiéis ou volúveis – que sofreriam do '**Complexo de Catarina a Grande**', poderíamos dizer -, essas mulheres são mais raras do que sua contraparte masculina. Em nossa cultura, a censura contra a promiscuidade e a infidelidade ainda recai com muito mais força sobre as mulheres do que sobre os homens. Uma mulher que tem muitos amantes normalmente é chamada de ninfomaníaca. Uma mulher casada que trai o marido enfrenta penalidades sociais das quais este, nas mesmas circunstâncias, estaria isento. E, principalmente, eu não podia me identificar com as mulheres assim como me identificava com os Casanovas, e suspeitei que só poderia estuda-las levando uma séria desvantagem. [grifos meus].

Esse *Complexo de Catarina, a Grande,* citado pelo historiador **Eber F. S. Lima,** da UNINOVE, dia 17/06/2011, no Programa de TV do Ronnie Von, pontuou que a Imperatriz da Rússia, Catarina, a Grande (por batismo na Igreja), nascida Sophie Friederike Auguste Von Anhalt-Zerbst, nasceu no dia 02 de maio do ano de 1729 (na Prússia); casou-se, aos dezesseis anos de idade, com Pedro, neto de Pedro, O Grande (que governou por apenas seis meses); mas ela governou por trinta e quatro anos.

Catarina, segundo Eber, foi uma mulher de personalidade forte, grande articulista política, muito culta, dominava várias línguas e tocava muitos instrumentos.

São muitos os comentários acerca da sexualidade da rainha, como o do autor Peter Trachtenberg. A história dos grandes monarca registra que a rainha, como muitos outros monarcas que estiveram cercados por poder, usavam o poder para as aventuras. Catarina gostava de desfrutar dos prazeres sexuais, por isso, tinha amantes, muitos dos quais usava para manobras estratégicas a fim de se manter no poder, como os amantes militares que teve e outros.

Compreende-se, então, que o Complexo de Catarina, a Grande, se refere a mulheres que têm poder e usam sua inteligência e poder, aliados com sua avidez sexual, para conquistar certos homens e manobrá-los a fim de se manter no poder.

58. COMPLEXO DE CENTOPEIA

O *Complexo de Centopeia* foi citado de acordo com os dados da internet, no dia 07 de maio de 2006, no blogspot, nomeado de melhor arranjo. Comenta-se a respeito do Complexo de Centopeia[34], destacando-se a capacidade da centopeia para andar equilibradamente com todas as pernas.

A discussão se centra na a dança, isto é, qual o melhor arranjo para determinadas situações, por isso, o comentário atinge a perfeição dos passos na dança para alcançar o equilíbrio, uma analogia com a centopeia, cujos passos lembram uma dança harmoniosa.

Comenta-se, também, a influencia de muitas personalidades de várias partes do mundo nas coreografias e danças em Berlim. Estéticas, identidades, terrenos linguísticos e simbólicos comuns, interdisciplinares, cujos

> [...] encontros deram conta de uma necessidade de olhar a dança enquanto ponto de partida de diversas correntes de pensamento, à qual se colocam, de forma permanente, questões sobre a sociedade. Mesmo que – e nunca

---

34 Disponível em: http://omelhoranjo.blogspot.com/2006/05/o-complexo-da-centopeia.html

pondo em causa a validade da organização, dada a relevância do encontro, assombrado ainda pela manipulação que o regime nazi fez dos anteriores congressos -, houvesse quem apontasse o dedo à dimensão formal, académica, burguesa e elitista (pela ausência das minorias étnicas ou deficientes, por exemplo) do congresso. No fundo, o eterno duelo entre a prática e a reflexão. Os primeiros a exigirem que num congresso sobre dança se dance mais, os segundos a acusar a falta de tempo e a multiplicidade de questões debatidas.

Reunindo nomes fundamentais para a compreensão teórica do movimento como *Erika Fischer-Lichte, André Lepecki, Pierre-Michel Menger, Cornélia Dümcke, Irit Rogoff ou Helmut Ploebst* (...)

Razão pela qual o congresso abriu com uma performance chamada *Mercado Negro*na qual, por um euro e durante meia hora, cada espectador podia escolher a personalidade com a qual queria dialogar. Uma massa imensa de pensamento que era também uma coreografia, provando que o pensamento não enquista a acção. Ou seja, uma tentativa de contrariar a fábula de *Paul Valery*, na qual **uma centopeia se deixou ficar sentada no passeio e nunca mais andou, depois de lhe terem perguntado como era capaz de coordenar todas as patas**. [grifos em itálico, do internauta, em negrito, meus].

O complexo de centopeia também aparece em cursos da área de Administração, quando se trabalha com Recursos Humanos e/ou Gestão de Pessoas. Ensaia-se uma dinâmica de grupo chamada de centopeia ou complexo de centopeia, na qual, se pede aos participantes que formem fileiras em duplas; as pessoas, enfileiradas, devem andar como uma centopeia, isto é, andar de forma equilibrada; algumas pessoas ficam de fora das dinâmicas. Depois, é sugerido a elas que avaliem o andar do grupo, critiquem e façam sugestão; novamente o grupo, enfileirado, recomeça o andar, dar voltas no espaço buscando um ritmo de caminhada. Essa atividade pode simbolizar a capacidade das pessoas de andarem juntas, em equipe, de maneira ordenada, organizada e equilibrada. Em sentido análogo, a dança da centopeia.

59. COMPLEXO DE CHAPEUZINHO VERMELHO

Luciana do Rocio Mallon[35], no site denominado de *Garganta da Serpente*, comenta a respeito do *Complexo de Chapeuzinho Vermelho*, pontuando que algumas mulheres sofrem desse complexo.

Mallon lembra que, atualmente, livros de autoajuda, com descrição de complexos, inspirados nos contos infantis, comentam os desarranjos emocionais vividos por pessoas que sofrem de complexos, como *Complexo de Cinderela*, o *Complexo de Peter Pan* e o *Complexo de Bela Adormecida*. Mas a internauta, não explica as caraterizações desses complexos.

Mallon pergunta por que ainda não escreveram sobre a mulher com síndrome de chapeuzinho vermelho? A mulher desobediente, que arrisca uma travessia passando justamente pela área do perigo, em vez de evitar a tal travessia. Por que correr esse risco e ser devorada pelo Lobo Mau?

Na vida real, comenta Mallon, "Muitas mulheres se comportam como a Chapeuzinho Vermelho, em vez de procurarem o caminho mais seguro, acabam optando pelo atalho mais perigoso. Isto ocorre por vários motivos: desejo de aventura, irresponsabilidade, teimosia e revolta...". É fundamental considerar que, no caso da Chapeuzinho Vermelho, a personagem sabia o caminho certo, mas faz opção por trilhar o caminho do perigo.

Para Mallon, são características da mulher que sofre do Complexo de Chapeuzinho Vermelho:

> - Troca um emprego público e fixo por um serviço numa firma particular só para ganhar mais, mesmo que esta empresa dê menos segurança do que um emprego público.

> - Vai a muitas baladas, têm relações íntimas com vários homens e não usa camisinha.

> - Em vez de pegar um emprego simples, prefere virar traficante porque considera ser o caminho mais fácil.

---

35   Disponível em: <http://www.gargantadaserpente.com/veneno/luciana_rocio/47.shtml>

Esse tipo de transtorno psiquiátrico é considerado um transtorno bipolar. Normalmente, essas pessoas se sentem muito ligadas aos avós, por isso, a pessoa "se entende mais com a avó do que com a própria mãe". Existem inúmeras leituras, na literatura, na psicanálise sobre esse tipo de comportamento feminino, leituras relevantes, mas que se tornariam exaustivas nessa pesquisa.

60. COMPLEXO DE CHARLIE BROWN

O *Complexo de Charlie Brown* está associado ao personagem **Minduim**, do desenho animado do **Snoopy**, simbolizando os momentos de tristeza e distanciamento de Minduim de outras pessoas e do convívio social; os comentários elevam o problema ao nível do complexo de inferioridade, da nostalgia em que o personagem tem, nos momentos de tristeza e distanciamento. A resenha do Portal do Psiquiatra comenta[36] que

> Charlie Brown, ou Minduim, do desenho animado Snoopy, vive num mundo de frustrações e para piorar seus amigos não o ajudam muito. Nada dá certo para ele. Se sente muito inferior aos amigos e isso o faz ser muito sentimental e sensível, ou seja, depressivo. **"Todas as crianças são profundamente afetadas por um sentimento de inferioridade, consequência inevitável do tamanho da criança e de sua falta de poder. Um forte sentimento de inferioridade, ou um complexo de inferioridade, impediria o crescimento e desenvolvimento positivos. Entretanto, sentimentos de inferioridade mais moderados podem motivar os indivíduos para realizações construtivas.** [grifos da fonte]

Por isso, o Minduim apesar de depressivo, consegue ser criativo em muitas situações. Também foram feitos comentários em blog sobre esse complexo, como na resenha[37] a seguir:

> O **complexo de Charlie Brown** é muitas vezes inconsciente e difere do sentimento normal de inferioridade. Todo ser humano nasce com sentimentos de inferioridade, pois é dependente de outros adultos.

---

36   Fonte do Portal do Psiquiatra – Teorias da Personalidade, Alfred Adler

37   Disponível em: <http://blog.mearmei.com/?p=80>.

Comentários e avaliações negativas, bem como comparações por parte dos pais determinam muitas vezes as atitudes das crianças.

Defeitos físicos, limitações mentais e desvantagens sociais principalmente quando postas sob comparação com outros também contribuem para o **complexo de Charlie Brown**.

Quando o sentimento de inferioridade na infância soma-se ao sentimento de inferioridade na vida adulta isso resulta em acabrunhamento.

Pode se manifestar sob diversas formas: desde a desistência de contatos sociais por longos períodos (uma vez que em determinadas ocasiões, por curtos períodos, queremos e precisamos ficar sozinhos) até a busca excessiva de atenção (seja por demonstrar alegria exagerada externa, critica extrema a tudo e a todos, polidez insuportável ou preocupação excessiva com os outros ou algo)

Combater o complexo de Charlie Brown não é tão fácil quanto parece, mas a própria pessoa pode fazer muito para se autoajuda. Deve ter consciência de que sofre do problema, superar suas incapacidades ou aceitar suas consequências.

Amanhã 11 de julho completo 36 anos… Me bateu um complexo de Charlie Brown agora… Assim É a Vida, Charlie Brown! [grifos meus]

Ao que parece, o complexo de Charlie Brown está muito próximo do complexo de inferioridade. Mas o fato de também estar relacionado com a depressão, nostalgia e tristeza, o faz ser diferente, pois, ao complexo de inferioridade, estão relacionados os estereótipos de pessoas agressivas, que se sentem superiores ou, no extremo, se sentem insignificantes. Charlie Brown é muito nostálgico e curte essa nostalgia, de maneira criativa, sem exacerbar, sem fossa ou marasmo depressivo. Será que se pode dizer de uma inferioridade de fundo criativo?

61. COMPLEXO DE CHONOS

Ricardo Alvarenga Hirata[38] escreveu um artigo intitulado de o *"Complexo de Chronos* e o descompasso emocional"*. Hirata retrata a angústia atual das pessoas com a passagem do tempo, cujas relações de afeto são passageiras, superficiais, o que causa um descompasso emocional nas pessoas. Esse complexo, segundo o autor, possibilita

> [...] uma reflexão sobre o fator tempo na cultura ocidental pós-moderna. O culto ao consumo do efêmero, dos relacionamentos descartáveis, da poluição biotóxica, das angústias e ansiedades pela falta de tempo e do descompasso oferta-demanda versus reciclagem são sintomas de um **complexo ligado ao simbolismo do tempo, o qual denominamos complexo de Chronos**. Acreditamos que a perda de sentido da mitologia do tempo devida à rápida evolução científico-tecnológica remeteu as polaridades repouso e destruição do quatérnio temporal ao inconsciente, constelando uma faceta de nosso complexo cultural. Concluímos que a psicologia analítica dispões de um instrumental rico e criativo que pode auxiliar na resolução dessa questão. (AU) [grifos meus].

Esse complexo faz pensar na velocidade das comunicações e nas dificuldades de digerir informações, ideias, problemas, procedimentos, em estabelecer relacionamentos e relações sem precisar correr contra o tempo, predominando, por isso, um sentimento de incapacidade e ansiedade para vencer obstáculos e recuperar o tempo perdido; mas, fundamentalmente, o homem sente-se impossibilitado de realizações, a curto e longo prazo.

Pode-se afirmar que, na atualidade, esse complexo potencializa muitas das ações e da vida das pessoas, considerando que, não existe um tempo disponível, específico para se viver com tranquilidade, porque são muitas as tarefas, compromissos e atribulações para viver, e dar conta no mundo do trabalho capitalista, nem encontrar formas saudáveis para desligar-se de problemas, cansaço, esgotamento e o estresse dos que lidam com situações difíceis, jornadas longas de trabalho, sem um descanso programado. Significa dizer que, muitas pessoas vivem no cotidiano a jornada de trabalho que nunca tem fim,

---

38 Disponível em: <http://bases.bireme.br/cgibin/wxislind.exe/iah/online/?IsisScript=iah/iah.xis&src=google&base=LI>.

nem elas, conseguem dar um basta e descansar, merecidamente depois de atividades exaustivas, que requer muita concentração ou deve ser executada, no melhor tempo hábil possível.

62. COMPLEXO DE CIDADÃO DE SEGUNDA CATEGORIA

Em comentário na internet[39], o site espbr.com diz que o presidente Luís Inácio Lula da Silva afirmou em 2012 que os brasileiros perderam o *complexo de inferioridade*, por isso, já não sentem o *Complexo de cidadão de segunda categoria*. Para o comentador dessa matéria, Lula mistura Nelson Rodrigues (*complexo de vira-lata)* com a frase de Barack Obama: "Eu prefiro pecar pela superação do que pela omissão, e o projeto do Brasil é um projeto de superação. Queremos olhar para o mundo e dizer que podemos".

Assim, para defender a capacidade da cidade do Rio de Janeiro sediar a Olimpíada de 2016, o presidente da República, Luís Inácio Lula da Silva diz: "Eu não trabalho com a hipótese de que sejamos derrotados. Mas não haverá nenhum sentimento de injustiça se alguém votar contra o Brasil. Eu sou um amante da democracia e cada um pode gostar ou não da gente".

Gostar ou não do Brasil talvez não seja o problema, mas, ignorar a história de lutas e conquistas do trabalhador, diante de inúmeras dificuldade e retrocessos do país, é talvez, o maior problema do cidadão comum. Talvez alguns tenham razão quando defendem ou se conformam com um país de segunda categoria, cidadão de segunda categoria, porque somente aquele que lutou e luta bravamente pode mostrar que merecemos respeito porque somos dignos de respeito, porque o brasileiro trabalhador é um cidadão exemplar, aquele que luta contra todo tipo de adversidades, que encara as dificuldades para chegar a algum ponto menos estafante; porque depositamos muito de nossas parcas economias nos muitos impostos que sustentam o país, inclusive, alimentando o luxo de muitos "cidadãos de bem".

63. COMPLEXO DE CINCINNATUS

Esse *Complexo de Cincinnatus* aparece na obra de **G. Durand** (1997a, p. 161) quando o autor comenta sobre os heróis na obra de Dumézil, escritor que se refere aos símbolos diairéticos, os símbolos diurnos, solares, nos quais

---

39 Disponível em: <http://www.espbr.com/noticias/lula-diz-brasil-perdeu-complexo-inferioridade-imita-obama>.

aparecem o herói solar ou o guerreiro violento. Durand chama a atenção, em especial, para os guerreiros Marte-Quirino, Marte e Indra, nos quais se misturam heroísmo e sexualidade, criando, assim, certos equívocos quanto aos instrumentos fálicos, tais como: espadas, arados e enxadas. Também outros mitos e deuses aparecem nessa constelação solar, dado que, para o autor (1997a, p. 161),

> [...] o armamento em si, pelo seu simbolismo sexual, pode prestar-se a equívoco e fazer assimilar a espada ao arado ou à charrua. Há um '**complexo de Cincinnatus' inerente à espada**. Para nós é o mesmo isomorfismo, ligando a verticalidade à transcendência e à virilidade, que agora se manifesta no simbolismo das armas levantadas e erguidas, mas que desta vez se tinge de um sentido polêmico e agressivo muito marcado pelo próprio símbolo em si.

> A arma de que o herói se encontra munido é, assim, ao mesmo tempo símbolo de potência e de pureza. O combate se cerca mitologicamente de um caráter espiritual, ou mesmo intelectual, porque 'as armas simbolizam a força de espiritualização e de sublimação' (DIEL, apud Durand). O protótipo de todos os heróis, todos mais ou menos solares, parece, de fato, ser Apolo trespassando com as suas flechas a serpente Píton. Minerva também é uma deusa armada. É esta espiritualidade do combate que a psicanálise destaca numa notável constelação hugoliana aonde vêm confluir em torno da atividade intelectual a espada, o pai, a potência e o imperador. [grifos meus].

O filme *O senhor dos anéis* retrata, ao que parece, esse tipo de herói ou guerreiro violento, para quem a espada é apenas uma ferramenta usada por homens comuns ou guerreiros fantoches, fantasmas, monstros criados pelas trevas, para alimentar o exército fantasmagórico e lutar contra os homens; os combates e disputas pela espada servem apenas para acentuar outro tipo de combate, aquele do conhecimento de dois magos, a disputa pelo anel, cujo objeto depende da espiritualidade de quem o carrega, para o bem ou para o mal.

O filme *A Balada de Narayama*[40] retrata uma guerreira, que até o último minuto luta pela sua família, é uma luta espiritual e também para a sobrevivência sua e dos que lhe são acros e queridos, sua família. A guerreira abre o solo, abre as covas com a enxada, e joga dentro delas as sementes, majestosamente, como a semear tesouros. Colhe, depois de certo tempo, os frutos e os reserva com zelo e carinho, depois vai com a nora até o rio, e lhe mostra como encontrar os peixes escondidos em pequenos orifícios do rio, durante o banho na fonte, ela coleta os peixes, cuja conserva ajudará a sobreviver durante o inverno rigoroso, até o momento de sua partida para a montanha de Narayama, ela deixa exemplos significativos, para ajudar sua família a sobreviver aos tempos difíceis, adianta sua morte ao quebrar os dentes, para mostrar que envelheceu o suficiente para ser levada ao Monte Narayama, lugar da morte, ajuda o filho a lhe conduzir e o encoraja a voltar para casa, deixando-se levar pelo frio da morte. Sacrifício dos que amam e respeitam uma tradição porque não veem nenhuma forma de quebrar-l.a sem prejuízos para outrem.

64. COMPLEXO DE CINDERELA

O *Complexo de Cinderela* está caracterizado, na obra de **Colette Dowling** (1981). Ele simboliza a mulher romântica que espera encontrar um príncipe encantado, aquele homem que lhe dará atenção, carinho e proteção.

A autora lembra que, de certa forma, no imaginário feminino, toda mulher espera encontrar um príncipe. Mas é preciso considerar que nestes tempos modernos, poucos homens podem se dar ao luxo de conquistar uma mulher e fazê-la sentir-se princesa, protegê-la, cuidar dela, oferecer-lhe conforto e, especialmente, zelar das finanças, pagar-lhe todas as contas, especialmente, aquelas que dizem respeito ao consumo de serviços, como os salões de beleza, supermercado e outros gastos.

Longe se vai o tempo dos bons salários, tanto para os homens como para as mulheres, que, atualmente, disputam espaço de trabalho numa acirrada competitividade que vai muito além de gêneros, envolve talentos, qualificação e outros requisitos indispensáveis e desejáveis. Na resenha ao livro, pode-se ler o seguinte comentário:

---

40 Comentários sobre esse filme, disponível em: < https://oglobo.globo.com/epoca/thiago-b-mendonca/a-balada-de-narayama-1983-a-condicao-humana-24873015>.

O complexo de Cinderela é o reverso da moeda da problemática identificada pelo movimento feminista. Ele demonstra que as barreiras à realização plena e à autonomia da mulher são erigidas não só pelo homem mas por ela mesma. A ambivalência relativa à independência feminina e o conflito entre as necessidades de ser amada e de concretizar suas aspirações. **Complexo de Cinderela**, relacionado por mais de 26 semanas na lista dos livros mais vendidos do *The New York Times*, é uma obra essencial e obrigatória para todos os que desejam conhecer melhor a problemática feminina. Num livro fundamental para a mulher, a autora analisa o desejo psicológico profundamente enraizado nas mulheres de ser cuidadas por alguém e aliviadas das responsabilidades essenciais para consigo mesmas. Aborda também o conflito entre a necessidade da mulher de ser amada e de concretizar suas aspirações (DOWLING, 1981, p. 28) [grifos da autora].

Para Dowling (1981, p. 28), existe uma saída que pode ajudar a mulher a conquistar sua própria vida emocional e financeira sem cair nas armadilhas românticas do complexo de Cinderela, dado que

Existe somente um instrumento pelo qual podemos obter a 'libertação': é emancipar-nos interiormente. **A tese deste livro é a de que a dependência psicológica – o desejo inconsciente dos cuidados de outrem – é a força motriz que ainda mantém as mulheres agrilhoadas. Denominei-a 'complexo de Cinderela': uma rede de atitudes e temores profundamente reprimidos que retém as mulheres numa espécie de penumbra e as impele de utilizar plenamente seu intelecto e sua criatividade. Como Cinderela, as mulheres de hoje ainda esperam por algo externo que venha transformar suas vidas...** Há mulheres sofisticadas de grandes metrópoles e camponesas cortadoras de lenha; viúvas, divorciadas e mulheres que desejam o divórcio, mas não têm coragem de pedi-lo. Há mulheres que amam seus homens, mas morrem de medo deles. Várias mulheres com quem conversei tinham educação superior, algumas não; entretanto, praticamente todas elas estavam funcionando muito abaixo do nível de suas capacidades potenciais, vivendo num tipo de limbo por elas mesmas construído. Esperando. (...) Outras lutam intermitentemente, com vislumbres do que é que as está fazendo ansiosas e frequentemente deprimidas. [grifos da autora]

Essas mulheres com complexo de Cinderela têm dificuldade em se afirmar na profissão porque, geralmente, são inseguras e veem a oportunidade de trabalho como uma sentença que as tira das obrigações familiares; podem se portar como mimininhas românticas, valem-se, normalmente, de frases simples, carregadas de adjetivos e inocência; tentam parecer boas mocinhas de família, comportadas, serenas e servis; mas, internamente, acontece justamente o contrário: muitas são pessoas fóbicas que aceitam as próprias fobias para não ter que lutar contra elas, contra certos temores, ocultando angústias, medos e depressões; "temem o movimento, a descoberta, a mudança – qualquer coisa incomum e desconhecida. E o que mais as debilita é seu medo da agressividade normal e da assertividade" (1981, p. 79).

O mito da mulher boazinha, contente, sempre feliz com a segurança dada pelo marido bem-sucedido, pode desfazer-se sob a falsa aparência de

> [...] mulheres estoicas e 'fortes' perante casamentos que não as nutrem adequadamente em geral são mulheres com um grau doentio de dependência. Como esposas, são incapazes de enfrentar os maridos, porque para fazê--lo efetivamente, teriam que provar seus próprios sentimentos de raiva ou hostilidade, e isso seria por demais perigoso. São mulheres que amam não por uma escolha nascida de uma força íntima – uma ternura e uma generosidade facilmente ofertadas porque se sentem inteiras e dignas de estima. São mulheres que 'amam' porque têm medo de viver sós. (1981, p. 150-51).

Muitas mulheres não suportam viver uma vida sem amor, sem companhia. Em geral, a mulher não se pergunta se é por amor ou conformismo, por medo de ficar sozinha, que ela procura manter ao seu lado um companheiro. Para Dowling (1981, p. 217), "a mulher que se libertou tem mobilidade emocional. Ela é capaz de mover-se em direção às coisas que lhe são gratificantes e distanciar-se das que não o são".

Também **Paulo Sérgio Leite Fernandes**[41], advogado criminalista em São Paulo, comenta a respeito do *Complexo de Cinderela*, mas se reportando nesse caso, a respeito de uma cena política entre o Ministro das Relações Internacionais, Celso Lafer e o Presidente dos Estados Unidos, G. W. Bush:

---

41   Disponível em: <http://www.processocriminalpslf.com.br>.

A cena volta agora à memória quando me conscientizo da enormidade da ofensa feita ao país. Insisto: não a Celso Lafer, a quem conheço como excelente jurista plasmado nos vetustos corredores da Faculdade de Direito do Largo São Francisco. **Os intelectuais costumam ser humildes ou tímidos, reagindo tardiamente às provocações**... Então, não se entenda que a reação do Ministro signifique um ato de covardia, mas sim, uma quase paralisia gerada pela enormidade da provocação. Pense-se, paralelamente, no fato de Celso Lafer ter ido aos Estados Unidos buscar dinheiro, isso em sentido lato (qualquer coisa ligada a subsídios para aço brasileiro). Tinha um encontro com o rei (Bush). **Não se sabe se devolveram ou não os sapatos de Lafer mas, queiram os fados, tenha deixado um deles na Corte, como Cinderela.** O acidente foi uma vergonha para o Brasil... Esse negócio de diplomacia é muito hipócrita. Por menos do que isso (por um botão de rosa), houve uma guerra que durou cem anos. No fim das contas, foram-se os sapatos e não veio dinheiro. Ficou nosso ministro, no meio de tudo, manquitolando no aeroporto. Fernando, no entremeio, recebe homenagens na Eslováquia. **Se passar por Miami, é bom amarrar bem o cordão dos calçados, pois pode ficar sem eles também.** [grifos meus].

Se considerarmos o Brasil, no sentido de pátria, ele seria a Cinderela que não perde o sapato, deixa-o junto com aquilo que é valioso, como garantia, e não espera recuperá-lo, haja vista, no cenário político-econômico, não há lugar para romantismo, segurança e proteção, tal como no complexo de Cinderela, o que ela espera receber do seu príncipe encantado.

65. COMPLEXO DE CLARK KENT

O *complexo de Clark Kent: Super-heróis os jornalistas* é o título da obra de **Geraldinho Vieira** (1991). Ele simboliza a luta dos jornalistas, semelhante à luta dos super-heróis, no sentido de arrancar informações importantes e divulgá-las no tempo certo. Esse complexo é sintomático na mídia, que precisa funcionar em tempo real e virtual. Jornalista com complexo de Clark Kent sofre com a questão do tempo, com a velocidade e a precisão das notícias, dificuldade de transpor a barreira do trânsito nas grandes cidades – os deslocamentos. Assim, somente voando como seu outro eu, o super-homem - para conseguir chegar aos lugares de destino na hora certa e com a elegância do tímido Clark. A resenha do livro destaca que

> Através dos depoimentos dos mais bem-sucedidos jornalistas brasileiros, o autor reconstrói os caminhos desta intricada profissão nos seus mais diversos segmentos: rádio, televisão, revistas e jornais. Um retrato crítico e dinâmico da imprensa em nosso país. As opiniões, entre outros, de Gilberto Dimenstein, Marília Gabriela, Boris Casoy, Joelmir Beting, Otávio Frias Filho e Caio Túlio Costa.

Também o jornalista Aramis Millarch comenta a respeito desse complexo na obra de Geraldinho Vieira[42]:

> Geraldinho Vieira, 33 anos, sergipano de Aracaju, atual editor do "Caderno 2" do "Jornal de Brasília"- que disputa com o "Correio Braziliense" a liderança na comunicação escrita no Planalto - teve uma ideia *up to date* que resultou num livro oportuníssimo: **entrevistou os editores dos três principais jornais diários** (Otávio Frias Filho, "Folha de São Paulo"; Augusto Nunes, "O Estado de São Paulo"; Marcos Sá Correa "Jornal do Brasil", na época; agora Veja), os diretores das revistas "Veja" (Roberto Civita), e "Isto É Senhor" (Mino Carta), mais estrelas do telejornalismo, radiojornalismo, fotojornalismo e cultura. **Por último, um depoimento - entrevista do próprio coordenador da coleção e diretor da ECA, Marques de Melo**. [...] Obra que busca desmistificar as ilusões de uma imagem vendida pela ficção. **"Complexo de Clark Kent" traz afirmações das mais interessantes, num bojo de informações que para serem comentadas justificariam todo um ensaio**... [grifos meus].

Na contracapa do livro, o autor pergunta:

> O que há de novo no Jornalismo brasileiro? Como as maiores empresas de comunicação do país estão procurando mais precisão na informação e maior rigor ético no processo de apuração e divulgação da notícia? Por que os jovens querem estudar Jornalismo e por que as redações reclamam

---

42 Artigo de Aramis Millarch originalmente publicado em 20 de julho de 1991, disponível em: <http://www.millarch.org/artigo/o-complexo-de-clark-kent-segundo-vieira>.

da deficiência universitárias na formação de novos repórteres e editores? **Complexo de Clark Kent** discute estas e outras questões com alguns dos amores nomes da mídia nacional. Aponta as ilusões de uma profissão nem sempre tão fascinante quanto a imagem vendida pela ficção, e pergunta aos entrevistados: O jornalista quer ser super-homem ou é a sociedade que nele projeta esta missão, sob o pressuposto de que as leis não são cumpridas no Brasil? Clark Kent ou supre-homens, aí estão Joelmir Beting, Boris Casoy, Gilberto Dimenstein, Armando Nogueira, Marília Gabriela, Mino Carta, Roberto Civita, Otávio Frias Filho, Alberico de Souza Cruz, augusto Nunes, Marcos Sá, Caio Túlio Costa, Marcos Antonio Gomes, Lúcio Flávio Pinto, Walter Firmo, Sérgio Augusto e o diretor da Escola de Comunicação da USP, José Marques de Melo [grifos meus].

Para Vieira (1991, p. 12), a relação com o complexo de Clark Kent se dá pelo poder da imagem, da comunicação, palavra, interpretação dos fatos, tempo, embates sociais e humanos, a busca da verdade, os conchavos de toda natureza, no universo político, econômico, social e cultural; poder da mídia, limitações, responsabilidade e impasses na divulgação de notícias, na colaboração de denúncias; questões éticas em jogo, assim,

> [...] o fenômeno aqui definido por Complexo de Clark Kent expõe alguns sinais para a reflexão sobre este emaranhado de relações entre empresários de Comunicação e seus contratados (os jornalistas), entre os empresários e os poderes político e econômico, entre os jornalistas e a imparcialidade, entre os jornalistas e os leitores, entre o Jornalismo e as fontes de informação em segmentos políticos, sociais, econômicos... É um fenômeno que circunscreve todo o caráter psicológico e a prática diária destas relações. Mas oq eu é e como atua o Complexo de Clark Kent? O poder da palavra, da imagem, da seleção e interpretação de fatos, e de sua multiplicação cria a ilusão do repórter super-homem como, a começar pela tradicional história em quadrinhos, foi tantas vezes utilizada pela ficção – do cinema, da novela de tevê, passando pela literatura e o teatro. A ficção coloriu uma profissão onde o dia-a-dia é uma maravilhosa aventura no combate aos males sociais e na procura da verdade, onde as portas parecem abertas a toda sorte de liberdade, da manipulação da realidade ao acesso e divulgação da informação...

ELENCO DOS COMPLEXOS

Vieira (1991, p. 13) lembra que é preciso detectar o Complexo de Clark Kent para

> [...] estabelecer a discussão sobre a necessidade de uma conveniência harmônica entre regras técnicas e preceitos éticos no exercício do Jornalismo, e estabelecer os limites entre o reportar e (Clark Kent) e o indivíduo a partir de poderes únicos e privilegiados (o Super-homem) se dá o direito de uma intervenção egocêntrica para transformar a sociedade ou mantê-la nos padrões vigentes em função de seus exclusivos interesses... O que importa à terapia do Complexo de Clark Kent é a procura de uma profissão que construa sua credibilidade por caminhos exemplares para que como veiculadora de informações possa contribuir para uma sociedade sempre mais consciente de suas verdades.

A meu ver, esse complexo é fundamental, especialmente, no momento em que, estamos observando e seguindo os grandes jornalistas em suas atividades, e muitos sofrem perseguição e até perdem a vida, isso ocorrer de maneira mundial. No Brasil, recentemente, tivemos a morte de Dom Phillips, jornalista britânico, radicado no Brasil, e o indigenista, Bruno Pereira, que morreram numa emboscada no norte do país, enquanto visitavam algumas aldeias indígenas, a fim de colher relatos sobre a preservação do meio ambiente[43].

66. COMPLEXO DE CLEÓPATRA

Para **G. Durand** (1997a, p. 319), esse complexo está relacionado com o vigor sexual cuja figura da Kundalinî tântrica ganha destaque, e

> [...] pode facilmente ser assimilada ao vigor sexual, ao 'psiquismo espiritual', ou seja, à libido freudiana. E por fim a imaginação dos poetas vem acordar o engrama milenar da serpente primeira amante, e Jung cita poemas de Byron e de Mörke nos quais o coito com o ofídio é nitidamente explicitado. Esse '**complexo de Cleópatra**' é um '*complexo de Jonas*' sexualizado e no qual a tônica afetiva desliza do repouso ginecológico no seio materno para a pura fruição sexual da penetração.

---

43   Reportagem na BBC, disponível em: < https://www.bbc.com/portuguese/brasil-62187030>.

Na atualidade, são recorrentes as cenas em que mulheres usam serpentes como se fossem adornos, seja por prazer de ter em suas mãos um animal que é o símbolo da imaginação, seja por provocação para chamar a atenção dos homens, ou, simplesmente, por exibicionismo. São comuns as joias de grandes joalheiros, em formato de serpente, desde brincos, pingentes, anéis, broches, fechos e tantos outros.

A serpente também remete à imagem da sensualidade, quando, no imaginário popular, se usam frases como: estava se esgueirando como uma serpente; uma serpente pronta a atacar, a dar o bote - se refere às mulheres atiradas, aquelas que não perdem uma oportunidade para se jogarem nos braços do apaixonado; a serpente dos Eclesiastes – a mulher venenosa, aquela que deve ser vigiada porque é perigosa.

O que poderia provocar mais temor, no caso do complexo de Cleópatra, seria o veneno da víbora, a sedução ou o resultado de uma investida sedutora?

67. COMPLEXO DE CORNO

Alguns sites e blogs da internet discutem a questão do *Complexo de corno*, e também quando ele descamba para o complexo do "corno manso".

O site Bolsa de Mulher, de **Marcella Brum**[44], postou em 12/02/2004, comentário a respeito da traição ou, especialmente, das características a respeito do complexo de corno. Segundo Brum, alguns, para não sofrerem traições amorosas, se armam de desconfiança, por isso, costumam afirmar que "chifre não existe, é uma coisa que colocam na nossa cabeça. Mas brincadeiras à parte, a traição é algo que mexe com o imaginário, o brio e a cabeça – essa, literalmente – de muita gente".

Essa desconfiança descamba para uma espécie de vigilância imposta ao outro e a si mesmo, que não poderá ser disfarçada por muito tempo. Assim, o outro estará pronto/a para a qualquer momento "dar um flagrante na rua ou descobrir alguma pista no fundo da bolsa, algo que leve a algum motel, são sintomas de quem sofre do perturbador complexo de corno".

Esse tipo de situação faz pensar nos motivos banais por que as mulheres são assassinadas. No Brasil, estatísticas revelam que 10 mulheres morrem por

---

44 Disponível em: <http://www.bolsademulher.com/amor/complexo-de-corno-2926.html>

dia, vítimas de abusos da família, especialmente dos marido e, namorados. Na atualidade, esses índices aumentaram ainda mais.

No jogo da sedução e da paixão, o tempero do ciúme parece engraçado, divertido, mas, quando exacerbado, fica perigoso e insuportável dar continuidade a ele. Dizer não, depois disso, passa a ser uma rejeição, sendo necessário, portanto, dizer não e não dar explicação de atitudes e ações que não foram realizadas, para não perpetuar a loucura, fragilidade e insegurança do outro. A pessoa que sofre desse complexo não pensa com lógica, por isso, o discurso é sempre fragmentado, equivocado, absurdo.

Já o "corno manso" é aquela pessoa que sabe que foi traída, mas não comenta nada para não perder o outro. Finge que não sabe ou que não viu ou que não se importa com os pequenos erros da pessoa amada, dado que a pessoa voltará sempre para casa. Será?

68. COMPLEXO DE CULPA DO OCIDENTE

O *Complexo de Culpa do Ocidente* é o título do livro de **Pascal Bruckner**[45] (2008), também autor da obra *A Tirania da Inocência*. Bruckner é um fervoroso representante do neoconservadorismo na França, obra simboliza o masoquismo dos ocidentais em se culparem pelo mal que causaram ao resto do mundo. Os ocidentais se culpam e se arrependem do excesso de dominação que exerceram e, ainda exercem, sobre outras sociedades, as guerras, as perseguições religiosas, a escravização de pessoas e por que não completar - a exploração e a usurpação de matérias-primas e minerais de toda espécie. A resenha do livro de Bruckner traz uma advertência:

> *O Complexo de Culpa do Ocidente* é um ensaio, politicamente incorreto, sobre o masoquismo dos povos ocidentais que desperta nas nossas mentes uma reflexão sobre a culpa ocidental face ao resto do mundo. Até que ponto a Europa se encontra minada por esta espécie de hedonismo disfarçado e paralisada por este sentimento obsessivo? '**O mundo inteiro odeia-nos e nós também o merecemos**'. Esta frase revela-nos bem até que ponto os

---

45 Pascal Bruckner. O Complexo de Culpa do Ocidente. Disponível em: < http://www.wook.pt/ficha/o-complexo-de-culpa-do-ocidente/a/id/220252>

tormentos do arrependimento têm habitado o nosso continente, sobretudo a partir de 1945.

Cravada pelas abominações passadas, as guerras incessantes, as persegui-ções religiosas, a escravatura, o fascismo, o comunismo, a Europa desen-volveu este sentimento, o qual se sente na obrigação de alimentar e que a leva a adoptar uma postura face ao mundo que oscila entre o masoquismo e a libertação. Este continente 'seria assim devedor de tudo aquilo que ele não é, acusado de todos os processos, condenado a todas as indenizações'. Contudo, 'as nações europeias esquecem-se que elas, e só elas, se esforça-ram por ultrapassar as suas atrocidades' de forma a conseguirem aprender com os seus pecados e se livrarem de todo o mal. 'E se a contrição fosse uma outra faceta da abdicação?'.

69. COMPLEXO DE CULPABILIDADE

Para **Gilles Deleuze** e **Félix Guattari** (1976, p. 128), o *Complexo de cul-pabilidade* pode aparecer em situações-limite, como os traumatismos da guerra, "de estado de colonização, de extrema miséria social, etc., são propícias à cons-trução do Édipo – e que é justamente por aí que favorecem um desenvolvi-mento ou uma explosão psicóticos –, mas sentimos muito bem que o problema não está aí".

Esse complexo – parece – se caracteriza quando as figuras parentais se abrem ao acasalamento com outros membros sociais, por exemplo, os coloni-zadores. Os autores (1976, p. 128-28) pontuam:

> Quando Fanon encontra um caso de psicose e perseguição ligado à morte da mãe, ele se pergunta primeiramente se está 'em presença de um com-plexo de culpabilidade inconsciente como o que Freud descreveu em *Luto e Melancolia*'; mas logo descobre que a mãe foi morta por um soldado francês, e que o próprio sujeito assassinou a mulher de um colono, cujo fantasma destripado vem perpetuamente carregar, despedaçar a lembrança da mãe.

70. COMPLEXO DE CULTURA

G. Bachelard (1989a, p. 19) considera que esse *Complexo de Cultura* simboliza as inúmeras atitudes irrefletidas que as pessoas têm no convívio social para demonstrar que leram certas obras e autores, ou seja, demonstrar que são cultas, posto que

> [...] há, por exemplo, no âmbito da imaginação, imagens favoritas que acreditamos hauridas nos espetáculos do mundo e que não passam de *projeções* de uma alma obscura. Cultivamos **os complexos de cultura** acreditando cultivar-nos objetivamente. O historiador escolhe **sua** história na história. O poeta ordena suas impressões associando-as a uma tradição. Em sua forma correta, **o complexo de cultura** revive e rejuvenesce uma tradição. Em sua forma errada, **o complexo de cultura** é um hábito escolar de um escritor sem imaginação.
>
> Naturalmente, **os complexos de cultura** são enxertados nos complexos mais profundos trazidos à luz pela psicanálise. Como acentuou Charles Baudouin, **um complexo é essencialmente um transformador de energia psíquica**. **O complexo de cultura** continua essa transformação. A sublimação cultural prolonga a sublimação natural. Parece, ao homem culto, que uma imagem sublimada nunca é suficientemente bela. Ele quer renovar a sublimação. Se a sublimação fosse uma simples questão de conceitos, ele se deteria assim que a imagem estivesse contida em seus traços conceituais; mas a cor transborda, a matéria fervilha, as imagens se cultivam; os sonhos continuam o seu ímpeto, apesar dos poemas que os exprimem [grifos do autor e grifos meu].

Nessa mesma obra, Bachelard (1989a, p. 42-3) retoma o tema do complexo de cultura, ao referir-se ao símbolo do cisne na obra de **Pierre Louys**. Pelo excesso de carga mitológica na obra desse autor, pontua que é fundamental observar que,

> [...] **no mais das vezes o complexo de cultura liga-se a uma cultura escolar, ou seja, a uma cultura tradicional**... De resto, vê-se que o complexo de cultura muitas vezes perde contato com os complexos mais profundos e sinceros. Ele não tarda a tornar-se sinônimo de uma tradição mal

compreendida, ou, o que vem a dar no mesmo, de uma tradição ingenuamente racionalizada. A erudição clássica, como bem o mostrou Marie Delcourt, impõe aos mitos ligações racionais e utilitárias que eles não comportam. A psicanálise de um complexo de cultura sempre haverá de exigir, portanto, a separação entre o que **se sabe** e o que **se sente**, como a análise de um símbolo exige a separação entre o que **se vê** e o que **se deseja**. Ante essa solução, podemos perguntar-nos se um velho símbolo é ainda vivificado por forças simbólicas, podemos avaliar mutações estéticas que por vezes vêm reanimar antigas imagens. Assim, manejados por verdadeiros poetas, os complexos de cultura podem fazer esquecer suas formas convencionais. Podem então sustentar imagens paradoxais. [grifos do autor e grifos meus]

G. Durand (1997a, p. 16) atesta esse complexo de cultura ao rebater a crítica do psicólogo Philippe Malrieu, quando comenta:

> O livrinho de Philippe Malrieu é, neste aspecto, uma regressão em relação aos trabalhos de Bachelard, que ele critica, da psicanálise e dos surrealistas. Não só o autor retoma por sua conta a tese clássica do Imaginário como modo 'primitivo' do conhecimento científico e da existência segundo outrem (o que significa que não sai do **complexo de cultura do Ocidente cristão e tecnocrata que coloca como valores supremos ciência de tipo físico-químico e a relação interpessoal de tipo evangélico**), mas ainda se engana decididamente quando censura a Bachelard, e a mim próprio, o 'primado' material da Imaginação. E quando, critica o 'arbitrário' da classificação que dou, acrescenta numa nota, a propósito do simbolismo da cruz: *'Poder-se-ia pensar também na dominante diairética, esquizomorfa: a cruz indica, como a árvore, a ascensão, e também a encruzilhada, a escolha'*, o psicólogo confunde a sua própria fantasia (funcionando em regime polêmico e diairético) e o conteúdo positivo do simbolismo da cruz (tal como nos é dado pelos recenseamentos científicos da antropologia) [grifos em itálico do autor, em negrito, meus].

Durand (1997a, p. 16-17) continua esclarecendo que não pode aceitar esse tipo de crítica, porque, simplesmente, reduzir o imaginário a um nível primitivo atesta uma falta de capacidade para lidar com a realidade:

Diante de milhares de interpretações culturais da cruz como 'convergência dos contrários, totalizações, centro do Universo', quantas cruzes que sejam símbolos da elevação, da escolha, pode o psicólogo alinhar? Se a crítica de P. Malrieu repousasse numa crítica antropológica séria, aperceber-se-ia de que a cruz desliza para uma acepção esquizomorfa deforma-se e passa para figuras de simetria pontual (cruz grega, asteca, maia, suástica, etc.) para desfiguração do cruciforme (cruz latina) e, no limite para o simples 'tau' do crucifixo, para o simples poste onde 'está elevado' (mas ainda como 'pontifex') Cristo e onde desaparece o cruzamento constitutivo da estrutura cruciforme. **De tal modo é verdade – contra qualquer manipulação psicológica tendente a rebaixar o Imaginário ao nível de um meio primitivo – que o Imaginário possui uma realidade onde se vêm arrumar imperiosamente as fantasias do próprio psicólogo... Considerar os valores privilegiados da sua própria cultura como arquétipos normativos para outras culturas é sempre dar mostras de colonialismo intelectual.** A única coisa normativa são as grandes reuniões plurais de imagens em constelações, enxames, poemas ou mitos [grifos meus].

71. COMPLEXO DE DANTE

O autor é **Marcos Henrique Camargo Rodrigues** (2013), cujo *Complexo de Dante,* aparece em sua pesquisa, intitulada: *Cognição estética - O complexo de Dante.*

O poeta Dante Alighieri (1265-1321) nasceu na cidade de Floresça, na Italia, e morreu na cidade de Ravena, também na Itália. Sua obra, *A Divina Comédia,* é uma obra prima universal, Dante é considerado, o primeiro e grande poeta a escrever em língua italiana, quebrando uma regra do latim, como a língua dos sábios e da academia.

A obra, a Divina Comédia, trata de um poema épico com conotação teológica, na qual o poeta descreve a comédia da vida humana, mediante nove círculos. A obra está dividida em três partes: *Inferno, Purgatório e Paraíso.* Os sofrimentos humanos são narrados de maneira poética, numa alusão ao mundo platônico, dividido em duas esferas: mundo dos sentidos ou mundo material, e mundo das ideias, ou mundo Celeste, Inteligível.

O livro de Marcos Rodrigues trata de discutir, a respeito do modo como, nos apropriamos esteticamente do mundo real, para construir, por exemplo, um mundo imaginário, como a obra citada de Dante Alighieri. Trata-se de pesquisa no campo da comunicação estética, um estudo comparativo entre a representação lógica, as linguagens e a percepção estética no processo de midiatização das cultuas.

A sinopse do livro de Marcos Rodrigues destaca, a multiplicação das mídias, experiências cognitivas e globalização do conhecimento:

> Este livro aborda a multiplicação das mídias do conhecimento e as experiências cognitivas de sua globalização. O estudo demonstra haver muita informação não traduzida pelas linguagens da cultura, embora esses fatos cognitivos sejam comunicados pelas sensações que produzem em nossos sentidos físicos. Nesta pesquisa esses afetos são chamados de ´sinais estéticos´, por entender a estética como um campo de conhecimento formado pela leitura perceptiva de coisas, eventos e textos. O autor circunscreve a interpretação lógica do mundo e explicita o modo estético de apreensão do real, para sugerir uma utilização conjunta dessas duas inferências como um modo mais eficiente de constituir o conhecimento.

72. COMPLEXO DE DESAMOR

A autora é **Lília Aparecida Pereira da Silva** (2006) do *Complexo de Desamor*, na seguinte obra da autora, *Freud em meu divã de analista: complexo de desamor* (p. 66 e 71).

A autora conta a história de mortes e assassinatos em família e pela família; faz um relato, com pesar e tristeza, da vida miserável das crianças abandonadas no Brasil; denuncia a leitura preconceituosa de alguns juristas sobre a condição de extrema pobreza das crianças de rua; a extrema pobreza de alguns "cidadãos" do Brasil.

Compreende-se que o complexo de desamor, em primeira instância, analisado pela autora, tem a ver com a falta de amor de Freud por seu irmão e irmã; a rivalidade com seu pai e a sublimação do seu amor por sua mãe.

Mas em segunda instância, sua obra trata de denunciar quem melhor representa o complexo de desamor: a sociedade brasileira, por ser indiferente, cega, fria espiritualmente para enxergar as mazelas, as misérias criadas socialmente, culturalmente e politicamente, todo dia, pelo sistema; as áreas de miserabilidade que servem muito bem para despejar mão de obra barata nas grandes cidades, uma mão de obra desqualificada, portanto, pode ser escravizada, ou, melhor dizendo, semi escravizada, já que escravizar não é permitido pela Lei.

73. COMPLEXO DE DESTREZA

Esse complexo aparece na obra *Estudos*, de Gaston Bachelard (2008, p. 26). O autor se refere à experiência energética, posto que:

> Temos uma parca ideia das forças relativas de nossos músculos, da eficácia detalhada de nossa vontade; não temos o lazer de viver o problema da dispersão de nossos atos, como também não temos paciência para viver a dispersão do universo panorâmico até as coisas. Vamos direto do devaneio à ação. É porém na força *representada* e não força agida que se forma **o conhecimento do eu como pluralidade e liberdade. É no nível das pequenas forças, na livre e alegre síntese dos caprichos que se formam os complexos da destreza e os adereços do pensamento poético.** Só aí é que se pensa agindo, porque a ação é fácil, atraente, ilimitada. Deixaremos, portanto o homem Fabi a sua gleba, a sua foge, ao seu banco de carpinteiro. Deixaremos para ele a geometria da Pedreira, cúbica e monótona, para seguir, em sua destreza e não mais em sua força, a geometria do entalhador de gemas, lenta e tranquila ocupação de um homem sentado, na atitude filosófica na qual George Sorel já reconhecia a mestra das ideias platônicas. Voltar assim à vontade multicolor e combatente é voltar à paz íntima, à livre fantasia, ao sonho diante da janela aberta, ao puro diálogo entre a matéria e espírito, quando espírito é o mestre desdenhoso da natureza distante.

O autor se refere, obviamente, à experiência energética como uma tensão necessária e saudável entre o devaneio e a ação. Mas a falta de paciência para burilar, acompanhar o movimentar das coisas, ponderar a respeito delas,

74. COMPLEXO DE DEUS – DE CHANCELER

Esse *Complexo de Deus - de Chanceler*, apareceu no artigo do terapeuta **Henrique Vieira Filho**[46], que denuncia que alguns terapeutas fazem promessas que não podem ser cumpridas porque se esquecem dos preceitos terapêuticos, de que a cura psíquica de um paciente não depende apenas do terapeuta; que os fatores tempo, persistência, vontade e diálogo são fundamentais; que as curas dos pacientes não dependem apenas de alimentar esses pacientes com falsas expectativas e esperanças de curas, em tempo recorde, curas para males, muitas vezes, profundos, antigos e complexos.

Tampouco se trata de dominar teorias e aplicá-las como soluções mágicas, ou fazer uso de assessorias de marketing para atrair clientes como forma de mostrar sucesso. Vieira Filho argumenta que as promessas são práticas antiéticas e podem levar a processos jurídicos, dado que,

> Analisando dissertações e publicidades apresentadas por certos colegas de profissão, **preocupo-me que estejam sendo vítimas de Complexo de Deus**, ou de uma péssima assessoria de marketing. Descrever as técnicas como sendo infalíveis, capazes de resolver em tempo imediato, qualquer problema trazido por seus Clientes, ou se trata de propaganda enganosa... ou **o profissional sofre a ilusão de infalibilidade...** [...] ... o profissional age de boa fé, porém, **sofre de um estado psíquico denominado Complexo de Deus**, também conhecido como **Complexo de Chantecler**. Este nome deriva da famosa obra teatral de Edmond Rostand... onde o galo Chantecler - rei déspota do terreiro acredita piamente que o Sol só nasce graças ao seu canto... [...] Muitos profissionais, admirados e embriagados por suas vitórias e por suas próprias competências, iludem-se de que os bons resultados obtidos por seus Clientes devem-se exclusivamente ao seu talento. Sentem-se infalíveis, capazes de qualquer proeza e realização e, consequentemente, ficam menos atentos à possibilidade de falhar, e isto naturalmente ocorrerá em questão de tempo, causando-lhes um

---

46 Disponível em: <http://www.sinte.com.br/revistaterapiaholistica/psicoterapia/psicanalise/159-complexo-de-deus-terapia>.

trauma muito mais doloroso do que se acontecer com um profissional que se admite como humano... [...]. Quando o **Terapeuta Holístico** está sofrendo um **Complexo de Deus, vive sob a ilusão de que detém algum poder e sabedoria especiais, desvirtuando a relação com seus Clientes**, que deveria ser sob a postura de Mestre-Aprendiz, ou seja, tanto orienta, quanto também aprende com cada pessoa que atender. [...]. [grifos meus].

Existe, também, um blog semelhante àquele que trata do complexo de anjo, só que, neste caso, é um blog de meninas lindas, "atraentes" e dispostas a fazer as pessoas se sentirem, provavelmente, nos "céus" dos orgasmos, sentindo-se com poder de "Deus", Rei.

O blog de **Suzana Marion**[47] tem como característica denunciar o estereótipo de pessoas que se sentem completas, que sabem tudo e podem resolver tudo, mas não têm tolerância e nem humildade para ouvir os que não sabem. Para Marion, esse tipo pessoa não tem dúvida, mas "certeza, não pede, ordena. Quem tem Complexo de Deus diz "haja luz" e espera, em vão, que o ambiente se ilumine, mas ao contrário, enegrece tudo com sua arrogância, seu autoritarismo...". A pessoa que tem esse tipo de complexo é solitária, dada a sua arrogância, que dificulta conviver com outras pessoas. Por ser um verdadeiro rabugento, sabe que sua presença não agrada muito. Sua onipotência revela fraqueza e insegurança.

75. COMPLEXO DE DEVANEIOS DO PROFESSOR

Adorno (In Zuin et al, 2008, p. 169) comenta a respeito dos tabus referentes à profissão *professor* e pontua que alguns professores, por infantilidade intelectual, sofrem do *Complexo de Devaneios*, dado que alguns confundem o universo escolar com a realidade social, pois

> Muitas vezes, os professores são vistos na mesma categoria que o herói infeliz de uma tragicomédia de estilo naturalista. **Dos professores se poderia falar que sofrem de um complexo de devaneios. Encontram-se sob permanente suspeita de estarem fora da realidade.** Mas é de se presumir que não estejam tão alheios ao mundo como, por exemplo, os juízes a quem

---

47 Disponível em: <http://www.cabrestosemno.com.br/blog/?p=3525>.

se referiu Karl Krausem suas análises dos processos judiciais que se referem a costumes. **No clichê alienado da realidade mesclam-se os traços infantis de muitos professores com os traços infantis de muitos alunos.** Na medida que os alunos tem um realismo a que se adaptam com maior êxito que o professor, que permanentemente tem de sustentar e encarnar ideais de superego, acreditam compensar o que acreditam que lhes falta, de, na verdade, não serem ainda sujeitos autônomos. **É por essa razão que os professores que jogam futebol ou que são beberrões gozam tanto prestigio entre os alunos. Corresponde a seu ideal de homem do mundo. Em meus tempos de ginásio, desfrutavam de especial simpatia aqueles que, com razão ou sem ela, eram considerados como antigos integrantes das buchas estudantis.** Prevalece uma espécie de antinomia: professores e alunos são injustos uns com os outros, quando aqueles falam absurdamente de verdades eternas que, em geral, não são eternas e estes, por sua vez, respondem com uma imbecil veneração pelos Beatles. [grifos meus].

76. COMPLEXO DE DI

Esse complexo é o título do livro de **Dai Sijie** (2004)[48]. O autor retrata, nessa obra, uma China com suas qualidades e problemas; uma cidade multifacetada entre o novo e o antigo, uma cidade de cavalheiros e de canalhas; a busca do personagem Muo por uma jovem virgem para se deitar com o militar Di fere seus princípios de cavalheiro e, ao mesmo tempo, o faz continuar para salvar sua amada, presa na cadeia, sob os cuidados de Di.

A obra revela uma China moderna e tradicional como muitos outros lugares mundo, onde os embates entre tradição e a adesão ao novo são freqüentes: problemas éticos, de sentimentos e afetos se confundem, determinam escolhas e direcionam decisões. A resenha do livro, no site da Editora Objetiva, pontua que

> "Irresistível mergulho na China contemporânea, com seu povo comum, seus cheiros, seus absurdos, este livro alia com maestria o humor da desesperança chinesa à sutileza da língua francesa". – **L'Express**

---

48 Disponível em: <http://www.objetiva.com.br/objetiva/cs/?q=node/459>.

[...] O livro narra as peripécias de Muo, tímido chinês quarentão, que depois de passar dez anos na França estudando psicanálise, decide retornar à China para salvar da prisão uma colega de universidade, seu grande amor de juventude, condenada pelo terrível Juiz Di por divulgar fotos proibidas.

Para libertar sua amada, Muo precisará subornar o poderoso Di, um ex--militar totalmente corrupto. No entanto, em vez de dinheiro, o juiz faz um pedido inusitado: exige uma moça virgem com quem se deitar. Trata-se de uma tarefa espinhosa para um sujeito ingênuo como Muo, ainda virgem e um ardoroso adepto do espírito cavalheiresco. Apesar disso, ele se lança China afora a procura de uma jovem donzela que possa servir aos desejos do juiz.

[...] Ao longo da narrativa, Muo vai desvendando um país novo e multifacetado, ora absurdo, ora hilariante, mas sempre espantoso, que Dai Sijie descreve com olhar crítico e bem-humorado.

O olhar de curiosidade e descoberta de Muo é análogo ao olhar de milhares de pessoas que se ausentam da terra natal, e, quando retornam descobrem, outro mundo, outra realidade. A resenha da Livraria Cultura destaca:

Em 'O Complexo de Di', romance vencedor do prestigioso prêmio literário francês **Feminina em 2003,** o escritor volta a mesclar com maestria a cultura de seu país natal com a de seu país de adoção, a França. O livro narra as peripécias de Muo, tímido chinês quarentão, que depois de passar dez anos na França estudando psicanálise, decide retornar a China para salvar da prisão uma colega de universidade, seu grande amor da juventude, condenada pelo terrível Juiz Di por divulgar fotos proibidas. Para liberar sua amada, Muo precisará subornar o poderoso Di, um ex-militar totalmente corrupto. No entanto, em vez de dinheiro, o juiz faz um pedido inusitado - exige uma moça virgem com quem se deitar. Uma tarefa espinhosa para um sujeito ingênuo e ainda virgem, mas, apesar disso, ele se lança China afora a procura de uma jovem donzela. Ao longo da narrativa, Muo desvenda um país novo e multifacetado, ora absurdo, ora hilariante, mas sempre espantoso, que **Dai Sijie** descreve com olhar crítico e bem--humorado. [grifos meus]

Dai Sijie (2004, p. 80-81) descreve a figura do Juiz Di, como um homem de aparência envelhecida, vestido de maneira relaxada:

– Bom-dia, murmurou Muo. – O senhor é o Sr. Di?

– O Juiz Di – corrigiu o velho de bigode fino, detendo-se perto da mesa.

Ele exalava um odor de coisa ressacada. Era tão baixo quanto Muo, apesar de seus sapatos pretos de saltos altos. Que idade ele tem? Crânio encarquilhado. Cinquenta e cinco anos? sessenta? A única coisa certa: não tem qualquer semelhança com o fugitivo psicótico que eu encontrei no local de execução. Ele não teria força para me bater. Sua violência é de um a outra natureza mais perigosa.

Os olhos do Juiz Di eram pequenos, o esquerdo era minúsculo, quase o tempo todo fechado. Tirou da primeira gaveta vários frascos, dos quais derrubou alguns comprimidos e pílulas que alinhou, contando-os, sobre o mármore da mesa. Havia uma dezena. Pegou uma grande xícara de chá e os engoliu. Quando Muo se apresentou como redator de uma editora científica de Pequim, o olho direito do juiz se fixou nele e sua volumosa pálpebra cheia de dobras piscou, detalhe através do qual seria possível reconhecer um atirador de elite examinando friamente seu alvo.

Muo assiste, escandalizado, o Juiz Di, e não compreende por que esse homem velho tem obsessão por deflorar moças virgens e pergunta "por que o Juiz Di quer saborear um melão vermelho fendido, sem medo de perder ali seu pênis? Ele não sofre do complexo de castração?" (p. 94). Ao descobrir que o juiz deflora virgens, fica sabendo que, como vampiro, o juiz se alimenta da energia dessas virgens no ato sexual. O complexo de Di simboliza o homem que sente prazer ao em tirar a virgindade de uma mulher, sem medo ou pudor, por acreditar que sairá fortalecido, contradizendo, assim, toda a observação de Freud, porque,

[...] ao contrário, em *O Tabu da Virgindade*, Freud pensava que, sofrendo de um complexo de castração, o homem, no momento de deflorar sua noiva, a considerava como uma fonte de perigo': ' O primeiro ato sexual com ela

ELENCO DOS COMPLEXOS

representa um perigo particularmente intenso.'. Aos olhos de um homem, o sangue da defloração evoca o ferimento e a morte. 'O homem receia ser enfraquecido pela mulher, ser contaminado por sua feminilidade e se mostrar então impotente'. sempre segundo Freud, e confia a tarefa ingrata da defloração de sua companheira a um terceiro. (SIJIE, 2004, p.93-94) [grifos do autor].

77. COMPLEXO DE ÉDIPO

G. Bachelard (1996b) se refere ao *Complexo de Édipo*, no período pré--científico, no qual o tema da castração aparece nos comentários de autores alquimistas. O autor observa que, por trás dessa castração, está o tema da purificação das substâncias. E, por ironia, as substâncias da purificação são originadas de impurezas ou lugares lúgubres, impuros.

Também é ressaltado o valor sexual do mercúrio, o elemento considerado hermafrodita. Nesse sentido, o alquimista busca sua matéria preciosa no "ventre da impureza" (op. cit., p. 230-35). Há, por assim dizer, um maniqueísmo da matéria, diz Bachelard, pois o fenômeno da eletricidade, de acordo com os autores, serve para curar até doenças venéreas. Sexualidade, castração e purificação se cruzam no dramático complexo de Édipo, das substâncias nobres.

Já, para **Laplanche** e **Pontalis** (1970, p. 116), esse complexo é simbolizado por um "conjunto organizado de desejos amorosos e hostis que a criança experimenta relativamente aos pais". De acordo com a psicanálise, no sentido positivo, dos 3 aos 5 anos de idade, a criança manifesta amor pelo progenitor do sexo oposto e deseja tomar o lugar do progenitor do mesmo sexo; no sentido negativo, o amor é canalizado para o progenitor do mesmo sexo[49].

De acordo com **Junito de S. Brandão** (1994, vol. III, p. 248), as análises de M-A. Potter, Marie Delcourt e Erich Fromm são diferentes da análise freudiana porque não há ênfase na questão do incesto; a leitura desses autores remete para um outro sentido, deixa evidente, no complexo de Édipo, **o mitema do conflito de gerações,** fazendo perpetuar a função do rei, de *fecundar*, em

---

49 Segundo os autores, é fundamental saber que "verifica-se entre a forma positiva e a forma negativa toda uma série de casos mistos em que estas duas formas coexistem numa relação dialética, e em que o analista procura determinar as diferentes posições adotadas pelo indivíduo na assunção e na resolução do seu Édipo" (cf., ob. cit., p. 117)

que luta entre o velho e o novo rei (pai e filho, avô e neto etc.) simboliza a força mágica, o vigor físico.

Para o autor (1994 p. 255), o complexo de Édipo pode ainda ser considerado como uma "contestação do matriarcado agonizante pelo patriarcado vitorioso". Jocasta, mãe de Édipo, era a rainha de Tebas, portanto, também um casamento em que não se pode negligenciar a questão do poder.

Para **G. Deleuze** e **Félix Guattari** (1976, p.105-06), o complexo de Édipo está relacionado com o desejo de triangulação,

> [...] mas devemos dizer de Édipo que ele cria os dois (a diferenciação e a indiferenciação), e **as diferenciações que ele ordena e o indiferenciado de que ele nos ameaça**. É no mesmo movimento que o **complexo de Édipo introduz o desejo de triangulação, e proíbe ao desejo satisfazer-se com os termos da triangulação**. Ele força o desejo a tomar como objeto as pessoas parentais diferenciadas, e interdita ao ego correlativo satisfazer seu desejo nessas pessoas, em nome das mesmas exigências de diferenciação, brandindo então as ameaças do indiferenciado. Mas é ele **que cria este indiferenciado como avesso das diferenciações que ele cria. (...)** Édipo é como o labirinto, só se sai, entrando (ou fazendo alguém entrar). Édipo como problema **ou** como solução são as duas extremidades de uma ligadura que paralisa toda a produção desejante [grifos do autor].

Os autores (1976, p. 155-56) comentam a questão do desejo na esfera do complexo de Édipo e sua relação com o campo social, assim como, as questões do recalcamento e da repressão.

> (...) Há ao mesmo tempo uma delegação de recalcamento pela formação desejante pelo recalcamento. O agente delegado do recalcamento, ou melhor, delegado ao recalcamento é a família; a imagem desfigurada do recalcado, as pulsões incestuosas. O complexo de Édipo, a edipianização, portanto, são o fruto da dupla operação. **É num mesmo movimento que a produção social repressiva se faz substituir pela família recalcante, e que esta dá, da produção desejante, uma imagem deslocada que representa o recalcado como pulsões familiares incestuosas.** [grifos do autor].

O complexo de Édipo, para Jacques Lacan (2008, p. 53), remete à esfera sociológica e também aos antecedentes narcísicos da família, em que a imagem paterna suscita respeito e veneração (repressão e sublimação) ao mesmo tempo, pois

> Se a análise psicológica do Édipo ficou evidenciado que ele deve ser compreendido em função de seus antecedentes narcísicos, isso não quer dizer que ele se funde fora da relatividade sociológica. A força mais decisiva de seus efeitos psíquicos se deve ao fato de que, com efeito, **a imago do pai concentra a função de repressão com a de sublimação**; mas este é o resultado de uma determinação social, a da família paternalista.

78. COMPLEXO DE ÉDIPO E PEDOFILIA

Jacob Bettoni[50] comenta, em artigo polêmico, na internet, a respeito da teoria freudiana sobre o abuso sexual de crianças, a pedofilia e seus pedófilos históricos. O autor chama a atenção para esse assunto, o qual, afirma ter sido amplamente discutido por S. Freud.

No *Complexo de Édipo e Pedofilia*, literalmente, a criança passa "de vítima a suspeita de co-autoria na pedofilia". O artigo é polêmico, assim como é polêmica a discussão sobre a pedofilia, em especial no Brasil, que passa, atualmente, por uma fase em que pessoas se encorajam e começam a denunciar os abusos de adultos contra crianças. Pode-se perguntar se a mídia explora os sentimentos e desejos de esperança e justiça ou faz da participação do povo um verdadeiro espetáculo midiático No bairro da Barra Funda, na cidade de São Paulo, Brasil, existe até escola especial para crianças que foram alvo de pedófilos. Bettoni argumenta:

> **O complexo de Édipo é uma fraude montada corporativamente para substituir a Teoria da Sedução de Freud**. Existem relatos históricos escabrosos sobre violência sexual contra crianças. Sigmund Freud (1856-1934)

---

50 Disponível em: <http://www.noergologia.com.br / http://www.webartigos.com/articles/20153/1/complexo-de-edipo-e-pedofilia/pagina1.html. Jacob Bettoni é professor e Paradigmas da Psicologia, é autor de "Revolução de Paradigma na Psicologia">.

não apenas tinha amplo conhecimento dos fatos, como sabia que seu próprio pai, Jacob, violentava regularmente seu irmão e sua irmã...

[...] **Vê-se, assim, que o produto edipiano é mero embuste criado por propaganda enganosa de espertalhões.** Os fatos presenciados por Freud evidenciavam o adulto impondo práticas sexuais contra pequerruchos que, por sua vez, não as desejavam nem incentivavam. A Teoria da Sedução alertava para o efeito patológico das reminiscências da violência sexual imposta. **O complexo de Édipo lança a suspeita universal de que a criança deseja o ato sexual, incentivando e participando de forma ativa.**

[...] **O complexo de Édipo é mais do que saber falsificado.** Nasceu da tentativa de encobrir criminosos estupradores...

Sem a cumplicidade da imprensa da época, a sociedade já estaria livre da farsa edipiana. A própria imprensa pode agora aposentar Édipo... [grifos meus].

A meu ver, parece fundamental investigar se as informações e comentários do blogista se referem realmente àquilo que se caracteriza como complexo de Édipo, que não parece descambar para esse tipo de conotação sexual violenta ou se é possível, na análise dos textos freudianos, fazer tal afirmação.

Pode-se, talvez, indagar se esse tipo de acobertamento de informação de pedófilos não justifica uma prática de pedofilia no contexto social; não somente por aquelas pessoas com perfil de bulinadores e assediadores de crianças, mas com "o aval da sociedade", seja do médico que esconde informações; seja da família que protege os violadores, seja da escola e outras instituições que procuram colocar embaixo do tapete os desregramentos e abusos de certas pessoas, influentes ou não. A sociedade está mudando, em alguns pontos, sua forma de encarar esse tipo de desvio, até mesmo porque a medicina está buscando resposta para questões que ficavam apenas focadas no caráter. Entretanto, a criança é sempre a vítima desse tipo de situação. Portanto, é fundamental cuidar das nossas crianças, para que sua infância não se torne trágica e desassistida pelos adultos.

Sobre a pedofilia, é fundamental lembrar que, mundialmente, ela é uma das ameaças psíquicas, traumáticas, que dificultam o futuro de milhares de criança no mundo, que envolve familiares - pais, irmãos, tios, avôs, primos e muitos outros parentes, amigos, religiosos, treinadores esportistas, educadores etc. Uma questão de cuidado com a saúde pública, especialmente, de nossas crianças, independente da orientação sexual, todos sofrem com os abusos e ficam feridos, alguns nem conseguem superar a situação vivida.

79. COMPLEXO DE ELECTRA

Para **Junito de Souza Brandão** (1994, Vol. I, p. 94), o *Complexo de Electra* atesta o apego incondicional da filha pelo pai. Esse complexo atesta, também, a atitude emocional das meninas no sentido de rejeição à mãe. Electra, na mitologia grega, é filha de Agamenon, é a deusa que acusa a mãe, Clitemnestra, de assassinar o pai.

Jean Chevalier e **A. Gheerbrant** (cf Brandão, 1994, vol. III, p. 342-43) consideram que

> **O complexo de Electra, tal como o conceitua a psicanálise, corresponde ao complexo de Édipo, porém com matizes femininos.** Não é Electra quem mata a própria mãe: ela induz o irmão Orestes ao matricídio, guiando-lhe a mão armada com o punhal. Depois de uma fase em que se fixa afetivamente sobre a mãe, na primeira infância, a menina apaixona-se pelo pai e tem ciúme da própria mãe. Em seguida, se o pai não lhe corresponde aos anseios, ou ela tende a virilizar-se para seduzir a mãe ou então, repelindo o casamento, inclina-se para o homossexualismo. Como quer que seja, **Electra simboliza uma paixão dirigida aos pais, até igualá-los pela morte.** Neste como que equilíbrio fúnebre, implorando aos deuses 'justiça contra a injustiça', Electra recompõe o símbolo do mito e restaura a Harmonia requerida pelo Destino [grifos meus].

Para **J. Laplanche** e **J.-B. Pontalis** (1970, p. 122), o complexo de Electra é uma "expressão utilizada por Jung como sinônimo do complexo de Édipo feminino, para acentuar a existência nos dois sexos, *mutatis mutandis*, de uma simetria da atitude para com os pais".

Para os autores (1970), C. G. Jung, no Ensaio de Exposição da Teoria Psicanalítica, de 1913, introduz a expressão 'complexo de Electra', mas

Freud começa por declarar não ver o interesse de tal denominação; no seu artigo sobre a sexualidade feminina mostra-se mais categórico: o Édipo feminino não é simétrico do rapaz. 'Só no rapaz é que se estabelece a relação, que marca o seu destino, entre o amor por um dos progenitores e, simultaneamente, o ódio pelo outro enquanto rival'.

O que Freud demonstrou dos efeitos diferentes para cada sexo do complexo de castração, da importância para a filha do apego pré-edipiano à mãe, da predominância do falo para os dois sexos, justifica a sua rejeição da expressão 'complexo de Electra', que pressupõe uma analogia entre a posição da menina e a do rapaz para com os pais.

80. COMPLEXO DE ELIAS

Artigos na internet comentam a respeito do *Complexo de Elias*, especialmente, destacam a trajetória do herói bíblico, Elias, que enfrentou a fome, o deserto, os reinados, os falsos profetas e saiu vitorioso; o herói assassinou, em nome de Deus, 400 profetas 'inimigos de Israel' e foi duramente perseguido por Jezebel, princesa fenícia e esposa de Acabe, rei de Israel.

O *Complexo de Elias*, de acordo com o imaginário dos religiosos, caracteriza o homem de fé e destemido, aquele que vence os desafios e obstáculos e age com retidão, acima das provações e dificuldades.

Esse complexo simboliza, ao que parece, uma imagem de bravura, destemor e retidão de caráter para seguir as coisas divinas. A carruagem de fogo, sem dúvida, é uma imagem intrigante e faz alguns sonharem com uma ascensão, justamente na hora de suprema dificuldade: passar da provação ou da perseguição para uma saída estratégica; ganhar as alturas ou ganhar o céu sem a provação da morte?

O cinema retrata bem esse tipo de heroísmo e situação; são muitas as cenas que lembram a passagem bíblica - saídas impensáveis diante do fogo que devora e destrói; o fogo como o alimento da combustão, a arma de destruição e também o elemento da salvação; heróis de todas as nações entram em máquinas ultramodernas, ganham espaços e imensidões dos céus; altura e aventura são partes das combinações, deixando para trás apenas fumaça; a vitória não é ganhar as alturas, os céus, obviamente, a recompensa deve ser imediata. Assim, o Elias da modernidade ganha status de herói; se for herói de sorte, será um herói estadunidense.

81. COMPLEXO DE EMPÉDOCLES

Para **G. Bachelard** (1994a, 1989c), o *Complexo de Empédocles* se caracteriza pelo amor e respeito ao fogo, cuja imagem, simboliza o engendramento entre o homem e o fogo, a união entre o instinto de viver e o instinto de morrer. Empédocles foi o filósofo grego conhecido na filosofia por defender os quatro elementos: fogo, água, terra e ar como os princípios originários da vida. Também conhecido como o filósofo que nutria uma paixão pelo elemento fogo, a ponto de, numa atitude de loucura, jogar-se nas chamas do vulcão Etna.

De acordo com G. Bachelard (1994a), **D'Annunzio** e **E. Zola** são os representantes do complexo de Empédocles, cujas obras falam da paixão e atração do homem pelo fogo. Bachelard (1989c, p. 54) comenta que

> **A traça se joga na chama da vela: fototropismo positivo, diz o psicólogo que mede as forças materiais; complexo de Empédocles, diz o psiquiatra que quer ver a raiz dos impulsos iniciais do ser humano**. E todos os dois estão com a razão. Mas é a fantasia que põe todo mundo de acordo, pois o sonhador, vendo a traça submissa a seu tropismo, a seu instinto de morte, se diz, diante dessa imagem: por que não sou eu? Já que a traça que é um Empédocles minúsculo, por que não ser eu um Empédocles faustiano que na morte pelo fogo vai conquistar a luz do sol? [grifos meus]

Bachelard (1994a, p. 142-43) comenta o romance de E. Zola:

> Zola ouve o apelo da fogueira total, da fogueira intima; **deixa entrever no seu inconsciente de romancista os indícios muito claros do complexo de Empédocles:** o tio Macquart estava, portanto, morto 'regiamente, como o príncipe dos bêbados, tocha de si mesmo, consumindo-se na fogueira abrasada de seu próprio corpo... acender-se a si mesmo como uma fogueira de São João!' Onde viu Zola fogueiras de São João que acendam sozinhas, como paixões ardentes? Como confessar melhor que o sentido das metáforas objetivas foi invertido e que é no inconsciente mais íntimo que se

encontra a inspiração das chamas capazes, desde dentro, de consumir um corpo vivo? [grifos meus].

Balões que, na atualidade, incendeiam cidades e matas. As máquinas prontas para vencer os obstáculos do fogo. Os fogos das guerras, tenebrosos veiculados pela mídia televisiva, se não fosse uma guerra de verdade, seriam imagens lindas de consumação fictícia. Os fanáticos religiosos que ateiam fogo no próprio corpo e fazem perecer as pessoas que estão no lugar determinado para o crime do suicídio. Empédocles moderno não se inspira mais no fogo dos vulcões, mas nos vulcões interiores que carrega como uma febre de vingança para ganhar visibilidade ao que professam, para defender aquilo em que acreditam ser a verdade, ou para pedir por direitos e exigi-los conforme sua ótica; e, assim, consumir a própria vida e daqueles que, por infortúnio, estiverem ao alcance dessa loucura É preciso eliminar os "inimigos".

Também faz pensar no fogo sexual, tão em evidência e tão explorado comercialmente. Nunca o homem confessou tanta volúpia e sensualismo, embalado pelas orgias e drogas; pessoas exploradoras e explorados "sentindo--se saciados de desejos reprimidos, recalcados", desejos que são alvos da mídia, o incentivo ao consumo excessivo de álcool no planeta.

82. COMPLEXO DE ÉPICO

O cantor e compositor baiano, **Tom Zé**, tem uma composição musical intitulada *Complexo de Épico*. Nesta canção, Tom denuncia o excesso de "seriedade" de muitos compositores brasileiros, aqueles que falam muito sério em suas canções.

Será que Tom Zé não está falando de e para si mesmo? Ele é um grande compositor, respeitado e admirado para além das fronteiras brasileiras, mas também é conhecido e reconhecido pela complexidade de suas canções, cuja erudição, ele, sabiamente, articula com elementos da música popular brasileira e sons simples, alguns, ele mesmo os cria, de acordo com sua incrível criatividade. Seria Tom Zé o ouroboros da educação musical, aquele que morde e vê a própria cauda? Os artistas, pelo que Tom comenta, devem sair às ruas para ver e ouvir a multidão. Nesse sentido, Tom é excelente, pois é possível encontrá--lo pelo bairro, degustando sabores e temperos para suas músicas. Uma vez eu o cumprimentei quase na porta de minha casa e ele, cordialmente, educadamente, respondeu ao meu olhar com um gesto de cabeça.

Letra da música – **Complexo de Épico:**

Todo compositor brasileiro
é um complexado.
Por que então esta mania danada,
esta preocupação
de falar tão sério,
de parecer tão sério
de ser tão sério
de sorrir tão sério
de se chorar tão sério
de brincar tão sério
de amar tão sério?
Ai, meu Deus do céu,
vai ser sério assim no inferno!
Por que então esta metáfora-coringa
chamada "válida",
que não lhe sai da boca,
como se algum pesadelo
estivesse ameaçando
os nossos compassos
com cadeiras de roda, roda, roda?
E por que então essa vontade
de parecer herói
ou professor universitário
(aquela tal classe
que ou passa a aprender com os alunos
– quer dizer, com a rua –
ou não vai sobreviver)?
Porque a cobra
já começou
a comer a si mesma pela cauda,
sendo ao mesmo tempo
a fome e a comida.

É não Tom! Você é um compositor, artista, cantor complexo, extremamente complexo. Mas, se pintar um complexo de Épico é porque você é Épico. O herói ou professor universitário, no Brasil Tom? Dá não!

83. COMPLEXO DE ESQUERDA

José Bastos[51], em Portugal, escreve em artigo publicado na internet, chamando a atenção para algumas articulações na política de esquerda, que, tradicionalmente, é a oposição em Portugal, e, de direita, o governo atual, mas, na atualidade, 2023, a esquerda é do governo atual. Nesse caso, citado por Bastos, parece que há uma constelação arquetípica que impulsiona os políticos a buscar adesão com a esquerda; Bastos diz: "*O complexo de esquerda* de uma minoria no interior do PS tem contribuído para entregar o governo do país à direita" [grifos meus]. A confusão parece se instaurar quando opositores que não estão no governo, mas são fundamentais para fomentar o outro lado dos diálogos políticos, não conseguem ficar na oposição porque o governo que está no poder é que pertence ao partido de oposição, o partido da esquerda. Bastos comenta a respeito dos partidos políticos de esquerda e de direita em Portugal:

> [...] No final dos anos setenta Lopes Cardoso e outros militantes que o acompanharam, combateram o PS por dentro, acabaram por sair do Partido, fundaram a U.E.D.S: que foi a eleições em 1979 e não conseguiu nenhum deputado. A AD de Sá Carneiro e Freitas do Amaral ganhou com maioria absoluta.

> [...] Manuela Ferreira Leite poderá continuar sossegada em casa na pré--campanha eleitoral que Francisco Louçã tem feito o trabalho por ela, percorrendo todo o país a dizer mal do PS e nunca dizendo uma palavra contra a direita. Francisco Louçã esforça-se para que o PSD ganhe as próximas eleições legislativas, disso eu não tenho nenhuma dúvida. **Só que há uma pequena minoria no PS que tem complexo de esquerda e são o eco dentro do partido dos trotskistas e dos stalinistas e mais tarde ou mais cedo entregam o país à direita.** A história diz-nos que esta exigência do

---

51 Disponível em: < http://www.ps-moita.com/index.php?option=com_content&view=article&id=66:o-complexo-de-esquerda-de-uma-minoria-no-interior-do-ps--tem-contribuido-para-entregar-o-governo-do-pais-a-direita&catid=12:opiniao&Itemid=31>

PS ir mais para esquerda tem sempre o efeito contrário, o país vai sempre para a direita. Há hoje, dentro do PS, militantes, dirigentes e candidatos a deputados que apoiaram Manuel Alegre no congresso de 2004, dizendo-se mais à esquerda, mas hoje já compreenderam que o PS, liderado por José Sócrates é a esquerda possível e nunca mais falaram nessa questão.

84. COMPLEXO DE ESQUILO

Julio Preuss[52], em matéria divulgada na internet, com o título de *Complexo de Esquilo*, comenta a respeito de certa mania que algumas pessoas têm de guardar tudo, coisas que, de certa forma, são descartáveis e que não deveriam estar guardadas.

Com o computador, esses hábitos, que deveriam desaparecer, se acentuaram, por "culpa" dos programas de computador que permitem armazenar textos, fotos, imagens, músicas.

O autor ressalta a analogia desse tipo de comportamento com o comportamento dos esquilos na construção de diques. Esse comportamento, de certa forma, remete ainda ao complexo de Harpagon, a pessoa que valoriza tudo em demasia, o avarento que não consegue se desfazer nem das coisas descartáveis, inúteis, nem das excessivas "ao coração", que podem ser coisas físicas ou virtuais, como se pode observar no uso do computador, na matéria supracitada, Preuss pontua:

> Meu quarto sempre foi entulhado de coisas que eu jamais usaria, mas tinha pena de jogar fora. Ainda hoje tenho centenas de caixinhas de balas Tic-Tac de laranja vazias, guardadas para uma instalação que pretendo construir algum dia. É o que **alguns chamam de "complexo de esquilo", uma mania de armazenar bagulhos como os pequenos roedores estocam nozes em suas tocas.**
>
> Mas essas loucuras sempre foram limitadas pelo espaço físico - invariavelmente chega a hora de arrumar a casa e muitas das preciosidades estocadas acabam indo embora. **No mundo da tecnologia, no entanto, o complexo de esquilo pode ser praticamente ilimitado.** Seu HD está lotado de

---

52   Disponível em: <www.forumpcs.com.br>.

programas, músicas, ou imagens de que você nem lembra mais? Compre um HD maior e siga em frente! [...] [grifos meus]

Mania de guardar "bagulhos", quinquilharias que jamais serão usadas. Mas a presença desses objetos basta para que a pessoa que sofre do complexo de esquilo se sinta cercada de objetos que lhe parecem valiosos.

Os acumuladores se dão todas as desculpas mais inusitadas, que não convém nem a eles mesmos, tentando justificar o porquê do acúmulo de coisas que não têm algum valor moral ou sentimental, tampouco um valor econômico, é o apego pelo apego a qualquer objeto que se possa empilhar, acumular.

Existem aquelas pessoas que guardam as vestimentas de tamanhos pequenos, as quais, um dia, usaram, mas sonham voltar a usar, por isso, não doam e nem se livram delas, não importa se é uma vestimenta clássica, o que interessa é ver o guarda-roupa superlotando, dessa forma, os armários permanecem sempre ocupados.

Na atualidade, com as inúmeras cirurgias, que estão à disposição dos que podem se beneficiar, pagar por elas, alguns preferem o bisturi, a fim de voltar a ter a forma do passado, tais práticas são cada vez mais recorrentes. Há pessoas que até compram mais armários para não ter que se desfazer das coisas que têm e porque não querem descartar ou doar.

85. COMPLEXO DE FAUSTO

Para **Nadia Julien** (1992, p. 28), o *Complexo de Fausto* lembra a história de Aeson, o pai de Jason, na mitologia grega, como sendo aquele que governa. O governante fica dividido entre as coisas dos homens e as coisas dos deuses; é caso do Fausto, de Goethe, o qual vendeu a alma para o diabo e, durante vinte e quatro anos, vive na luxúria, em eterna juventude. Depois que conhece as ciências e se torna pai, fica confuso a quem deve seguir, se segue a Deus ou se segue ao Diabo.

Mircea Eliade (1999), em *Mefistófeles e o Andrógino*, discute a relação entre Deus e o Diabo; pontua que mitos de algumas civilizações atestam suas existências antes do ato da criação, como copartícipes da criação; coexistentes; companheiros; irmãos; o Diabo como criação de Deus; o Diabo como a sombra de Deus, como nas lendas búlgaras, em que, na divisão do Universo, a Terra ficou para o Diabo e o Céu para Deus, "os vivos para Deus e os mortos para ele. E, para essa finalidade, assinaram um contrato" (p.86). Outros mitos consideram que Deus, não tendo capacidade para criar sozinho o mundo, pediu ajuda a Satã (Diabo) – nesse caso, Deus atesta sua ignorância quanto à origem do Diabo e sua incapacidade para criar sozinho. Esses casos apontam a solidão de Deus, e, de acordo com Eliade (1999, p. 88) também atestam

> Camaradagem com o Diabo, o papel deste último como servidor, colaborador e até conselheiro supremo de Deus; em imaginar ainda a origem divina do Diabo, pois, no fundo, o escarro de Deus não deixa de ser um escarro divino; em imaginar, afinal, certa 'simpatia' de Deus pelo Diabo, que não deixa de lembrar a 'simpatia' do Criador por Mefistófeles.

> Mais uma vez: tudo isso pertence ao folclore, a esse imenso reservatório de crenças, mitos e concepções não-sistemáticas, ao mesmo tempo arcaicas e modernas, pagas e cristãs.

Os Faustos modernos também lutam bravamente para servir a Deus e ao Diabo, ou seja, ao certo e ao errado; ao correto e ao necessário; o que traz recompensas econômicas imediatas e o que traz resultados de longo prazo, mas nada econômicos – a garantia de cumprir determinações financeiras, já que estamos falando no mito do Fausto, para quem, a luxúria também pede por uma parcela de prazer, extravagâncias, "pecados da carne" e ganâncias, avarezas materiais.

86. COMPLEXO DE FRACASSO

Laplanche e **Pontalis** (1970, p. 109) comentam a respeito da restrição que S. Freud fazia à palavra complexo, porque ela não lhe parecia capaz de designar aquilo que se queria ou deveria expressar de fato.

Freud, de acordo com Laplanche e Pontalis (1970, p. 108), considera que: "o complexo não é uma noção teórica satisfatória; existe uma mitologia junguiana dos complexos (carta a S. Ferenczi)".

> Assim, segundo Freud, o termo 'complexo' poderia ser útil numa intenção demonstrativa ou descritiva para pôr em evidência, a partir de elementos

aparentemente distintos e contingentes, '... certos círculos de pensamento e de interesse dotados de poder afetivo'; mas não possuiria valor teórico. O fato é que Freud o utilizará muito pouco, ao contrário de numerosos autores que invocam a psicanálise (LAPLANCHE e PONTALIS, 1970, p. 108).

Laplanche e Pontalis (1970, p. 109) ainda comentam a respeito da ojeriza de Freud, com relação ao termo complexo:

> Podemos encontrar diversos motivo para esta reserva de Freud. **Repugnava-lhe uma certa tipificação psicológica** (por exemplo, **o complexo de fracasso**), **que ameaça ao mesmo tempo dissimular a singularidade dos casos e apresentar como explicação o que é problemático**. Por outro lado, a noção de complexo tende a confundir-se com a de núcleo puramente patológico que ouviria eliminar; assim se perderia de vista a função estruturante dos complexos em determinados momentos do desenvolvimento humano, e particularmente do Édipo. [grifos meus].

Certamente, não se pode negar a advertência e a ojeriza de Freud, o perigo de uma tipificação psicológica, o perigo de fugir daquilo que é simples para buscar uma explicação problemática. Mas em termos de comportamento humano, será que podemos falar em simplicidade? Como compreender a ambiguidade inerente às coisas e a complexidade que caracteriza o próprio ser humano (*homo complexus*)?

Certamente, são inúmeras as definições que procuram classificar o ser humano, mas, fundamentalmente, compreendê-lo, por isso: *homo sapiens, homo sapiens sapiens; homo habilis; homo faber ou homo humanus, homo demens, homo violens, homo complexus, homo logicus, homo ludens; homo ludicus, zoon politikon* ou *homo politicus* (Aristóteles); *animal rationale* para *animal laborans* (H. Arendt); *homo religiosus; homo oeconomicus; homo hierarchicus; homo aequalis* etc.

O medo do fracasso em muitas áreas, setores e departamentos da vida humana, social e organizacional, pode se instalar na forma de doenças, em muitas situações. Medo de fracassar na cama, na vida em família, na vida de estudos, na vida profissional. Impera, em geral, nas sociedades atuais, competição acirrada, excessiva, extrapolando o nível de capacidade e segurança psíquica de qualquer sujeito que se pode dizer normal.

Mas, competição com ganhadores predeterminados, no jogo de cartas marcadas, só pode transformar possíveis ganhadores eliminados em fracassados.

A sensação de vitória de alguns equivocados, no jogo das arenas, faz pensar que eliminam pessoas de uma possível competitividade, perder não é apenas fracassar, mas se preparar para o acerto, espaço de competitividades, faz pessoas e empresas se calarem, forçam-nas a buscar incessantemente se qualificarem; qualificação e quantificação, obviamente, se dão as mãos não para evitar o fracasso; mas permanece a sensação falsa de sucesso a qualquer preço ou de aparência; mas a aparência não tem profundidade e não se sustenta. Maffesoli já nos advertiu sobre essa questão, na obra *No fundo das aparências*. Justamente porque as aparências não oferecem nenhum fundo, as aparências são tão superficiais que não possibilitam nenhum mergulho na coisa mesma. No fundo, a ironia de buscar algo no fundo das aparências.

Parece fundamental lembrar, que na sociedade capitalista, muitos trabalhadores se sentem fracassados, quando na verdade, ser vitorioso em situações de sofrimento, não pode ser considerado um sucesso, quando a conta é muitas vezes, o aniquilamento da própria vida, ou o adoecimento e morte.

87. COMPLEXO DE FRANKENSTEIN

O termo *Complexo de Frankenstein* apareceu na obra de **Isaac Asimov** (1920 - 1992), cujo significado era designar as pessoas que têm medo de robôs. A inspiração, certamente, veio da obra de **Mary Shelley**, cujo personagem principal é um cientista de nome Victor Frankenstein. Victor cria o primeiro robô orgânico e inteligente, mas atormentado pela própria criação, resolve destruí-la; criador e criatura se desentendem, e o cientista acaba perdendo a vida.

O complexo de Frankenstein também está associado ao medo dos seres artificiais. Pode-se dizer que a ciência vive uma verdadeira história de Frankenstein, na atualidade, cujas peças artificiais substituem, desde um membro ou parte dele, como substituem pessoas na execução de certas tarefas difíceis e perigosas; medo de operações, em especial as cirurgias plásticas, na área da estética, as quais, de modo negativo, quando se tornam desastres, acabam provocando remendos, muitas vezes, irrecuperáveis.

O filme *Anjos da Noite* retrata a luta de Victor, um vampiro, que tenta, a todo custo, proibir que sua filha se case com um lobisomem; esse hibridismo parece-lhe uma fraqueza e uma monstruosidade inaceitável. Quando a filha engravida do amante, Victor manda matar os dois. No filme, os avanços da ciência revelam a possibilidade de misturar, geneticamente, vampiros e lobisomens. Mas essa descoberta traz alguns inconvenientes: sua outra filha adotiva, fica magoada ao descobrir que seu mestre e amo é o único responsável pelo assassinato de sua família biológica, até então, senti-se muito amada por Victor, mas se apaixona por um lobisomem, daí, sofre com a rejeição do "pai"; se une ao amante e eliminam o pai/mestre. O assassinato do pai é simbólico na literatura psicanalítica, conduz, como nesse caso, à superação do pai ou do mestre; ser mais que o pai ou mais que o mestre; vencer o hibridismo, assumir seu lado Frankenstein.

O romance O *Complexo de Frankenstein*, de **Vic St Val** (198?) conta a trajetória do herói, monstro e sofredor. Com mulheres bonitas na história, prima, também, por humor e suspense. O autor retrata a vida de um personagem calmo que, de repente, tem explosões e reações violentas de inconformismo.

> Narrado em ritmo cinematográfico, com muita ação, violência, humor, suspense e erotismo, O Complexo de Frankenstein conduz o leitor através de um labirinto de surpresas. A história – ambientada na Austrália – começa com o assassinato de um jornalista, David Fishlock, que havia descoberto algo que não podia ser publicado – mas, como jornalista, David tinha de levar ao conhecimento do público. Greg Allison, o gorducho e intratável chefe de redação do Sydney Herald, profissional capaz de farejar à distância todo tipo de sujeira que se quer ocultar, decide levar avante as investigações iniciadas pelo repórter morto (notas da Editora Novo Tempo).

Existem muitos frankentains na sociedade atual, como as pessoas que se deixar moldar à sombra e prazer de outrem, com a justificativa que se trata de sobreviver, mas muito, justificadamente, são rotulados porque agem depois, como sendo o resultado da criação de uma outra cultura mais influente, que pode advir de familiares influentes ou dominadores, gestores, patrão, amigos, amores.

88. COMPLEXO DE GABRIELA

Paulo Angelim[53] escreveu uma crônica chamada, o *Complexo de Gabriela*. Angelim brinca com a imagem da personagem Gabriela, da obra de Jorge Amado, de mesmo nome, o seu jeito desligado de ser, de não se importar com nada, de levar a vida com tranquilidade, sem luta, sem revolta, aceitando todas as circunstâncias que lhe são apresentadas, sem contestação; na crônica, a crítica se direciona aos adolescentes que se contentam com qualquer história contada ou situação imposta por malandros, os que se consideram "espertos" e os jovens acreditam, ingenuamente, que se darão bem sem trabalhar ou estudar.

A crônica e as conversas de professores nas escolas relacionam esse complexo às pessoas que justificam seus fracassos, a falta de sucesso porque são malcompreendidas, as coisas nunca acontecem para elas, nada dá certo; justificam-se dizendo que já fizeram aquilo que seria possível, mas nada depende delas, que não podem mudar porque as coisas são como são, porque já nasceram assim, porque mudar não muda as coisas. Esse complexo é talvez uma simbolização que caracteriza o conformista ou alienado social. Angelim comenta:

> Marcos e Pedro, gêmeos, nasceram em uma favela, na periferia de Salvador. Pedro era apenas minutos mais novo que Marcos. Eram pobres e filhos de pais separados. Marcos, desde cedo achou que aquele era seu destino. Pedro nunca se conformou com aquilo e rejeitava a ideia de viver eternamente aquele tipo de vida que o meio lhe impunha...

> [...] A surpresa maior Pedro deixou para depois. Tirou um livro da mala, com o título **"Porque o Homem não é Produto do Meio: Uma antítese à Voltaire."** Explicou que sua monografia de final de curso foi tão bem aceita que a universidade tinha decidido transformar em um livro. A mãe chorou novamente e aceitou a ideia de partir para a Europa. Marcos disse que tinha negócios ali, e não poderia ir. Três anos depois, em Londres, para onde Pedro tinha se mudado com a mãe, a fim de abrir a filial inglesa da empresa, receberam um telegrama de um parente no Brasil, anunciando que Marcos tinha morrido numa ação de marginais na favela onde tinham nascido. Pedro soube, depois, que tinha sido uma queima de arquivo e que tinham achado no bolso de Marcos, um papel com a letra de uma

---

53   Disponível em: <http://www.pauloangelim.com.br>.

música que ele ouvia desde criança, e que gostava muito. A letra dizia algo assim: *"Eu nasci assim, eu cresci assim e sou mesmo assim, vou ser sempre assim, Gabriela..."*

Na nossa sociedade, capitalista e excêntrica, na atualidade, muitos se sentem sem coragem para fazer algo diferente ou ir à luta, então se escondem na ideia de que são como são e nada podem fazer para mudar a sua situação, personalidade, vida etc. Alguns se escondem na ideia de que nasceram assim e são assim, porque não desejam mudar, nem querem se sacrificar por eles mesmos e nem por ninguém. Uma forma de se acomodar e se acovardar perante a vida, que pede sempre mais do vivente, como encarar as mudanças, transformações, suas e do mundo ao seu redor.

89. COMPLEXO DE GATA BORRRALHEIRA

O escritor **Daniel Lima** (2002)[54] tem uma obra com o nome de *Complexo de Gata Borralheira*, obra que, segundo Euclydes Rocco[55], é sinônima de ficção, mas "Certamente este livro, se edita há décadas, seria excelente obra de ficção. Hoje, seu realismo é contundente. Complexo de Gata Borralheira, composto por meio de criativos supostos diálogos entre os sete municípios e a Capital, é extremamente agradável de ler e de digerir".

Lima (2002, p. 6-7) explica por que resolveu escrever a obra intitulada de *Complexo de Gata Borralheira*:

> Por que Complexo de Gata Borralheira? Porque o Grande ABC acha-se sempre inferiorizado diante da Capital tão próxima e, para negar essa evidência, reage de forma insana e grandiloquente, o que só confirma essa patologia de efeitos culturais, econômicos, sociais e políticos. [...] Complexo de Gata Borralheira invade o âmago do Grande ABC de forma didática. Confesso que escrever essa obra foi um desafio pessoal. A linguagem quase coloquial contrapõe-se à sobriedade dos textos que geralmente exercito nas análises que produzo para Capital Social e LIVRE MERCADO. Pensei em meus filhos de 11 e 14 anos, Lara e Dino, como desafios à simplificação. Superar a atratividade da TV, dos games e da

---

54 Disponível em: <http://dadomoura.com/2006/12/03/complexo-de-gata-borralheira/>.

55 OBS.: Euclydes Rocco é arquiteto é teatrólogo.

Internet, reconheço, não é tarefa das mais simples. Espero não ter chutado a bola fora, porque exorcizar o complexo de Gata Borralheira é batalha praticamente perdida pelos adultos, mas vale a pena ser incentivada junto aos jovens.

Lima chama a atenção para a região do ABC (com sete municípios) que, em sentido análogo ao de Cinderela, se ver esquecida pela capital, como Cinderela foi esquecida no canto da casa pela cruel madrasta e suas irmãs. Ainda em sentido análogo, a obra é uma homenagem ao prefeito Celso Daniel, eterno apaixonado pela região.

Lima (2002, p. 10) pontua: "Nesta obra Complexo de Gata Borralheira é revelado um segredo de Polichinelo: sete municípios (e não sete anões!) sentem-se inferiorizados diante da majestosa rainha Capital"

Também é possível encontrar outras analogias ao Complexo de Gata Borralheira, como em alguns sites da internet, que o relacionam à ditadura do corpo pela qual passam muitas modelos; certamente, lindas e "esculpidas" não somente pela mãe natureza, mas pela "mãe da boca", que tudo controla. Jejuns, abstinências, controles, vômitos forçados, bulimias, guloseimas descartadas, alfaces suculentas para substituir pães substanciosos, perigosos; controle exacerbado e hostilidades por carnes e frutas que engordam e deformam. Deformam? Um desses sites comenta que:

> A busca de maiores chances de trabalho, nossos modelos aceitam viver a ditadura de um modismo que impõe padrões de medidas existentes somente para bonecas.

> O glamour das passarelas, dos holofotes, das inúmeras viagens e de grandes somas de dinheiro são alguns dos fatores que agem na cabeça de muitas moças e rapazes que sonham tirar proveito da beleza como trabalho.

> Com medo mortal da balança, as pessoas comem cada dia menos e não satisfeitas com seu "peso pena", satisfazem-se comendo "brisa" e mesmo que pudessem ver suas próprias vértebras, ainda assim se achariam obesas.

> Forçando a si próprias a fazer jejuns intermináveis, punem-se, provocando vômitos quando imaginam ter ingerido algumas calorias a mais...

> [...] É natural o cuidado do corpo e da saúde, mas vale a pena lembrar
> que esses cuidados não poderão trazer o complexo de "gata borralheira".
> Podemos correr o risco de acolher a ideia de que não somos dignos para o
> mundo, e por isso não temos motivos para ser feliz.
>
> [...] Nosso convívio ganha um sabor especial quando estamos com alguém
> que gosta de si próprio. [grifos meus].

90. COMPLEXO DE GENOVEVA

Márcia Fantin (2004) é autora do *Complexo de Genoveva*, que se encontra em sua obra infantil intitulada de *O complexo de Genoveva*. A autora descreve a girafa Genoveva que é uma fêmea jovem "extremamente vaidosa, preocupada com o corpo, a aparência, a urgente necessidade de ser notada e apreciada pelo olhar dos outros. E paga o alto preço que isso exige".

Genoveva é uma girafa bonita e extremamente vaidosa com sua aparência; simboliza os adolescentes que seguem avidamente a moda. Ela é uma consumidora voraz de produtos de beleza, de cosméticos, de perfumes e vestimenta; uma frequentadora assídua dos salões de beleza.

Mas a vida lhe traz surpresas não tão agradáveis quando, ao decidir fazer uma tatuagem no pescoço - escondido da família - para ficar ainda mais linda, o tatuador confunde o desenho da tatuagem e lhe faz uma tatuagem que, em nada, lembra sua delicadeza feminina.

Esse acontecimento, que lhe provoca dor e sofrimento, a faz prestar mais atenção às coisas e pessoas; por isso, descobrirá uma girafa de nome Genivaldo, que foi tatuado com o desenho errado, o seu desenho feminino, uma linda borboleta lilás; Genivaldo também descobre que Genoveva foi tatuada com o desenho de dragão que ele tinha escolhido para tatuar em seu pescoço. Genivaldo, antes do incidente, era um adolescente muito orgulhoso e vaidoso de sua beleza, muito paquerador, sequer tinha notado a presença e existência de Genoveva.

Os dois adolescentes começam, então, a prestar mais atenção ao que ocorre ao redor deles mesmos. Assim, descobrem a verdadeira vocação adolescente, a possibilidade de manifestação de ações.

91. COMPLEXO DE HAMLET

Eduardo Maia pontua que Harold Bloom[56] escreveu sobre o *Complexo de Hamlet* numa alusão a Freud.

Bloom, segundo Maia, considera que, foi Shakespeare quem inventou a psicanálise; Freud seria apenas seu codificador. Eduardo Maia comenta que.

> Harold Bloom analisa Freud como escritor e sua obra psicanalítica como literatura.
>
> Em artigo recentemente publicado no Wall Street Journal, pela ocasião dos 150 anos de nascimento de Sigmund Freud, o polêmico crítico literário norte-americano Harold Bloom reafirmou seu ponto de vista sobre o que para ele permanece atual e importante na obra do pai da psicanálise: suas qualidades literárias. A ambição freudiana de que a ciência da psicanálise algum dia traria contribuições significativas à Biologia, para Bloom, não foi e não será concretizada.
>
> [...] **Numa irônica inversão de papéis, Harold Bloom acaba por colocar Dr. Freud em um divã (ou num palco elisabetano) e diagnosticando- -o como um caso incurável de "Complexo de Hamlet". Para resumir rapidamente a opinião de Bloom, com suas palavras: "Shakespeare é o inventor da Psicanálise; Freud, seu codificador".**
>
> [...] Ao analisar as diversas citações de Freud relativas aos personagens Hamlet e Édipo Rei, Bloom chegou à conclusão de que **houve uma tentativa por parte do psicanalista vienense de "mascarar" a influência shakespeariana em seu pensamento e que a complexidade psicológica de um personagem como Hamlet parece se encaixar com mais exatidão àquilo que Freud elaborou e acabou denominando "Complexo de Édipo"** [...] [grifos meus]

---

56 Eduardo MAIA. Complexo de Hamlet. Revista Continente Multicultural. Disponível em: <http://www.cafecolombo.com.br/2006/10/22/o-complexo-de-hamlet/>. Acesso em 01/08/2009.

Hamlet é o nome de uma tragédia de William Shakespeare[57]. A tragédia se passa na Dinamarca, e conta a história de um príncipe chamado Hamlet, que deseja vingar-se da morte do seu pai Hamlet, envenenado pelo irmão Claudio, que, depois de matar o rei, se casa com a rainha. Os diálogos, na tragédia, conduzem ao questionamento da virtude, traição, incesto, vingança e moralidade. Planejar matar o pai ou o sucessor, seja um tio ou padrasto, coloca em questão o drama da rivalidade entre pai e filho, como no complexo de Édipo. Por isso, para Bloom, Freud ignorou a influência da obra de Shakespeare, Hamlet, na sua criação literária. Portanto, o complexo de Hamlet seria uma homenagem ou denúncia de Bloom pela razão de Freud ter sido influenciado pela obra de Shakespeare.

92. COMPLEXO DE HARPAGON

Esse complexo para **G. Bachelard** (1991, p. 235) simboliza a paranoia das pessoas pela riqueza. Bachelard diz: "lembramos que o pai de Villiers de l'Isle-Adam passou a vida procurando tesouros"; o objeto real, nesse caso, se tornou um objeto poético, concretizado em obras por Villiers. Ele simboliza as pessoas avarentas, que buscam nas pequenas coisas extrair algum lucro.

Segundo Bachelard, o pai do poeta Villiers de l'Isle-Adam procurou, durante sua vida, um tesouro enterrado por seus antepassados. "Villiers de l'Isle-Adam realiza o desejo do pai, ao escrever Axel" (1991, p. 173). Essa realização se dá metaforicamente, ao contrário do desejo do pai, que almejava a posse concreta do tesouro. (SILVA, 1999 e 2018).

G. Durand (1997a, p. 264) também teceu comentário a respeito desse complexo: "Todo o pensamento substancialista é avaro ou, como escreve Bachelard, todos os realistas são avaros e todos os avaros realistas, e é com razão que as valorizações positivas da substância e dos excrementos se podem chamar 'complexo de Harpagon'".

Quem não conhece uma pessoa com complexo de Harpagon, para quem economizar é mais que regra, é uma lei suprema? Aqueles que sempre se desculpam por não poder ajudar; sempre reclamam das menores perdas; que dizem não aceitar os desperdícios; atos fantásticos, que seriam de muita

---

57   OBS.: para alguns comentadores, se trata do ano de 1599, para outros, de 1601.

utilidade, se não fosse uma regra rígida de organização pessoal visando apenas ao lucro em tudo.

93. COMPLEXO DE HARPAGON DO FOGO

Para **G. Bachelard** (1994a, p. 137), a supervalorização das substâncias leva à crença de que pessoas que se entregam às bebidas ficam "impregnadas de matérias inflamáveis". O complexo de Harpagon do Fogo está relacionado com fogo do álcool e suas consequências no organismo, ao que diz o autor:

> Não se procura saber se a assimilação do álcool transforma o álcool. **O complexo de Harpagon que comanda a cultura, assim como toda tarefa material, nos faz acreditar que não perdemos nada do que absorvemos e que todas as substâncias preciosas são cuidadosamente postas em reserva**; a gordura produz gordura; os fosfatos produzem ossos; o sangue produz sangue; o álcool produz álcool. O inconsciente, em particular, é incapaz de admitir que uma qualidade tão característica e tão maravilhosa quanto a combustibilidade possa desaparecer totalmente. Eis, pois, a conclusão: quem bebe álcool pode se queimar feito o álcool... Assinalemos de passagem que todos esses exemplos são tomados da época das Luzes. [grifos meus].

Certamente, ainda existem muitos mitos e controvérsias com relação ao alcoolismo e outras substâncias ingeridas que podem causar reações ao organismo. As crenças, crendices e curiosidades em compreender as substâncias da combustão no organismo ainda geram confusões nas pessoas que se dizem cultas e nas pessoas comuns. Atualmente, com os avanços da ciência, especialmente, da medicina, assiste-se a noticiários que retomam pesquisas ou costumes alimentares e dizem o contrário do que as pessoas sabiam; outras vezes, comprovam práticas já adotadas pelo senso comum.

94. COMPLEXO DE HOFFMANN

O *Complexo de Hoffmann* é para **G. Bachelard** (1994a) uma derivação do *Complexo do Ponche*. Hoffmann também simboliza o ponche, uma bebida quente, ideal para as noites frias. Diante do fogo, o ponche e a chama quente do álcool servem de inspiração para o poeta-escritor, que escreveu obras como *O canto de Antonia.*

Bachelard se refere também à análise desse autor das obras *Les sources du merveilleux chez Hoffmann* e Sucher (1994a, p. 123-144). Além do próprio Hoffmann.

Também presentes na obra a água e os sonhos. Bachelard (1989a, p. 101) comenta a respeito da difícil combinação da água com o fogo, e diz:

> Quando o álcool arde, numa noite de festa, parece que a **matéria enlouqueceu**, parece que a água feminina perdeu todo pudor e que se entrega, delirante, ao seu senhor, o fogo! Não é de surpreender que certas almas aglomerem em torno dessa imagem excepcional impressões múltiplas, sentimentos contraditórios e que sob esse símbolo se forme um verdadeiro complexo. **Chamamos esse complexo de complexo de Hoffmann**, porquanto o símbolo do ponche nos parece singularmente ativo nas obras do contista fantástico. [grifos do autor].

95. COMPLEXO DE HOUSE

O *Complexo de House* aparece como uma homenagem de alguns internautas, estudantes de medicina e outros acadêmicos, ao Dr. House[58], personagem de um seriado americano de televisão, que foi sendo exibido por alguns canais brasileiros.

O Dr. House é um médico de temperamento difícil, corajoso e com bastante iniciativa, em especial, iniciativa para ajudar o paciente nos casos que assustam e que parecem de difícil solução. É um homem chato, exigente, mas sabe fazer o que for necessário para ajudar um cliente, mesmo que precise burlar alguma regra. Esse complexo simboliza, por isso, o bom profissional, aquele que sabe que é bom profissional, por isso, faz com que as pessoas se submetam e sintam o seu valor.

Alguns episódios apontam para um perfil de médico alcoólatra, ousado, destemido, mas com tamanha lucidez e inteligência, aquele que faz o que for

---

58 O site do Wikipedia traz uma boa explicação do personagem, disponível em: <https:// pt.wikipedia.org/wiki/House,_M.D.>.

necessário para ajudar o paciente, ainda que não seja o correto. No sentido negativo, nos parece que há certa apologia com relação à capacidade do profissional em sentir-se imune perante os abusos com relação às drogas e entorpecentes que, por vezes, usa para tratar as próprias doenças ou para fugir das situações de conflito pessoal.

House é amado por uns e odiado por outros, mas parece indiferente a afetos e desafetos, procura não demonstrar irritação, até porque se vale de qualquer subterfúgio ou pessoa disponível para fazer aquilo que considera correto. Mas, na intimidade, mostra desregramento e insubordinação para seguir o tratamento que julga ser necessário.

96. COMPLEXO DE HULK

Quem não se lembra do seriado de TV em que o homem verde ou Hulk se inflava e virava um ser violento e depois, milagrosamente, voltava à forma normal e pouco se lembrava do acontecido?

Rajesh Setty[59], aos treze anos de idade, escreveu um livro para ajudar as pessoas a se relacionarem. Para ensinar as pessoas que a comunicação é um instrumento poderoso, que compartilhar saberes, assim como dúvidas é uma forma inteligente de trabalhar e sobreviver nas organizações, que isolamento e individualismo são tão prejudiciais, quanto comodismo e indiferença. Ana Carmem, em seu blog diz:

> Rajesh Setty, um indiano que lançou seu primeiro livro aos 13 anos, desenvolveu a capacidade de observar cenários e extrair de suas reflexões dicas práticas para melhorar o relacionamento entre as pessoas e ainda conseguir melhores resultados no trabalho. Poderia ser um gênio da lâmpada não fosse ele um consultor para corporações.
>
> Life Beyond Code é o nome de seu blog. "Beyond Code" é o livro lançado nos Estados Unidos em 2005 sobre ser um bom profissional. Nele, **Setty dedica um capítulo ao que chama de "Complexo de Hulk"**...

---

59 Disponível em: <http://www.anacarmen.com/blog/2006/10/22/complexo-de-hulk-so-desmancha-o-penteado/>.

[...] A dica é preciosa: quando você tenta resolver um problema sozinho, conta apenas com seus recursos. Por outro lado, quando você aciona uma rede, tem à disposição uma combinação de fontes, conhecimentos e vivências que sempre será mais poderosa do que você sozinho.

[...] Sabiamente, ele esmiúça ideias que permeiam os conceitos de inteligência coletiva e trabalho colaborativo – duas coisas que, não por coincidência, são o motor da web 2.0. [grifos meus].

O conselho que de Setty dá: é a pessoa não tentar ser um Hulk, não ficar verde de raiva e explodir, mas conversar com as pessoas, encontrar uma solução e aprender a se comunicar.

É difícil em tempos sádicos, nas organizações capitalista, "engolir sapos" e depois tentar digerir, são muitas as situações e as denúncias de pessoas ao redor do mundo, sobre os empoderados nos cargos de confiança ou de comando, especialmente, aqueles que usam de trapaças, violência, subjugação e controle da situação, deixando explícito, que resta ao outro, o subordinado, ir embora ou baixar a cabeça e aceitar o que está acontecendo, ou na pior das hipótese, está preparado para aquilo que há de vir. No mundo inteiro, pipocam denúncias de abuso de poder em muitas situação corriqueiras ou de competitividade.

97. COMPLEXO DE ÍCARO

Hermes Fernandes e **Júlio Zamparetti**[60] comentam, em matéria na internet, que tempos atrás, por exemplo, o sonho de alguns pastores era construir uma grande catedral; agora, é ser proprietário de um avião, possuir um avião. Sonho de voo de muitos empresários com megalomanias de toda sorte. É preciso *ter* para *ser*.

Também nos negócios, fala-se do *Complexo de Ícaro*[61], daqueles que conseguem ganhar a fuga com asinhas de cera, de forma mágica e superficial, porque, depois de algum tempo, elas derretem. São os empresários que não conseguem ter sucesso ou fazer uma boa administração e acabam falindo.

---

60   Disponível   em: <http://www.pulpitocristao.com/2009/08/rene-terra-nova-compra-aviao.html>.

61   Disponível em: <http://saletto.com.br/italo/?tag=complexo-de-icaro>.

Fazem empréstimos bancários, em vez de pagar as contas atrasadas e administrar as novas contas, acabam comprando carros e casas de luxo, esbanjando riqueza; esquecendo-se totalmente de que são devedores.

Nesse cenário, podem-se observar os pequenos e micros empresários, que buscam nos bancos, especialmente os estatais, empréstimos financeiros como saída e solução para falências e fracassos empresariais; mas quando a ajuda chega, esquecem a finalidade dos empréstimos. Dados do IBGE e SEBRAE de 2007 revelam que 75% das micros e pequenas empresas, no Brasil, fecham antes de completar dois anos. Um dos motivos, ao que parece, pode ser este aqui apontado pelos autores, e muitos outros, obviamente.

O grupo musical *Os Paralamas do Sucesso* cantou: "o céu de Ícaro tem mais poesia que o de Galileu". Viver nas alturas é melhor que andar na terra. O empresário que voa com asas de cera, dinheiro alheio, esquece que deve pagar pelo voo e cai tão rápido quanto sobe.

98. COMPLEXO DE INFERIORIDADE

Para **G. Bachelard** (1989a, p. 169), esse *Complexo de Inferioridade*, simboliza aqueles escritores que provocam o vento, as tempestades, e se quebram ao acoite dos mesmos. Poucos são os escritores que desafiam o vento e as tempestades, como Nietzsche, em que Zaratustra, que fala aos 'quatro ventos do céu', não se intimidando; o herói aéreo não é um herói passivo. Tal como o caniço que diz: 'curvo-me e não quebro', "o caminhante no vento é o *inverso* do caniço"

Para vencer esse complexo, é necessário enfrentar as tempestades, ou seja, não fugir do destino, ou se esconder atrás da própria fraqueza. Bachelard (1989a, p. 169) diz:

> A marcha contra o vento, a marcha na montanha é sem dúvida o exercício que melhor ajuda a vencer **o complexo de inferioridade**. Reciprocamente, essa marcha que não deseja objetivo , essa *marcha pura* como uma *poesia pura*, proporciona constantes e imediatas impressões de vontade de poder. É a vontade de poder no sentido discursivo. Os grandes tímidos são grandes caminhantes; conquistam vitórias simbólicas a cada passo; *compensam* sua timidez a cada cajadada. Longe da cidade, longe das mulheres, eles procuram a solidão dos cimos: 'Foge, meu amigo, foge para a tua

solidão'(Fliehe, mein Freund, in deine Einsamkeit). Foge da luta contra os homens para encontrar a *luta pura*, a luta contra os elementos. Vai aprender a luta lutando contra o vento. E Zaratustra termina a estrofe nestes termos: 'Foge lá para cima, onde sopra um vento rude e forte'. [grifos em itálico, do autor, em negrito, meus].

Segundo **Laplanche** e **Pontalis** (1970, p. 123), o complexo de inferioridade tem origem na psicologia de Alfred Adler, o qual "designa, de um modo muito geral, o conjunto das atitudes, das representações e dos comportamentos que são expressões mais ou menos disfarçadas de um sentimento de inferioridade ou das reações deste".

Dermeval Saviani (2006, p. 6) se referindo à educação ética e moral, comenta que a educação tem colocado esse problema sob duas óticas dicotômicas: a responsabilidade e a liberdade, cuja tônica da educação moral está na responsabilidade, é **"a 'força de vontade', o 'querer é poder', a 'formação do caráter'.** E quando o acento é posto no polo da liberdade, tem-se a educação liberal que irá enfatizar a autonomia do sujeito, a liberdade de escolha e a franca competição entre os indivíduos" [grifos meus].

Essa dicotomia, segundo o autor (2006), pode acentuar uma hipertrofia da vontade que

> [...] Acaba resultando no posto do objetivo que se pretendia atingir uma vez que em lugar do caráter forte, bem formado e da vontade férrea, como se pretendia, cai-se no enfraquecimento da vontade, na deformação do caráter cuja consequência tem sido a consciência de culpa e o **complexo de inferioridade**. A razão dessa inversão está no fato de que, omitindo os condicionamentos determinados pela situação humana e absolutizando a vontade, essa maneira de educar faz com que o educando, ao se deparar com as limitações situacionais, não as considere como tais, mas como limitações pessoais, criando a convicção de que é ele que não sabe se dominar; é ele que não se esforça suficientemente; é ele que é incapaz; é ele que é responsável pelo apregoado fracasso. **Daí, a consciência de culpa e o complexo de inferioridade**. Na verdade, o que temos aí não é propriamente a educação moral mas uma educação moralista ou, dizendo de outro modo, o moralismo pedagógico. [grifos meus].

99. COMPLEXO DE INFERIORIDADE BRASILEIRO

João Ubaldo Ribeiro[62], em artigo intitulado *Complexo de Inferioridade Brasileiro*, critica os brasileiros que ainda acreditam nos **complexo de inferioridade e complexo de inferioridade do brasileiro**; Por quê? Porque, segundo Ribeiro, ainda que tenhamos avançado em muitas questões, e de fato já avançamos, estamos produzindo, tanto academicamente quanto economicamente. De maneira a não nos envergonharmos em nenhum lugar, continuamos nos sentindo inferiores; mas resta saber em quê Ribeiro comenta:

> No meu distante tempo de rapaz falava-se muito em complexo de inferioridade e superioridade. Caiu de moda, não sei bem por quê. **Talvez seja até politicamente incorreto dizer que alguém tem complexo**, essas questões ficam cada vez mais complicadas...

> **Quanto aos brasileiros em geral, contudo, o complexo de inferioridade era reconhecido quase com unanimidade. Segundo nossa visão, não valíamos nada, tudo de fora era melhor e Deus se mostrara injusto conosco, fazendo-nos nascer aqui.**

> **[...] Mas a verdade é que o complexo se manifestava o tempo todo. Nada fabricado no Brasil, por exemplo, funcionava direito, a ponto de ter havido casos patéticos, como brasileiros trazendo do exterior produtos de marca estrangeira, mas fabricados aqui, mesmo e exportados.**

> [...] O Brasil não só não vai quebrar... como não pode quebrar e não deixarão jamais que quebre, é tudo careta para assustar complexado. Se quebrar, para começar o resto da América Latina vai para a cucuia em coisa de dez a quinze minutos... **Ninguém nos pode ignorar, sob pena de quebrar a cara. "Eles" sabem disso, mas não lhes interessa que saibamos, e mantemos o péssimo hábito de prestar atenção no que eles falam, não no que fazem.** Só quem não sabe somos nós, a começar pelo Governo. [grifos meus].

---

62   Disponível em: <http://www.almacarioca.com.br/cro11.htm>.

Carlos Alberto Kolecza[63] também escreve um artigo com o título de *Complexo de Inferioridade Brasileiro*. Fazendo uma crítica à classe elitista que se sente inferior diante das elites do Primeiro Mundo. Kolecza diz:

> O ministerioso mal que condena o brasileiro à indigência cultural do berço ao caixão. A questão do **complexo de inferioridade nacional é na verdade a máscara do complexo de inferioridade das nossas elites letradas diante dos gurus do Primeiro Mundo**. O pacto de cumplicidade em torno do genocídio cultural praticado no Brasil.
>
> [...] **A mais nefasta pereba psíquica já foi pretensamente diagnosticada: complexo de inferioridade**....
>
> **Complexo de Inferioridade**
>
> Nas radiografias sociológicas, **o complexo de inferioridade é identificado como uma mancha que parece colada à personalidade, como certas marcas de nascença**...
>
> Tem gente que acha a dívida íntima absurda num país que tem uma sumidade internacional de presidente, acostumado a viajar de seis em seis meses para passar o chapéu e também para experimentar um novo chapéu de professor sabe-tudo. A bem da verdade, **S. Exa. a Sumidade nunca sofreu do mal de inferioridade** - pelo contrário - e faz tudo o que pode e não pode para levantar o moral do seu povo, embora às vezes se sinta presidente de um país de caipiras desdentados. [grifos meus]

100. COMPLEXO DE INFERIORIDADE DO LULA

Armando Costa Rocha[64] escreveu um comentário, na internet, intitulado de *Complexo de Inferioridade do Lula*. Texto tão polêmico, quanto provocativo e desafiador, que, talvez, valesse a pena perguntar quem, de fato, tem complexo de inferioridade. Nós, os brasileiros? O presidente da Republica, Luís Inácio

---

63 Data provável do artigo: Porto Alegre, 10/10/1997.

64 Disponível em: <http://port.pravda.ru/cplp/brasil/>.

Lula da Silva, o "Lula"? Os europeus em relação aos americanos e vice-versa? Os americanos em relação aos brasileiros e vice-versa? O autor em relação aos governos brasileiros que ele gostaria de ver no poder? Ao que parece, seria uma pesquisa interessante de se ver. Rocha comenta:

> O que o Lula não fala no seu discurso, é que traiu a confiança de mais da metade da população brasileira, que conscientemente abraçou os ideais socialistas.

> Fomos explorados durante muitas dezenas de anos pelos capitalistas norte--americanos, e quando Fernando Henrique Cardoso, um dos maiores, para não dizer o maior intelectual presidente que tivemos, em TODA a nossa história, principiou a nos levar em outra direção: China, Rússia, Alemanha e França. O governo norte-americano declarou guerra ao mesmo e falou, no ouvido, com Lula.

> [...]

> Um grande líder não precisa ser obrigatoriamente um intelectual; pode ser, por exemplo, como o atual presidente argentino: um homem, que disse, como candidato: "não vou pagar a divida externa com o sacrifício de meu povo!" e no dia da posse repetiu as mesmas palavras.

101. COMPLEXO DE INTENSIDADE E DURAÇÃO

Para **Gaston Bachelard** (1994b, p. 111), esse *Complexo de Intensidade e Duração*, acontece quando "a duração não é uma qualidade verdadeiramente primordial dos elementos musicais", ainda que "ser poeta é multiplicar a dialé-tica temporal, é recusar a continuidade fácil da sensação e da dedução; é recusar o repouso catagênico para acolher o repouso vibrado, o psiquismo vibrado... É a partir do ritmo vibrado que se origina o ritmo ouvido" (1994b, p. 115). O tempo, na poesia musicada de Arnaldo Antunes, cantor brasileiro:

> O meu tempo não é o seu tempo.
> O meu tempo é só meu.

O seu tempo é seu e de qualquer pessoa,
até eu.
O seu tempo é o tempo que voa.
O meu tempo só vai onde eu vou.
O seu tempo está fora, regendo.
O meu dentro, sem lua e sem sol.
O seu tempo comanda os eventos.
O seu tempo é o tempo, o meu sou.
O seu tempo é só um para todos,
O meu tempo é mais um entre muitos.
O seu tempo se mede em minutos,
O meu muda e se perde entre os outros.
O meu tempo faz parte de mim,
não do que eu sigo.
O meu tempo acabará comigo
no meu fim.

Há duração porque o tempo do poeta e o poeta são uma só coisa. A duração que as pessoas retratam para situações breves, mas com intensa carga de sofrimento e provação; os comentários daqueles que esperam, incomodados, a situação se estabilizar e normalmente dizem "parece não ter fim"; "uma eternidade..."; "a espera quase me enlouqueceu"; "pensei que não acabaria nunca".

O tempo também parece ter, mais ou menos, duração conforme os humores das pessoas; algumas comentam que não paramos para sentir o desenrolar das coisas quando estamos bem, "parece que o tempo parou"; "vivi intensamente".

Jorge L. Borges (1986) pontua que "Neste **instante gigantesco**, vi milhões de atos agradáveis ou atrozes; nenhum me assombrou mais do que o fato de todos ocuparem o mesmo ponto, sem superposição e sem transparência. O que os meus olhos viram foi simultâneo; o que escreverei será sucessivo, pois a linguagem o é...". O poema *Instantes,* que alguns acreditam ser de autoria de Jorge Luis Borges, faz refletir sobre o tempo vivido e não vivido com pouca ou muita intensidade:

Se eu pudesse novamente viver a minha vida,
na próxima trataria de cometer mais erros.
Não tentaria ser tão perfeito,
relaxaria mais, seria mais tolo do que tenho sido.

Na verdade, bem poucas coisas levaria a sério.
Seria menos higiênico. Correria mais riscos,
viajaria mais, contemplaria mais entardeceres,
subiria mais montanhas, nadaria mais rios.
Iria a mais lugares onde nunca fui,
tomaria mais sorvetes e menos lentilha,
teria mais problemas reais e menos problemas imaginários.

Eu fui uma dessas pessoas que viveu sensata
e profundamente cada minuto de sua vida;
claro que tive momentos de alegria.
Mas se eu pudesse voltar a viver trataria somente
de ter bons momentos.

Porque se não sabem, disso é feita a vida, só de momentos;
não percam o agora.
Eu era um daqueles que nunca ia
a parte alguma sem um termômetro,
uma bolsa de água quente, um guarda-chuva e um pára-quedas e,
se voltasse a viver, viajaria mais leve.

Se eu pudesse voltar a viver,
começaria a andar descalço no começo da primavera
e continuaria assim até o fim do outono.
Daria mais voltas na minha rua,
contemplaria mais amanheceres e brincaria com mais crianças,
se tivesse outra vez uma vida pela frente.
Mas, já viram, tenho 85 anos e estou morrendo.

Jorge Luis Borges pode – a meu ver – representar esse complexo imaginário, pode-se homenagear aquele para quem o tempo é a essência mesma

das coisas. Em entrevista, o escritor-poeta considera que o tempo é o tema essencial em sua obra[65]

> **Jorge Luís Borges** - Responderei com um lugar-comum, mas os lugares--comuns são as verdades. O tema essencial é o tempo e, dentro do tempo, o enigma da identidade pessoal que se mantém e das contínuas mudanças. Ou seja, por um lado, temos o rio de Heráclito: ninguém desce duas vezes ao mesmo rio, não somente porque o rio flui, mas também porque o próprio homem é um rio que está fluindo; e, no entanto, há uma identidade que se mantém, uma vez que recordo minha infância e minha adolescência e não a dos outros.
>
> Creio que o tema essencial - se é que há algum tema essencial no que escrevo, e se é que vale a pena indagá-lo - é esse. Se compreendêssemos o tempo, compreenderíamos tudo. Sempre se diz em filosofia o tempo e o espaço. O espaço não tem maior importância, é uma das percepções que nos dá o tempo. Teoricamente, poder-se-ia imaginar um universo sem espaço. Um universo puramente mental. Mas um universo sem tempo, sem sucessão, é inconcebível. Mesmo que os homens tenham inventado uma palavra para aquilo que não podem conceber: a palavra *eternidade*[66].

102. COMPLEXO DE INVERSÃO DO GIGANTE

Para **G. Durand** (1997a, p. 211), no *Complexo de Inversão do Gigante*, conta-se a história do anão e a gulliverização, que estão sob o "esquema do redobramento por encaixes sucessivos"; valores solares, como virilidade e gigantismo, são derrubados; especialmente os desenhos gráficos da cultura chinesa retratam a gulliverização das formas; haja vista

> O liliputiano e os 'Pequenos Polegares' das nossas lendas são justamente a vulgarização folclórica de um tema eterno que a doutrina paracelsiana do homúnculo tinha largamente difundido nos meios cultos, homúnculo 'encaixado' no licor espermático e depois encaixado no ovo filosófico dos

---

65 Disponível em: <http://www.jornaldepoesia.jor.br/bh16borges04.htm>.

66 Disponível em: <http://www.jornaldepoesia.jor.br/bh16borges04.htm>.

Alquimistas. Esta gulliverização parte sempre de uma fantasia do engoli-mento. Bachelard cita o exemplo de um doente que fabula e constrói toda uma fantasia sobre o interior do ventre de um gigante, ventre cuja cavidade tem mais de dez metros de altura. **O anão e a gulliverização são, portanto, constitutivos de um complexo de inversão do gigante**. Por outro lado, esta fantasia do engolimento liga-se às fantasias da interioridade protetora, como aparece em Dali. [grifos meus].

Simbolicamente, na economia e política globalizadas, estamos vivendo um processo de gulliverização de economias, povos e culturas, em que gigantes engolem os pequenos como tubarões em mar revolto.

Nesse contexto, com esse complexo, pode-se nomear a economia estadu-nidense, por tentar engolir as pequenas economias, e até as grandes, ao fingir que são pequenas ou tentar não reconhecê-las como tão potentes e gigantes quanto a dos EUA.

Pode-se nomear o pintor Dali como o inspirador da gulliverização da economia estadunidense, dado que, por trás da interioridade protetora, em Dali reside a ideia de proteção; os braços estendidos dos americanos para o resto do mundo; ainda que os tributos a César sejam demasiadamente altos.

103. COMPLEXO DE ÍTACA

Ítaca é uma Ilha em Portugal, aquela que aparece como a velha Ítaca da mitologia grega. O *Complexo de Ítaca* retrata os autores saudosistas de lugares em que o ar puro e a tranquilidade remetem ao sentimento que se nutre pela terra natal.

Também alguns autores se referem ao lugar onde se pode respirar o ar puro e seguro da terra natal, em alusão a Ulisses e sua trajetória de deambu-lante. Ulisses parece ser o grande representante desse complexo por simbolizar os ideais da terra natal, cuja saudade o faz buscar o eterno retorno à terra de nascimento.

Esse sentimento pela terra natal pode ser atestado na obra de G. Gusdorf (1978) quando o autor descreve o retorno de poetas e escritores de volta à terra natal; quando o homem sente a sua *querência*, aquela necessidade imperiosa de retornar ao lugar das vivências e experiências marcantes da infância, os laços com a terra de origem. A querência acontece com os animais que procuram o lugar da morte, aquele que lhe fora destinado; no caso dos homens, também se voltam, há certa altura da vida, para a terra natal a fim de perecer na terra de nascimento, aquela que lhes fora destinada para o nascimento e também a morte.

O filósofo conta a história de um poeta mineiro, que descreve, com tristeza e pesar, o seu retorno à terra natal. A casa e toda cidade não lhe pareciam mais as mesmas, por isso, retorna para a cidade do Rio de Janeiro por parecer-lhe, muito mais, ser esta a sua cidade e não aquela, agora estranha e que não conserva nada daquilo que poderia ser considerado vínculo para o poeta, a sua Ítaca.

104. COMPLEXO DE JACÓ – ESPETACULAR

Para **G. Durand** (1997a, p. 128, 152), o *Complexo de Jacó*, ou complexo espetacular, simboliza a escada ascensional que os religiosos consideram como os degraus para atingir as esferas celestes, e está relacionado com o símbolo da cruz,

> A tradição reforçada entre os cristãos pela literatura paulina e neoplatônica, porque todos os dualismos opuseram a verticalidade carnal ou à queda. Enfim, também a poesia herda esse '**complexo de Jacó**'. Baudouin nota que esse tema em Hugo está em ligação direta com o superego e se agrupa numa notável constelação com o simbolismo da água, do imperador e do que o psicanalista chama de '**complexo espetacular**'. [grifos meus]

A escada dos místicos e religiosos, dos santos das igrejas e das pessoas que falam em degraus para subir até os Céus, à Casa Celeste.

A escada de Jacó já foi muito retratada pelo cinema, pela literatura de diversos autores e por diversas religiões. Jacó simboliza o pai enganado pelo segundo filho, com o apoio da mãe, cujo primogênito não assume o lugar do pai no sentido de repetir o papel do patriarca, por isso, se esquiva de ir à luta e trabalhar como o pai; simboliza, também, os filhos que, de certa forma, quebram a tradição de repetir a profissão e os passos determinados pelos pais. Por isso, o primogênito vende sua bênção (aquela que receberia do pai) ao irmão mais jovem que deseja seguir os passos do pai; na verdade, engana o pai para ser como o próprio pai. O pai, já cego, não percebe a barganha entre os irmãos, come a caça ofertada pelo segundo filho, como se fosse o mais velho, e depois o abençoa. Bênção que, certamente, permitirá ao filho subir a escada da ascensão para atingir a morada celeste, por seguir o caminho de retidão tal qual o pai. O complexo espetacular simboliza, por isso, o sacrifício humano para ascender aos degraus espirituais, subir a escada que leva ao mundo divino.

105. COMPLEXO DE JESSÉ

G. Durand (1997a, p. 342-43) refere-se à árvore enquanto símbolo do "destino espiritual" do homem, "por isso, não é de estranhar verificar-se que a imagem da árvore é sempre indutora de certo messianismo daquilo a que poderíamos chamar o '*Complexo de Jessé*".

Todo progressismo, de acordo com o autor, é arborescente, cujo "mito das três árvores, tal como aparece em certos evangelhos e apocalipses apócrifos, não é mais que um duplicado do mito das três idades" (1997a, p. 343). A árvore da vida com seus frutos e raízes simboliza os vínculos dos homens com as gerações passadas e os vínculos com as gerações presentes; simboliza as conexões que o homem tem com o conhecimento, com as coisas divinas e sagradas. No Livro do Gênesis (2:9), pode-se ler o seguinte comentário: "Jeová fez brotar do solo toda árvore de aspecto desejável e boa para alimento, e também a árvore da vida no meio do jardim e a árvore do conhecimento do que é bom e do que é mau". O jardim do Éden pode simbolizar o lugar, a terra ideal para o homem viver, aquela em que a árvore representa, duplamente, o alimento para manutenção do corpo e a árvore do conhecimento, o alimento para manutenção do espírito.

Na Babilônia, no Egito e em muitos povos antigos, civilizações primitivas, podem-se ver comentários a respeito da árvore da vida em inscrições feitas em argilas e pedras, papiros, selos e outros tipos de registros. Em mitologias e em algumas outras civilizações, existem árvores sagradas, em que vários mistérios são atribuídos a elas, árvores.

106. COMPLEXO DE JOCASTA

Marie-Christine Laznik (2003), no livro intitulado *Complexo de Jocasta*, disserta sobre os problemas enfrentados pelas mulheres, para lidar com sua feminilidade e sexualidade na menopausa. A autora discute, nessa obra, a feminilidade e a sexualidade, sob o prisma da menopausa. Segundo a resenha da Livraria Cultura:

> O 'complexo de Jocasta' ocorre com as mulheres no período da menopausa. É um momento onde a identidade feminina se desloca frente às questões de sua sexualidade e de seu papel como mãe. Com as transformações de seu corpo causadas pela idade, algumas mulheres optam por abrir mão da sua sexualidade para se dedicar à companhia dos filhos. É deste tema que trata 'O complexo de Jocasta'.

Alguns autores da psicanálise pontuam que o termo Complexo de Jocasta surge na obra de Raymond de Saussure, médico que se inicia na psicanálise, com S. Freud, e, depois, com Franz Alexander. Esse tipo de complexo está relacionado com aquelas mães que zelam pelos filhos, de maneira obsessiva, que se ligam, afetivamente, aos eles, de maneira deturpada ou exagerada, podendo variar ou descambar, desde uma superproteção até uma fixação sexual.

Pode-se pensar, aqui, nas mães que prolongam a infância e a adolescência dos seus filhos, na ilusão de segurá-los em casa, ou afirmar seu zelo excessivo. Por isso, atualmente, uma adolescência pode chegar até os trinta ou quarenta anos. Tais mães ainda se gabam de ter um eterno adolescente em casa. Mas a coisa fica complicada quando o filho maduro age, como adolescente, para não assumir responsabilidades; o adolescente que reivindica o que não deveria "uma gorda mesadinha", sem se importar se os pais já estão velhos e carecendo de sua proteção; a dependência prolongada dos filhos em assumir uma profissão; a fragilidade ostentada na hora de contribuir para pagar as contas da casa; a recusa em ajudar no orçamento familiar; os pais que se privam de coisas pequenas para proteger os filhos; os pais que fazem questão de dar aos filhos as compensações materiais que eles próprios nunca tiveram; os pais que reivindicam liberdade para os filhos sem que eles se esforcem para conquistar a sua liberdade com responsabilidade; pagar e arcar com a mesma.

É preciso muito cuidado com essa superproteção porque também a mãe pode reforçar o engano de que nem todos devem ter responsabilidade, adiar as coisas sérias sempre; que a felicidade espera porque está no universo da família. Esse filho cheio das regalias poderá ter, no futuro, muitas dificuldades para conviver e relacionar-se com as mulheres ou para assumir responsabilidades.

107. COMPLEXO DE JONAS

Para **G. Bachelard** (1990b, 1991), o *Complexo de Jonas*, ou tema do engolimento, simboliza o encanto onírico dos escritores pela casa materna, a volta à mãe. O autor considerado, nesse exame, é Victor Hugo, em *Les traivailleurs de la mer* e outras obras, pelas constantes referências desse autor ao ventre materno, como um grande ventre engolidor (1990b, pp. 96, 101, 116 e 139).

Na obra *A terra e os devaneios da vontade*, Bachelard (1991, p.100) se refere a esse complexo como aquele que representa os "mistérios da profundeza do ser".

G. Durand (1997a, pp. 201, 203, 206) diz que esse complexo, conforme ressaltado por Bachelard, segue um movimento 'involutivo', que se relaciona com os segredos do *devir*. E no sentido de Robert Desoille, simboliza o sonho da descida, a possibilidade de 'desaprender o medo. Assim,

> Existe mesmo nas preocupações tomadas na descida, como veremos propósito do complexo de Jonas, uma sobredeterminação das proteções: protegemo-nos para penetrar no coração da intimidade protetora. Bachelard, com a sua sagacidade habitual, ao analisar uma página da *Aurora* de Michel Leiris, mostrou claramente que qualquer valorização da descida estava ligada à intimidade digestiva, ao gesto da deglutição. Se a ascensão é apelo à exterioridade, a um para além do carnal, o eixo da descida é um eixo íntimo, frágil e macio. O regresso imaginário é sempre um 'ingresso' mais ou menos cenestésico e visceral. Quando o filho pródigo arrependido repassa o limiar paterno é para se banquetear.

108. COMPLEXO DE JÚPITER

G. Bachelard (1994c, p. 59) pontua que o *Complexo de Júpiter* está relacionado com as pessoas muito orgulhosas, dado que o "orgulho duplica a memória, duplica o inconsciente enraizado no passado. É ébrio de antecipações. Vive de futuro grandioso, de vontade num campo ilimitado. Mas o orgulho sofre também um recalque".

O orgulhoso somente ficará satisfeito ao tornar-se senhor de um universo; a questão do orgulho como uma questão primitiva ganha dimensão e se torna uma questão misteriosa. Por isso,

> Bastaria então ter um álbum dos tipos de ações cósmicas para determinar as reações especificas naquele que quiser se submeter a uma participação sincera na paisagem gravada. Algumas vezes uma única imagem provoca uma avalanche de confidências que vêm nos instruir sobre as alturas insensatas do orgulho humano, sobre o que é preciso chamar de **complexo de Júpiter**. Se empreendermos uma psicanálise desse complexo de Júpiter, ficaríamos espantados com seu poder de encobrimento. Muito frequentemente o complexo de Júpiter oculta-se sob uma aparência de modéstia. O orgulho e a modéstia formam uma ambivalência tão atada quanto a ambivalência do amor e do ódio. Para desmascarar este complexo de Júpiter, para desemaranhar essa ambivalência de orgulho e humildade, será uma felicidade possuir uma boa coleção de paisagens gravadas. [grifos do autor].

Esse complexo faz pensar nos grandes centros educacionais do país, em que personalidades acadêmicas se sentem os Júpiteres do saber. Basta um Olimpo se destacar e todos se voltam para o lugar como se fossem as únicas pedras preciosas nos altares da academia; preparadas, capazes e à altura do lugar.

É comum verem-se as mesmas pessoas ocupando postos de destaque em todas as instâncias e organizações nobres, cujo conhecimento acadêmico foi produzido, criado e distribuído aos seguidores para repeti-los e perpetuá-los.

Muitos deuses que se aposentam em um Olimpo Acadêmico público, em seguida "passam em concursos públicos" destinados aos eleitos e filhos do Rei, para assumirem mais uma jornada de serviço público; a conta será paga por aqueles que recebem essas dádivas, os filhos do povo, os deserdados de

QI, tendo, portanto, a sina e a sentença de pagar a conta dos bacanas. O uso do dinheiro público serve para manutenção dos especiais jupterianos a fim de enaltecer o Céu de Júpiter, em que os mais simples, novatos, desconhecidos, são conhecidos como a massa habilmente criada para ser ou parecer ignorante aos olhos dos adoradores de deuses. Dificilmente alguém que não seja amigo do Rei tem competência para passar em concursos, portanto, devem se contentar em olhar para o Céu de Júpiter e apreciar as estrelas cadentes e, por extensão, decadentes até para se manifestarem até na mídia.

Ao povo, compete se contentar em adquirir as produções desses deuses olimpianos e repeti-las, como bons papagaios, treinados, ao que parece para ser consumidores, como quase tudo no capitalismo, especialmente, em países como o Brasil. Orgulho e humildade nesse caso, não são forças psíquicas complementares, são antagônicas e díspares.

No Brasil, esse complexo simboliza – a meu ver – os professores das renomadas academias que perpetuam sua estada nos Olimpos, defendem certos lugares e posições como se fossem os únicos a ter poder e saber suficientes para salvaguardá-los de pessoas indesejáveis; são aquelas figuras apegadas aos ditames da academia elitista, que defendem o seu próprio território, ainda que os tempos tendam a mudar e não permitir idolatrias e bênção aos deuses, nem beija-mão.

109. COMPLEXO DE LADY MACBETH

Julia Kristeva (2010, p. 29), filósofa, psicanalista, escritora, crítica literária e feminista, na obra intitulada: *No princípio era o amor:* psicanálise fé, é autora do *Complexo de Lady Macbeth*. A obra retrata a relação entre uma psicanálise e a fé católica, cujas relações da paciente com a fé católica, podem alimentar o insconsciente da paciente, com conteúdos que, dificultam uma compreensão do processo de análise e cura, devendo-se ser analisados cuidadosamente pela psicanalista.

A autora destaca o compromisso da psicanálise clínica em suas análises, e considera como elementos fundamentais dessa relação, os afetos para um alívio ou cura.

A psicanalista destaca ainda na obra, o amor na transferência com o outro, contudo, quando se trata de uma análise minuciosa, as fantasias e o imaginário não ajudam muito a compreender tal relação. Se, num primeiro momento da análise, a psicanálise pode se aproximar da fé, num segundo momento o tratamento psicanalítico pode gerar uma certa distância do paciente com a sua fé. Contudo, o paciente poderá depois, se beneficiar e se fortalecer com suas fantasias e o seu imaginário, desde que, compreenda sua origem no mundo real, e a grandeza do mundo simbólico, um elemento potente da fé católica, a fim de fortalecer-se numa relação dialética entre o mundo simbólico e o inconsciente criativo e dinâmico.

O *Complexo de Lady Macbeth tem seu* nome inspirado na obra de William Shakespeare (1564 - 1616), dramaturgo, escritor, poeta inglês, e tem a ver com a tentativa da psicanalista, em ajudar uma paciente, a perceber os conflitos gerados por sua culpa, o mundo da sua fé, tal como os dramas da personagem de Shakespeare, pelo sentimento de culpa de ter incentivado o marido a cometer um assassinato.

Um mundo real é aquele que, devemos colocar em xeque, assim como, nossas crenças e tradições, as imagens cotidianas, sagradas e profanas, e a nossa relação entre fé e a psicanálise, por isso, a analista tenta mostrar para a paciente esta relação, a fim de amenizar as torturas psíquicas, pelo remorso ou culpa, trazendo-lhe a cura ou alívio, dos sofrimentos experienciados.

Kristeva considera fundamental trazer a paciente para a realidade, a fim de que esta possa compreender os conflitos entre a sua fé, os elementos simbólicos e imaginários e a culpa, fortalecer-se e estabelecer-se psiquicamente, no mundo real.

110. COMPLEXO DE LAOCOONTE

Para **G. Bachelard** (1990b, p. 217), esse *Complexo de Laocoonte*, que se caracteriza como a repugnância e a atração pela imagem da serpente, e segundo Bachelard, o escritor que mais valorizou a serpente foi Pierre de Mandiarges, em *Le musée noir* (1990b, p. 217).

Existem programas televisivos, no Brasil, com participação de biólogos que se embrenham nas matas para seguir e perseguir animais; examinar, analisar e estudar comportamentos desses animais. Provavelmente, aqueles que mais causam certo frisson, medo e, possivelmente, repugnância parece que ainda são as serpentes.

Existem jovens fascinados por serpentes, por isso, para escondê-las da família, muitas vezes, as aprisionam em caixas modernas de sapatos.

A serpente ainda causa mistérios; também nas charges televisivas, é possível encontrar imagens dançantes que lembram a cesta, de onde se contorcendo sai a serpente. Esse tipo de imagem jocosa, geralmente prima por humor, ironia e uma espécie de tirada sexual, em que o sentido remete e apela para imagens libidinosas, coito, atração sexual, convite ao prazer. Nesse caso, não se recorre exatamente à serpente como símbolo fálico masculino, mas como a mulher sensual, cuja imagem da serpente se contorcendo lembra a imagem da mulher dançando, se contorcendo para chamar a atenção do homem.

111. COMPLEXO DE LAUTRÉAMONT

G. Bachelard (1989b, pp. 3, 94, 116, 124 e 126), no estudo da obra de Isidore Ducasse, foi possível definir o *Complexo de Lautréamont* ao observar que, já na adolescência de Ducasse, esse aparece também como um complexo de violência humana através do complexo de superioridade do educador, que poderá desencadear num *complexo da castração*.

No entanto, os sofrimentos e agressões poderão nos conduzir a uma busca de superação quando trabalhados na ambivalência positiva. O autor é André Gide, com a frase: "Eu classificava o homem como um animal capaz duma ação gratuita".

Na atualidade, a evolução dos meios de comunicação tem revelado algumas facetas da personalidade dos seres humanos, que certamente, deixariam muitos animais irracionais envergonhados, se estes pudessem ter vergonha e também pudessem expressá-la.

Gestos gratuitos, cenas bizarras, infantilidade e desregramentos, com tônica sempre nos desarranjos sociais e morais da sociedade; "torcedores" e frequentadores fanáticos de igrejas, de times de futebol, de shopping, de guetos, tribos e locais estratégicos perdem a calma e a educação que nunca tiveram, por nada ou um quase nada; famílias se desentendem e crimes bárbaros chocam o país e o mundo; especialistas fazem estudos e análises, sob a ótica dos mistérios insondáveis; são fenômenos inexplicáveis, que somente a natureza humana tem poder e capacidade para causar; histórias nada convencionais fogem à lógica do sistema de convivência e civilização dos humanos.

Liberdades assistidas e liberdades vigiadas; liberdades compradas; liberdades ofertadas como se fossem prêmios; liberdades nada conquistadas, mas no sistema de premiação e castigos, existem os que podem e são castigados e os que são sempre livres, inclusive para brincar com a liberdade que outros nunca tiveram.

Certamente, Lautréamont, ou seja, Isidore Ducasse, é atualíssimo, aquele escritor capaz de descrever as maldades que os homens podem e praticam; as maldades que não podem e não deveriam praticar, mas praticam; assim como, as reações a essas maldades, recalcadas ou "liberadas"; existem aqueles que se deleitam, não com as descrições ducassianas, mas porque as colocam em prática e, ainda, contam seus feitos criminosos como se contam histórias de terror; alguns apelam para o demônio e suas perseguições imaginárias e, por isso, recorrem a templos religiosos para exorcizar o mal; males e agonias da civilização humana que nem mesmo Freud poderia classificar; a loucura é o conceito da fartura, da usurpação, em que todas as mazelas e desacordos humanos podem ser enquadrados, diagnosticados e superados.

Certamente, na atualidade, Isidore Ducasse seria considerado um jovem inocente nas histórias mais modernosas sobre violência gratuita.

112. COMPLEXO DE LAUTRÉAMONT NEGATIVO

Para **G. Bachelard** (1989b, p.15), esse *Complexo de Lautréamont Negativo* tem como homenageado o escritor, romancista e contista tcheco, F. Kafka, no qual a metamorfose, que para Isidore Ducasse é uma felicidade da volta à primitividade, é algo doloroso, dado que

> [...] a metamorfose é sempre uma infelicidade, uma queda, um entorpecimento, uma desfiguração. Pode-se morrer de uma metamorfose. Na nossa opinião, Kafka sofre de um complexo de Lautréamont, negativo, noturno, negro. E o que vem provar o interesse das nossas investigações acerca da **velocidade poética** e da **riqueza temporal** é que a metamorfose de Kafka surge nitidamente como um estranho afrouxamento da vida e das acções [grifos do autor].

Kafka, segundo Bachelard, descreve um mundo onde Grégoire sofre com a vagareza do seu corpo para executar as tarefas; sofre pelo viscoso que o prende, que o liga às paredes, o cansaço que o vence. A abolição do tempo se justifica mais por ele tornar-se completamente animal, um molusco, do que para um homem em plena posse de sua primitividade, pois, para Bachelard (1989b, p.17), em Kafka:

> [...] até os reflexos primitivos, no retardamento geral da vida, acabam por não funcionar... Temos pois o privilégio de encontrar em Lautréamont (o excesso de querer-atacar, o querer humano impede o homem de ser um espírito) e em Kafka (o querer-viver se empobrece, se esgota) os polos extremos da experiência das metamorfoses.

No mundo da fantasia cinematográfica, presenciam-se seres humanos que perdem a forma e viram animais, nem sempre vagarosos, muitos, até bem velozes e violentos. O filme *A mosca*, em que o cientista que constrói uma máquina que deveria transportar pessoas de um lugar para outro, ao fazer a sua primeira experiência, uma mosca entra no sistema. Não é o corpo humano que assimilará as funções e cromossomos do sistema da mosca, para eliminá--los, mas a mosca que, numa espécie de metamorfose, elimina as características humanas; se beneficia do sistema biológico do homem e volta para sua primitividade, de maneira majestosa.

Mas se a personagem for kafkiana, perder a forma é perder a própria vida; a luta entre o homem e a máquina deixa de existir, para se centrar no homem em busca de si mesmo como espécie. Significa que experimentar as sensações animais é uma forma de superar a primitividade humana.

113. COMPLEXO DE LAUTRÉAMONT LARVADO - ESCLEROSADO

G. Bachelard (1989b, p. 94) é o autor do *Complexo de Lautréamont Larvado – Esclerosado*, ao pontuar que: "vamos estudar diversos exemplos do complexo de Lautréamont larvado ou esclerosado", que seria o complexo de Lautréamont, sob diversas formas reduzidas, porque segundo Bachelard (1989b, p. 95),

[...] na vida de paixão, que é a vida usual, não podemos compreender-nos senão ativando os mesmos complexos. Na vida filosófica, serena e sorridente, desiludida ou dolorosa, não podemos compreender-nos senão reduzindo, em conjunto, os mesmos complexos, diminuindo todas as tensões, abjurando a vida.

O complexo de Lautréamont, nessa perspectiva, está descaracterizado porque perdeu sua agressividade criativa; está desbotado, sem paixão ou entusiasmo para provocar o destino e os homens. Mas Bachelard lembra que é também fundamental desativar os complexos para alcançar a serenidade da vida produtiva, que, independentemente de o homem se ver cercado de dores e paixões, deve se guiar de maneira equilibrada. Por isso, o ativar e o desativar os complexos imaginários são formas complementares, ao que parece, para ativar e desativar a criatividade e o uso disciplinado da razão.

Nessa perspectiva, esse complexo pode caracterizar o escritor, o filósofo ou pessoa naturalmente agressiva que, diante das dificuldades e complexidades do universo acadêmico, se colocam de maneira mais branda, dado que "na vida filosófica, serena e sorridente, desiludida ou dolorosa, não podemos compreender-nos senão reduzindo, em conjunto, os mesmos complexos, diminuindo todas as tensões, abjurando a vida". É quando os instintos, sentimentos e afetos ficam sob o controle da razão.

114. COMPLEXO DE LEAR

Machado[67] é o internauta que atribui à ministra Marina Silva, o *Complexo de Lear*, ao se referir à política brasileira. Machado escreveu um artigo com o título de *complexo de Lear*; o artigo chama a atenção para a história do Rei Lear, grande obra de William Shakespeare.

Para a ministra, a história de Shakespeare seria uma mensagem para os políticos que ficam no poder, mas não sabem abdicar dele, assim como não conseguem identificar aqueles que lhes são caros; não sabem reconhecer a lealdade daqueles que lhes servem, nem sabem fazer uma leitura daqueles que não discursam para agradar aos que estão no poder. Resta saber quem seriam os

---

67 Disponível em: <http://altino.blogspot.com/2009/08/complexo-de-lear.html>. Responsável pela publicação Altino Machado.

governantes cegos da política e quem seriam os contribuintes que enxergam, que são raros e leais. Segue trecho do discurso da Ministra Marina Silva:

> Durante curso de especialização na Universidade de Brasília, estudei a obra "Rei Lear", de Shakespeare. **Talvez a tragédia possa nos ajudar a entender um pouco a política brasileira.**
>
> [...] **O que torna sua jornada trágica e dolorosa é que Lear se recusa a retornar ao que um dia foi, um simples homem, rei de si mesmo. Não quer morrer, tornar-se passado. Quer ser sucessivo como é a vida, reviver a fase do prazer de poder. Quer ter séquito e até mesmo um bobo para ninar seu desamparo.**
>
> Mas ninguém pode impunemente regredir sem ser atormentado pelo fantasma da repetição. No seu obsessivo desejo de ser amado, Lear agarra-se às palavras de Goneril e Regana. E rejeita amargamente a rebeldia de Cordélia, que só sabia sentir e não se sujeita a ter que fazer uma declaração de amor ao pai, obrigando-o a perceber esse amor no único lugar onde deveria estar: no resultado afetivo de suas relações pessoais.
>
> [...] Genial Shakespeare, trágico rei, frágil humanidade de sempre, que não quer passar. Que infringe a ordem dos acontecimentos, sem o árduo trabalho de elaborá-los. Que desiste de ressignificar-se, e quer tão somente repetir o prazer da sensação vivida nas ilusões de majestade." [grifos meus].

Seria a ministra aquela personalidade política que enxerga ou a aquela que está cega?Nesse caso, cega de dor pelo não reconhecimento de sua contribuição ao cenário político brasileiro ou cega por não enxergar que os "colegas" estão cegos?

O Rei Lear seria o presidente Lula, cercado pelos que enxergam sua contribuição ao cenário político brasileiro. Ao que parece, a ministra profetizou ou enxergou o que aconteceria depois do fim do mandato do presidente; difícil é deixá-lo, difícil é aceitar que alguém pode sucedê-lo; que a mídia deixará de enxergá-lo; que o palanque será abandonado ou trocará as figuras.

Cordélia, ou melhor, Marina é a moça rebelde que deixa o partido sem fazer uma declaração de amor ao pai, sem agradecer à majestade; se recusa a cumprir seu papel e destino de filha. Majestade e Reinado - difícil de serem deixados para trás - cujo poder que deles emana a ministra almeja ao se candidatar para ocupar o cargo de presidente do Brasil; nada menos que ser substituta do pai não reconhecido; teríamos, ao que parece, uma Majestade com poder matriarcal; não se trata, porém, de patriarcalismo, dado que a candidata vencedora nas eleições para substituição ao Rei Lear(,) foi uma mulher, mas parece que não é uma figura suficiente para inspirar na ministra a volta para casa e para uma posição de filha. Seria o complexo de Lear o impulsionador para o cumprimento de poder paterno ou materno? Já tivemos um pai para a nação a brasileira e, ao que se sabe, a experiência não foi tão eficaz para fazer do país um Lar para os brasileiros, mais deserdados da sorte que afortunados.

115. COMPLEXO DE LOIS LANE

Esse *Complexo de Lois Lane*[68] foi divulgado na internet, provavelmente, por alguém que queria desabafar, talvez contra uma mulher muito amada por sonhar com um homem do tipo super-homem, aquele que resolve todos os problemas, que é bonito, sensível, inteligente, um super-herói. Se tivéssemos um endereço certo, talvez - que sabe - a agência de noticias em que trabalha Clark, o super-homem; provavelmente ter-se-ia, também, uma fila de espera de candidatas para serem a namorada do "super-super-macho".

Senhor internauta, anti-herói, o arquétipo do homem ideal não é um fantasma, é generosidade da ânima, que sonha sempre com o melhor e tenta realizar seu sonho, na medida do possível. O resto é exagero. Neste caso, é supergenerosidade da ânima; mas será fundamental ao homem sonhar com as montanhas, com os grandes picos das alturas para andar bem nas planícies; vencer o plano alto para se dar bem em planos baixos. Segue o comentário do internauta:

> Quando o homem comum cai de amores por uma portadora do **Complexo de Lois Lane**, aquela mulher que só quer ficar com o Super Homem, nada mais resta pro coitado a não ser lamentar sua triste sina. **Tanta mulher por aí, e vai se apaixonar justo pela namorada do homem de aço, o cara**

---

68 Disponível em: <http://www.interney.net/blogs/fiapodejaca/2007/04/05/complexo_de_lois_lane/>.

perfeito??? Ok, não é bem namorada, uma vez que o Super Homem jamais a assumiu. Mas o problema continua o mesmo: ela só tem olhos pro **cara dos super poderes**. Disputa tão desleal quanto uma maratona entre um anão e um queniano.

Digamos que, por razões mais do que misteriosas, ela dê uma chance pro nosso homem de palha, cidadão comum, desses que não fariam lá muito sucesso numa convenção de sogras. Ele deveria ficar feliz? Teoricamente, sim. Mas, passada a euforia da aceitação inicial, veríamos novamente o coitado indo ladeira abaixo, coração descompassado a pisar em falso pela vida da amada. Afinal, imaginem só, como ele iria agradar aquela mulher que até então esperava levar uma vida ao lado do Super Homem? O nosso anti-herói, na ânsia de corresponder às super exigências dela, que não cessariam, acabaria se atrapalhando todo, tendo um desempenho digno de Mr Bean, fatal pro relacionamento. Oh, céus!

Portanto, meu amigo comum, **se você está apaixonado por uma Lois Lane, meus pêsames. Mas caso você tenha o Complexo de Clark Kent**, aquele onde o cara não perde a esperança de um dia virar o Super Homem, vá em frente. Mas não demore muito, pois o tempo, nesses casos, é uma kriptonita. (Escrito em 13/12/2005). [grifos meus]

Se você, internauta, tem complexo de Clark Kent, aproveite para investigar a respeito das mulheres, quem sabe - alguma coisa você possa aprender com elas, para elas e a favor delas! Afinal, você é filho de uma mulher, tem irmã ou amigas mulheres; há, na graça das santas, a santidade, a bondade, a vocação para amar e proteger, inerentes, em graus diferenciados, em todas as mulheres, bem como a doçura, os prazeres exagerados e atrevidos das menos puras, das mulheres que gostam de agradar a si mesmas e ao parceiro; os exageros das que buscam prazer a qualquer preço, um super-homem, do bolso, da bolsa ou da cama; as mais atrevidas, que não escondem para que vieram ao mundo, a "putas" que exigem a recompensa imediata pelo serviço que prestam; geralmente, aos homens; muitos nada Clark Kent, nem com vocação para super-homem, mas plenos de instintos de super-bicho, superanimal, aqueles que chafurdam nos vícios, na insaciedade depravada.

Certamente, a mulher com complexo de Lois Lane não aceita qualquer coisa em matéria de amor e relacionamento; não aceita qualquer tratamento e não aceita migalhas por parte do homem que elegeu para amar; é uma mulher romântica; mas acima de tudo, que se protege e busca o melhor para si mesma.

116. COMPLEXO DE LUZ E VENTO

G. Bachelard (1994c, p. 63) se refere às gravuras do pintor Flocon, o artista que retrata os céus com suas maravilhas, mas que, em certo momento, é tomado pelo sentimento provocado pelo elemento terra:

> Temperamento terrestre é tão dominante em nosso gravador que ele nos oferece uma verdadeira *nuvem terrestre*, **uma forma que não mente, uma forma que não é uma vã promessa feita aos olhos, nascida de um complexo de luz e vento**. Reencontramos no céu de Flocon a forte mulher do mar. Ela nasceu, desta vez, de um turbilhão lançado **pelos** cumes. Seu corpo sai de uma voluta geometrizada. Mas que ambivalência nas adorações de um gravador! As formas amadas, por mais aéreas que sejam, ele as acaricia com o buril. [grifos meus]

Com certeza, esse é o complexo imaginário que suscita, no artista, o desejo de tomar as alturas para descê-las até a terra; luz e vento inspiram, no poeta, o sentimento de aproximação como terra em que pisa e que se caracteriza pelas formas geometrizadas.

117. COMPLEXO DE MACACO

Esse *Complexo de Macaco* apareceu em uma página da internet. Um internauta, "arquiteto", ao que parece, reclama das pessoas que não valorizam o saber que outras detêm para prestar algum tipo de serviço, por isso, essas pessoas agem no sentido negativo, como os animais, os "macacos', que precisam cheirar, tocar, lamber para comprovar o que é o objeto; nesse caso, na prestação de serviço, como não podem cheirar e nem apalpar; é óbvio, então, não querem pagar. Comentário do internauta[69]:

---

69   Publicado em 29/JUL/2003 no InfoIAB-RS, texto completo.

ELENCO DOS COMPLEXOS

> (...) Eis o drama do saber. Não pode ser visto, tocado, cheirado ou lambido. Logo, muitos não o reconhecem, não querendo pagar por ele, a não ser que o vejam, toquem, cheirem e lambam. Ou seja, a não ser que seja materializado de alguma forma. **Essas pessoas têm uma patologia a que denomino Complexo de Macaco. São incapazes de perceber que o saber não é matéria e não precisa ser.** Não raciocinam que todo o progresso que usufruem na sociedade foi produzido pelo saber. [...]. [grifos meus].

Senhor internauta, em tempos de "conhecimentos líquidos", capital líquido ou gasoso, também os saberes e conhecimentos parece que se desfazem, se desmancham no ar, com o ar ou sem o ar de outros ventos, tendências, valores decretados, negados.

No Brasil, o preconceito contra pessoas negras, pobres, miseráveis é assustador, cabe advertir que, no texto do autor o sentido não caminha nessa direção, mas é discriminatório porque ao que parece se trata de pessoas que não entendem o que será feito numa obra, sendo fundamental que, o arquiteto, empreiteiro ou pedreiro considere a situação do outro, para não parecer que se trata de chacota, depreciação, preconceito e discriminação com os que não compreendem os trabalhos/orçamentos em questão. Já existe muita chacota abusiva contra as pessoas mais simples, humildes e aquelas que têm limitações de entendimento, talvez, sem uma formação adequada, por isso, generosidade e paciência pode melhorar os seus negócios, enquanto que, um comentário negativo poder afastar clientes e pessoas interessadas em reformar suas casas e locais de trabalho. Ademais, chamar alguém de macaco é discriminação e racismo, bem conhecido no Brasil e muitos outros lugares no mundo.

119. COMPLEXO DE MAMELUCO

Para o internauta Carlos Fernandes[70], o *Complexo de Mameluco* se forma pelo estereótipo do filho que espera do pai "indiferente ou mesmo morto" ser admirado e recompensado; o filho esquecido que não aceita a condição de esquecido. Essa situação se caracteriza mediante os feitos heróicos do esquecido, mas não assegura uma saúde necessária aos rebeldes que se posicionam contra o esquecimento.

---

70 Disponível em: <http://www.carlosfernandes.prosaeverso.net/visualizar.php?idt=414601>.

O autor considera como quadrilátero da condição humana: "humanidade, corporeidade, historicidade e finitude", uma vida, no entanto, sem uma *cultura do cuidado*. A violência histórica, no Brasil, se constitui, segundo Fernandes, no modo de organização da vida social, muito daquilo que perpassa a sociedade "não interessa à vida saudável do homem". As atividades masculinas, coroadas de machismo e heroísmo, como a dos "Feitores, colonos, mamelucos ou bandeirantes, capitães do mato, senhores de escravos, governadores reais (e não gerais), imperadores, presidentes e gestores públicos em geral têm sido a dos típicos agentes representantes e perpetuadores da violência histórica produtora de males ou de não cuidado.

Violência histórica que está presente nas variadas formas de extrair riquezas, como no processo "de extrativismo, de expropriação..." também o uso abusivo "da fauna, da flora... as reduções jesuíticas pelas quais se destruía a organização social, política, religiosa das comunidades étnicas indígenas".

Também ficaram conhecidas as guerras ou caças aos negros e índios para escravização, como a "guerra justa" e a "caça ao índio", o trabalho da "Guarda Nacional (1831-1918), criada para perseguir, prender e matar a quem se opunha ao sistema secular de extrativismo, de expropriação e de expatriação".

A organização social brasileira "funda-se, por sua vez, naquele senso ausente de identidade étnica a que Darcy Ribeiro nomeia de ***ninguendade*** e que nasce dos filhos de mulheres indígenas com homens lusitanos".

Para Fernandes, essa "ninguendade é o *ethos* cultural formador da masculinidade agressiva do homem brasileiro em suas brutais ações de violência histórica: essa ninguendade funda na corpopsique dos homens (e de todo o povo brasileiro) o que eu denomino de complexo de mameluco".

Fernandes pontua que

> Há a justaposição de pelo menos duas outras situações de não cuidado consequentes ao complexo de mameluco: a primeira em que o filho ou a filha nasce e cresce na condição consciente de não ter pai ou que o possível pai é algo ou alguém não significativo. Uma das situações perturbadoras nesse caso é a dos filhos ou filhas buscarem o pai na mãe e não em outro homem; a segunda em que o filho ou a filha nasce e cresce na condição consciente de ter sido abandonado tanto pelo pai quanto pela mãe. Se na primeira situação de não cuidado o sentimento é de falta, na segunda o sentimento

é de extinção; em ambas as situações de não cuidado (falta e extinção) forma-se um sentimento de perda quase constitucional. [grifos meus]

Falta de cuidado e extinção do cuidado dos pais para com seus filhos caracterizam, fundamentalmente, milhares de crianças abandonadas e maltratados, a começar pela família, neste imenso Brasil. Ao que parece, a sociedade brasileira sofre do complexo de mameluco, porque também muitos cidadãos foram e são esquecidos pelo país e pela pátria, a terra onde quem tem dinheiro vence, vence os degraus do capitalismo; as crianças, adolescentes e adultos ignorados, abandonados e esquecidos precisam enfrentar também a violência de muitos outros que se dizem cidadãos, mas que não se importam em reforçar a dor do abandono e do esquecimento dos que tentam superar acontecimentos, no mínimo, nefastos.

Para Fernandes, o complexo de mameluco não segue as características encontradas na psicanálise clássica do complexo de Édipo ou o de Electra, nem tampouco o de inferioridade, porque, nesse caso, não há paixão, reconhecimento ou rivalidade de pai e filho, ou mãe e filha. O pai se rivaliza com a mãe, dado que "rejeita e explora a mãe, fere, escraviza, explora ou mata os parentes, invejando e odiando os valores étnicos do pai, mas ao mesmo tempo internalizando e dando consecução aos desejos e vontades paternos".

O complexo de mameluco, de modo ainda negativo, não possibilita "a formação de consciência histórica nem o desenvolvimento de memória histórica, rejeitando a memória étnica, cronificando o que pode ser nomeado de acefalia histórica".

Ainda de acordo com Fernandes, o complexo de mameluco, na atualidade, pode ser vislumbrado mediante duas rejeições: primeira rejeição: "A dos pais com quem queriam identificar-se, mas que os viam como impuros filhos da terra, aproveitavam bem seu trabalho enquanto meninos e rapazes e, depois, os integravam a suas bandeiras, onde muitos deles fizeram carreira" e segunda rejeição: "gentio materno. [...]. Não podendo identificar-se com uns nem com outros de seus ancestrais, que o rejeitavam, o mameluco caía numa terra de ninguém, a partir da qual constrói sua identidade de brasileiro [...][71]"

---

71 Maiores detalhes, consultar a obra de Darcy RIBEIRO. *O Povo brasileiro:* a formação e o sentido do Brasil. Rio de Janeiro: Companhia das Letras. 2001; p. 108, 109, 128, 131.

No Brasil, os elementos que caracterizam o complexo de mameluco passam e perpassam "a identidade étnica do brasileiro e da brasileira", e partem de elementos da cultura, das "trajetórias e memórias dos estrangeiros e não dos brasileiros".

Pode-se denunciar a responsabilidade do complexo de mameluco pelos "bloqueios epistêmicos vigentes no país", no qual se podem verificar consequências epistêmicas já comentadas por inúmeros pesquisadores, como: os

> [...] críticos de história vigiada de Marc Ferro, de mistificação historiográfica em Martiniano Silva, de cultura recusante – cultura censurada - cultura retardante – cultura estagnante em Wilson Martins, de ideias fora do lugar em Roberto Schwarz, de subalternismos cognitivos-historiográficos-culturais em destaque nos estudos de Alberto Moreiras.

Podem-se também encontrar nuances machistas no complexo de mameluco, especialmente se considerarmos o

> [...] suposto machismo brasileiro na relação inter-sexos fundada em masculinidade agressiva e historicamente representada na figura do feitor, colono, bandeirante, brasileiro ou traficante (de pau brasil, de pessoas...), senhor de engenho de escravos de gado de café, "homens bons", capitão do mato, coronéis. Do ponto de vista da análise sociopsicológica é sintomático que o nome de brasileiro tenha sido dado aos traficantes ou comerciantes de pau brasil, posteriormente usado para designar os colonos nascidos na América Portuguesa e, hoje, para qualificar todas as pessoas nascidas no Brasil. Tais qualificações ainda carecem de extensa análise sócio-antropológica, sobretudo relacionadas à formação e ao desenvolvimento da masculinidade: **brasilíndios para os mamelucos, brasilianos para os indígenas, brasileiros para traficantes e colonos!** Toda essa herança étnica e cultural está ativa na corpopsique do povo brasileiro de hoje.

> **Masculinidade e virilidade no Brasil estruturam-se no complexo de mameluco**, base da dependência da organização sócio-político-cultural--econômica-religiosa nacional, inclusive o sistema familiar não saudável, incestuoso ou poligâmico instituído pelos homens de engenho, de terras e

de corpos e por todas as formas contemporâneas de violências, inclusive a doméstica e a sexual. [grifos do autor].

Também se pode ainda vislumbrar, no complexo de mameluco, além do machismo e da questão da nomenclatura ou nome dado aos brasileiros e aos índios do Brasil, a formação e a autoformação do povo, na perspectiva de uma violência histórica, visto que

> O *complexo de mameluco* institui como mecanismo de autoafirmação a violência histórica e consequentemente estrutura a masculinidade agressiva, expressa na belicosidade, na crueldade, na agressividade e na destrutividade da história do corpo, da história dos homens, da história do não cuidado no Brasil. Todas estas histórias, não fragmentáveis e formadas a partir do complexo de mameluco, expressam-se no século XXI em todas as formas de autocídio, de homicídio (incluindo-se o neonaticídio), e de feminicídio, no tráfico de pessoas, de drogas, de órgãos, da fauna e da flora, nas torturas, nos espancamentos, na violência policial, na violência familiar e na violência sexual, nos estupros masculinos e femininos muitas vezes provocados pelas próprias vítimas e estranhamente consentidos, na destruição ambiental, no turismo sexual, nas políticas públicas e nas leis não efetivas, nas violências contra a infância e a velhice. [grifos meus].

Na ótica do prosador internauta Carlos Fernandes, parece difícil e insuperável o complexo de mameluco que marca a sociedade brasileira; mas para quem ainda é otimista, como eu, pode-se talvez superá-lo quando se trabalhar no Brasil para a formação e autoformação da sociedade, quando se trabalhar para a valorização de uma cultura do cuidado, cuidado de si, cuidado do outro, cuidado do território, para "vencer a cultura de não cuidado e o processo de não cuidado, vigentes nos sistemas culturais, nos sistemas de organização interna e externa da sociedade brasileira". "Muda Brasil", que nós te queremos mais belo, mais justo, mais democrático e mais humanizado.

120. COMPLEXO DE MAZEPPA

Para **G. Durand** (1997a, p. 75), o *Complexo de Mazeppa* está sob o esquema da fuga, o qual "diante do Destino tem raízes mais arcaicas que o medo do pai".

Durand comenta que C. Baudouin relaciona a esse complexo o tema da errância, do judeu errante, do maldito, sob o símbolo do cavalo,

> [...] que constitui o próprio núcleo do que o psicanalista chama de 'complexo de Mazeppa'. **É a cavalgada fúnebre ou infernal que estrutura moralmente a fuga e lhe dá esse tom catastrófico que se encontra em Hugo, Byron ou Goethe**. O cavalo é isomorfo das trevas e do inferno: 'são os negros cavalos do carro da sombra'. [grifos meus].

No filme *A lenda do cavaleiro sem cabeça*, o cavaleiro do invisível e seu cavalo preto entram e saem do tronco de uma árvore para se vingarem das pessoas más, aquelas que querem fazer algum tipo de mal. Para isso, contam com imensa fome de vingança dele; pedem a ele sua proteção; o cavaleiro quer vingar aqueles que chamam por ele e lhe pedem favor, perpetuar o mal e continuar impune em seu refúgio; o cavaleiro e seu cavalo vêm cumprir as maldades e profecias dos habitantes da cidade.

O cavalo dos infernos transporta o mal e simboliza também o mal. O cavaleiro torna-se, nesse, caso, o único que pode fugir ao destino: ele e seu cavalo, porque nenhuma pessoa pode enfrentar o errante cavaleiro, a não ser que se transporte para o mundo em que ele habita, ou o impeça de fazer a passagem; mas a armadilha arquitetada pelo herói impede-lhes a passagem, coloca o cavaleiro no plano real, no qual todas as pessoas são vulneráveis ao perecimento, ao rompimento do fio do destino.

121. COMPLEXO DE MEDO-CURIOSIDADE

Para **G. Bachelard** (1974b, p. 279), o *Complexo de Medo-Curiosidade* aparece quando o poeta deforma as imagens; por exemplo, quando descreve o ser que sai do molusco, de uma concha de forma metamorfoseada, de aparência aberrante, espantosa, um simples molusco se transforma num animal aterrorizante, repulsivo e catastrófico.

Esse complexo faz pensa nas obras do pintor e escritor espanhol, Salvador Dalí, um surrealista que expressou como ninguém, a transformação deformativa dos objetos, animais gigantescos, que a literatura tem conhecimento que são minúsculos ou pequenos, que não voam nem atacam os seres humanos, mas ganharam vida e expressão em suas obras, que traduzem o onirismo e a bizarrice da vida dos animais e dos humanos.

As imagens descritas por poetas, muitas vezes se assemelham às imagens cinematográficas, contudo, o verdadeiro milagre da vida é ignorado pelo poeta, diz Bachelard, pois está, ao mesmo tempo, escondido e manifesto.

122. COMPLEXO DE MEDUSA

G. Bachelard (1991) refere-se ao *Complexo de Medusa* como a caracterização da vontade de maldade, a projeção da hostilidade. Caracteriza o mestre autoritário que, com um olhar, pede silêncio, "o sonhador apossa-se dessas forças e, quando as dominou, sente brotar nele um devaneio da vontade de poder que apresentamos como um verdadeiro complexo de Medusa" (p. 9). O autor considerado nesse exame é Joris Karl Huysmans, em *En rade*. Bachelard (1991, p. 180) diz: "Parece que **o complexo de Medusa pode ter dupla função, conforme é introvertido ou extrovertido**. [...] a vontade de 'medusar' se consome num olhar. No mais das vezes, um traço basta para marcá-la... Isto leva-nos de volta ao tempo em que o olhar de um pai nos imobilizava". [grifos meus].

Isso também vale para o enfrentamento ao desconhecido, ao tenebroso, ao nosso mundo interior, pois diz o autor: "cumpre ir às próprias regiões da sinceridade das imagens para despertar o jogo dos valores que se trocam no plano de um complexo de Medusa. Projetamos normalmente esse complexo, queremos imobilizar o ser" (1991, p. 182), porque "... a vontade de "medusar" se consome num olhar. No mais das vezes, um traço basta para marcá-la. Num único verso, Jean Lescure revela essa sensibilidade" (p. 180).

Na atualidade, pode-se testemunhar também esse complexo de modo invertido, em que o aluno ou os alunos de uma sala de aula com olhar de dureza, indiferença ou maldade, projetam hostilidades ao educador, figura hoje em descrédito e verdadeira saga. Duro olhar de malicia, que faz o professor, educador se sentir petrificado pelo olhar de malicia e maldade projetados, entristecer outros, afastar outros mais ainda da área de educação.

Também se pode ver o olhar de Medusa projetado no educador, especialmente por membros das instituições de ensino, cuja cólera, descaso e olhar de malícia fazem alguns se sentirem petrificados e desmotivados para continuar sua jornada.

O Mito de Medusa tem sido constantemente representado no cinema, sempre envolto no mistério e com variadas interpretações, geralmente retratam a cólera medusiana em suportar a presença dos humanos e como seu olhar pode transformá-los em pedra. Suas duas irmãs nasceram belas, mas ela nasceu como uma górgona pavorosa, por isso, aprendeu cedo a atacar os humanos que apareciam apenas para lhe tirar a vida, se livrar de uma figura poderosa e cruel. É compreensível que ela agisse dessa forma, porque diferente das irmãs, muitos desejavam levar para casa, sua cabeça, como recompensa pelo heroismo.

123. COMPLEXO DE MEFIBOSETE

Daniel A. Soares (s/d) é autor da obra intitulada, *Complexo de Mefibosete*,. Sobre esse complexo, Soares pontua que

> Mefibosete era filho de Jônatas e neto do rei Saul, de Israel. Além de ter praticamente toda a sua família morta pelos infortúnios que vieram sobre os descentes de Saul, **Mefiboste era deficiente físico**. Aos cinco anos de idade sofreu um acidente ao cair dos braços de sua ama que fugia com ele e ficou coxo (II Sm 4:4). Seu nome significa literalmente exterminador da vergonha, mas II Sm 9:8 demosntra que **ele vivia tomado pelo complexo de inferioridade**. Ao ser comunicado pelo rei Davi que seria restituído em tudo o que pertencera a sua família, o próprio Mefiboste declarou: quem é o teus ervo para que te preocupes com um cão morto como eu? [grifos meus]

Mefibosete foi uma criança marcada pela dor; quando pequeno, perdeu os pais na guerra; sua ama, ao tentar fugir da guerra, com o menino, o deixa cair; ele quebra as duas pernas ficando Coxo, por isso, teve que ir viver numa cidade para deficientes, isolado, portanto, das demais pessoas conhecidas e isolado de qualquer contato com os parentes.

Mefiboste recebe do rei a herança que lhe pertencia e, então, se casa e se torna uma pessoa afortunada, mas

> **Mefibosete tinha um complexo de inferioridade** (V.8). Que coisa horrível é se sentir inferiorizado, com auto-imagem negativa, fazendo comparações pejorativas de si mesmo, de parentes próximos (cônjuges, filhos ou

pais); olhar só para dentro de si e não para os horizontes, para onde estão as oportunidades!

O nome Mefibosete significa vergonha, e isso já era motivo de torná-lo um homem infeliz. Não somente isso, era um deficiente físico. Como se não bastasse, morava na casa de Maquir. Era dependente de favor. Era humilhado. Um aleijado sem nada. Sua mente estava focalizada nestes pontos negativos da vida.

Ele se achava não mais que um cão, e pior que isso, um cão morto. Não! Eu sou mais eu! E com o Senhor eu sou tudo! Eu posso tudo! Glória a Deus! Saia de Lo-Debar! Tire essa mentalidade de você! Deus o chama a Jerusalém celestial e você a desfrutará desde já.

O Complexo de Mefiboste simboliza aquele que tem complexo de inferioridade por sua deficiência física e pobreza econômica, mas sai vitorioso com o chamado divino para se redimir de suas inferioridades e receber as bênçãos do conforto, herança econômica e reconhecimento de virtudes espirituais.

124. COMPLEXO DE MELANCOLIA

Na obra *Luto e Melancolia*, **S. Freud**[72] pontua que a melancolia é um estado doentio que tem um lado positivo e um lado negativo. É necessário viver o luto e a melancia diante de perdas e situações dolorosas; mas é também fundamental saber superar o luto e a melancolia, para não cair num estado depressivo, ou tornar-se uma pessoa melancólica. Segue comentário a respeito desse complexo:

> Na melancolia, a insônia atesta a rigidez da condição, a impossibilidade de se efetuar o retraimento geral das catexias necessário ao sono. **O complexo de melancolia** se comporta como uma ferida aberta, atraindo a si as energias catexiais que nas neuroses de transferência denominamos de "anticatexias" provenientes de todas as direções, e esvaziando o ego até este ficar totalmente empobrecido. Facilmente, **esse complexo pode provar ser resistente ao desejo, por parte do ego, de dormir.**

---

72 Disponível em: <http://www.spectrumgothic.com.br/gothic/luto.htm>.

[...]...**a melancolia contém algo mais que o luto normal**. Na melancolia, a relação com o objeto não é simples; ela é complicada pelo conflito devido a uma ambivalência. Esta ou é constitucional, isto é, um elemento de toda relação amorosa formada por esse ego particular, ou provém precisamente daquelas experiências que envolveram a ameaça da perda do objeto... [Grifos meus].

Será que, na atualidade, as pessoas estão sofrendo com o complexo de melancolia ou são as instituições e empresas que, na insônia, obrigam seus servidores e colaboradores a ficar com o espírito armado o tempo todo? São muitas as chagas da vida contemporânea, muitas as dificuldades de vida, os sufocos e provações, mas também são muitas as perseguições aos sujeitos, ditos ou chamados normais; em que perder o sono, ter pesadelos e viver, ou melhor, sobreviver, em meio aos pesadelos, somente não adoeceria os muitos duros de coração ou alma, ou os fortemente armados com a couraça do amor, da tolerância, da generosidade, da sabedoria e da paz.

Resta saber quem pode não ter uma pontinha de sofrimento ou queda pelo complexo de melancolia na atualidade.

125. COMPLEXO DE MELANINA

O autor **Francis Alionison** (1971), no romance intitulado *Melanina, o complexo de um negro*, conta a estória de um homem negro na Paris dos anos 70.

> [...] trata de uma estória humana, real, vibrante. Adrien, seu personagem central é um homem bem sólido, exato, calculista, cheio de raciocínios perfeitos, muito inteligente, cheio de vida e adorado pelo elemento feminino. É um jornalista brilhante na cidade de Toulouse. Não encontrando sucesso profissional e emocional na província, atira-se ele na grande Paris, tão bela e tão cheia de imprevistos. Em Paris encontra ele a sua realização; a cidade cai a seus pés e tudo se transforma como que por encanto.
>
> **Melanina, o complexo de um negro, é um livro escrito em linguagem direta**. Sem rodeios faz os personagens saltarem de suas páginas e quais figuras fantasmagóricas, eles conduzem o leitor para Toulouse, Paris, para o Grand Hotel, Viena, Kaunas, etc., vivendo com o personagem central,

compartilhando com ele de suas tristezas e alegrias, frustrações, de suas conquistas amorosas e decepções.

Adrien, um negro de temperamento forte e cônscio de sua personalidade, consegue derrubar todos os preconceitos e faz valer a sua raça. Ele ama e é amado; seu amor é quase violento e quase violentamente é amado. **Ele prova que um negro também tem direito à fortuna e consegue ser bastante rico.** Ao contrário do que acontece com a grande maioria da Humanidade não se deixa iludir. Ele sabe que a fortuna ajuda a felicidade, que o dinheiro não é tudo nesta vida. São felizes as pessoas que amam e amam realmente... A Melalnina, a quela que era o complexo de Adiem, tornou-se naquela que lhe traria a mais completa felicidade.

Esse romance de Alionison foi escrito em 1971, mas poderia ter sido escrito, em 2011 ou 2023, porque é, simplesmente, atualíssimo, faz o leitor refletir acerca da condição do negro em qualquer lugar do mundo; poderia ser no Brasil, onde as fronteiras ainda são pálidas, mas começam a se abrir, seja por decretos, seja por uma cultura do respeito, do não preconceito, da não violência ou discriminação. Certamente, soluções ainda tímidas, mas começa-se a valorizar o cidadão independentemente de sua etnia, raça ou credo religioso.

126. COMPLEXO DE MEMÓRIA E IMAGINAÇÃO

Gaston Bachelard (1996a, p. 20) ressalta a impossibilidade de separar, no plano das recordações da infância, a memória da imaginação; uma filosofia ontológica da infância aponta que "*a infância dura a vida inteira*" porque aspectos relevantes da infância são referenciais para a vida dos adultos, posto que

> A memória sonha, o devaneio lembra. Quando esse devaneio da lembrança se torna o germe de uma obra poética, **o complexo de memória e imaginação se adensa, há ações múltiplas e recíprocas que enganam a sinceridade do poeta.** Mais exatamente, as lembranças da infância feliz são ditas com uma sinceridade de poeta. Interruptamente a imaginação reanima a memória, ilustra a memória. [grifos meus].

Cultivar a criança que habita em nós é, no sentido bachelardiano, compreender que "primeiro, a infância nunca abandona as suas moradas noturnas. Muitas vezes uma criança vem velar o nosso sono" (1996a). Cultivar a infância que cada um traz em si atesta a saúde psíquica, permite recontar e lembrar a própria história, a infância alegre e triste.

Esse tema da infância é abordado em Bachelard apenas como um tema de devaneio, mas nos permite recorrer à história de escritores, cuja infância marcou profundamente o adulto que se tornaram; recorro, aqui, a Cecília Meireles, que teve, na infância, conforme suas descrições, vivências e experiências, momentos tristes e solitários; mas ela própria atesta que esses momentos, ou fases de sua vida, não a tornaram amarga, porque estavam plenos de significados profundos.

É Bachelard (1996a, p. 21) que, novamente, volta a nos inspirar quando diz: "É preciso viver, por vezes é muito bom viver com a criança que fomos. Isso nos dá uma consciência de raiz. Toda a árvore do ser se reconforta. Os poetas nos ajudarão a reencontrar em nós essa infância viva, essa infância permanente, durável, móvel".

Bachelard (1996a, p. 97) chama a atenção para o que considera relevante ao adulto: ser capaz de voltar a sonhar com a criança que fomos; se ver na história dos poetas e escritores para dar voz e vida a todas as crianças que fomos, porque "a criança enxerga grande, a criança enxerga belo. O devaneio voltado para a infância nos restitui à beleza das imagens primeiras".

127. COMPLEXO DE MESSIAS

Esse *Complexo de Messias* aparece na página de internautas que se denominam **Kajima**, **Vlad**, **Luis Paulo** e **Mitocôndria**[73]. Discute-se a respeito do complexo de Messias, no filme *X-Men*, cujo sentimento de "salvador do mundo" toma conta dos personagens, pois todos os convertidos ao bem querem salvar o planeta Terra.

Na vida cotidiana, é comum presenciar pessoas com esse tipo de complexo, aquelas que acreditam que salvarão muitos, arrebatarão muitas almas para o céu, sendo bondosas e humildes, como o Messias, ou melhor, convencendo

---

73 Disponível   em: <http://www.dimensaonerd.com/2009/08/13/comicpod-25-complexo-de-messias/#awp::2009/08/13/comicpod-25-complexo-de-messias/>.

outras pessoas para observarem o exemplo do Messias e serem bondosas e humildes como Ele; pessoas que parece que se apossaram do reino dos discursos e das farturas e abundâncias da terra falam do alto dos tronos; com conforto e bem-estar, estão aptas e prontas para falar em nome do Messias, do bem, e encaminhar as almas dos pecadores, porque, simplesmente, se acham os inspirados, os condutores do bem, abnegados e bons como o Messias. Segue trecho dos internautas:

> Olá Comiqueiros! Ajustem seus visores de quartzo-rubi, afiem suas garras de adamantium, peguem uma máquina do tempo emprestada com o Forge e estejam prontos para a batalha, porque **Matheus Kajima**, **Vlad**, **Luis Paulo** e **Mitocôndria** discutem hoje sobre a mais recente e mais sangrenta saga dos X-Men: **Complexo de Messias**!
>
> Nesta edição, descubra como uma criança provocou o fim dos X-Men (e olha que não foi a Maísa!), qual a importância da capa para os heróis, quem é o viajante do tempo que traiu os Filhos do Átomo e cuidado pra não tropeçar na Vampira! **Obs.:** Agradecimentos especiais ao **Mitocondria** por salvar este cast! [grifos dos autores].

Também foi criado um site por uma Faculdade particular, na Semana Cultural, para falar a respeito das aventuras e desventuras dos personagens, da mutação e luta dos personagens do filme em questão. A seguir, a sinopse do filme[74]:

> A história principal do filme **X-MEN ORIGENS: WOLVERINE** começa com Logan buscando consolo de um passado repleto de trevas, trabalhando como lenhador nas remotas Montanhas Rochosas do Canadá. Encontrar o amor e contentamento pela primeira vez na sua longa vida, Logan leva uma existência aparentemente idílica com a professora Kayla Silverfox. "Ele não podia estar mais longe do passado que há tanto tempo ele vem tentando escapar", disse Hugh Jackman. "Kayla é um catalisador para as maiores mudanças que Logan nunca enfrentou", diz Lynn Collins, que assumiu o papel depois que Jackman a tinha visto no palco, em "O Mercador de Veneza", com Al Pacino.

---

74 Disponível em: <http://www.sumare.edu.br/sumarecultural/atcultural/wolverine/sinopse.html>

"Ela o leva a pensar diferente sobre o conflito do ser humano e ser um mutante. Seu relacionamento o conduz para tentar cicatrizar velhas feridas, e experimentar as consequências e os riscos do amor." Mas, à medida que Logan procura novamente a paz que lhe tenha escapado por mais de um século, "o mundo do qual ele tenta escapar o mantém sempre de volta", disse Jackman. "Como com qualquer coisa na vida, a menos que você realmente a trate como um problema, a menos que você esteja realmente em paz com ela, o problema tende a se repetir. E torna-se claro desde o início que Wolverine tenta fugir de coisas que ele precisa enfrentar. E uma delas é Victor, seu irmão."

Victor Creed, também conhecido como Dentes-de-Sabre, possui poderes semelhantes aos de Logan. Ambos são praticamente indestrutíveis, são selvagens e contam com uma força sobre-humana. A ferocidade de Victor é praticamente a de um felino - com estilo de luta e capacidade para saltos, às vezes, ele corre para o ataque apoiando-se em todos os quatro membros. Como aprendemos nos flashbacks, Logan (nascido como James Howlett) e Victor não sabiam que eram irmãos até a adolescência, no rescaldo de uma tragédia familiar que leva ao aparecimento de Logan com sua raiva e garras, que fazem o seu caminho através da sua carne como pontas afiadas, transformando-o em algo mais ou algo menos do que humano. Logan e Victor fogem das suas casas, formando um laço que transcende até mesmo fraternidade. Como guerreiros indestrutíveis, eles lutam juntos por grandes conflitos abrangendo dois séculos, incluindo a Guerra Civil Americana, I e II Guerras Mundiais e a do Vietnã. "Logan e Victor são uma equipe", disse Jackman. "Eles passam por uma jornada juntos."

Mas Victor conserva a luta muito mais do Logan. "Victor é incrivelmente brutal e tem uma sede de sangue ao contrário de qualquer personagem que eu já fiz", diz Liev Schreiber. "Esse cara é um verdadeiro assassino." A selvageria de Victor em batalha leva os dois a enfrentar um pelotão de fuzilamento -, mas naturalmente apenas balas não podem detê-los. Reconhecendo as suas capacidades únicas, um oficial militar, coronel William Stryker, os convida para participar de uma equipe especial que está colocando em conjunto – em segredo, uma unidade conhecida nos quadrinhos como "Equipe X", composta por mutantes que possuem poderes que compõem a equipe que não se pode deter.

128. COMPLEXO DE MINORIA COM COMPLEXO DE MAIORIA

Paulo Henrique Amorim (1942-2019)[75] é autor desse *Complexo de Minoria com Complexo de Maioria*, o jornalista e escritor brasileiro fez uma análise do bate-boca que aconteceu entre os políticos Renan Calheiros e Tasso Jereissati, e que deu título à sua matéria "**Minoria com Complexo de Maioria ou o partido do jatinho**". Amorim pergunta, por que o PSDB, para Renan Calheiros, é partido da "minoria com complexo de maioria"? Será que Amorim se refere à predominância dos tucanos no estado de São Paulo? Comentário de Amorim no blog[76]:

> (...). Porque os tucanos – e subsidiariamente sua linha auxiliar, os Demos – são mais ricos. E terceiro, **porque os Demo-tucanos controlam o PiG (*). Isso deu a eles a sensação de maioria, especialmente porque o Presidente da** República **foi um metalúrgico – e é nordestino !** A percepção de que controlar o PiG (*) resolvia o problema começa a se esfacelar...

> [...] ... No Brasil, o PiG (*) começa a esgotar sua capacidade de condicionar o debate público e gerar crises, como disse o professor Wanderley Guilherme dos Santas. Tanto assim, que o presidente do Conselho de Ética, Paulo Duque avisou que reportagem do PiG (*) não é prova contra o Sarney. Começa a chegar ao fim a capacidade de o PiG (*) chantagear o país com crises que ele próprio fabrica e que os demo-tucanos dão vida política no Congresso (especialmente no Senado). **Os demo-tucanos se viciaram em PiG (*). O PiG (*) se viciou em demo-tucanos.**

> **E os dois precisam de se recolher a uma clínica de reabilitação. Provavelmente uma clínica geriátrica...** O que restou do salutar debate no Senado foi a confissão do **Senador Tasso Jereissati de que tem jatinho porque pode. Tenho porque posso. Foi o momento "Silvio Berlusconi" dele.** A exibição da riqueza da forma mais escrachada. Como se fosse um atributo de Deus [...]. [grifos meus].

---

75 Paulo Henrique Amorim comenta: "Em nenhuma democracia séria do mundo, jornais conservadores, de baixa qualidade técnica e até sensacionalistas, e uma única rede de televisão têm a importância que têm no Brasil. Eles se transformaram num partido político – o PiG, Partido da Imprensa Golpista".

76 Site de acesso ao texto disponível em: <http://brasiliaeuvi.wordpress.com/2009/08/07/pha-minoria-com-complexo-de-maioria-ou-o-partido-do-jatinho/>.

Pode-se talvez estender esse complexo para muitos setores da sociedade; para aqueles setores em que a minoria economicamente simboliza a maioria e acha tudo muito natural; dos partidos que se juntam e depois se desentendem porque não representam um, o partido da maioria.

Seria o complexo que, no cenário político, incita os partidos a se juntarem para parecerem maioria a fim de se fortalecerem contra alguém, outro ou - quem sabe - outros partidos, não importa se menores ou maiores; não se juntam porque estão pensando no interesse do povo, mas para serem grandes. Afinal, o destino do ser humano é se tornar grande em humildade, bondade, generosidade, sabedoria, santidade; os políticos do Brasil iniciam-se nessa grandeza pelos ideais: avareza e ambição dos partidos e pessoas que os compõem.

129. COMPLEXO DE MOSCA DO COCÔ DO CAVALO DO BANDIDO

Esse *Complexo de Mosca do Cocô do Cavalo do Bandido* também apareceu na internet. Caracteriza o exagero do complexo de inferioridade, pode-se dizer, das pessoas que se consideram um quase nada significativo. É o desabafo de um internauta, com relação ao Brasil, cuja frase é bastante conhecida no imaginário popular: ser pequeno, insignificante como o "cocô do cavalo do bandido"; a desvalorização em sentir-se como as fezes do bandido está acentuada na proposição: ser "o cocô do cavalo do bandido", mais intensamente, ser a "mosca do cocô do cavalo do bandido".

Nesse caso, há uma banalização do complexo, dos estereótipos e das personificações. O internauta se refere ao futebol e às coisas brasileiras. Certamente, muitos se sentem inferiorizados, "o cocô do cavalo do bandido", mas as imagens, nesse caso, estão sobrecarregadas de boçalidade, prevalecendo os elementos pejorativos, de uma falsa cultura escolar, larvada, esclerosada e exagerada, contudo, ainda válida a expressão que simboliza uma dor, a de sentir-se "ninguém" num mundo ostensivo, guiado pelos padrões capitalistas.

130. COMPLEXO DE MUTILAÇÃO

Para **G. Durand** (1997a, p. 89), o *Complexo de Mutilação* está relacionado com o arquétipo do animal devorador, do animal nefasto, do inferno como uma boca devorante, do ogro e da deusa Kali. Assim,

ELENCO DOS COMPLEXOS

Ao sublimar o isomorfismo entre o arquétipo devorador e o tema das trevas, Donteville escreve com propriedade: 'Temos a noite, a noite da terra e do túmulo, em Orcus e o Ogro...' É frequentemente sob este aspecto ogresco que a deusa Kali é representada: engolindo gulosamente as entranhas da sua vítima ou ainda antropófaga e bebendo o sangue por um crânio, os deuses são presas hediondas. (...). **Quanto aos poetas, muitos são sensíveis ao satanismo canibalesco.** Para termos consciência disso basta percorrer o excelente estudo que Bachelard consagra a Lautréamont. Hugo também não escapa à obsidiante imagem do mal devorador. Baudouin recolhe os motivos canibalescos na obra do poeta, motivos encarnados na personagem de Torquemada. **O analista sublinha que os complexos de mutilação estão ligados em Hugo aos temas do abismo, da boca e do esgoto.** Torquemada, obcecado pelo inferno, descreve-o como uma boca mutiladora, 'cratera de mil dentes, boca aberta do abismo...' e o sadismo do inquisidor fará do *quemadero* a duplicação terrestre desse inferno. [grifos meus e grifos do autor].

Esse complexo pode simbolizar as centenas de mutilados na contemporaneidade por deuses da guerra capitalista, os verdadeiros ogros e representantes do inferno; os donos de povos e das nações; por isso, não somente mutilam sem piedade aqueles que querem a liberdade, mas também, os matam.

Os mutilados por ações ogrescas, aqueles que agem como ogros ou representantes do inferno, por isso, provocam brigas, confusões, badernas e disseminam a violência; aqueles que, por atos de covardia, tiram um membro do corpo do outro a fim de fazer sua vingança mais triste e mais ardilosa.

131. COMPLEXO DE NAPOLEÃO

No filme "*O Natal de Allen Karrol*"[77], o personagem, chamado Allen, diz que o seu vizinho e também patrão tem *Complexo de Napoleão* porque se acha um conquistador de sucesso; esse complexo impede o empresário de perceber que sua autossuficiência nos negócios é apenas soberba e orgulho.

No filme, o empresário nunca tem tempo para a família, até que um enfarto o leva à morte. Morre e não percebe que está morto. Como pessoa, nunca se importou com as coisas do coração, sentia-se o único responsável

---

77 O filme foi veiculado no televisivo da Rede Globo de Televiso, na data de 23/12/2008.

pela empresa, assim como, por seus negócios; ao enfartar, é socorrido por um hospital, e a morte, que deveria levá-lo, se engana e pega o endereço do vizinho, o seu empregado; mas, ao buscar o moribundo, a morte percebe o erro e tenta consertá-lo não matando a pessoa errada.

A morte tenta corrigir o erro, e por isso, concede uma nova chance ao morto, mas o empresário, que morreu e nem percebeu isso, não se dá conta de que é uma segunda chance, que a vida está sorrindo, de novo, para ele. Os dois homens, empregado e empresário, se desentendem, começam a brigar, e o empregado revela o que aconteceu. O "morto" começa a rever suas atitudes, sua família, o quanto se sentia poderoso e inatingível; toma consciência de que não foi o melhor pai ou patrão, que sempre foi rude e autoritário com as pessoas da família que ele amava.

132. COMPLEXO DE NARCISO

Para **G. Bachelard**(1989b, p. 23-33), esse complexo pode ser representado, na literatura, de modo positivo porque, quando se examinam os dois termos da dialética - ver e mostrar –, acontece o encontro entre o real e o ideal. O Narciso, de Bachelard, se caracteriza pela passagem da postura negativa, na análise do símbolo, para uma postura positiva, que Bachelard chama de *narcisismo cósmico*, ou seja, buscar um 'vir-a-ser si mesmo'. O autor considerado neste exame é Stéphane Mallarmé, em *Hérodiade*.

Os narcisos contemporâneos são bonitos, inteligentes, estão na mídia e, em geral, bem sucedidos; mas esse complexo pode representar ainda o excesso de narcisismo/individualismo, na sociedade atual; que clama por um sujeito capaz de se isolar em meio os centímetros de construção; as moradias minúsculas fazem esses narcisos modernos sentirem-se isolados e poderosos em seus 'pequenos quadrados', que, aliás, custam caro; são as moradias de narcisos sem narcisismo, um individualismo, egoísmo que chega a ser banal.

133. COMPLEXO DE NAUSICAA

Para **G. Bachelard** (1989b, p. 36-43), o *Complexo de Nausicaa* pode se caracterizar através da supervalorização mitológica, da artificialidade da cultura expressa nos textos literários – a "evocação livresca" dos mitos. O autor considerado para o exame desse complexo é Pierre Louys, em *Le crépuscule des nymphes* e *Lêda ou lalouange des bienheureuses ténèbres*. Bachelard justifica sua classificação dizendo que não está em julgamento a qualidade da obra do autor, mas o ponto de vista psicológico, a artificialidade da evocação do mitológico que permite classificar tal complexo.

Pode-se dizer, ironicamente, que a produção acadêmica, sob a ótica da quantificação, coloca os pesquisadores, sob a mira do complexo de Nausicaa, intelectuais renomados e também os iniciantes; todos buscam garantir a estabilidade no trabalho mediante a soma daquilo que eles produzem; o resultado esperado precisa estar de acordo com a classificação que garante a competência e a competitividade de pessoas e organizações, o tão aclamado conceito de qualidade; produção que não é resultado de falsificação, nem de falsa cultura, mas da capacidade de criar produtos acadêmicos, valendo-se de um conhecimento que já detém, que, com precisão e mestria, deverá ser repetido e retomado, de diversas formas, a fim de fazer jus a uma competência declarada e cultuada; deseja-se produzir tanto quanto o operário, na indústria deseja contar sua produção, a fim de garantir seu quinhão, pelas duras horas de trabalho.

134. COMPLEXO DE NEYMAR

Dom Phillips[78], escreveu na *Revista ALFA* (2011) uma matéria intitulada, o *Complexo de Neymar* – "Rico, genial e controlado pelo pai", em homenagem ao mais novo ídolo do futebol brasileiro. O jogador, em questão, é um jovem rico, genial, mas alguém, até o momento, controlável. O pai, que tem o mesmo nome que o filho, ex-futebolista, agora é o administrador da fortuna do filho, conquistada pela indústria milionária do futebol, sem dúvida, uma paixão nacional e um sonho para alguns meninos pobres e talentosos. O pai administra a vida do filho com energia e bom senso.

O jogador de futebol confessa ao jornalista que ele, o pai, "controla tudo... Eu só fico da linha de campo para dentro" (p. 80). O jogador nasceu na cidade de Mogi das Cruzes em São Paulo, tem 19 anos e pode ter uma carreira invejável

---

78 Conceituado jornalista britânico, morou no Brasil de 2007 a 2022, sendo assassinado em 05/06/2022 junto com o indigenista brasileiro, Bruno Pereira. Os dois circulavam de barco pelo Vale do Javari, terra indígena do Brasil, no extremo-oeste do Amazonas, os dois estavam empenhados em conversar e entrevistar alguns indígenas ribeirinhos, mas foram assassinados antes de qualquer entrevista. Para o Brasil, resta a dor e a vergonha.

se nada atrapalhar seu futuro para o sucesso, pois "ele tem tudo para terminar a década como um dos melhores, senão o melhor do mundo", diz Juca Kfouri (CF PHILLPS, 2011, p. 80-81). O jogador é considerado um dos melhores atacantes mundiais do futebol, e o principal futebolista brasileiro da atualidade.

Para Juca Kfouri, o pai do jogador "projeta no filho aquilo que queria ser e não foi" (CF PHILLPS, 2011, p. 82), e retoma o assunto dizendo: "acho que isso não faz bem" (2011). EM SUMA, O complexo de Neymar se refere aos jovens ricos, talentosos e bem sucedidos do futebol brasileiro, mas que são controlados pelos pais.

135. COMPLEXO DE NERO

Para **Jean-Yves Barreyre** (1993, p. 331, CF Barbier, 2004, p. 85) o *Complexo de Nero* se refere ao pesquisador que considera uma noção em pesquisa-ação como se fosse uma disciplina das Ciências Sociais; ignorando que esse conceito abarca muito mais, que é também uma maneira filosófica de pesquisar, que não se devem desconsiderar a complexidade e a subjetividade (a simpatia, a convivibilidade, o "viver-com"), como adverte Morin, porque um conceito é sempre redutor.

No sentido do complexo, seria reduzir toda a complexidade inerente à pesquisa-ação em educação, prevalecendo o paradigma da simplicidade (análise que desconstrói a obra em unidades isoladas). O pesquisador com sintomas do complexo de Nero ignora que a pesquisa-ação é fundamental, tanto para as Ciências Sociais, como para a Filosofia e outras áreas do conhecimento. Barreyre (1993) diz:

> A noção dá mais ênfase à compreensão (ao como) e a um raciocínio heurístico na medida em que o que ela enuncia, o que ela formula, é considerado como hipotético, provisório e como plausível (não certo); é o raciocínio por aproximações, tentativas, por analogia, por estratagemas. O conceito dá mais ênfase à explicação (ao porquê) e a um raciocínio lógico e algorítmico.

Tal como o personagem romano, do início da era cristã, os Neros da contemporaneidade tendem a eliminar a complexidade inerente aos fenômenos da vida e aos fenômenos científicos; na pesquisa-ação, esse problema pede por enfrentamento e distanciamento, dado que, nos relatos, rodas de conversa e situações correlatas, o sujeito tende a valorizar, em demasia, a sua própria subjetividade, por isso, pode eliminar, não somente os elementos subjetivos, mas também, os objetivos.

136. COMPLEXO DE NIETZSCHE

Gary Goldschneider, **Adolfo Mamoru Nishiyama** e **Joost Elffers** (1999, p. 566), na obra, *A Linguagem secreta dos aniversários*, comentam a respeito das datas dos aniversários e as constelações arquetípicas e astrológicas relacionadas com os dias, meses e anos.

Os autores comentam a respeito de um complexo chamado de *Complexo de Nietzsche*. Este, segundo os autores, rege a vida daqueles que nasceram no dia 19 de novembro, e caracteriza aquelas pessoas que sofrem de diferentes graus de conflito; pessoas que nunca se libertam totalmente dos conflitos; em geral, essas pessoas procuram uma explicação ou justificação para o que acontece na vida delas, por isso, "justificam o que fazem com palavras e princípios filosóficos" (p. 566).

No sentido negativo, elas "correm o risco de perder o contato com os valores sociais predominantes. Portanto, devem observar-se e permanecerem abertas às críticas dos outros" (1999). São pessoas que vivem em meio a conflitos, os mais diferenciados possíveis, então, a fuga aos valores sociais predominantes pode, nesse caso, simbolizar uma maneira de se livrar dos conflitos de modo radical: ignorando-os.

137. COMPLEXO DE NOBREZA

Marina Miyazaki Araújo[79] é autora do *Complexo de Nobreza*, em seu blog, no qual comenta a respeito dos "títulos/apelidos" de nobreza que algumas personalidades do futebol recebem. O ditado popular no Brasil, de que "o cara pensa que tem o rei na barriga", possivelmente subiu para a cabeça dos jogadores de futebol.

---

79   Disponível em: <http://www.mulherefutebol.com/blog_it.php?id=67>.

Araújo lembra que "Antigamente, o treinador era chamado de Técnico, agora atende por Professor, logo passará a Mestre, depois Doutor, Pós-doutor, Magnífico Reitor do Time, assim por diante. Não existe limite pra vaidade".

A carreira do jogador de futebol começa nas alturas, com títulos como: "Rei, Imperador, Fenômeno, Diamante, Maravilha...". Uma brincadeira carinhosa, mas de acordo com Araújo, cabe lembrar que "Reis e Rainhas nunca fizeram nada pra conquistar o cargo, recebem tudo de mão beijada. Desde quando ser chamado de Rei é elogio? Não é um contra senso? [sic] Ou retrógrado, fora de propósito, decadente e antidemocrático? Não seria mais natural que as pessoas se ofendessem ao serem chamadas disso?"

Brinca Araújo, que caso surja alguém muito, mas muito nobre, o melhor dos melhores, não pode ser chamado de "Rei dos Reis" porque é um título que já tem dono – Jesus Cristo.

O estrelismo que acontece, na atualidade, no setor futebolístico, é realmente espantoso, jogadores viraram celebridades, títulos e apelidos, os mais curiosos e inusitados são "dados" aos jogadores, como dádivas que se acrescentam aos méritos inegáveis do fenômeno, dos fenômenos.

138. COMPLEXO DE NOÉ

Pierre Brunel (1997, p. 230-31) é o autor desse *Complexo de Noé*, e se refere ao dilúvio como um tema que suscita consideração sobre a origem da vida, cujas figuras míticas e bíblicas apontam que esse complexo se insere num tema privilegiado porque está "despido de qualquer religiosidade, um estado psicológico que poderíamos chamar de *"Complexo de Noé"*. [grifos meus].

Para o autor (1997a), o complexo de Noé está relacionado com o tema da arca-refúgio porque é um símbolo inegável do seio materno ao qual a criança se agarra para escapar à cólera do Pai; nesse receptáculo, o tema do fantasma torna-se um feto passivo, adormecido no seio das ondas "como se dorme no seio da mãe" (Victor Hugo em Moise sur lê Nil). *Regressus ad uterum*, uma "fase obrigatória do roteiro da iniciação".

O complexo de Noé parece que está presente em diversas situações sociais na atualidade; nas moradias em barcos, os improvisos da vida moderna, em que espaços são construídos em cima das águas e animais de estimação estão presentes como membros, que fazem parte da família; também as moradias dos ribeirinhos que se levantam sob as águas e junto com a casa, o espaço impro-visado para as plantas e animais, não somente os animais de estimação, mas aqueles que servirão para alimentar a família; depois do dilúvio, ou melhor, das cheias, as casas barcos voltam a serem apenas casas.

139. COMPLEXO DE NOVALIS

G. Bachelard (1994a, p. 33-63) comenta que, o *Complexo de Novalis* caracteriza o romantismo, a doçura do encontro amoroso, a busca da superação do puramente visual para uma consciência do calor da intimidade. O autor considerado nesta análise é o próprio Novalis, em *Henri d'Ofterdingen*.

Gilbert Durand (1997a, p. 202) pontua que

> Pode-se mesmo dizer que os arquétipos da descida vão seguir com muita fidelidade o trajeto genético da libido tal como é descrito pela análise freu-diana, e será sempre fácil para um psicanalista ver na aparição desta ima-gética digestiva, bucal ou anal um sintoma de regressão ao estado narcísico. **O 'complexo de Novalis', que assimila a uma copulação a descida do mineiro na terra, liga-se ao 'complexo de Jonas'. Um e outro têm como símbolo o ventre, quer seja digestivo ou sexual, e pela meditação deles inaugura-se toda uma fenomenologia eufemizante das cavidades. (...).** Como bem notou Séchehaye, o interesse e o afeto pelo corpo marcam, para o esquizofrênico, uma etapa positiva na vida da cura. [grifos meus].

Para Durand (1997a, p. 334), é sob o esquema do vaivém, do simbolismo nupcial que o complexo de Novalis se caracteriza, dado que

> (...). Bachelard consagra dois terços da sua Psicanálise do fogo a desta-car as ligações psicológicas e poéticas do fogo elementar e da sexualidade. Nota que a maior parte dos que dissertam sobre a origem do fogo por fricção nunca observaram diretamente tal fenômeno, e que a constelação é constituída por solicitações bem mais intimas que a observação objetiva: 'o amor é a primeira hipótese científica para a reprodução objetiva do fogo'. O analista tenta então uma 'ritmanalise' da fricção: desde que se começa a esfregar, experimenta-se um calor doce e objetivo, 'ao mesmo tempo que a quente impressão de um exercício agradável'. Este esquema da fricção

é posto em relevo por Bachelard em Bernadin de Saint-Pierre, no abade Nollet, em Von Shubert e sobretudo em Novalis, e finalmente chama 'complexo de Novalis' a esta pulsão 'para o fogo provocada pela fricção e pela necessidade de um calor partilhado'.

O complexo de Novalis caracteriza as almas românticas que se comprazem no prazer das delicias e caricias; que criam expectativas para os encontros amorosos; aquelas pessoas que, mesmo diante de ocupações durante um dia fatigante de trabalho, sonham em encontrar o parceiro para se entregar ao contato e calor dele.

No sentido denunciado por Durand, caracteriza, ainda, as almas que gostam de degustar os alimentos deliciosos, em especial, aqueles que aquecem e que propiciam o prazer da degustação.

140. COMPLEXO DE OFÉLIA

Para **G. Bachelard** (1989a, p. 58, 86), tanto o *Complexo de Caronte* quanto o *Complexo de Ofélia* simbolizam a última viagem, a dissolução final. Ofélia, porém, simboliza o suicídio feminino, por isso, pelo do complexo de Ofélia, também o lado frágil e romântico da *anima* do homem pode se expressar.

O autor considerado para o exame desse complexo é E. A. Poe, em *Histoires grotesques et sérieuses* e outras obras (1989a, p. 40).

Para **G. Durand** (1997a, p. 99):

> A ofelização e o afogamento são temas frequentes dos pesadelos. Baudoin, ao analisar dois sonhos de moças relativos ao afogamento, nota que são acompanhados por um sentimento de incompletude que se manifesta por imagens de mutilação: o 'complexo de Ofélia' duplica-se de um 'complexo de Osíris' ou de 'Orfeu'. Na imaginação da menina, a boneca é partida, esquartejada, antes de ser precipitada na água do pesadelo. (...). É muito a propósito do **'complexo de Ofélia' que Bachelard insiste na cabeleira flutuante** que pouco a pouco contamina a imagem da água. A crina dos cavalos de Poseidon não está longe dos cabelos de Ofélia. **Bachelard não tem qualquer dificuldade em nos mostrar a vivacidade do símbolo ondulante nos autores do século XVII, como em Balzac, d'Annunzio ou Poe**, este último sonhando ser afogado num 'banho de tranças de Annie'.

(...). Bachelard sublinha, numa perspectiva dinâmica, que não é a forma da cabeleira que suscita a imagem da água corrente, mas sim o seu movimento. Ao ondular, a cabeleira traz a imagem aquática, e vice-versa. Há, portanto, uma reciprocidade neste isomorfismo, de que o verbo 'ondular' é a ligação. A onda é animação íntima da água. [grifos meus].

São muitos os autores que escreveram romances e também poesias a respeito do suicídio feminino pelas águas; que descreveram, com espanto e também com poesia, a cabeleira boiando sobre o rio ou mar. De passagem, pode-se lembrar de poetas, como Castro Alves, E. A. Poe, Balzac, d'Annunzio e muitos outros. Muitos autores retratam as quedas inconscientes em cachoeiras, outros retratam as quedas para a morte numa visão que vai do espetacular ao trágico.

141. COMPLEXO DE ORFEU

Para **G. Bachelard** (1994b, p. 134), o *Complexo de Orfeu* "corresponde à necessidade primitiva de ajudar e de consolar; ele se ligaria à carícia caritativa e se caracterizaria por uma atitude em que o ser se compraz em dar prazer, numa atitude de oferecimento: o **complexo de Orfeu** formaria, assim, a antítese do **complexo de Édipo**". [grifos do autor].

Orfeu é conhecido, na mitologia grega, como poeta e músico, filho de Apolo e Calíope, tornou-se rei da Trácia; comenta-se que, na mitologia grega, a música de Orfeu atraía até os pássaros, que paravam de voar para ouvir as suas músicas; Orfeu foi um homem apaixonado pela esposa, Eurídice, que morre depois de ter sido picada por uma víbora ao fugir de um admirador assediador. Com sua música, Orfeu consegue entrar no reino dos mortos; sua música encantou o deus Hades e sua esposa Perséfone. Ele recebe permissão de Hades para retornar com sua esposa Eurídice.

Também o tema da juventude aparece nesse complexo, numa espécie de encantamento ou reencantamento da alma; aparece na *ritmanálise* proposta por Pinheiro dos Santos e também nos *versos órficos* do poeta alemão, Rainer Maria Rilke.

Em Pinheiros dos Santos, Bachelard considera a vida lírica, aquela que coloca o escritor em contato com o ambiente físico, que nos reconduz ao passado juvenil, pois

Todo estado lírico deve basear-se no conhecimento entusiasta. **A criança é mestre do homem, disse Pope. A infância é fonte de nossos ritmos. É na infância que os ritmos são criadores e formadores**. É preciso ritmanalisar o adulto para devolvê-lo à disciplina de atividade rítmica à qual ele deve o florescimento de sua juventude (1994b, p. 134).

Em Rilke, Bachelard cita o seu lirismo órfico, que, para Félix Bertaux, significa **estar** "vivendo como um egoísmo o amor indeterminado pelo outro. É tão doce amar qualquer pessoa, qualquer coisa, vivendo o início, o brotar único das efusões!". (1994b, p. 134).

O Complexo de Orfeu se caracteriza, desta forma, pelo excesso de amor, zelo e carinho com o outro; também se caracteriza pela tentativa de perpetuar a infância como fonte de ritmos juvenis.

142. COMPLEXO DE OSÍRIS

Para **G. Durand** (1997a, p. 99), o *Complexo de Osíris* está relacionado com o tema da cabeleira, da ofelização.

Osíris é conhecido, na mitologia egípcia, como o deus que julgava os vivos e os mortos; também conhecido como o deus da terra e das plantas, o deus da fertilização; nesse sentido, as lágrimas de Ofélia podem simbolizar a possibilidade de uma terra fértil, molhada.

O deus, com seu manto branco, simboliza aquele que consola, mas assim como Ofélia, é devorado por aqueles que não lhe compreendem a tarefa de julgar.

Osíris faz pensar na volta dos cabelos longos; sendo possível encontrar muitos jovens que cultivam o cabelo, que pousam para fotos e desfilam nas telas dos cinemas, nas ruas com eles soltos, presos. Faz pensar também nos filmes, em que os objetos de admiração são os cavalos com suas crinas.

143. COMPLEXO DE OTHELO

A síndrome de Othelo ou o que se denomina nessa pesquisa, de *Complexo de Othelo*, pode-se encontrar, em inúmeros comentários em sites e blogs da internet[80]. Os internautas discutem, geralmente, os relacionamentos, as relações de amizade e as relações amorosas, cujo ciúme é sempre a tônica desses relacionamentos, que quase sempre, acabam de modo trágico, como na tragédia de W. Shakespeare, na qual, o ciúme, a insegurança e a desconfiança de Otelo o levam a encontrar o infortúnio e a dor.

Os casos de abuso e violência, por causa de ciúme tem causado muita dor nas pessoas e nas famílias; a mídia televisiva tem denunciado e também explorado cenas em que homens e mulheres embrutecidos tentam se vingar de ex-amores, ou daqueles que se negam iniciar um relacionamento amoroso, chegando, até, a cometer assassinatos porque não aceitam um não como resposta para uma relação que terminou; ou porque a desconfiança ultrapassa o bom senso, o decoro e o amor próprio.

A literatura, em geral, apresenta inúmeros exemplos de personagens que ficaram famosos por suas loucuras por causa do sentimento de ciúme. Bentinho, enciumado de sua esposa Capitu, na obra *Dom Casmurro*, de Machado de Assis, pode simbolizar, no Brasil, o complexo de Otelo.

144. COMPLEXO DE PACIÊNCIA E ENTUSIAMO

G. Bachelard (1994c, p. 33) é o autor do *Complexo de Paciência e Entusiasmo*, que se refere às pessoas pacientes, entusiasmadas, que trabalham, por exemplo, na reforma da casa, pensando em cada detalhe, por isso,

> Quando a tempestade despedaça o céu, Segal permanece em sua cozinha. Numa embriaguez de humildade, esse pintor dos horizontes desenha o fogareiro, a bacia, a cafeteira inverossimilmente rosa, o cântaro de cobre que vem de uma época. Em todos os seus objetos põe a marca segaliana, a marca de um devaneio que vê por toda parte seres singulares, seres que têm algo de pessoal a dizer ao pintor sonhador, ao pintor pensador. Segal capta esse instante de personalidade que todos os objetos possuem quando um pintor os olha decidindo que fará deles verdadeiramente uma obra. **Nesses instantes é que precisamente se ata esse complexo de paciência e entusiasmo** que faz de uma efêmera visão uma obra duradoura. O pintor

---

80 Disponível m em: <https://www.bbc.com/portuguese/noticias/2014/11/141112_ciume_otelo_rm>.

vai depois ao estábulo. Sabe que é bom, para um pintor da vida, explicitar seu bestiário, estabelecer simpatia com nossos irmãos inferiores. A porca tanto quanto o asno pedem que seus retratos sejam feitos. Põem à mostra tão sinceramente vidas singulares! Quanto à cabra, seria traição pintá-la diante da manjedoura. Para Segal, as cabras são perfis da falésia. Sobre o fundo de um céu imenso, as cabras normandas de Segal pastam ora flocos de nuvens, ora juncos espinhosos. [grifos meus].

Esse complexo caracteriza os artistas que continuam suas atividades, mesmo estando diante ou dentro de uma grande tempestade. Ciça Guimarães, atriz global - a meu ver - pode ser a representante desse complexo; alguém que é capaz de enfrentar, com paciência e entusiasmo, a sua própria dor, a perda do filho caçula; alguém que luta, reivindica, mas não se esquece de continuar vivendo, inclusive para pedir por justiça, por melhoramentos na segurança pública, calçadas, circulação de vias e fechamentos para reforma; enfim, por cuidado e segurança para todos na sociedade. Sua imagem de mãe transtornada mas que não se deixa abater pela tempestade, parece ser a imagem, mais poderosa, da paciência e do entusiasmo que ainda podem reinar nas pessoas que passam pela provação do sofrimento.

143. COMPLEXO DE PAGU

Pagu ou Patrícia Galvão é uma poeta brasileira; uma mulher plena de coragem e energia, capaz de desafiar o poder instituído.

Esse *Complexo de Pagu* simboliza a indignação das pessoas com o contexto político, cujas injustiças e absurdos parecem normais aos indiferentes. Pagu pagou caro por defender suas ideias e expressar aquilo que pensava; por lutar bravamente contra os abusos da política brasileira. Sem medo de palanque, se posicionou a favor do Partido Comunista Brasileiro[81]; denunciou abusos, pediu por justiça e condenou ações autoritárias.

---

81 Seguem alguns sites que disponibilizam material acerca da vida e obra de Patrícia Galvão, a Pagu - Disponível em: < http://releituracortes.blogspot.com/2008/03/complexo-de-pag.html>. <http://www.complexodepagu.weblogger.terra.com.br/index.htm.   www.ifch.unicamp.br/.../ website-ael_aelcom-imprensa.htm> - <http://karla-complexodepagu.blogspot.com/2008/05/ salada-com-chimarro.html>; <http://rafaafa.blogspot.com/2007/11/pagu.html>; <http://www. pagupsol.org.br/index.php?option=com_content&task=blogcategory&id=52&Itemid=52>.

Existem muitos blogs, sites de internet, grupo de pesquisa que homenageiam Pagu, por exemplo, *Cadernos Pagu* da UNICAMP, *Núcleo dos Direitos Humanos Patrícia Galvão,* do partido político PSOL, em São Paulo; letra de música que ressalta a mulher Pagu, como a letra da música de **Rita Lee** e **Zélia Duncan**, *Pagu*:

> Mexo, remexo na inquisição.
> Só quem já morreu na fogueira,
> sabe o que é ser carvão.
> Eu sou pau pra toda obra,
> Deus dá asas à minha cobra.
> Minha força não é bruta,
> não sou freira nem sou puta.
>
> Nem toda feiticeira é corcunda,
> nem toda brasileira é bunda.
> Meu peito não é de silicone,
> sou mais macho que muito homem.
>
> Sou rainha do meu tanque,
> sou pagu indignada no palanque.
> Fama de porra-louca, tudo bem,
> minha mãe é Maria ninguém.
> Não sou atriz, modelo, dançarina.
> Meu buraco é mais em cima.

O complexo de Pagu simboliza a mulher que luta no cenário político, luta pela melhoria e transformação de um país; a mulher que pede por direitos humanos, por justiça, por tolerância, por beleza e que não se acomoda no conforto e na fartura de um lar; aquela que não esconde em uma relação; mas, fundamentalmente, aquela que enfrenta o palanque e se faz ouvir como cidadã; a mulher Pagu é a mulher que faz uso de sua condição de cidadã para reivindicar direitos para os mais fracos.

144. COMPLEXO DE PAI

Para **Carl Gustav Jung** (CF Samuels et. al., 1988), o *Complexo de Pai* "contém uma imagem arquetípica de pai, mas também um agregado de todas as interações com o pai ao longo do tempo. Daí o complexo de pai matizar a recordação de experiências precoces do pai real" (SAMUELS, *et. al.*, 1988, p. 50).

O complexo de pai se caracteriza pela imagem arquetípica de pai, aquela que guardamos como a imagem de proteção, segurança; mas também se mistura com a imagem que retemos das experiências, por isso, é mais que uma imagem arquetípica, uma imagem que alguém é capaz de construir do pai com todas as suas variações.

São comuns cenas televisivas e do cinema que retratam desentendimentos de pais e filhos; as mais desconcertantes são, possivelmente, as cenas em que filhos se decepcionam por descobrir o que realmente os pais são; tanto as fraquezas, covardias como as canalhices são confrontadas com as imagens de experiências, elaboradas, ao longo da convivência com o pai, ou com as imagens idealizadas pelas histórias contadas pela família.

145. COMPLEXO DE PAI ABANDONADO

O **Instituto Alana**[82] colocou, em sua página da internet, um comentário a respeito do *Complexo de Pai Abandonado*, que se caracteriza pelo excesso de cobrança que os pais fazem aos filhos, e quando não fazem cobranças, se sentem relegados, em dívida para com os filhos; é como se não tivessem contribuído o bastante, por isso, a sensação de abandonado, conforme os internautas do Instituto Alana, de acordo com trecho do artigo[83]:

> Cultivamos uma vaga sensação de que sempre estamos em dívida com os nossos filhos. Psiquiatras relatam há tempos sobre o aumento do número de crianças e adolescentes das classes média e alta com sintomas de depressão - cansaço, irritabilidade, insônia, abatimento, tristeza, vontade de não

---

82 Disponível em: <http://www.alana.org.br/CriancaConsumo/NoticiaIntegra. aspx?id=6303&origem=23>.

83 Artigo divulgado pela Folha de S. Paulo, Cotidiano, 9/8/2009, no Link: <http://www1.folha.uol. com.br/fsp/cotidian/ff0908200933.htm>

ELENCO DOS COMPLEXOS

sair do quarto. "As queixas são generalizadas", afirma Magda Carneiro Sampaio, professora de pediatria na USP e presidente do Instituto da Criança, ligado ao Hospital das Clínicas. Fala-se até que estariam aumentando as tentativas de suicídios. Por isso, fiquei intrigado com um estudo da Universidade de Michigan (EUA)...

[...] Muitas vezes, se vê a tristeza como uma anormalidade porque se valoriza a pressa e o fazer. "Natural que, nesse ambiente, muitas crianças e jovens fiquem desorientados e acabem num consultório", afirma Pilar.

[...] **O fato é que os pais estão desorientados, como se estivessem abandonados.**

[...] **...O Dia dos Pais era a chance de mostrar uma espécie de dívida de gratidão. No complexo de pai abandonado, cultivamos uma sensação de que sempre estamos em dívida com os filhos.**

PS – O que não mudou é que, após ficarmos mais velhos, descobrimos que nossas maiores alegrias e fontes de realização estão ligadas aos filhos. [grifos meus].

Pais que trabalham e estudam em demasia não faltam numa sociedade em que a competitividade se mede por produção e rendimentos; ter negócio próprio ou trabalhar para outrem não importa, por isso, fica impregnado nos pais, uma sensação de que estão deixando seus filhos abandonados.

146. COMPLEXO DE PANTAGRUEL

Para **G. Bachelard** (1994a, p. 99), o *Complexo de Pantagruel* se refere ao mito da digestão, da Idade Média aos dias atuais; lembra o autor que esse mito persiste nas valorizações inconscientes do alimento do fogo, "e o quanto é desejável psicanalisar **o que poderia ser chamado de complexo de Pantaguel num inconsciente pré-científico**". [grifos meus].

Os banquetes e festas, desde a Antiguidade aos dias atuais, ressaltam a necessidade de digestão. São recorrentes as cenas, nos consultórios médicos, de 'crias' obesas, que, por vezes, recebem o incentivo dos familiares para ser obesas porque esses familiares apreciam a imagem da criança redondinha, corada, engraçadinha!

Muitas dessas crianças bonitinhas e engraçadinhas, na infância, tornam-se alvos de piadas e ironias de coleguinhas de escola e de brincadeiras de mau gosto; ou viram adultos alvos de outras ironias e piadas, inclusive de apelidos nada engraçados; ao contrário, tristes e desconcertantes.

Certamente, é o complexo que caracteriza a gula e os gulosos, que apreciam o sabor dos alimentos; aquelas crianças que têm compulsão por comida.

147. COMPLEXO DE PERFEIÇÃO

Colette Dowling (2001), na obra *O Complexo de Perfeição*, descreve os "temores que se ocultam por trás da fixação feminina de ser superior em todas as atividades". Resenha do livro Complexo de Perfeição:

> **Progredir na carreira, ganhar mais dinheiro, passar menos tempo com a família e os amigos...** estes podem ser considerados os elementos que compõem a 'nova mulher'; é a visão contemporânea do sucesso. **Mas será que essa atividade frenética não seria apenas uma tentativa de suprimir ou negar a autoestima reduzida? Não seria apenas uma necessidade de se manter ocupada, de agir, de ser produtiva, para mascarar os sentimentos internos de solidão?**
>
> Colette Dawling diz que sim, **mostra, neste O Complexo de Perfeição, como é possível deixar de representar, escapar de um desempenho inseguro para se transformar em uma mulher em contato com seu Eu**, respeitando-o, e se tornar uma mulher feliz, capaz de dar expressão integral à sua personalidade. [grifos meus].

O Complexo de Perfeição se caracteriza por referir-se a mulheres que são muito competitivas e que buscam mostrar uma situação que não era comum no mundo do trabalho: a mão de obra feminina, especialmente em alguns postos de trabalho.

Parece que se a mulher decidir ficar em casa cuidado dos filhos e da família, ela é condenada por não trabalhar. Mas existe outra questão socioeconômica nesse caso: o homem, sozinho, não consegue ser o provedor da família porque os salários, também para os homens, são de baixa remuneração; considerando que, existe muita competitividade no mundo do trabalho.

Assim, a mulher que enfrenta o mundo da competitividade se iguala ao homem, no sentido de buscar prover a família e trazer para casa o sustento da família, dividindo com o seu par, a responsabilidade pela manutenção da casa; por isso, mesmo as mulheres solteiras que desejarem viver sozinhas precisarão do apoio inicial da família; mas esse apoio tende a desaparecer a partir do momento em que arca com a responsabilidade pela própria carreira profissional e trajetória, o que, consequentemente, já a leva a um afastamento da família, reforçado pelo excesso de atividades que lhe são cobradas.

O tema da perfeição também é analisado por outros vieses, como o da religião. Para o **pr. Estêvam Fernandes de Oliveira**[84], "O complexo de perfeição tem destruído muitos casamentos, famílias, amizades e relacionamentos", porque alguns casais ou cônjuges têm se portando como criaturas perfeitas ou porque esperam conviver com pessoas sem defeito, perfeitas.

É comum encontrar famílias que eliminam as pessoas difíceis, "as ovelhas negras" porque estas não conseguem aceitar suas falhas e erros, a falta de perfeição; o abandono à família pelo excesso de trabalho, a impossibilidade de conciliar o trabalho com as horas de relacionamento, diversão e amor na família; o medo de fracassar na profissão; o medo de ser rotulado como incompetente; existem muitos tabus acerca das novas e antigas profissões, mas certamente, muita insegurança, talvez por ficar mais tempo, isolado, na profissão, e por isso, distante da família.

É comum ver as desavenças em famílias serem exploradas pela mídia televisiva; famílias que idealizam um mundo à parte: a noiva e o noivo perfeitos, a esposa e o esposo perfeitos; casamentos perfeitos com pessoas certinhas, por vezes, acabam ruindo como castelos de areia. Pessoas que, em nome da perfeição, se expõem a qualquer tipo de exploração da própria intimidade, com a finalidade de mostrarem-se alvos da imperfeição do outro.

Competência e eficiência no trabalho, segundo Dowling (2001, p. 14), podem levar à descoberta:

---

84 Link para acesso ao texto: Convivendo com as Imperfeições. Disponível em: <http://www.doalto.com.br/ajudadoalto/convivendocomasimperfeicoes.htm>.

[...]. Descobri que, apesar de uma forte demonstração exterior de eficiência, muitas mulheres continuam a manifestar ainda hoje sentimentos desgastantes de incompetência. Esse fato resulta amiúde em comportamentos repetitivos numa preocupação obsessiva com o corpo e sua imagem, um desejo quase insaciável de comprar coisas, acumular coisas, comer coisas... Estudos indicam que as meninas não recebem ainda o apoio de que precisam. As escolas, os pais e a sociedade em geral não apenas as impedem de ter uma personalidade própria, como também as conduzem na direção do que os psicólogos chamam de 'falso eu'. Quantos mais as meninas se esforçam por agradar e ter sucesso, quanto mais tentam simular um sentimento de 'feminilidade', mas são afastadas da sua verdade psicológica. A postura narcisista é compensatória – um substituto. É parte de um desempenho total (se bem que inconsciente) que compromete seriamente as chances das mulheres de desenvolvem um Eu autêntico.

Em o Complexo de Perfeição analiso como o amor-próprio, o narcisismo saudável das meninas cresce à medida que a criança se desenvolve, e como amiúde perde o rumo em decorrência do importante relacionamento com uma pessoa cujo próprio narcisismo foi prejudicado: sua mãe... As mulheres têm dificuldade em reconhecer a si próprias porque nunca são realmente capazes de se afastar e ver – ou serem vistas por – suas mães... A mulher não espelhada busca indícios nos olhos de terceiros para ver como está se saindo e até mesmo para saber quem é.

De acordo com Dowling (2001, p. 18), a mulher busca, cada vez mais, ser percebida pela sua relação com o trabalho, no qual pode se colocar em evidência, sob e na rota da competitividade, para chamar a atenção dos outros, para se ver espelhar, como imagem autêntica, de feminilidade. Deve, porém, observar que

Examinar a verdade contida em nossos relacionamentos com nossas mães (e filhas, se as tivermos) pode nos conduzir a um novo entendimento e aceitação da necessidade feminina de ser 'vista'. Pode ajudar a nos separarmos, no sentido psicológico. Somente quando conseguirmos nos separar o suficiente para de fato vermos a nós mesmas é que poderemos escapar de um desempenho inseguro, transformando-nos em mulheres felizes e capazes de expressar integralmente nossas personalidades.

148. COMPLEXO DE PERSEGUIÇÃO

O renomado médico, oncologista e escritor brasileiro, **Dráuzio Varella**[85], é o autor do *Complexo de Perseguição*. O médico escreveu num artigo que circula na internet, intitulado: "*A Porta do Lado*", situações que retratam situações cotidianas em que estão presentes os elementos do complexo de perseguição, que retrata pessoas que não aceitam ser contrariadas; por isso, às vezes, essas pessoas passam os dias emburradas, de mau-humor, irritadas, porque elas mesmas não são capazes de desculpar algumas falhas humanas, nem suas, nem de outrem. Seguem trechos do artigo de Varella:

> Em entrevista dada pelo médico Dráuzio Varella, disse ele que a gente tem um nível de exigência absurdo em relação à vida, que queremos que absolutamente tudo dê certo, e que, às vezes, por aborrecimentos mínimos, somos capazes de passar um dia inteiro de cara amarrada.

> [...] Só que, para eles, entrar pela porta do lado, uma vez ou outra, não faz a menor diferença. O que não falta neste mundo é gente que se acha o último biscoito do pacote. Que "audácia" contrariá-los! **São aqueles que nunca ouviram falar em saídas de emergência: fincam o pé, compram briga e não deixam barato. Alguém aí falou em complexo de perseguição? Justamente**. O mundo versus eles.

> Se eu procurar, vou encontrar dezenas de situações irritantes e gente idem, pilhas de pessoas que vão atrasar meu dia. Então eu uso a "porta do lado" e vou tratar do que é importante de fato. Eis a chave do mistério, a fórmula da felicidade, o elixir do bom humor, a razão porque parece que tão pouca coisa na vida dos outros dá errado. [grifos meus].

Esse complexo de perseguição, de acordo com Varella, pode caracterizar as pessoas melindrosas, que estão sempre se sentindo vítimas de alguém; pessoas que não suportam o fato de serem rejeitadas e pessoas que gostam de dar ordens sem ser contrariadas; pessoas que acreditam que devem expor sua raiva e contrariedade para o outro, que lhe deve a obrigação da escuta.

---

85   Link para acesso ao artigo, disponível em: <http://www.otimismoemrede.com/aportadolado. html>.

Para Varella, é fundamental prestar atenção no próprio comportamento, considerando que, alguns sintomas de pacientes com Mal de Alzheimer parecem atestar que eles sofrem de uma espécie de complexo de perseguição.

149. COMPLEXO DE PETER PAN

O autor é **Dan Kiley** (1983, p. 35), na sua obra *Complexo de Peter Pan* ou *Síndrome de Peter Pan*, retrata o complexo de Peter Pan ou a Síndrome de Peter Pan, como o tipo de complexo que simboliza a criança que se recusa a crescer para não ter que trabalhar como os adultos. Peter Pan, no sentido positivo, representa a juventude eterna, o encanto de viver, o canto que encanta e enfeitiça, como enfeitiçou e destruiu o terrível Capitão Gancho.

A infância prolongada virou uma opção para as classes médias mais abastadas, em que os genitores tiveram que trabalhar desde cedo, por isso tentam compensar os filhos, prolongando ou aprovando o prolongamento da juventude dos filhos, que pode, às vezes, se estender até os 30 ou 40 anos conforme a situação.

Em tempos não tão remotos, um jovem ou adulto de 18 anos estava preparado, no bom sentido, para ir para uma guerra, defender sua pátria; preparado para constituir uma família, preparado para ser pai; atualmente, um jovem de 18 anos não passa de uma criança crescida, um adulto infantil, sem experiência e sem vivência, no sentido ou acepção mais forte; como também, jovens de 25, de 30 ou 40 anos, que não são os playboys, filhos da nobreza, mas os filhos de classes médias altas e baixas e até de classes menos favorecidas; jovens que não estão dispostos a trabalhar em caixas de supermercados, em bares e lanchonetes, nem lavar latrinas, banheiros, limpar a sujeira das fábricas; jovens que não gostam de trabalhar e declaram isso sem constrangimento e sem nenhum pudor ou temor; jovens que não gostam de escola e não sabem como, mas não querem estudar e nem trabalhar para ninguém; jovens que sonham com o próprio negócio, e sequer imaginam o gasto para abrir um negócio, nem não vislumbram os sacrifícios inerentes a todas as classes sociais e ao próprio mundo dos negócios.

O complexo de Peter Pan está presente em milhares de lares em que jovens sequer tentam se qualificar para o mundo do trabalho e assumir a responsabilidade pela própria vida; jovens que não abraçam uma profissão porque ela se torna cansativa, como qualquer profissão que uma pessoa responsável encara, ao longo de sua vida; jovens que já estão constituindo família, com mesadas; jovens que calculam o valor da mesada e o valor do trabalho e preferem o comodismo da mesada; jovens que não percebem que o mundo econômico rui a cada dia, que também não há garantia de continuidade dos negócios da família sem envolvimento da família; jovens que se tornam pais, mas não conseguem assumir a responsabilidade de pai, porque ainda se sentem indefesos e incapazes de carregar as responsabilidades de um ato que não foi planejado, mas um acidente; jovens que se escondem por detrás de crimes bárbaros ou tolos e contam com a proteção dos pais até para as coisas erradas; jovens que perpetuam a fase da juventude porque sentem medo de enfrentar o concorrido e acirrado mercado de trabalho, medo de falir, medo de competir e perder, medo de se expor, medo de ouvir os comentários dos amigos e da família, medo de conquistar a própria liberdade?

150. COMPLEXO DE PIGMEU

Pati Rabelo[86] comenta, a respeito do *Complexo de Pigmeu*, que se caracteriza pelas manias que algumas pessoas têm de sentir-se pequenas e medrosas, inclusive, chegando ao ponto de não identificar as próprias qualidades. A seguir, trechos do comentário de Rabelo:

> (...) Quantas vezes a gente já não se pegou admirado quando alguém nos fez um elogio? E, passada a admiração, em geral veio aquela resposta tímida: "Você acha mesmo? Que nada...". **Chamo isso de Complexo de Pigmeu**: é aquela mania de querer ser pequenininho, medroso, de não conhecer nem reconhecer as próprias qualidades.

> Mandela falou sobre isso com muita lucidez: "Nosso grande medo não é o de que sejamos incapazes. Nosso maior medo é que sejamos poderosos além da medida. É nossa luz, não nossa escuridão, que mais nos amedronta. Nos perguntamos: 'Quem sou eu para ser brilhante, atraente, talentoso e incrível?'. Bancar o pequeno não ajuda o mundo".

---

86 Pati Rabelo é editora do Bem Resolvida, colaboradora do Update or Die e colunista da Shopaholic na Revista Público Viva Fortaleza (TV O Povo) - 27 Dez 2007.

[...] Saber se reconhecer uma pessoa que merece coisas boas não se confunde com arrogância ou com se sentir o último Swarovski do pingente. É sempre bom lembrar que complexo de inferioridade e complexo de superioridade são, os dois, sintomas de uma mesma causa: falta de autoconhecimento e de um senso real de autovalor.

O pigmeu, em geral, tem baixa estatura física, esse tipo de pessoa não passa de um metro e meio de altura; os pigmeus podem ser encontrados no sul da Ásia, Brasil, Bolívia e na Oceania.

Os Mbuti são pigmeus, índios africanos que vivem na floresta e se alimentam apenas do que a floresta lhes oferece; não usam produtos industrializados e nem exploram a natureza além daquilo que ela pode oferecer. Ainda assim, parece que aguçam a maldade de outros seres humanos, que procuram ver vantagem onde a natureza concede vida e sobrevivência, e fazem suas alianças em nome da própria vida. Algumas tribos africanas canibalescas caçam os pigmeus, por crendice; acreditam que, ao se alimentar de um pigmeu, estarão se fortalecendo; reza a lenda das crendices que ao impuro, o puro passa a ser objeto de sacrifício. Reza a "Lei de proteção e direito à vida": que nenhum ser humano possa servir de alimento para outro ser humano; lei que poderia se estender para os animais: que nenhum animal seja alvo da gula desenfreada e abusiva do ser humano.

O homem é o único ser que precisa de lei para se proteger de outro ser igual a si mesmo; é o ser que inspira cuidados durante a vida toda a vida.

151. COMPLEXO DE PINÓQUIO

O autor do *Complexo de Pinóquio* é **Hiram Firmino** (1987, p. 69). Firmino conta sua trajetória pessoal e humana; suas viagens, os medos e expectativas de morar fora do Brasil, o incentivo desenfreado para o consumo a qualquer preço, nos EUA; as denuncias, na televisão americana, da miséria do Brasil, sem sequer mencionar a exploração das multinacionais no Brasil. O consumismo excessivo é o alvo da crítica de Firmino, como se pode ler na resenha do próprio livro:

ELENCO DOS COMPLEXOS

> Se você pretende lavar pratos ou ser um grande artista em Nova Iorque ou em algum lugar do paraíso norte-americano, ou ser discípulo de alguma seita oriental nas Bahamas, não pode deixar de ler esse livro. Trata-se de um levíssimo, irônico, honesto e hilariante roteiro de viagens. E que viagem! Hiram Firmino – jornalista e escritor mineiro – conta, com bom humor e notável espírito crítico, sua aventura nos Estados Unidos e nas Bahamas, onde foi juntar-se, num **ashram**, aos obedientes discípulos do guru Vishny Swami Devananda. **Complexo de Pinóquio** traça uma impecável crítica do consumo, do materialismo e da fraude, com algumas farpas também para os subdesenvolvidos que, fora da colônia, vivem em um mundo de fantasias, instalados na 'matriz' colonizadora. [grifos do autor]

Brasileiros que vivem muito mal nos EUA, mas fingem que estão se dando bem para não ter que voltar para o Brasil e cair na realidade. Firmino (1987, p. 72) comenta a respeito do consumismo:

> As pessoas comem o tempo todo. Nas lojas, nos bancos, dentro dos elevadores, dos carros, em todo lugar. Não há tempo de eles irem em casa e voltarem ao trabalho. Comem mal, apressados e solitários, quase só sanduíches e refrigerantes. Só quem tem muito dinheiro consegue frequentar os 3º mil restaurantes internacionais existentes na área metropolitana. Uma boa refeição custa, em média , 30 dólares. A maioria prefere namorar ante as vitrinas das lanchonetes chinesas e pizzarias populares, que exibem o retrato de cada atração, com o seu respectivo preço. É tudo automático. As pizzas, já pré-cozidas, ficam no início do balcão. Nós as apontamos com o dedo. A mesma pessoa que apanha o dinheiro e faz o troco é quem tira o pedido do forno e coloca no prato, mais à frente. O próprio freguês é quem leva o pedido até a mesa, se serve e joga tudo fora, depois: o prato de papelão, os talhares de plásticos, etc., nas lixeiras estrategicamente dispostas ao lado, na saída da roleta.

Esse complexo caracteriza os estrangeiros que vivem fora do país e fingem que a vida é bela e que estão fazendo sucesso. Pessoas que negam os valores que aprenderam no país de origem a fim de sobreviver ao mundo do comércio, como na fala do brasileiro que vivia em New York: "Três coisas que a mamãe e o papai fizeram questão de me ensinar lá no Brasil, por exemplo, não tem nada que ver aqui. – E o que é que eles te ensinaram de errado no Brasil

– eu pergunto. – Honestidade, responsabilidade e moralidade – ele responde..."
(FIRMINO, 1987, p. 74).

Como é possível a ideia de que ensinar um filho a ser honesto, responsável e ter uma moral constituída possa se transformar em elementos ruins. O problema é a cultura do erro distorcida, que gera engodos e conduz muitos a praticarem erros e falhas de comportamento, que mais cedo ou mais tarde terão que responder por seus erros e falhas. Um patrão pode não ser uma pessoa ética, mas certamente, ele vai contratar pessoas que agem com ética e discrição, caso contrário, como uma empresa pode se manter sem falir?

152. COMPLEXO DE PINÓQUIO NAS CERTIFICAÇÕES

Informações em fórum de uma **Empresa Abril** apontam criticas aos enganos dos cursos de TI, os quais prometem, mas não fazem, convencem o futuro aluno a acreditar que existem muitas vagas no mercado, que o número de profissionais é inferior ao que o mercado de trabalho procura. As propagandas são enganosas, informa o relatório oficial da Microsoft[87]:

> Algumas empresas de treinamento em informática adoram atrair aspirantes ao mercado de TI com promessas mirabolantes sobre certificações. Inventam salários astronômicos e números fictícios de "profissionais-certificados-fantasmas".

> Uma certificação no momento certo pode significar um *upgrade* na carreira profissional. Na mão de desempregados e sem experiência, representa apenas lucro para as empresas de treinamento.

> A MCP possuía em 14 de abril de 2004, segundo relatório oficial da Microsoft, 963.606 profissionais certificados em todo o mundo, mas para famosa empresa de treinamento e consultoria esse número não alcança 10 mil.

Sem reforçar a polêmica do site, nem fugir do assunto das certificações, verdadeiro problema na atualidade; são muitas as instituições que prometem

---

87 Disponível em: <http://info.abril.com.br/forum/viewtopic.php?f=76&t=590>.

títulos e diplomas e colocam um contingente de pessoas no mercado de trabalho, sem preparo e sem condições de corresponder às necessidades das organizações – os inúmeros profissionais descartáveis, qualificados em títulos, mas desqualificados para o mercado de trabalho, sem contar as vagas demarcadas pelos filhos da elite escolar, aquela que frequentou as melhores instituições do país deve, pela regra da discriminação e nobreza, ocupar os lugares tão especiais que não podem ser ocupados por qualquer um, independentemente de qualificações – estamos nos referindo aos serviços públicos, posto que as empresas particulares fazem a sua seleção como lhes convêm.

Nem todos os certificados podem sentar nas cadeiras de luxo de certos cargos públicos ou privados no Brasil; certificação em massa, sem qualidade e nem preparo para um mercado acirrado e obumbroso, faz surgir, inevitavelmente, números altos de pseudo-profissionais que, de fato, não são capazes e capacitados para tarefas e funções específicas, devendo se contentar com os serviços gerais, outros pseudo profissionais que não passam de papagaios treinados ou floreiras para decoração de certos ambientes.

153. COMPLEXO DE POLIANA

O **Diário de Pernambuco**[88], no dia 13 de agosto de 2008, perguntou até quando o governo vai continuar sofrendo do *Complexo de Poliana*, evidentemente, em alusão ao comentário da ministra da Cultura, Martha Suplicy - "*Relaxa e Goza*"; a ministra, com essa frase, estava tentando acalmar as pessoas que se aglomeravam nas filas dos aeroportos para embarcar, dada as panes aéreas que o Brasil tem enfrentado, desde 2006, e que de certa forma, não foram totalmente superadas.

Esse complexo voltou a circular nas bocas das pessoas depois do "relaxa e goza", no sentido de apontar e denunciar pessoas que não se importam com o que está acontecendo ao seu redor; indiferentes e olhando para o próprio umbigo, fogem da dor, sofrimento e problemas e relaxam, isto é, ignoram.

Pode-se homenagear, nesse caso, a ministra da Cultura, Martha Suplicy com o complexo de Poliana, pela frase impensada talvez pela pressão dos

---

88   Blog de acesso ao comentário: blogs.diariodepernambuco.com.br/economia/?p...

repórteres para denunciar serviços de má qualidade no país, ou talvez com preocupação pelo turismo no país.

De qualquer forma, a frase poderia servir para denunciar as pessoas ou uma grande quantidade de brasileiros que não se importam, por exemplo, com as crianças que perambulam nas ruas, com os desempregados, com os de baixa renda que são alvos de especulações comerciais, trabalhistas e até educacionais, inclusive por instituições governamentais.

154. COMPLEXO DE PORTNOY

Philip Roth (1986) narra, em romance, a história de Alexander Portnoy, destaca não o Complexo de Portnoy *Complexo do Portnoy*, "Fernandinho" na sociedade americana dos anos 60, o qual não controla as regalias que tem. Mimado pela mãe, o garoto se torna uma pessoa sem muita responsabilidade. A seguir a resenha da obra[89]:

> A narrativa de Alexander Portnoy, jovem advogado nova-iorquino, é uma longa confissão no divã do psicanalista. Como desde o início fica bem claro, Portnoy é dotado não apenas de uma inteligência privilegiada **como** também de uma capacidade ilimitada de encarar a si mesmo com realismo e ironia. **Contudo, o narrador-protagonista é totalmente incapaz de se livrar da ligação paralisante com a mãe**, identificada logo de saída como "o personagem mais inesquecível que conheci na minha vida". Portnoy discorre alternadamente sobre o passado - a infância de filhinho da mamãe, a adolescência dedicada acima de tudo à prática da masturbação e a tentativas frustradas de perder a virgindade - e sua vida atual - o relacionamento conflituoso com a amante bela porém semi-analfabeta, a separação e uma viagem a Israel que termina com a descoberta de que ele está impotente.

> Quando lançada em 1969, a história de Portnoy, narrada com uma verve extraordinária num tom que oscila entre o hilariante e o patético, foi um grande sucesso de vendas e de crítica: o livro alcançou o primeiro lugar nas principais listas de best-sellers dos Estados Unidos, e um crítico da revista Time comparou-o às obras de Henry Miller. **Mais de três décadas depois,**

---

89 Disponível em: <http://www.fnac.com.br/complexo-de-portnoy-FNAC,,livro-169520-3191. html>.

o lugar de O complexo de Portnoy está mais do que garantido, na obra de Philip Roth - hoje considerado um dos principais ficcionistas vivos do idioma - e na literatura norte-americana. [grifos meus].

Pode-se ler, na apresentação da obra de Philip Roth (1986), o seguinte comentário: Philip Roth– "Um dos mais inteligentes e divertidos autores de sucesso contemporâneos, Roth explora com brilho seu humor sarcástico, com o qual desfecha ferozes críticas ao modo de vida da comunidade judaica radicada nos EUA e, por extensão, à sociedade americana em geral" (RIOGRÁFICA, IN. ROTH, 1986, p .5).

O Complexo de Portnoy, para **Jonas Lopes**, pode ser considerado

> Um tratado sobre hipocrisia e um bem humorado retrato de parte da socie-
> dade americana do final da década de 60: isso é *O Complexo de Portnoy*,
> livro do norte-americano Philip Roth, lançado originalmente em 1969 e
> recém-reeditado no Brasil pela Companhia das Letras, em comemoração
> aos 35 anos de seu lançamento[90]. [grifos do autor].

Para o autor (1986, p. 7), o complexo de Portnoy, ou melhor, "de Alexander Portnoy (1933-)", é um

> Distúrbio em que fortes impulsos éticos e altruísticos se apresentam em
> perpétua luta com extremados anseios sexuais, frequentemente de natureza
> perversa. Segundo Spielvogel, 'são abundantes os atos de exibicionismo,
> voyeurismo, fetichismo, auto-erotismo e coito oral; em consequência da
> 'moralidade' do paciente, entretanto, nem a fantasia nem o ato resultam em
> genuína satisfação sexual, mas antes em avassaladores sentimentos de culpa
> e temor de punição, especialmente sob a forma de castração'. (Spielvogel,
> O. 'O pênis perplexo', Internationale *Zeitschrif für Psychoanalyse*, vol. XXIV,
> p.909.) Acredita Spielvogel que muito dos sintomas podem remontar aos
> vínculos adquiridos na relação materno-filial

O Complexo de Portnoy caracteriza os jovens que são excessivamente mimados pelas mães e que não assumem responsabilidades; é, por assim dizer, ainda, um tratado de ironia a respeito de parte da sociedade americana dos anos 60. Pode-se dizer que ainda existem muitos resíduos, não apenas na sociedade americana, mas, de modo geral, em muitas sociedades. Penso que os casos mais em evidências são os filhos de "reis", os ricos do oriente, os filhos de mães invisíveis, mas de pais que aparecem e como aparecem!

155. COMPLEXO DE POTÊNCIA

Para **G. Bachelard** (1991, p. 295), esse complexo revela a vontade de dominar totalmente a montanha, que aparece nessa configuração como uma inimiga. Sadismo muito próximo ao de Xerxes. Bachelard se refere à declaração do alpinista Samival diante da montanha: "aquelas montanhas deitadas em círculo à minha volta, eu cessara pouco a pouco de considerá-las inimigas por combater, fêmeas por espezinhar ou troféus por conquistar a fim de fornecer a mim mesmo e de fornecer aos outros um testemunho de meu próprio valor". O autor alpinista é Samival, na obra *L'opéra des pics*.

Desejo de dominar o inimigo, parece algo tão primitivo, mas é tão recorrente na sociedade comercial e do consumo, em que antigos inimigos viram sócios, feridas são cicatrizadas com abraço amigo; desejo de dominar o inimigo parece tão bem conhecido no cenário político, em que abraço e fotos na mídia parecem eliminar ranços antigos e perseguições passadas; por conta do vale-tudo para manter a política nacional firme e íntegra, conchavos, trocas de partidos e filiações são pequenas regras de permissão para garantir as opções que levam ao poder na política.

156. COMPLEXO DE PSYCHÉ

G. Durand (1981, p. 102) é o autor do *Complexo de Psyche*, ele lembra que: "Mas o que importa sobretudo para nossos propósitos, é que este cenário encaixou, do inicio ao fim, duas interdições de ver que nós chamaremos de *"Complexo espetacular"* ou *"Complexo de Psyché"*.

Para Thomas Bulfinch (2002), Psique é representada como uma mortal de grande beleza, formosa, aquela que usava uma coroa de flores. Sua fama é que ela era mais bonita que Artemis, mãe de Eros. Artemis, enciumada pela beleza de Psyche, manda Eros atirar sua seta contra esta para que ela durma como a água da fonte amarga; mas Eros se fere com a sua própria seta e acaba ficando invisível. Eros se apaixona por Psyche, leva-a para um castelo, num vale florido, onde há fonte de água pura e cristalina. Psyche fica cada vez mais curiosa para ver as faces do seu amor invisível. Assim, sob os conselhos maliciosos das irmãs, aproxima a vela do castiçal sobre o amante adormecido, e uma gota cai, deixando o amado visível, que ferido e magoado, a abandona.

Psyché representa, ainda, a capacidade espetacular de ver os obstáculos psíquica e vencê-los. No mito de Psique, são três provações exigidas por Artemis, e todas foram cumpridas: a primeira provação é separar, à noite, milhares de grãos, no que foi ajudada pelas formigas; a segunda provação é trazer lã de carneiros selvagens, também foi ajudada a recolher a lã, à noite, quando os carneiros dormiam; a terceira provação é buscar a essência de um beijo da rainha do inferno, Perséfone, o que esta concede, dada a ingenuidade e honestidade de Psyché para descer até o Hades e ignorar que não se pode retornar do Hades e nem levar de lá, absolutamente nada. Ao vencer as provações, Psyché reconquista o amor, que seria a paz da consciência, o seu equilíbrio psíquico e mental.

157. COMPLEXO DE PRISCILLA

Em reportagem de **Daniel Weiss**[91], o site dos *GLS Planet* comenta matéria a respeito de orientação sexual e da sexualidade dos "pseudomachões", ou seja, das pessoas que, muitas vezes, se declaram bissexuais, isto é, híbridas, porque não querem assumir a verdadeira sexualidade ou porque ainda estão confusas com sua própria sexualidade. Hibridismo sexual, para alguns, pode caracterizar o *Complexo de Priscila*. Comentário do internauta a respeito:

[...]

Seja pelo fato dos gays serem mais sensíveis, mais criativos, mas o que se espera de uma relação a três? Seria promiscuidade? Uma tendência da moda? Ou a quebra de todas as barreiras entre os sexos? "A sexualidade (sob qualquer manifestação) é uma forma de autoafirmação também. É o chamado narcisismo sexual, que leva à compensação de carências, tão

---

91 Disponível em: glsplanet.terra.com.br/news/priscilla.shtml; <http://www.interfilmes.com/filme_15797_priscilla.a.rainha.do.deserto.html>.

presente.", é o que pensa o coordenador do *Centro de Educação Sexual do Rio de Janeiro* (CEDUS)...

[...]

Esta hibridação na área de relacionamentos é ponto de divergência entre gays e lésbicas e heterossexuais radicais que têm argumentos para defender suas ideias.

[...]

Será que este novo relacionamento é um modismo das moderninhas ou uma falta de autoestima das mulheres hétero? Os homossexuais de verdade são mais coerentes com a própria "opção"? Ou a nova face do machão, a **Priscilla**, existe somente para adiar um pouco mais sua verdadeira identidade? Novas (velhas) faces do relacionamento surgem a cada nova temporada no terreno da sexualidade. Mas o que realmente se busca no par perfeito? [grifos dos responsáveis].

O filme americano **Priscilla – a rainha do deserto** (nome do ônibus) - retrata, no deserto da Austrália, a vida de três *drag queens* que irão se apresentar para o público daquela localidade. Com humor, musicalidade e um figurino fantástico, o filme atrai a atenção de todos, sendo considerado um filme de excelente criatividade e diversão. Segue Sinopse do filme:

> Elas chegaram e, fabulosas, conquistaram a todos. Este filme australiano incrivelmente criativo, visualmente maravilhoso e incomparavelmente divertido conta a história de três drag queens desbravando a vastidão do deserto australiano. Foi o vencedor do Oscar de 1994 de Melhor Figurino. Terence Stamp (Star Wars Episódio I: A Ameaça Fantasma), Hugo Weaving (Matrix) e Guy Pearce (Amnésia) apresentam todos excelentes e emocionantes interpretações nessa história de três peixes fora d'água, que é considerado "um dos mais irreverentes filmes já realizados" (The New York Observer)! Com um contrato para realizar um show de drags nos confins do deserto australiano, Bernadette (Stamp), Tick (Weaving) e Adam (Pearce) têm cada um seu motivo pessoal pra querer deixar a segurança de Sydney. Batizando seu rodado ônibus de excursão com o nome de

"Priscilla", essas enlouquecidamente divertidas rainhas do drama se dirigem ao deserto... onde suas espetaculares aventuras são ainda mais fantásticas do que os trajes de seu figurino.

O Complexo de Priscila caracteriza as pessoas que definiram sua sexualidade como uma bissexualidade.

É notório que, a ciência tem trabalhando para compreender dores e dificuldades das pessoas que não conseguem, se definir para elas mesmas. A ciência tem contribuindo também para diminuir as dores de milhares de pessoas no mundo, no sentido de ajudá-las a definir e assumir sua orientação sexual. Atualmente, os termos são muitos e envolvem aspectos íntimos e particulares a cada ser humano.

Se a ciência contribui, a sociedade infelizmente, ainda vive cercada de preconceitos, achismos e ignorância. A vida de qualquer ser humano importa, assim como, o bem estar de qualquer ser humano importa, suas escolhas e orientações pessoais devem ser respeitadas por cada habitante do planeta, se não se pode ajudar a aliviar a dor, jamais aumentar a dor e os sofrimentos daqueles que lutam por defender sua identidade social, numa sociedade retrógrada, atrasada e desinformada.

158. COMPLEXO DE PROMETEU

Para **Gaston Bachelard** (1994a), o *Complexo de Prometeu* pode agrupar todas as tendências que, nos impulsionam a saber tanto quanto nossos pais e mestres e mais do que eles. A manipulação do objeto nos proporciona tirar desse contato mais clareza intelectual. Esse pode ser considerado, segundo Bachelard, como o complexo de Édipo da vida intelectual, pois existe no ser humano uma verdadeira vontade de possuir intelectualidade e superar os mestres, ultrapassar a si mesmo, a nossa própria natureza (p. 1-9).

Em trabalho anterior[92], buscou-se a caracterização do complexo de Prometeu em relação à obra estética. Na poética, Bachelard se refere, para o exame desse complexo, ao autor **Ducarla**, em *Du feu complet*. (p.307). Ducarla

---

92 Maiores detalhes, consultar obra de Luzia Batista de Oliveira SILVA. Psicanálise, Poética e Epistemologia: a contribuição de Gaston Bachelard, dissertação de mestrado, PUC-SP, 1997 ou Londrina: EDUEL, 1999 ou segunda edição, Psicanálise, Poética, Epistemologia e Educação: a contribuição de Gaston Bachelard. São Paulo: Livraria da Física, 2018

relata as habilidades de Prometeu para acender o fogo, como agir para dominar o fogo. Em *Fragmentos de uma poética do fogo*, Bachelard (1990c, p. 77) pontua que nossa admiração pelo homem culto nos impulsiona a buscar o desenvolvimento dessa intelectualidade, a superar aquilo que admiramos em nossos mestres.

O complexo de Prometeu promove uma ruptura com pais e mestres, porque está relacionado com todas as tendências que nos impulsionam a ultrapassar nossos heróis, que podem ser, os pais e mestres; pais ou mestres.

A mudança, o desenvolvimento inerente a todo ser humano, pode numa postura positiva, impulsionar, impelir-nos a uma "autoafirmação" ou ultrapassamento dos nossos heróis.

Podemos assinalar, como característica do complexo de Prometeu, o processo de vencer etapas, e mais que vencer etapas, é superá-las. Bachelard chama a atenção para a necessidade de o próprio educador não só perceber que o educando está num processo de desenvolvimento de suas potencialidades, mas também, de superação de si mesmo.

159. COMPLEXO DE RANK

Para **G. Durand** (1997a, p. 74), esse *Complexo de Rank* caracteriza as mudanças, em especial, as mudanças abruptas, aquelas que estão sob o esquema da animação e do arquétipo do caos:

> O esquema da animação acelerada que é a agitação formigante, fervilhante ou caótica parece ser uma projeção assimiladora da angústia diante da mudança, e a adaptação animal não faz mais, com a fuga, que compensar uma mudança, e uma mudança brusca por uma outra mudança brusca. Ora, a mudança e a adaptação ou a assimilação que ela motiva é a primeira experiência do tempo. **As primeiras experiências dolorosas da infância são experiências de mudança: o nascimento, as bruscas manipulações da parteira e depois da mãe e mais tarde o desmame.** Essas mudanças convergem para a formação de um engrama repulsivo no lactante. **Pode-se dizer que a mudança é sobredeterminada pejorativamente pelo 'complexo de Rank' e pelo traumatismo do desmame,** que vêm corroborar essa primeira manifestação de temor que Betcherev e Maria Montessori evidenciaram

nas reações reflexas do recém-nascido submetido a manipulações bruscas. [grifos do autor].

Nos adultos, o complexo de Rank caracteriza as pessoas que demonstram angústia, sofrem perante a intensidade dos acontecimentos; são pessoas que demonstram ansiedade e angústia ante a passagem do tempo, com descrições de imagens de aceleramento, agitação fervilhamento.

Na atualidade, o número de pessoas que sofrem com ansiedade, depressão, angústia e agitação é catastrófico. O cinema tem usado essas informações e o estado de ansiedade mundial das pessoas, para projetar no cinema, películas que chamam atenção nesse quesito.

Nesse contexto, torna-se cada vez mais assustadora, a quantidade de pessoas medicadas com transtornos psíquicos, relacionados com ansiedade e medo, numa sociedade em que as mudanças são contínuas e inusitadas, exigindo dos sujeitos um desprendimento sem o devido tempo para maturar ideias, saberes e escolhas próprias, a fim de lidar com as situações cotidianas e aquelas que são inesperadas, como as mudanças abruptas, como recentemente aconteceu com a Pandemia da Covid-19. Crianças, jovens e idosos viram-se privados de sair de casa com um mínimo de segurança, milhares de pessoas que morreram, outros ficaram com lesões etc. Os problemas psíquicos ficaram ainda mais em evidência e o ser humano cada vez mais fragilizado num mundo que nem sempre oferece segurança para todos que não podem pagar por ela, nem aceitam se submeter às regras da ciência para salvar e proteger as vidas humanas e todo ser vivo no planeta.

160. COMPLEXO DE RETIRO

Para **G. Durand** (1997a, p. 240), esse *Complexo de Retiro* caracteriza o exílio insular do poeta Vitor Hugo,

> Porque a ilha é a 'imagem mítica da mulher, da virgem, da mãe'. Hugo estaria ontogeneticamente marcado pela estadia nas ilhas: Córsega da sua infância, ilha de Elba, e por fim ilha do exílio onde o poeta, curiosamente, parece morar voluntariamente. **Esta vocação do exílio insular não seria mais que um 'complexo de retiro', sinônimo de regresso à mãe.** Donde o

grande valor atribuído pelo poeta dos *Châtiments* a Santa Helena, a ilha do exílio e da morte. [grifos meus e grifo do autor].

O complexo do retiro caracteriza os poetas que descrevem a ilha como uma morada de refúgio, o lugar do recolhimento; a ilha simboliza a mulher, a virgem, a mãe, a amada.

A escritora brasileira, educadora, poeta e jornalista, **Cecília Meireles** escreveu, algumas crônicas e poesias em que descreve as maravilhas que só podem ser encontradas numa ilha, como no exemplo, da crônica *Natal na Ilha do Nanja*, da obra *Ilusões do Mundo* (1976, p. 109), na qual ela comenta que, na ilha é possível ter momentos como: paz, aconchego, bem-estar, saúde mental, isolamento saudável e afastamento de problemas cotidianos, porque:

> Na Ilha do Nanja, o Natal continua a ser maravilhoso. Lá ninguém celebra o Natal como o aniversário do Menino Jesus, mas sim como o verdadeiro dia do seu nascimento. Todos os anos o Menino Jesus nasce, naquela data, como nascem no horizonte, todos os dias e todas as noites, o sol e a lua e as estrelas e os planetas. Na Ilha do Nanja, as pessoas levam o ano inteiro esperando pela chegada do Natal. Sofrem doenças, necessidades, desgostos como se andassem sob uma chuva de flores, porque o Natal chega: e, com ele, a esperança, o consolo, a certeza do Bem, da Justiça, do Amor.

> Na Ilha do Nanja, as pessoas acreditam nessas palavras que antigamente se denominavam "substantivos próprios" e se escreviam com letras maiúsculas. Lá, elas continuam a ser denominadas e escritas assim.

> Na Ilha do Nanja, pelo Natal, todos vestem uma roupinha nova — mas uma roupinha barata, pois é gente pobre — apenas pelo decoro de participar de uma festa que eles acham ser a maior da humanidade. Além da roupinha nova, melhoram um pouco a janta, porque nós, humanos, quase sempre associamos à alegria da alma um certo bem-estar físico, geralmente representado por um pouco de doce e um pouco de vinho. Tudo, porém, moderadamente, pois essa gente da Ilha do Nanja é muito sóbria.

> [...]

Os mortos vêm cantar com os vivos, nas grandes festas, porque Deus imortaliza, reúne, e faz deste mundo e de todos os outros uma coisa só.

Na atualidade, é perecível o número de pessoas que, estão cada vez mais buscando um lugar de refúgio, "um lugar de respiro", uma vida mais tranquila, mais natural, fora das cidades grandes, barulhentas e poluídas.

O retorno do ser humano para a natureza como abrigo de paz é cada vez mais recorrente no mundo. Mesmo, personalidades famosas buscam abrigo onde possam se energizar e reabastecer as esperanças, num mundo mais humanizado, para se viver em comunhão com a natureza, e a preferência, para os que podem pagar por ela, ainda recai sobre as ilhas, que oferecem mais liberdade e mais aconchego. Os campos e as cidades praianas são os lugares mais almejados e procurados por aqueles que querem se asfaltar das turbulências, aglomerações e vida corrida da cidade grande.

161. COMPLEXO DE RETORNO À MÃE

Para **G. Durand** (1997a, p. 231, 236) esse *Complexo de Retorno à Mãe* ou *Complexo de Regresso à Mãe* está relacionado com diversas crendices em que a gestação de uma criança pode acontecer "nas grutas, fendas de rochas e nascentes". A terra passa a ser um continente geral, em que "o sentimento patriótico dever-se-ia dizer matriótico seria apenas a intuição subjetiva deste isomorfismo matriarcal e telúrico" visto que,

> **A pátria é quase sempre representada sob traços feminizados: Atena, Roma, Germânia, Mariana ou Albion**. Numerosas palavras que designam a terra têm etimologias que se explicam pela intuição espacial do continente: 'lugar', 'largo', 'província', ou por impressões sensoriais primárias: 'firme', 'o que resta', 'negro', que confirmam as ligações isomórficas que estamos estudando. Essa passividade primordial incita às fantasias 'do repouso' que Bachelard tão bem soube detectar na imaginação telúrica dos escritores. Henri de Régnier, ao escrever que mulher 'é a flor aberta à entrada das vidas subterrâneas e perigosas... fissuras para o além por onde se precipitam as almas', reencontra a intuição primordial da Bíblia, do Corão ou das leis de Manu e do Veda para quem o sulco fértil e a vulva feminina se sobrepõem. Também Baudouin descobre em Hugo e Verhaeren esta unidade

da constelação que liga a mãe, a terra e a noite. **O culto da natureza em Hugo e nos românticos seria justamente uma projeção de um complexo de retorno à mãe.** [grifos meus].

O Brasil, não apenas por sua exuberância e grandeza territorial, mas talvez, peculiarmente, por seus aspectos especiais em cada canto do país, inspira a volta à terra como a volta à mãe. São constantes os relatos de brasileiros que estão fora do país e descrevem a pátria como a mãe protetora, a terra do acolhimento; também os brasileiros, por vezes, descrevem a sua cidade e o país, de modo geral, com carinho de filho.

Como se trata de caracterizar os valores da intimidade, os valores do coração, valores dos sentimentos, as vezes, as pessoas se esquecem de que o Brasil é uma terra de fartura mas onde muitos perecem por falta dela; que essa mãe domada e dominada pela ganância dos exploradores internos e externos tornou-se uma mãe que muitos não desejam retornar e nem permanecer.

Na atualidade, o Brasil chama atenção pela quantidade de pessoas sem lar, sem um teto para se abrigarem dos infortúnios, sem um prato de comida para matar a fome, sem uma palavra amiga para se encorajarem. Muitos se encontram abandonados à própria sorte.

Padre Julio Lancellotti tem sido o manancial amigo e divino de muitos pobres e abandonados. Ele tem lutado bravamente para saciar a fome dos que mendigam migalhas na cidade de São Paulo, sua luta se estende por toda a cidade, com trabalhos de base na pastoral e trabalhos de esclarecimento e denúncia nas redes sociais, contra os proprietários que agem com aporofobia, ou fobia de pobre e da pobreza, chegando a fechar pequenos e grandes espaços cobertos, a fim de evitar que os desabrigados possam dormir em bancos e locais cobertos fora dos estabelecimentos residenciais e comerciais. Muitas imagens são de uma tragédia, a tragédia do capitalismo somada à ganância humana por fazer crescer os negócios em tempos de miséria, sofrimento e dor

162. COMPLEXO DE "ROSÂNGELA"

Henrique Costa Pereira[93] discute a respeito da tolerância na Web. Pereira nomeou de *Complexo de Rosangela* à intolerância na web, com relação

---

93   Disponível em: <http://revolucao.etc.br/archives/category/complexo-de-rosangela/>.

a opiniões divergentes; simboliza as pessoas que não podem ser contrariadas e não conseguem discutir sem fazer prevalecer suas opiniões. Comentário do internauta:

> (...) Comentários assim tem sido vistos por ai com certa frequência. A Rosângela não é um caso isolado e eu apenas aproveitei o comentário dela como parte do meu diagnóstico de um tipo de troll. Seria essa uma doença moderna da blogosfera recentemente diagnosticada? Eu sei que trolls existem e não é algo novo, mas alguns comentários perecem de alguma maneira atacar opinião divergente e não simplesmente acalorar uma discussão ou desviar dos assuntos como fazem os trolls. Comentários assim apresentam até um tipo de "padrão" ao simplesmente demonstrarem intolerância a opinião divergente. Será que são os filhos intelectuais do Bush e do Sarney? Eu já vi vários comentários desse tipo no blog do Cardoso, do Bruno Torres e do Tableless. Eu pensei antes de escrever este texto, pra saber se era um caso isolado, mas eu acredito que não. E ai? Como se relacionar virtualmente com pessoas que agem e pensam assim?
>
> Há centenas de coisas sobre desenvolvimento que eu acredito ser a melhor saída, mas eu não deixaria de me relacionar com alguém caso essa pessoa pense diferente. Ataques desse tipo estão se tornando comum e "sujam" discussões inteligentes, mudando o foco, irritando internautas e leitores. **Complexo de Rosângela foi o nome que eu dei pra uma pessoa sem identidade** (nem sei se o e-mail dela é valido ou não) **pra alguém que não existe e simplesmente quer atacar a sua opinião por ser diferente, e não por ter uma ideia melhor**. Acho atitudes assim lamentáveis e essa é uma das razões de acreditar cada dia mais na moderação de comentários. Sinto muito pessoal. [grifos meus].

O complexo de Rosângela caracteriza as pessoas que não aceitam a opinião alheia, mas não a aceitam porque têm uma opinião melhor ou uma ideia mais interessante, não aceitam por incapacidade para reconhecer a opinião alheia como válida.

Nesse contexto, deve-se considerar, que na atualidade, o problema pode ser o contrário, a quantidade assustadora de pessoas que aceitam qualquer opinião, mesmo distorcida, vindo de um certo lugar ou pessoa.

Assiste-se atualmente, na Internet e nos grupos de contatos, a explosão das *Fake News*, falácias, império da pós-verdade, uma verdadeira aceitação cega de ideias absurdas, mentiras repetidas milhares de vezes como verdade; as falácias que parecem verdade, mas não passam de inverdades e absurdos. As pessoas brigam, criam verdadeiros espetáculos, em nome daquilo que elas defendem, independente de ser uma verdade ou apenas uma distorção, proferida por grupos interessados em vender suas ideias rotas e equivocadas, como falsas verdades de um grupo, que age de má fé e tira proveito da ignorância ou da malandragem das pessoas.

163. COMPLEXO DE SABOTAGEM

Colette Dowling (2000) nomeou de *Complexo de Sabotagem* à maneira como as mulheres gastam seu dinheiro, que segundo a autora, é o pior dos complexos femininos porque revela a incapacidade da mulher de lidar com o dinheiro, de não saber economizar, gastá-lo todo e não fazer reservas. Texto da autora da capa do livro:

> As mulheres são responsáveis por 70% das compras feitas em todo o mundo. A sociedade de consumo assenta-se sobre elas. Por isso, meios de comunicação de massa fazem um esforço gigantesco para torná-las consumidoras compulsivas. E o "complexo de cinderela" tem sua raiz em outro complexo mais profundo e silencioso - o **"complexo de sabotagem"** - que ensina às mulheres que esperam o príncipe encantado a serem irresponsáveis e infantilizadas sobre sua vida financeira. Baseado em entrevistas com psicólogos, especialistas em finanças e as próprias mulheres, **"Complexo de Sabotagem" revela as justificativas femininas de relutância em assumir responsabilidades com o seu futuro e de ter uma atitude madura em relação ao dinheiro.** Partindo de sua experiência pessoal, Colette Dowling revela como e por que as mulheres sabotam a si mesmas e como elas podem deter esse processo. Colette Dowling é autora de "O Complexo de Cinderela" - Best Seller consagrado e traduzido para mais de 20 idiomas -, "O Complexo de Perfeição" e "Você Pode Curar a Depressão", entre outros. Seus livros já venderam milhões de exemplares em todo o mundo. [grifos meus].

O complexo de Sabotagem caracteriza as pessoas que gastam em demasia todo o dinheiro que conseguem ganhar; caracteriza as pessoas que administram muito mal as finanças próprias; caracteriza, ainda, as pessoas que consomem impulsivamente e que se realizam diante de sacolas de compras, restaurantes, enfim, quando estão seduzidas por todo tipo de consumo possível; as mães consumidoras compulsivas, que esquecem até as necessidades da família quando estão com dinheiro e se sentem atraídas por todo tipo de consumo; consumo desenfreado e fútil que não permitem que essas mães consigam guardar ou fazer reserva.

Colette Dowling (2000, p. 204) comenta a respeito da falta de incentivo para a responsabilidade da mulher com o dinheiro, reforçando o mito romântico de alguém fará todo o controle do dinheiro, se gastar o que tem, logo, alguém lhe dará outro, se gastar o que ganhou no trabalho, logo conseguirá repor o que gastou. A mulher não precisa ter esse tipo de preocupação, por isso, a autora comenta:

> [...] descobri que as mulheres, sem saber, sabotam financeiramente a si mesmas como maneira de perpetuar o Mito Romântico. Parece que estamos presas entre dois dois modelos de sobrevivência econômica: o tradicional, que ensina às mulheres a depender dos homens, e o moderno, no qual espera-se que sejamos Novas e Bravas Feministas, que não dependem de ninguém. Falta-nos confiança em nossa capacidade de proceder dessa segunda maneira, de modo que, em um estado de espírito ambivalente, voltamo-nos para a primeira. Financeiramente sem raízes, ficamos confusas e muitas vezes enganamos a nós mesmas com histórias que nos contamos sobre nossos homens e nosso dinheiro. Queremos ser independentes, mas não temos certeza de que podemos confiar em nós mesmos.

164. COMPLEXO DE SANSÃO

O médico **Wagner de Moraes** (1997) é autor da obra *Complexo de Sansão*, que discute a perda dos cabelos como uma fraqueza orgânica; narrativa diferente daquela que fora retratada na história bíblica de Sansão e Dalila. Nesse caso, trata-se da perda de cabelos por uma doença conhecida como complexo de Sansão, a calvície. Mas o autor também recorre à história bíblica a fim de nos ajudar a compreender a simbolização dos cabelos para a cultura e segurança psicológica das pessoas, pois

> Em quase todas as grandes civilizações humanas, os cabelos sempre simbolizaram força, virilidade e poder. Na China, o corte rente dos cabelos era considerado uma mutilação. Cortar os cabelos, para os chineses, significava um sacrifício, assim como uma rendição à própria personalidade. Quem assim procedesse ficava impedido de assumir cargos de importância no Império. No Japão, o mesmo acontecia com a casta guerreira dos samurais, que era reconhecida pelo corte e pela disposição do penteado. E no Vietnam, os cabelos cortados ou perdidos jamais eram jogados fora, pois acreditava-se que com eles era possível interferir magicamente no destino do indivíduo. Uma crença muito parecida era compartilhada pelos índios norte-americanos, que arrancavam o escalpo dos inimigos vencidos em batalha para enfraquecer o restante dos guerreiros adversários. (MORAES, 1997, p. 22)

De acordo com Moraes (1997, p. 22), o pai da psicanálise, S. Freud, também comentou acerca da perda dos cabelos, que se encontra na teoria conhecida como "*síndrome da inveja do pênis*"; no caso em questão, a inveja que as mulheres sentem por não possuírem o órgão sexual masculino.

> Inversamente, Freud quis demonstrar que as mulheres, pela falta de pênis, sentiam-se impotentes, com menos força e menos poder do que os homens. Ne verdade, existe uma relação fisiológica entre a cabeça e área genital. Ambas possuem orifícios e.... cabelos! Mas não podemos interpretar síndromes desta forma, mesmo porque os homens castrados não se tornam calvos, ou seja, possuem cabelos mas não a virilidade. E há também o caso dos eclesiastes, celibatários e outros homens com cabelos, que não podemos assegurar serem extremamente viris! Portanto, não é o cabelo que aumenta a virilidade e nem tampouco a falta dele. Como também não é a presença do pênis. Todo o processo é psicológico e de auto-estima.

> A calvície em nossa sociedade é um símbolo negativo, e o homem calvo sabe disso, desde a época em que ele tinha cabelos. Vale lembrar que o homem calvo já foi cabeludo anteriormente e que ele, só ele, pôde experimentar a diferença.

A valorização do cabelo, para o autor, também está relacionada com os padrões de beleza, com a juventude; manutenção de emprego para alguns, *status*, fama, sensualidade, para outros.

A pesquisa de campo de Moraes (1997, p. 33-38), com homens calvos e homens não calvos e com mulheres, revelou que 79% das mulheres entrevistadas, com idades de 17 a 45 anos, preferem homens não calvos; como primeira opção sexual, 78,25% dessas mulheres também não escolheriam um careca; 72,85% dos homens entrevistados disseram que, se pudessem, gostariam de recuperar os cabelos perdidos; 67,35% dos homens entrevistados disseram que a perda dos cabelos diminui a força em relação ao emprego e às mulheres; 66,50% responderam que usariam uma peruca ou algo artificial para cobrir a calvície; 72,80% dos homens disseram que se sentem inferiorizados por causa da calvície; 95,45% responderam que, se pudessem, jamais seriam calvos; para 91,00% dos homens participantes da pesquisa, os cabelos melhoram o visual; para 70,00% dos homens entrevistados, virilidade tem a ver com o cabelo; e 65,50% disseram que, se ficassem carecas, perderiam a autoestima e a confiança.

Moraes lembra que o drama da calvície começa muito cedo, por volta dos 17 a 19 anos. Os sinais mais visíveis de desespero começam quando o sujeito passa a prestar a atenção e a ler tudo que diz respeito à perda de cabelos. Nessa fase, é comum o sujeito acatar sugestão de mudar de cosmético, mas ao fazer tudo que lhe fora recomendado, a esperança começa a desaparecer (p. 40-41).

Moraes lembra, ainda, que existem graus de calvície, o que significa que há variações também quanto à idade em que a calvície irá se manifestar; tem a ver com hormônios, predisposição genética, fatores diferenciados, como alimentação, nível de estresse enfrentado e outros, trauma cirúrgico, pós-parto, intoxicação, infecção e idade avançada.

O complexo de Sansão caracterizado nesse estudo de Moraes (1997, p. 60) é simbolizado pela doença conhecida como calvície ou alopecia, a perda dos cabelos:

> A alopecia areata é fácil de ser reconhecida porque provoca perda dos cabelos de forma assistemática e desordenada começando em um ponto focal e se estendendo para fora. O processo é muito rápido. Em duas ou três semanas os cabelos já estão caindo em mechas da cabeça.

A causa da alopécia é um tema de discussão. Existem diferentes tipos, na idade da aparição, características clínicas, extensão e prognóstico.

(...). Metade dos pacientes com alopecia aerata recupera-se em um período de um ano. Os corticoides, ingeridos sistematicamente, têm demonstrado induzir os cabelos a um novo crescimento. Mas, em muitos casos, o Crescimento não se mantém depois de suspenso o tratamento. Por isso, a melhor maneira de curá-la é fazendo-se infiltrações locais, diretamente no centro das lesões.

Mauricio Guilherme Couto de Castro[94] comenta, em artigo, a respeito do complexo de Sansão, ressaltando os "aspectos psicológicos da alopécia masculina", um tipo de doença que leva à queda dos cabelos e dependendo da intensidade dos conflitos psicológicos pode levar à impotência. "São focalizados aspectos psicológicos relacionados a alopécia androgênica no homem, com ênfase nos conflitos existentes na esfera da sexualidade". Comentário de Castro:

> [...] **Aspectos gerais** - A alopecia androgênica, ou calvície, é afecção bastante comum, e acomete homens jovens e maduros. Admite-se como base etiológica herança autossômica, e, como pressuposto ou condição de possibilidade, a presença de androgênios.
>
> [...] **Aspectos psicológicos** - Os pacientes portadores de alopecia androgênica que buscam ajuda médica estão em geral movidos por uma grande carga de ansiedade, ansiedade esta que pode parecer ao dermatologista extremamente desproporcional à grandeza do problema.
>
> [...] Para finalizar, serão resumidos dois casos, em que a ansiedade pela perda dos cabelos era na realidade uma metáfora derivada de angústia na esfera sexual.
>
> CASO 1 - JCC, 22 anos, estudante universitário, além da alopecia androgênica era portador de hipospádia, varicocele e oligospermia. Uma vez solucionados estes problemas, deixou de preocupar-se com a queda de cabelos.

---

94 Disponível em: <http:www.anaisdedemartologia.org.br/dowload_file.php?file=/pdf/63_2.pdf>.

CASO 2 - RG, 23 anos, estudante universitário, comparecia quase sempre à consulta acompanhado da namorada, por imposição desta. Numa das vezes em que compareceu só contou que era capaz de relacionar-se com várias mulheres, no entanto era impotente com sua namorada. Acabaram por separar-se, e a perda dos cabelos foi relegada a plano inferior. [...]

O complexo de Sansão caracteriza as pessoas que têm algum tipo de disfunção orgânica, a qual pode afetar a queda do cabelo, fazendo-o cair; pode-se ver esse sintoma se intensificando também devido aos fatores que envolvem a vida de pessoas que vivem sob todo tipo de tensão e estresse; pode, ao que parece, acelerar e acentuar, mas não criar esse tipo de doença.

O escritor argentino Alan Paulis, em entrevista ao Caderno 2, página D13, do Jornal O Estado de São Paulo, do dia 25 de outubro de 2011, considera que "o cabelo identifica classe". Trechos da entrevista de Paulis:

O cabelo em particular na Argentina, nos anos 60 e 70, teve uma imagem simbólica muito forte. Ligado ao narcisismo, mas em certo sentido um campo de batalha. Existe um cabelo burguês, outro revolucionário... Os cabelos são diferentes. Há pessoas que dizem que os cabelos são órgãos sexuais externos. Durante a História, o cabelo tornou-se algo muito significativo. A trama de Sansão e Dalila, por exemplo...

165. COMPLEXO DE SANSÃO E DALILA

Os autores desse *Complexo de Sansão e Dalila*, são **Eva Margolies** e **Louis Genevie** (1987), na obra *O complexo de Sansão e Dalila: Por que alguns homens temem as mulheres?*

Pode-se ler na contracapa do livro o seguinte comentário:

O homem com quem você se relaciona não admite a ideia de que 'sua mulher' trabalha fora? Faz questão de menosprezá-la em público para afirmar sua superioridade.

Atitudes desse tipo caracterizam o Sansão, um homem que, motivo pelo medo que sente das mulheres, tenta controlar suas vidas por meio de uma série de linhas de defesa – dominação econômica, possessividade, humilhação, entre outras.

Esta obra, de autoria dos renomados psicoterapeutas norte-americanos Eva Margolies e Louis Genevie, ensina como reconhecer e enfrentar de modo eficaz os comportamentos de um Sansão, a fim de que seja possível a homens e mulheres atingir um relacionamento mais maduro e feliz, apoiado em bases igualitárias.

Para os autores (1987, p. 15-16), o homem com complexo de Sansão e Dalila, normalmente, reage inconscientemente mantendo a mulher sob o seu controle, pois existe, de fato,

> [...] um padrão frequentemente previsível de defesa cada vez mais forte, usadas pelo homem, para manter a mulher com quem convive sob seu tacão, dessa maneira mantendo seu próprio medo oculto. Chamamos o relacionamento entre um Sansão e a mulher com quem convive de Complexo de Sansão e Dalila, porque quanto mais o homem tenta interromper o crescimento e o desenvolvimento de uma mulher, mais ela se comportará como a indiferente, depreciativa e traidora Dalila que ele tanto teme.

Os autores questionam por que, na história bíblica, um homem, com a força e inteligência de Sansão, coloca seu destino nas mãos de uma mulher, que tenta lhe tirar uma confissão sem usar da violência física.

Por que Sansão, na história bíblica, escolhe uma mulher linda, sensual e perigosa e também inimiga de sua tribo, da qual, sempre que podia, lhe esmagava o coração? Os autores pontuam, nessa história e na pesquisa de campo empreendida, que os homens revelaram: medo da mulher perigosa: mulher Dalila; mas um estudo mais atento pode revelar que "Sansão tinha plena consciência da intenção de Dalila em trai-lo. De fato, Sansão não era nenhuma vítima inocente da sedução de Dalila, e sim a vítima de sua própria libido insaciável" (p. 25); medo de que as mulheres exerçam controle sexual; manipulação do mito do sexo frágil; necessidade de dominar para ocultar o medo; isso pode ser revelado pela violência física, como uma linha de defesa, de sabotagem dos esforços da mulher que tenta progredir, gerando humilhação a fim de macular

ELENCO DOS COMPLEXOS

297

sua imagem e destruir sua autoestima e respeito; é evidente a possessividade na relação e o afastamento a fim de exercer controle.

Também compete às mulheres observar suas ações a fim de identificar se agem como uma Dalila, pois,

> Se você é uma Dalila traidora, que tem sucesso enganando os homens com seu charme, pode parecer muito poderosa. Com certeza, a maioria dos homens acha isso de você. Mas, por trás da fachada de manipulação da Dalila traidora, há quase sempre uma mulher que vê a si mesma, pelo menos ao nível do inconsciente, como qualquer outra menos poderosa. Na verdade, a razão pela qual uma Dalila traidora precisa recorrer a seus encantos femininos para atrair um homem é que apenas se ligando a um 'outro' mais bem-sucedido ela consegue se sentir bem consigo mesma.

> No fundo, a Dalila traidora é uma mulher com muito pouca estima por si mesma. Ela acha que não tem potencial para fazer muita coisa no mundo. A ideia de que é 'só' uma mulher, de que ela possui os requisitos para viver por sua própria conta, em geral foi recebida na infância. A mãe, se não é incompetente, é obviamente menos poderosa que o pai. A mãe pode ser a mulher que está por trás do pai, mas não é a pessoas que está a seu lado, como um igual. (MARGOLIES e GENEVIE, 1987, p. 202),

Os autores (1987) pontuam algumas características que perpassam os comportamentos de uma mulher Dalila: aquela que se mostra traidora; aquela que desdenha do homem a fim de liberar sua raiva, talvez, por amar aquele homem; aquela que adota um conflito infantil. A mulher-Dalila, geralmente, sofre por ter uma baixa autoestima, vê o homem como um inimigo, a quem deve subjugar ao desdenhar, trair ou amedrontá-lo com crises infantis.

166. COMPLEXO DE SANTIDADE

Um internauta de nome **Abmael**[95] comenta a respeito do *Complexo de Santidade* dos que se dizem evangélicos, para quem tudo o que for do mundo deve ser recusado. Simplesmente, muitos desse evangélicos ignoram preceitos

---

95 Disponível em: <http://www.forumnow.com.br/vip/mensagens.asp?forum=15836&grupo=203 393&topico=2209931&pag=1>.

bíblicos ou de outra natureza e recusam produtos, contatos e amizades em nome da pureza, da santidade. A seguir, comentário do internauta:

> [...]. **Existe um Complexo de Santidade entre crentes**, a bíblia exorta o povo de Deus a ser puro e casto, pureza e castidade são conceitos abrangentes, que assumem proporções variadas conforme a necessidade de pureza e castidade do crente, mas parece que há um pequeno consenso quanto mais afastado do mundo, mais puro, mais casto.

> [...] **Os crentes com Síndrome de Complexo de Santidade** mais avançado associam ao "mundo" tudo aquilo que é ligado a sexo e diversão, nos estágios mais avançados da doença o sexo e a diversão são simplesmente banidos, nos casos mais comuns sexo é só papai-e-mamãe e diversão só na igreja (cada doido com sua mania).

> **Crente com Complexo de Santidade consegue ver o Diabo em tudo**: desenho animado, festa de aniversário, revista em quadrinhos, etc.., Pois qualquer coisa que ele não consiga identificar como válida pela bíblia é pecado, daí vem alguns excessos hilários: proibir depilação, banir a TV, não escutar música "do mundo", etc..., e quanto mais se afasta das coisas "do mundo" mais salvo o crente com complexo de santidade se sente. [...] [grifos meus]

Esse complexo, ao que parece, acomete muita gente que tenta passar uma imagem sublimada da própria vocação religiosa ou moral. Geralmente, são pessoas que tiveram uma vida muito desregrada, mas cansadas da própria vida que levam, mudam radicalmente; é o complexo que captura os fanáticos e radicais, seja no sentido religioso, seja no sentido moral; errantes que não se perdoam pelo próprio passado; não satisfeitos por não poder extirpá-lo de suas vidas, adotam uma nova vida a fim de promover uma nova imagem, a de santidade.

167. COMPLEXO DE SÃO JORGE E O DRAGÃO

O autor é **Rafael Angel Herrera** (1997, p. 240). *O complexo de São Jorge e o Dragão* pode ter a ver com a situação da América Central, predomínio da fé católica e a insistência em heróis metamorfoseados de santo.

A Costa Rica é um país colonizado pela Espanha e por outras nações europeias. É considerado um país, hoje desenvolvido, contudo, sua população de modo geral, tem um padrão médio de vida. O país tem certa influência na geopolítica da América Central, se destacando com prosperidade, vasta produção agrícola, como café e banana; a saúde e a educação são bem cuidadas e se destacam no continente. O país tem, uma política voltada para uma maior expectativa de vida e avanço na alfabetização; se destaca por ter um bom sistema democrático, defesa dos direitos humanos e proteção do meio ambiente.

São Jorge é um santo romano, muito cultuado em alguns países europeus e também na América Latina, por católicos e por religiões afro-brasileiras. São Jorge é considerado um santo desafiador e destemido, aquele que enfrentou um dragão; é padrinho de batismo de muitos cristãos no Brasil e fora do Brasil. O complexo de São Jorge, em sentido figurado, tem a ver com os povos da América Central ou do Sul, que lutam quotidianamente para matar os dragões, ou seja, os desafios que destroem vidas e solapam as esperanças de um mundo melhor.

Na atualidade, o site sobre a Costa Rica[96], destaca os seguintes aspectos:

> A Costa Rica, assim como muitas nações latinas colonizadas pelos espanhóis, possui traços culturais de forte influência dessa população europeia, como a língua castelhana e a religião católica. As festividades folclóricas costarriquenhas têm fortes traços da cultura europeia e também contam com a participação de minorias locais, como indígenas e africanas. Na culinária, destaca-se o consumo de pratos de milho, peixes e frutas tropicais. Já no esporte, destaca-se a prática do futebol.

---

96 Disponível em: <ttps://brasilescola.uol.com.br/geografia/costa-rica.htm>.

168. COMPLEXO DE SATURNO

Humberto Soares Guimarães (1996), médico psiquiatra, professor, historiador, romancista e ensaísta, terceiro membro e sétimo ocupante da Academia Piauense de Letras - APL, autor da obra *Complexo de Saturno: Paranoia e Estudo*, aborda o conflito da autoridade paterna e da sexualidade.

Para ele, o escritor brasileiro que representa esse complexo é Machado de Assis, com sua genialidade e inteligência criadora, criador do personagem Bentinho, um neurótico ciumento, cuja paranoia se assemelha à do mito de Saturno, também tem a ver com suas reações, como a da libertação dos escravos, escrevendo muitas crônicas com chacotas sobre esse acontecimento e no dia 13 de maio de 1888, simplesmente, subiu numa carroça e comemorou o acontecimento. Talvez, esse fato tenha a ver com os sentimento de inferioridade, do escritor com suas raízes afro.

Também a jornalista **Fabiana Leite**, da Folha Online[97], de 18 de abril de 2001, alude ao complexo de Saturno, como a paranoia do ciúme, ao postar o seguinte comentário a respeito do assassinato da advogada Patricia Aggio Longo:

> A procuradora Valderez Abbud afirmou que os pais da advogada Patrícia Aggio Longo, Maria Cecília Aggio Longo e José Longo, têm uma conduta que "ultrapassou o limite da sanidade". Valderez é responsável pela acusação contra o promotor Igor Ferreira da Silva, acusado de assassinar Patrícia em 4 de junho de 1998.

> Neste momento, ocorre o julgamento de Igor no Órgão Especial do Tribunal de Justiça de São Paulo, que reúne os 25 desembargadores mais antigos.

> **Apesar do Ministério Público ter levantado uma série de provas contra o promotor, os pais de Patrícia até hoje defendem o genro e dizem que ele não foi responsável pelo crime**.

> A procuradora disse durante o julgamento também que os pais de Patrícia podem ter desenvolvido um mecanismo de defesa. "Se não, talvez não

---

97 Disponível em: <http://www1.folha.uol.com.br/folha/cotidiano/ult95u27213.shtml>.

suportassem a culpa de ter entregue a filha ao seu algoz", disse Valderez. **Ela afirmou ainda que a mãe da advogada pode ter desenvolvido um problema psicológico chamado complexo de Saturno, em que a mãe detesta a filha.**

"Podem ser motivos morais incontáveis", disse a procuradora. "Qualquer que seja, a conduta de pai e mãe ultrapassou o limite da sanidade, alguma razão há e não compete a nós perscrutar a alma de uma mãe que não derrubou uma lágrima por sua filha."

A procuradora afirmou ainda que o fato dos pais defenderem o promotor não enfraquece as provas da acusação.

A mãe de Patrícia, que está presente no julgamento, ao ouvir as afirmações da procuradora, baixou a cabeça e manteve o rosto tapado com as mãos por alguns minutos.

Neste momento a defesa está se pronunciando.[grifos meus]

A relação, no que tange à autoridade paterna, no complexo de Saturno, é fundamental. A crítica da procuradora aos pais da advogada é justamente por acreditar que existe alguma coisa desconhecida que os pais da vítima tentam esconder.

Também o blog manmessias21[98] discute o mito de Saturno, apontando que o mito remete aos pais que são capazes de devorar os próprios filhos, em consonância com a frase, dita na Revolução Francesa, por Pierre Victunier Verniaud: "É de se temer que as revoluções, como Saturno, devorem seus filhos".

Saturno, na mitologia romana, é um deus equivalente a Cronos - o deus grego, do tempo, capaz de engolir os próprios filhos; Saturno é um titã, filho do Céu e da Terra, aquele que, com a foice que ganhara de presente de sua mãe, mutila o próprio pai. Ao ser expulso do Céu pelo seu irmão Júpiter, Saturno foi habitar a região do Lácio, fazendo reinar a Idade de Ouro, plena de paz e abundância.

---

98   Disponível em: <http://manmessias21.blogspot.com/2010/10/o-mito-de-saturno-nos-processos.html>.

Pereira, o autor do blog, lembra ainda a frase de um escritor brasileiro, Tomás Coelho, "Sombra do Sistema", sobre a Revolução: *Autofagia da Revolução*", o qual considera que toda revolução sofre a influência de um complexo de Saturno porque

> Sabemos que ocorreu no Brasil, não foi uma revolução, mas um golpe, e que muita coisa poderia acontecer de forma diferente, mas mesmo assim a alegação saturnista usada pelo girondino da alta burguesia francesa acabou sendo usada pelo escritor brasileiro, que acreditava estar vivendo um processo revolucionário.

> Tínhamos uma ditadura militar e os civis tinham como arma, o medo. Tanto que o Congresso nunca declarou a vacância da Presidência da República. E os militares as armas, os cavalos, a violência, os coturnos que esmagam rosas. Que assassinaram seres humanos, e que deixaram um país, com um olhar ao mar, na distância de um vazio, mas desejando e chorando, tantas lágrimas, em que famílias ainda procuram seus mortos pra enterrar.

169. COMPLEXO DE SECA E DESAMOR AO SERTÃO

Eduardo Campos (1977, p. 77) se refere ao *Complexo de Seca e Desamor ao Sertão* para chamar a atenção para o fato de que aos escritores, especialmente, os nordestinos que trabalham com ficção, falta uma atitude literária para com o Nordeste:

> A posição assumida pelos intelectuais, notadamente por escritores responsáveis pelos trabalhos de ficção, no Nordeste, nestes últimos anos, - possivelmente num espaço que compreende três décadas – pondo sob reserva, ou no índex, a chamada literatura das secas (a classificação alcança a própria literatura regional, de localização geográfica definida), não ofereceu, salvo honrosas exceções, atitude literária de maior desempenho criador do que a preterida, não obstante a persistência ou desgaste do tema condenado.

O autor comenta a obra *O Quinze*, de Raquel de Queirós, que retrata a luta política da classe média cearense; além dela, obras que chamavam a atenção para o retirante; para aqueles que perderam a terra; para aqueles que desistiram da terra, que, ainda, fogem da seca; o autor cita o pensamento do engenheiro agrônomo Guimarães Duque (CF Campos, 1977, p. 80):

> Na América do Sul e também na África tem sido muito cautelosa a assimilação de novas formas de trabalho pela população rural. É preciso uma preparação. **O técnico tem sido técnico demais**; (o grifo é nosso) tem-lhe faltado habilidade. Nós precisamos, antes de levar uma técnica, levar uma Ciência, conquistar a amizade, a simpatia, a camaradagem e a cooperação daquela gente (os sertanejos), porque eles são o grande braço-motor. Milhões de famílias, que moram lá, na escuridão da caatinga, e que nós, distribuindo sementes e ensinando-lhes frustrações; eles já não acreditam mais no agrônomo, porque a lavoura é antiecológica, é uma fábrica de flagelados, é uma lavoura em que mais de 30% das horas de trabalho são em vão, porque não significam colheitas

A falta de chuvas acentua a dor e o sofrimento das pessoas. E enganamo-nos ao pensar que os reservatórios de águas, as irrigações resolvem todos os problemas, porque "o homem procriando injuntivamente, a encher vazios não providos de recursos assistenciais, continua a ser um flagelado em potencial, capaz de constituir uma horda de famintos, bastando não chover com habitualidade" (CAMPOS,1977, p. 81).

No sentido político, Campos nos leva a pensar que parece, ao administrador público, que basta oferecer frentes de serviço nos momentos de crise da seca; quando se sabe que a seca é uma questão profunda, a qual exige investimentos, pois como lembra o autor, o sertão é, e continua sendo, violentado pelo poder público, o único que pode, de fato, fazer alguma coisa, tal como: mobilizar empresas e fazer parcerias para recuperação de áreas e assentamento de empresas locais que possam trazer outro tipo de trabalho e emprego; o agricultor se vê desesperado e isolado; a paixão pela terra acaba, em certas situações, virando ressentimento contra a terra, que paga o tributo por sua fragilidade e incapacidade, de sozinha, dar o retorno que as pessoas esperam e merecem. O amor pela terra não pode condenar nenhum homem a sobreviver eternamente.

170. COMPLEXO DE SECULARIDADE E FECUNDIDADE

Acabamos de discutir, no item anterior, de certa forma, a questão da fecundidade das terras do Ceará, um dos lindos estados do Nordeste.

G. Durand (1997a, p. 319) chama a atenção nesse *Complexo de Secularidade e Fecundidade*, que lhe parece

> [...] explica o papel do primeiro marido que a serpente desempenha em numerosas culturas. É uma serpente com escamas que, durante uma tempestade, perto de um lago, cobriu e fecundou a mãe de Kao-Tsu. Nas culturas paleonrientais e mediterrânicas, a serpente toma muitas vezes o lugar do falo: Príapo é assim algumas vezes ofidiforme. Uma união mística com a serpente ocupava o centro do rito dos mistérios de Elêusis e da Grande Mãe.

O homem, de qualquer lugar ou cultura, recorria, e ainda recorre, à mãe natureza, a fim de pedir ajuda, consolação e um pouco de conforto. Os cultos e crendices levavam e levam muitas mulheres que, hoje, não encontram na medicina a ajuda para a fecundidade almejada e o filho tão esperado, recorrendo, por isso, a poderes mágicos a fim de alcançar um resultado; haja vista os cultos à serpente, dada a semelhança da serpente com o órgão sexual masculino, pelas características imaginárias que ela suscita, um dos símbolos mais antigos que muitas civilizações adoravam. Esses rituais antigos induziam, de certa forma, mulheres a buscar resolver problemas de fecundidade pela adoração a esse animal, muitas morrendo vitimas de ataque de serpentes.

171. COMPLEXO DE SEITA

O autor do texto é um internauta que não se identificou no site, sobre esse *Complexo de Seita*[99], encontrado na internet e cujo discurso simboliza os esforços dos religiosos em professar um ecumenismo religioso. Comentário do internauta:

> O interesse que determinada ala da IASD tem em estreitar o diálogo teológico com outras denominações faz parte de sua estratégia de mudar a

---

99 Disponível em: <http://www.adventistas.com/julho2000/cartas_julho2000.htm>.

imagem que mundo cristão tem a respeito do adventismo. O conceito de salvação defendido por EGW, no qual o elemento humano deve unir seus esforços com o poder divino, fez com que a IASD fosse vista como uma igreja fora do círculo evangélico por supor-se que sua doutrina fosse baseada na salvação pelas obras.

O "complexo de seita", tão bem conceituado pelo teólogo metodista Paxton em seu livro "Abalo do Adventismo", é a explicação para esse fenômeno "ecumênico" e para tantos outros movimentos de aproximação da liderança da IASD com setores seculares quer seja na esfera da política, da música, do *marketing*, etc. [grifos meus].

O complexo de Seita, ao que parece, pode contribuir para que religiosos e Igrejas de todos os seguimentos lutem por um espaço em que o diálogo seja possível, a fim de minimizar dores e sofrimentos de pessoas que veem na religião ou religiosidade uma possibilidade de encontrar conforto, em meio às adversidade e absurdos da vida, na atualidade.

O ecumenismo pode não ser uma bandeira de teólogos ou de religiosos, mas, certamente, pode ser uma garantia de diálogo entre aqueles que buscam o caminho da religião, inclusive para acolher aqueles que não estão diretamente ligados às religiões.

172. COMPLEXO DE SERVO

O autor é **Danilo Angrimani** (2010), a obra *Complexo de Servo: um romance sobre a submissão*. Conta a história de um líder sindicalista, no ano de 1979, o qual, nas horas de folga, foge para os braços e o aconchego sexual de mulheres voluptuosas; muito eróticas com apelo aos prazeres do corpo, situações sadomasoquistas. Busca-se, ao que parece, nessas sessões de sexo, a compensação de fracassos no trabalho, submetendo-se, servilmente, às torturas que deem prazer.

O servo, na acepção contida na obra, é aquele que *está* escravo dos prazeres, de torturas sexuais, que busca saciar-se.

São comuns canais de TV com programas que apelam para os prazeres que se podem tirar do corpo do outro que se submete servilmente ao jugo voluptuoso; filmes pornográficos, programas com apelos ao erotismo e sexualidade; casais bonitos, lindos, que se entregam aos prazeres e luxúrias sexuais, podendo-se negociar, de maneira aberta e escrachada, a troca de parceiros, inclusive com aqueles que se sentem recompensados por olhar os parceiros se divertirem com outras pessoas; assim, se escravizam pelo prazer, de maneira aberta, descompromissada e com muita ousadia.

173. COMPLEXO DE SINHARZINHA

A autora é **Lu Oliveira**[100], no Conto, *A deseducação e a embriaguez dos sentidos*, da obra, *Narrando historias sem linha nem carretel* (2022). Discute-se a questão da vaidade exagerada das mulheres, que fazem qualquer sacrifício para parecer uma deusa platinada (sinharzinha), como as sinharzinhas do império e não importa o preço, estão dispostas a gastar e fazer o sacrifício que for necessário para chamar a atenção das pessoas. Oliveira comenta:

> A deseducação é um projeto político contra pobres, negros, indígenas e os ignorantes pobres ou ricos, rasos, grosseiros, que não olham para o próprio corpo a não ser nas vitrines e através dos bisturis que nunca fizeram milagres, plásticas que deformam, cirurgias que enganam vitrines, tetas exuberantes para agradar o mundo, qual mundo? Seu ou de outrem? Gente que gosta mais do que não tem do que aquilo que tem em si mesmo. Sim, gente que tem pretensão demasiadamente doida, expondo suas tetas como propaganda dos "milagres" dos bisturis; gente com *complexo de sinhazinha*, o complexo que faz reinar o ódio e a inveja cega da irmã da senzala que nunca foi irmã, mas apenas um instrumento nas mãos criminosas de almas buliçosas, como a do "senhor" de terras, compradas sabe Deus como (OLIVEIRA, 2022, p. 16-17).

Chama a atenção, nesse complexo, o esforço de algumas pessoas, em desfilar o corpo sarado ou apenas redesenhado pelos bisturis:

---

100 **Lu Oliveira** é um pseudônimo da educadora, filósofa e escritora contista, Luzia Batista de Oliveira Silva, autora dessa pesquisa.

O que importa para a sinhazinha é desfilar a bundinha grande e dura, os músculos obtidos em academia e cultuados na academia da vida, as roupas caras compradas com cartão de crédito a per- der de vista, o perfume caro que custou um mês de salário ou parte dos minguados recursos da família, pobre ou de boa situação financeira, não importa; sinhazinha desfila no terreiro ou no puteiro, nas festas familiares ou nos lugares frequentados por galeras e tribos; enfim, onde ela estiver, desfila sua fortuna imaginária, sem consciência do que realmente ela é porque sempre consumida por um luxo ostentatório que sabe lá como ela o conseguiu e pôde mantê-lo... Não querendo ou não sabendo fazer a distinção entre o que é e o que não é ele, só despertará desse sonho quando o seu mundo de consumo acabar, quando for cortado por alguém que ela foi buscar em outras paradas... (OLIVEIRA, 2022, p. 16-17).

O parecer é tudo, ser e ter são meras ilusões, basta parecer para se sentir uma sinharzinha, mesmo tendo que "esfolar" a família toda porque "Trabalhar é coisa de pobre, chique é explorar a família, rica ou pobre. Sinhazinha usa salto alto para pisar em qualquer um que lhe negar seu lugar de destaque, de impedi--la de brilhar no mundo. Sinhazinha mama nas tetas até de quem não as tem mais". (OLIVEIRA, 2022, p. 16-17).

174. COMPLEXO DE SMURF

Thales Ávila[101], um estudante universitário, do curso de psicologia da USP, disse que, quando foi aprovado no vestibular da FUVEST, se pintou de azul porque o vestibular causou uma sensação do *Complexo de Smurf*; será essa sensação de leveza, ingenuidade, "beleza" ou liberdade, que levam os smurfs a se apresentarem coloridos, felizes e, ingenuamente, correndo pelas paisagens?; seria a sensação de que ainda é possível ter liberdade?

Ao que parece, o complexo de Smurf também pode remeter ao sentimento de dividir a alegria com todos, de maneira socializada, como na família dos Smurfs.

Os Smurfs são bonecos de um seriado infantil, veiculado na TV Cultura; os bonecos são muito "feios e gordos", mas alegres, de modo a denotarem felicidade.

---

101 Disponível em: <http://vestibular.uol.com.br/ultnot/2009/02/04/ult798u24604.jhtm>.

175. COMPLEXO DE SUBLIMAÇÃO

Segundo **G. Bachelard** (1990a, p. 55), o *Complexo de Sublimação* ou sublimação complexa "explica o caráter ao mesmo tempo material e dinâmico da auréola que envolve os que sobem". O autor considerado para esse exame é Shelley, representante do *sonho de voo*; a subida é caracterizada pelos substantivos e adjetivos: vento, claridade/luz, ar, cheiro (visto que este se dissipa pelo ar), imagem da doçura, do bem-estar (tal como a barca que sobe as ondas do mar, ou o feto na placenta), mobilidade, leveza, volátil, instável, ardente, imponderável, diáfano, ligeiro, sonoro. Os instantes de voo são, por assim dizer, os instantes do voo humano (1990a, p. 62) e o que justifica o "sonho de voo" é que ele "é uma transcendência da grandeza" (1990a, p. 64). Obras de Shelley: *Oeuvres* e *La magicienne de l'Atlas*; *Complexo de Sublimação* ou *Sublimação Complexa*.

Esse complexo caracteriza as pessoas que ainda sabem sublimar as coisas; que ainda são capazes de sonhar, de elevar valores, ideias e sonhos, de maneira ardente, ligeira, sonora; que se comprazem com o elemento ar, o elemento das alturas, como o vento, a claridade, o ar, os cheiros que exalam através do ar; as pessoas que acalentam a leveza, os instantes de elevação moral, tranquila e suave.

176. COMPLEXO DE SUPER-HOMEM

O site da internet, conhecido como **Manual dos Focas**[102], publicou matéria com o título de *Complexo de Super-Homem* para discutir o papel dos jornalistas na informação. Informar? Denunciar? Cobrar? Complexo de Super-Homem também existe no jornalismo? Comentário dos internautas:

> O vídeo abaixo mostra uma reportagem produzida por mim, para a série do Jornal da Record: 'Eleições – Os desafios dos prefeitos". Nós fechamos o VT com material do estado do Acre e Amazonas, para mostrar o drama da educação, na região Norte.

> Durante cerca de duas semanas trabalhamos nessa reportagem, sem deixar de lado o factual, sendo que entre essas duas semanas, a âncora da Rede Record, Adriana Araújo veio a Belém, para gravar a sua passagem.

---

102 Disponível em: <http://manualdosfocas.com/2008/10/complexo-de-super-homem/>.

ELENCO DOS COMPLEXOS

Corre-corre, orçamentos de traveling e grua, organização de escalas de trabalho, tudo para atender da melhor forma a equipe de SP. O resultado acredito ter ficado muito bom... Ainda mais pela experiência que adquiri.

O caso – Em escolas na zona rural, no interior do Pará, falta infraestrutura, material didático e merenda — não é muito diferente de outros estados. Mas, uma das coisas mais sérias que acontecem aqui, são os casos de "alunos-jacarés", crianças que não tem cadeira para assistir aula e acabam escrevendo a lição deitados no chão.

Decidi que iria fazer este flagrante para a série sobre 'Educação' e após, cerca de três horas percorrendo estradas de um município, próximo a capital paraense, consegui mostrar um triste exemplo deste descaso.

A matéria foi ao ar no dia 30 de setembro, mas não sei qual a repercussão sobre o que aconteceu a escola, se conseguiram as cadeiras e se ela foi reformada, por exemplo. Afinal, qual o meu papel: denunciar e depois cobrar do Governo? Ou apenas denunciar e esperar que as autoridades tomem alguma providência? Seria este, um caso do 'complexo de super-homem'? [Manual dos Focas – 2008]

Jornalista ou super-homem! É lamentável a situação das escolas no país; com denúncia ou sem denúncia, não se pode ignorar o marasmo, o estado de letargia da escola pública; nesse caso, o que causa também indignação é que uma das escolas apontadas fica numa área rural, portanto, ainda que difícil conseguir madeiras e alguns pais, com boa vontade, poder-se-iam improvisar bancos e mesas toscas, rústicas para as crianças; A indiferença do governo com a educação contagia como doença maligna; também a população espera que o setor público resolva tudo; quantas escolas recebem, "formalmente", verbas que nuca chegam, de fato, aos bancos e arredores da escola. Lembrar-se-á que falta civilidade, participação cidadã, cobrança e vigilância do povo com a administração pública, bem como, auxilio e "mão na massa" por parte da comunidade.

Esse complexo de super-homem, ao que parece, caracteriza o jornalista, no Brasil, que precisa ser mais que super-homem, precisa ser também homem-invisível para não morrer antes de fazer uma denúncia; precisa vestir a roupa da coragem e da cidadania e fazer valer sua participação político-humana.

177. COMPLEXO DE SUPERIORIDADE

Para **G. Bachelard** (1991), esse *Complexo de Superioridade*, ou simplexo de superioridade, representa a dominação da paisagem contemplada, a tomada de posse da paisagem em questão; o montanhês, que do alto, olha para os homens como quem olha para pigmeus. O poeta se coloca, confortavelmente, no centro da paisagem para contemplar a pequenez dos homens.

G Bachelard (1991, p. 304-305) comenta que "o que contempla de um cume é uma 'águia', um grande solitário que respira 'o ar virgem'". Os que são vistos do alto, são os nômades no deserto com seus rebanhos, são os camponeses a cuidar dos animais e das plantações, se assemelham para quem vê do alto, às formigas, insetos, moscas. Eles 'fervilham'.

Pode-se alimentar um complexo de superioridade com menos custo? Pode-se sentir as alegrias de um orgulho sem razões válidas, sem valor, com mais facilidade? Mas, independentemente de qualquer pesquisa psicanalítica sobre um escritor, deve-se perceber que tais imagens, são frutos da criatividade, dos que 'imaginam' por si mesmas. Temos, nesse caso, segundo o autor, uma ação normal de "gulliverização", pois aquilo que se torna pequeno, nos torna, grandes. Mas essa mudança não é somente uma mudança de escala, visto que "todas as valorizações se põem a trabalhar" (1991, p. 305).

Os autores considerados nesse exame são Volney, que escreveu sobre os montes libaneses vistos do alto dos montes; Loti, que escreveu sobre seu olhar sobre os nômades; e F. Olivier Brachfeld, que escreveu sobre as "gulliverizações", na obra *Les sentiments d'inferiorité*. Nesse mesmo sentido, também na obra de Bachelard, *Lautréamont* (1989, p. 51) pode-se identificar um olhar de arrogância, do alto para baixo.

178. COMPLEXO DE SUPERIORIDADE DO CRÍTICO LITERÁRIO

Segundo **G. Bachelard** (1974b, p. 347):

> [...] o crítico literário é um leitor necessariamente severo. Apresentando às avessas um complexo que o uso excessivo depreciou a ponto de entrar para o vocabulário dos homens de Estado, poder-se-ia dizer que o crítico literário, que o professor de Retórica, sempre sabendo, sempre julgando, fazem muito bem um simplexo de superioridade.

Pode-se dizer que, esse *Complexo de Superioridade do Crítico Literário*, é o avesso do complexo de cultura (ou de Nausicaa), porque, certamente, o crítico literário tem uma cultura literária profunda; mas se posiciona como autoridade máxima num texto que não escreveu e que talvez não queira nem ser o autor, mas apenas o crítico, aquele que julga e atribui valor. Também o crítico literário quer mostrar sua cultura escolar.

Acreditamos que esse complexo pode aparecer, segundo as descrições de Gaston Bachelard (1996a, p. 56), também no eixo da ciência, quando o cientista esquece que "toda descrição também é circunscrita em torno de núcleos muito luminosos. O pensamento inconsciente se concentra em torno desses núcleos e, assim, o espírito se volta para si mesmo e se imobiliza". Esse tipo de complexo, na área da ciência, pode revelar o desejo de simplicidade confabulado com imagens e ideias pessoais do cientista.

O problema não é somente formar e informar o espírito científico; mas deformar o conhecimento científico pela valorização das ideias pessoais do conhecimento inconsciente – por isso é necessária uma psicanálise do conhecimento objetivo para desagregar as paixões e desejos inconscientes, as fantasias referentes à matéria, os afetos e o excesso de dinamismo subjetivo (1996a, p. 57).

179. COMPLEXO DE SWINBURNE

Para **G. Bachelard** (1989a), esse *Complexo de Swinburne*, caracteriza o complexo dos nadadores, aqueles que se autoflagelam nas ondas do mar para contar seus nados. O autor é o próprio Swinburne, em *Lesbia Brandon* e *La jeunesse de Swinburne*, de Paul de Reul (1989a, p. 165-186; p. 159; p. 174 e 178), também citado pelo filósofo, na obra, *A terra e os devaneios da vontade* (1991, p. 159).

A meu ver, esse complexo simboliza os nadadores que não respeitam os limites dos homens sob as águas indomáveis, como simboliza os empresários que, despudoradamente, sujam rios e mares; de modo análogo, chicoteiam as águas, não para vencê-las ou desabafar suas mágoas, como o nadador que se autoflagela, como uma forma de desarmar-se de toda a raiva contra o mundo.

No caso do setor empresarial, existe uma espécie de subjugação daquele que só enxerga o lucro que pode contabilizar na empresa; mas se esquece de contabilizar os prejuízos causados ao povo e à sociedade, assim como o nadador egoísta esquece a dor daquele que está sob a mira do seu "autoflagelo inconsciente", sua loucura; no caso dos empresários, não é sanidade a exploração absurda de águas vitais, inclusive para a sobrevivência dos próprios negócios, mas uma doença que tem muitos adjetivos para enaltecê-la: empresário ganancioso, avarento, imoral, ambicioso, insaciável, capitalista.

180. COMPLEXO DE SWINBURNE LARVADO

Para **G. Bachelard** (1989a), esse *Complexo de Swinburne Larvado*, simboliza o diálogo de duas cóleras, a da criança autoritária que quer mandar e a das ondas do mar que não seguem uma regra e nem uma ordem.

Bachelard (1989a, p. 181) comenta:

> Com efeito, quem ainda não viu, na borda do mar, uma criança linfática comandar as ondas? A criança calcula seu comando para proferi-lo no momento em que a onda vai obedecer. Põe sua vontade de poder de acordo com o ritmo da água que traz e leva suas ondas sobre a areia. Constrói em si mesma uma espécie de cólera destramente ritmada em que se sucedem uma defensiva fácil e um ataque **sempre vitorioso. Intrépida**, a criança persegue a onda que recua; desafia o mar hostil que se vai, zomba dele fugindo das ondas que retornam. Todas as lutas humanas são simbolizadas com essa brincadeira infantil. Durante horas a criança que comanda as ondas alimenta assim um complexo de Swinburne larvado, o complexo de Swinburne de um habitante do interior.

Esse complexo simboliza a luta da criança com os obstáculos que aparecem na sua vida, obstáculos dos elementos à ação humana, a lição da natureza ao homem, para que esse entenda que nem tudo se pode calcular, domar e manipular; a regra do *não* também é válida e faz da educação de qualquer ser humano ou deveria fazer.

181. COMPLEXO DE SWINBURNE VIGIADO, DOMINADO

Para **G. Bachelard** (1989a, p. 184-86), esse *Complexo de Swinburne Vigiado, Dominado* simboliza a cólera vigiada e dominada. Assim,

[...] o drama da jovem órfã foi inserido numa grandiosa imagem. Sua coragem perante a vida encontrou seu símbolo em sua coragem perante o mar em fúria. Aliás, pode-se encontrar casos em que se vê em ação uma espécie de **complexo de Swinburne vigiado, dominado**. A nosso ver, tais casos podem trazer uma preciosa confirmação às nossas teses sobre a imaginação dinâmica. **Qual é a verdadeira calma do homem? É a calma conquistada sobre si mesmo, e não a calma natural.** É a calma conquistada contra uma violência, contra a cólera. Ele desarma o adversário; impõe sua calma ao adversário; declara paz ao mundo. Sonha-se com uma correspondência mágica exatamente recíproca entre o mundo e o homem. Edgar Quinet exprime essa magia da imaginação com uma força singular em seu grande poema sobre Merlin, o Feiticeiro. [grifos meus]

Esse complexo, ao contrário do anterior, revela uma jovem que, em plena fase de aprendizado, aceita os obstáculos dos elementos: nesse caso, a água do mar, intempestiva, revolta, incontrolável, e nem sempre amigável dos homens, especialmente, nas tempestades marinhas. A jovem procura, em meio a fúria marinha, acalmar-se.

Esse complexo simboliza os nadadores que aprenderam a respeitar a água do mar como um elemento que impõe respeito e cautela aos homens.

182. COMPLEXO DE TENDÊNCIAS

G. Durand (1997a, p. 53), comentando os trabalhos do tecnólogo Leroi-Gourhan, assinala que, o Complexo de Tendências tem a natureza de um objeto e como as ações humanas podem se configurar para executar alguma tarefa ou simplesmente compreender as tendências específicas das matérias disponíveis:

[...] os objetos não passam, no fim de contas, como o nota o tecnólogo, de **complexos de tendências, redes de gestos**. Um vaso não passa da materialização da tendência geral de conter os fluidos, na qual vêm convergir as tendências secundarias da modelagem da argila ou do corte da madeira ou da casca: 'Temos assim como que um tecido de tendências gerais'. Por exemplo, as tendências para 'conter', 'flutuar', 'cobrir' particularizadas pelas técnicas do tratamento da casca dão o vaso, a canoa ou o telhado. Se este vaso de casca é cosido, isto implica imediatamente uma outra clivagem possível das tendências: coser para conter o vaso de casca, enquanto coser para vestir dá a veste de peles, coser para abrigar dá a casa de pranchas cosidas.

Esse complexo caracteriza a tendência do objeto ou matéria orgânica para alguma coisa inerente a sua própria constituição; pode-se, nesse caso, pensar homenagear os biólogos, químicos, físicos e artistas, que de maneira variada e diferente, buscam compreender a matéria pela matéria, o que ela pode oferecer de possibilidades, de cura, de manipulação, de constituição orgânica, de possibilidades de criação de objetos de arte, de utensílios, de diversão e aprendizado.

183. COMPLEXO DE TITANIC

Flávio Aguiar[103] comenta a respeito da crise mundial, e a compara com o *Titanic*, o grande navio, construído como uma embarcação segura, moderna, inatingível, mas que naufragou no mar revolto ao bater num *iceberg*, e depois afundou. Esse Complexo de Titanic denúncia que nem sempre, confiança e suntuosidade podem ser garantias contra tempestades.

O complexo de Titanic está relacionado com os grandes negócios, que permitem que se alcancem verdadeiras fortunas, sem correr riscos, nem calcular a fragilidade de um sistema grande e complexo, como o campo da economia mundial, das grandes potências econômicas do sistema capitalista. Comentário de Aguiar:

> Agora, um século depois do acidente e tantos anos depois dos vários filmes sobre o tema, é possível fazer uma profecia a contrapelo sobre o Titanic. Aquele troço era tão grande e incontrolável, e o excesso de confiança por ele gerado era tanto, que o navio ia acabar mesmo batendo num iceberg e afundando. E a combinação dos dois, tamanho e excesso de confiança, produziu uma situação que não houve lugar para todos nos escaleres de emergência.

---

103 Disponível em: <http://www.cartamaior.com.br/templates/materiaMostrar. cfm?materia_id=15256>.

Há algo desse complexo de sentimentos (mais do que reflexões) no modo como críticos e acríticos do sistema capitalista e da orgia financeira promovida nos últimos anos reagem diante do afundamento do sistema imobiliário norte-americano e de sua repercussão nos bancos, fundos de investimento, caixas de poupança, bolsas de valores e assemelhados pelo mundo afora.

[...] Na Áustria houve reforço de tendências conservadoras no mesmo domingo; não se sabe ainda como serão as inclinações no futuro imediato em outros países, **onde predomina um clima de indecisão movido pelo complexo do Titanic: em caso de acidente, não haverá lugar para todos nos escaleres da salvação.** [...] [grifos meus]

Esse complexo caracteriza o excesso de confiança, pelo tamanho do objeto, ou seja, excesso de confiança pela realização de um objeto industrializado, que, na atualidade, poderia se caracterizar pelo excesso de tecnologia empregada, já que estamos numa fase em que ser grande parece ser sinônimo de ser bom, confiável e seguro; esse excesso de confiança pode ser simbolizado pelo tamanho de um barco, uma moradia suntuosa, um condomínio de luxo – de casas, de prédios de negócios, complexo hospitalar, um shopping, um avião. Há muitos egos em evidência pela realização de uma obra gigante, ainda que o passar dos anos pode apontar alguns equívocos de tais conquistas.

184. COMPLEXO DE VIRA-LATAS

Nelson Rodrigues nomeou de *Complexo de Vira-Latas* os brasileiros que sentem vergonha de suas origens, de seu país.

O colunista **Ronaldo Angelini**[104]comenta a respeito da obra de Henrique Cukierman, que pontua a trajetória significativa de intelectuais e homens da ciência, como Oswaldo Cruz. Por que nós brasileiros nos sentimos tão inferiores e por que não há acolhida para o que brasileiros ilustres produzam, nem externamente e nem internamente? Comentário do colunista:

---

104 Disponível em: <http://www.revistabula.com/materia/complexo-de-vira-latas-e-o-homem-da-carrocinha/1069>.

Nosso maior dramaturgo, **Nelson Rodrigues, dizia que o complexo de vira-latas é característica fundamental no brasileiro**. Outro intelectual fundamental desta terra, Sérgio Buarque de Holanda, foi mais acadêmico no assunto: **"(...) o Brasil (...) se envergonhava de si mesmo, de sua realidade biológica. Aqueles que pugnaram por uma vida nova (...) representavam a ideia que o país não pode crescer pelas suas próprias forças naturais: deve-se formar de fora para dentro, deve merecer aprovação dos outros."**

[...] Em 1913, o Instituto começou suas expedições para descobrir o Brasil. A publicação dos relatos destas viagens, que falava das terríveis doenças do interior, e levou à famosa frase "O Brasil é um imenso hospital", fez com que até Monteiro Lobato renunciasse, parcialmente, ao Urupês dizendo que o "Jeca não é assim, está assim". Depois veio a propaganda do Biotônico Fontoura, mas foi bem depois...

[...] Num dos relatórios de viagem (assinado pela dupla de médicos Neiva e Penna), discretamente se pregava o aperfeiçoamento da raça brasileira (o sul era modelo), enquanto era explícito e cruel com o patrício interiorano: "(...) não era um povo, mas o estrume de um povo que ainda há de vir". **O povo é vira-lata? Nós somos a carrocinha e este país precisa de sabão e limpeza.**

Anos depois, políticos e intelectuais humanistas brasileiros flertaram com a eugenia e o nazismo. Mas, claro, claro, os cientistas naturais não tiveram nada a ver com isto. **É, Dr. Oswaldo: "age direito e não temas ninguém", mas o que significa mesmo "agir direito"?** [grifos meus]

O jornal **O Estado de São Paulo**, caderno C10 – Cidades / Metrópoles, na data de 03 de outubro de 2009, publicou uma matéria intitulada *Complexo de Vira-lata*. Ao que parece, a pessoa a quem a matéria se referia seria, naquele momento, o Presidente do Banco Central do Brasil, o Sr. Henrique Meireles.

Matéria do jornal:

Que os senadores Jarbas Vasconcelos e Pedro Simon não consigam sair, a gente até entende – é próprio da idade deles! Mas o que faz um sujeito como o Henrique Meireles entrar por livre e espontânea vontade para o

PMDB a esta altura do campeonato, com seu time dando show de bola no Banco Central?! Nada especificamente contra o partido do Sarney, mas, por muito menos que a gente ouve dizer a sigla por aí, Ronaldo Fenômeno não foi jogar no Flamengo.

Mal comparando, se fosse jogador de futebol, o presidente do BC também não estaria agora se transferindo para o Corinthians. Poderia escolher entre o Real Madrid, a Inter de Milão ou o Manchester United para mostrar sua competência lá fora. Por que, então, o craque do governo que ninguém da oposição ousa atacar, o cara que deu o drible na vaca na crise, a honestidade em pessoa se filiou dia desses ao PMDB de Renan Calheiros e Orestes Quércia, caramba?! Como dizia Freud, 'aí tem'!

O complexo de vira-latas caracteriza os brasileiros que ainda se sentem inferiores aos estrangeiros, especialmente na área acadêmica. Área em que se sentem incapazes de competir com os lá de fora; o que pode ser averiguado, quando recebem pesquisadores estrangeiros e aceitam as caras e bocas que estes fazem em relação ao clima, à gente brasileira, ao Brasil, como país da corrupção – que é um assunto nosso, triste, feio, peludo e dramático, mas é nosso e temos que resolver entre nós e com nós, os brasileiros, porque pagamos nossas contas, lá fora, em dia e a peso de diamante, independentemente de haver corrupção ou não; também se manifesta esse complexo quando entidades ligadas à pesquisa discriminam pesquisadores brasileiros por considerá-los incapazes de concorrer, lá fora, de elevar e mostrar nossa capacidade de pesquisar, investigar, questionar e encontrar soluções para problemas de saúde, de política, de arte, de educação e outros.

Deem-nos crédito e não tirem aqueles que nos damos a nós mesmos, e os lá de fora verão como seremos grandes em moral, ética, civilidade, cidadania, educação, política, cultura, diversidade, ambientalismo, proteção de povos originários e quilombolas, mulheres empoderadas e capazes de promover a transformação em muitos setores, somos capazes, sim, como cidadãos de aprender democraticamente a praticar aquilo que se configura como um bem e que é bom para todos.

185. COMPLEXO DE VIRILIDADE

A autora é **Lília Aparecida Pereira da Silva** (2006), a obra *Freud em meu divã de analista: complexo de desamor*. A autora esclarece o que entende como sendo o *Complexo de Virilidade* na obra freudiana.

Silva diz que podemos constatar que, a partir do Complexo de Castração em Freud, há um *Complexo de Virilidade*, no qual :

> Freud fala, em esboço, do PESO DA CASTRAÇÃO NA MENINA: Duas resultantes podem ocorrer, no caso: a 'inferiordade fálica, a qual faz com que ela se lamente não ser do sexo oposto; ou o mecanismo de defesa (narcisismo). Aqui, já adulta, ela compreende su posição antagônica à do rapaz, mas fica de resquício, a não identificação com a mãe. A menina torna-se frígida vaginalmente, não impotente por regressão. Torna-se masoquista inconsciente para com a mãe (esse masoquismo é moral e orgânico), ou se dirige aos dois genitores, ou só ao pai, mas sem tentar rivalizar-se com a mãe'. 'A luta dá-se com armas culturais que são, no meio social da menina, apanágio dos rapazes'. Dá-se a neurose de caráter, o 'Complexo de Virilidade'. ISSO DE SER APANÁGIO DOS HOMENS ERA NAQUELA ÉPOCA, NÃO CONCORDA, FREUD? De novo você diz: 'A menina torna-se invejosa e até agressiva aos que 'tem mais', uma atitude ambivalente em face dos dois sexos e um desinteresse consciente pela sexualidade genital, ou uma masturbação clitoriana mais ou menos acentuada'. Esse complexo pode originar a homossexualidade, durante o período da puberdade. Tendo libido, no clitóris, a menina tem inferioridade fálica, é 'féia'. Rivaliza-se com os rapazes nas atividades esportivas ou estudos. 'Dá-se uma regressão libidinal ou uma estagnação libidinal nessa fase, durante o período da latência, que dá às mulheres o gosto pelas carreiras masculinas'. Ao contrário, se o superego castra a masturbação, as meninas são tímidas, na puberdade, inseguras, com sentimento de culpa' e de inferioridade inerentes à angústia da castração fálica – de uma intransigência desmana a respeito delas próprias'. (SILVA, 2006, p. 60-61) [grifos da autora]

Silva (2006, p. 62) lembra que mulheres com complexo de virilidade são extremamente tímidas, incapazes de se rivalizar com outras mulheres, pois o "superego não as deixa prematuramente rivais com a mãe, onipotente, mágica, castradora, adorada e detestada, da qual o superego dessas mulheres se converte num eco ampliado".

Essas mulheres costumam sofrer de prisão de ventre, espasmos, vômitos, problemas intestinais, gástricos, posto que "o complexo de castração fálica dá-se no plano anal e oral, por meio de revestimentos nas antigas zonas erógenas" (2006); mulheres que reagem ao impulso libidinal instintivo, não pela zona erógena vaginal, mas de maneira neurótica, o que justifica a prisão de ventre, a anorexia e as dores; "essas mulheres sentem repugnância pelos interesses libidinosos dos maridos... São homossexuais inaparentes" (2006, p. 62)

Silva (2006, p. 63) pontua que se a menina estiver muito ligada ao pai, o complexo de virilidade se apresentará de maneira muito forte, porque

> [...] a filha apresenta uma afetividade infantil ambivalente, com um caráter de bom menino. É na puberdade, a atitude do Complexo de Édipo invertido, e assiste-se então à rivalidade sexual desenrolar-se afetivamente, como se menina fosse, exatamente, um rapaz vivendo o Complexo de Édipo... Se ela sublima, sofre sempre de angústia de castração fálica, de inferioridade, mesmo havendo aplausos a ela, sexual ou culturalmente... **Liquidando o complexo de castração fálica**, a menina volta a identificar-se com a genitora... '**As mães com complexo de virilidade provocam nas filhas infantilidades afetivas**. Por seu turno, as filhas, se tornam mães, provocam em seus filhos neuroses de angústias precoces, responsáveis por distúrbios somáticos ou psíquicos, ou ambos'. [grifos meus]

186. COMPLEXO DE XERXES AÉREO

Para **G. Bachelard** (1990a, p. 236), o *Complexo de Xerxes Aéreo* é caracterizado pelo ressentimento e vingança contra o ar, o desejo de dominar o ar. O autor é E. Poe, em *Silêncio* (1990a, p. 236), que confessa, através do personagem alpinista, que tem vontade de chicotear o ar, o qual o impede de escalar as montanhas e as copas das grandes árvores, diferentemente de Nietzsche, o caminhante das alturas, dos ventos, para quem tais elementos não são impedimentos, mas caminhos de ascensão.

Esse complexo simboliza as pessoas que querem controlar a vida cósmica, e cujo desejo é dominar e domar esse elemento que é, por definição, o mais indomável, aquele que está em todo lugar, em todos os lugares onde a vida se faz presente. O elemento ar é obstáculo para as travessias áreas, talvez o elemento mais perigoso nas próprias montanhas de pedras e gelo, nas subidas aos picos. Simboliza, especialmente, os alpinistas que querem dominar as alturas, com violência e agressividade.

187. COMPLEXO DE XERXES AQUÁTICO

Para **G. Bachelard** (1989a, p. 186-192), esse *Complexo de Xerxes Aquático* é caracterizado pelo masoquismo e sadismo na ação de chicotear as águas, na tentativa de dominá-las.

O autor que representa esse complexo é Saintyves, em *Folklore des eaux*, romance que conta a prática de chicotear as águas pelo herói legendário, Xerxes.

Esse complexo simboliza as pessoas agressivas que veem no elemento água uma forma de liberar sua agressividade, espancando, chicoteando, esbravejando e se enfurecendo com as águas. Pode-se pensar, aqui, nos donos de navios e barcos que fazem das águas dos rios e mares sua propriedade particular; usam as águas, não apenas usam as águas como terapia, mas para mostrar suas posses materiais e seu domínio sobre elas; imperam as lições de exibicionismo, que estão em toda parte.

188. COMPLEXO DE XERXES DA MONTANHA

Para **G. Bachelard** (1991, p. 295 e 298), esse *Complexo de Xerxes da Montanha*, caracteriza a 'provocação' e o desafio à Montanha. Vontade de 'pedestal cósmico', uma tentativa de dominação da altura, dos outros e do mundo, 'vontade de ser engrandecido por dominar a grandeza'. Os autores que representam esse complexo são Alexandre Dumas, em *Impressions de Voyage*, D. H. Lawrence, por se acreditar maior do que uma montanha, na obra *L'homme et la poupée*, e Henri Michaux, na demonstração direta de sua cólera a uma solteirona, na obra *Liberté d'action*.

Metaforicamente, H. Michaux (cf Bachelard, 1991, p. 295) diz: "a menor cólera, contanto que seja verdadeira, basta, mas agarrar uma montanha à nossa frente nos Alpes, ousar agarrá-la com força para sacudi-la, mesmo que por um instante! A grandiosa enfadonha que tínhamos há um mês à nossa frente. Eis o que dá a medida, ou antes, a desmedida do homem..."

Esse complexo caracteriza as pessoas que gostam de escalar as alturas ou as montanhas urbanas - os grandes edifícios; podem-se homenagear, sob o símbolo desse complexo, os grafiteiros e pichadores no Brasil e no mundo; artistas que enfrentam os perigos e riscos, não só dos cumes, das alturas, mas do trabalho de vigilância da polícia para proteção do patrimônio alheio, provocando violência contra a violência ao patrimônio público; são artistas guiados pela vontade de dominar as alturas para mostrar, não a dominação das alturas, mas as suas obras de arte, mostrar que são capazes de criar/produzir em meio ao caos e dificuldades socioeconômicas e outras; que precisam de espaço e apoio para revelar seus talentos e técnicas, de material e apoio da sociedade porque são representantes da cultura artística, são facetas do artista "marginal" que, nas alturas e nas altas noites, produzem de "forma marginal" – sem autorização daquele que tem um patrimônio, alvo desses artistas.

189. COMPLEXO DE ZÉ CARIOCA

De acordo com **Lilia Katri Moritz Schwarcz** (2010) o *Complexo de Zé Carioca* tem a ver com o estereótipo do brasileiro esperto, cuja imagem é reforçada na literatura de Mário de Andrade, na obra *Macunaíma*, retratada no cinema, no filme Macunaíma, na figura do ator, inesquecível, Grande Otelo.

Para Schwarcz, esse brasileiro esperto foi retratado no cinema norte--americano, nas várias personagens vividas pela atriz Carmen Miranda, especialmente, a inesquecível personagem preguiçosa, dengosa, da Bahia; depois retratada, também, na Disney, na figura do Zé Carioca, em que o Rio de Janeiro é o palco para a preguiça dengosa e as paqueras do galã.

Schwarcz (2010) pontua:

> É essa mesma mestiçagem que se re-significa em "malandragem" no início do século e se converte em ícone nacional na figura preguiçosa de Macunaíma, de Mário de Andrade, ou então na **personagem** do Zé Carioca, criada por Walt Disney em 1942 para o filme *Alô; amigos*. Nessa ocasião, Zé Carioca introduzia Pato Donald nas terras brasileiras, bebendo cachaça e dançando samba junto com o mais famoso e teimoso pato de Disney. Tamanho foi

o sucesso do simpático papagaio brasileiro que três anos depois a mesma personagem voltava às telas, desta vez como estrela principal do exótico desenho *Você já foi à Bahia?*, que apresentava ao público norte-americano "as belezas dessa terra alegre de Carmen Miranda". Com efeito, era o próprio olhar que vinha de fora que reconhecia nesse "malandro simpático" (Disney, 1945) uma espécie de síntese local, ou ao menos uma boa imagem a ser exportada.

O complexo de Zé Carioca, certamente, está presente, ainda, na cultura brasileira: o malandro que quer se dar bem; o malandro que se pode até chamar de inofensivo, pois é um que busca, na esperteza manter regalias que pelas quais não lutou para tê-las, mas também não infringiu nenhuma lei ou regra, não apela para o imoralismo, roubo, furto, criminalidade; mas alguém cujo mal maior é ser preguiçoso com graça, pedinte e carente.

A meu ver, temos várias figuras que, nas imagens televisivas, no cinema e no teatro podem representar a figura do Zé Carioca; na Bahia temos o "Paim", de Chico Anísio; pai de santo morto de preguiça, dengo e safadeza, que sempre tenta se dar bem sem esforço; a rede é o símbolo maior de sua preguiça; Lázaro Ramos e Wagner Moura também mostram a preguiça baiana, na figura dos galãs sem *status* social, nas esperteza e malandragens, nas ruas e guetos de Salvador. No Brasil, sem dúvida, o eterno e imortal malandro foi consagrado na figura que ficou plasmada no imaginário popular, o anti-herói Macunaíma, de Mário de Andrade, que mostrou que preguiça pode vir do dengo, do anti-heroísmo, da desfaçatez e da esperteza articulada com muita sede de amor e carência, que conquistar alguém dá trabalho, sendo mais fácil suplicar por amor, porque é um suplicante que inspira graça e não piedade.

190. COMPLEXO DE ZÉ NINGUÉM

O autor desse *Complexo de Zé Ninguém* é a pesquisadora dessa obra, **Luzia Batista de Oliveira Silva**. O interesse pela obra *Escute, Zé-Ninguém!* de **W. Reich** (2007), se dá, fundamentalmente, pela necessidade e curiosidade em

ELENCO DOS COMPLEXOS

caracterizar o Complexo de Zé-Ninguém, criado pela pesquisadora[105], sendo fundamental investigar o perfil estereotipado por W. Reich, do Zé-Ninguém – homem médio e comum.

Esse homem médio e comum deve ser investigado e analisado, na medida em que se pode discutir essa estereotipia como uma espécie de acomodação/alienação intelectual; insensibilidade/dificuldade para viver em sociedade de maneira dinâmica, aberta, questionadora.

Discute-se por que a mediocridade e a mesquinhez prevalecem na sociedade que se compraz em promover uma vida equivocada – reforçando a perversão dos envolvidos, acentuando o sofrimento e a fragilidade alheia.

Discute-se, também, por que esse homem médio e comum pode ser qualquer sujeito, o político, o economista, o socialista, o filósofo, o capitalista, o médico, o músico, o poeta, o educador, o ditador, o pacificador, o revolucionário, o descontente, o impotente, o repressor, o alienador. Pode ser aquele que saboreia o mal que pratica e não se apercebe disso; todo aquele a quem a cegueira não permite ver, nem a si mesmo e nem ao outro, não lhe permite ver o sofrimento, a fraqueza e as próprias limitações pessoais; não lhe permite ver a dor estampada no rosto alheio; não lhe permite ser solidário e fraterno na convivência.

O Zé-Ninguém é todo aquele para quem o amor, o trabalho e o conhecimento são dispensáveis; todo aquele que não se preocupa com uma educação estética, poética, de bem- estar coletivo; todo aquele que ainda não consegue sair de seu próprio mundo para ver o mundo coletivo, social, não consegue ver poesia no mundo e nem consegue ser um exemplo de vida na sociedade, com ética, paridade, sem adulação nem demagogia.

Bachelard (1977) lembra que é fundamental saber viver a multiplicidade, os "eus" – que são afetados e afetam no jogo da sedução, do desejo, do aprendizado, da política, do trabalho, no relacionar-se consigo mesmo, e de maneira intersubjetiva, sendo fundamental a promoção da sensibilidade como um fator de construção de uma sociedade embasada na solidariedade, em que o sujeito veja si mesmo e ao outro.

---

105 Luzia Batista de Oliveira Silva, autora do Complexo de Zé Ninguém, publicou em 2012, artigo sobre esse complexo, intitulado: *Complexo de zé-ninguém e a educação em W. Reich*, **Impulso** - Revista de Ciências Humanas e Sociais, v. 22, n. 53, p. 93 - 107 - UNIMEP, ISSN Eletrônico: 2236-9767.

As obras de W. Reich já são bem conhecidas no Brasil, inclusive apreciadas na perspectiva educacional/educativa, com abordagens psicológicas, psicanalíticas, sociológicas e filosóficas. Suas obras mais conhecidas são: *Análise do Caráter*; *O Caráter Impulsivo*; *Escute, Zé-Ninguém!* *O Assassinato de Cristo*; *O Éter, Deus e o Diabo*; *Psicologia de Massas do Fascismo*. Reich escreveu vinte livros e dezenas de artigos.

Reich nasceu no dia 24 de março de 1897, na Galícia / Império austro-húngaro, e morreu no dia 3 de novembro de 1957 (EUA) de ataque cardíaco; oito meses antes de morrer, no dia 8 de março de 1957, por medida de segurança e temendo que pudessem distorcer seus escritos e ideias, adulteração após sua morte, deixou registrado, em testamento, o destino que queria dar às suas obras, como também a seus objetos pessoais, registrando, também em testamento, a quem deveriam ser destinados. Suas obras foram doadas às "crianças do futuro".

Na obra *Escute, Zé-Ninguém!* (2007), suas palavras são carregadas de emoção e conotação dolorosa perante as constatações de que o homem convive com outros homens e não aprende o melhor do outro, mas apenas aquilo que corresponde ao senso comum, ao imediatismo, como uma forma de acomodação e vulgaridade; amargura, dor, sofrimento, solidão; mas por outro lado, sua obra revela beleza, esperança e otimismo no potencial inexplorado e inesgotável do ser humano; o homem capaz de despertar e lutar por um mundo melhor, por isso, capaz de se escandalizar com a mesmice e vulgaridade em que está inserido. Numa sociedade da barbárie e da contradição, da exclusão e da subjugação de desejos e necessidades, há de se perguntar por que ainda continuamos tão cegos?

Michel Foucault (1980, p. 54) lembra que, no final do século XIX, havia um cenário de perseguição e perturbação, recorreu-se, por isso, à medicina de então que "pretendia assegurar o vigor físico e a pureza moral do corpo social, prometia eliminar os portadores de taras, os degenerados [...] Em nome de uma urgência biológica e histórica, justificava os racismos oficiais, então iminentes. E os fundamentava como verdade".

Na orelha do livro *Escute, Zé-Ninguém!*, da editora Martins Fontes (2007), pode-se ler o seguinte comentário:

> [...] é a fala serena de um grande médico a cada um de nós, o ser humano médio o zé-ninguém. Escrita em 1946 em resposta às intrigas e difamações que perseguiram sua notável carreira, a obra relata como Reich, a princípio com ingenuidade, depois com espanto e finalmente com horror, observou o que o zé-ninguém faz consigo mesmo, como sofre e se rebela; como valoriza seus inimigos e assassina seus amigos; como, onde quer que conquiste o poder na qualidade de 'representante do povo', faz mau uso dele e o torna mais cruel do que o poder que derrubou.

O Zé-Ninguém, no sentido de empobrecimento intelectual e humano, é poderoso e ardiloso e se faz de ingênuo e defensor do povo, mas nunca arrisca a própria pele, nem seus bens materiais ou espirituais pelo povo, somente defende ideias que lhe parecem trazer retornos; é um sujeito frio, calculista, preconceituoso, no entanto, parece acreditar que o Estado e a Lei podem lhe cobrir a máscara de covardia e vã sanidade.

São ações do Zé-Ninguém: as ações desonestas, propositais, aquelas que parecem verdadeiras, mas que, por detrás, existem interesses que não são políticos, mas forças da alma suja, obscura; transferências e desejos doentios de mudar o mundo, mas pela ótica do resultado financeiro mais rápido, sendo necessário, por isso, acelerar as punições aos defeitos alheios.

O Zé-Ninguém pode ser o delator de todos os casos e histórias sociais, políticas, médicas, humanas, pode ser o embusteiro, o interesseiro, o hipócrita, o falso moralista, o político demagogo, o corrupto e o invejoso incorrigível.

Reich pontuou alguns aspectos que caracterizam - a meu ver - o complexo de Zé-Ninguém. Para essa caracterização, chamei por três autores da teoria crítica, Adorno (1993) e Marcuse (1982) e Benjamin (2000), a respeito da sociedade da alienação, da barbárie e da civilização.

O Zé-Ninguém é o homem médio e comum – mas quem é este homem médio e comum? O que há de repugnante/banal em ser médio e comum? Essencialmente, é o homem que recusa o autoconhecimento, o conhecimento, o trabalho e o amor – categorias para serem levadas em consideração sob a ótica de Reich, para formar o homem educado, civilizado, ético, democrático, potente e viril; talvez o advento do homem planetário, o homem do futuro, que deverá superar barreiras mais que econômicas, políticas, superar barreiras humanas e limitações para conviver e aprender com outros homens; proteger a vida em sua arborescência e plenitude.

Adorno (1993, p. 10) considera que o indivíduo "ganhou tanto em riqueza, diferenciação e força quanto, por outro lado, se viu enfraquecido e tornado oco pela socialização da sociedade".

Marcuse (1982, p. 21) atesta o enfraquecimento do ser humano e pontua que

> A livre gratificação das necessidades instintivas do homem é incompatível com a sociedade civilizada: **renúncia e dilação**[106] **na satisfação constituem pré-requisitos do progresso**. [...] O sacrifício metódico da libido, a sua sujeição rigidamente imposta às atividades e expressões socialmente úteis, é cultura. [...] Contudo, o progresso intensificado parece estar vinculado a uma igualmente intensificada ausência de liberdade. Por todo o mundo da civilização industrial, o domínio do homem pelo homem cresce em âmbito e eficiência [grifos meus].

Enquanto o homem médio e comum, por ignorância ou mesquinhez, se compraz com atitudes de denúncia e delação, isto é, ganhar recompensas e premiações ao entregar e fazer "justiça" contra aqueles que lhe parecem suspeitos. Marcuse nos fala em renúncia e delação: renunciar aos desejos mesquinhos, libidinosos, saber esperar, adiar, não tomar decisões apressadas que levem ao aprisionamento e empobrecimento humano e não, à liberdade.

W. Benjamin[107] (2000, p. 21) descreve a vida burguesa como aquela que, de certa forma, promove o "aniquilamento" do indivíduo na sociedade, cujo sujeito social acredita estar saciando desejos e necessidades pessoais, quando está apenas reforçando a ideologia vigente, do sujeito massificado; reforçando, portanto, "...um estranho paradoxo: as pessoas só têm em mente o mais estreito interesse privado quando agem, mas ao mesmo tempo são determinadas mais que nunca em seu comportamento pelos instintos da massa. E mais que nunca os instintos de massa se tornaram desatinados e alheios à vida".

---

106 A palavra dilação significa de acordo com o dicionário Aurélio, adiamento, espera. Em Reich temos Denúncia e Delação.

107 Walter BENJAMIN: Rua de Mão Única – "Viagem através da inflação alemã"

ELENCO DOS COMPLEXOS

Reich (2007, p. 6) afirma que "nenhum desses homens medíocres paga pela liberdade autêntica o preço que pagaram Giordano Bruno, Cristo, Karl Marx ou Lincoln." [grifos meus]

Benjamim (2000, p. 21) adverte que, se cada homem, na vida habitual e cotidiana, buscar apenas satisfazer "seu próprio inferior bem-estar", reforçará as forças cegas - "forças determinantes" que são "alheias à vida". Tais forças apequenam a vida, fazem o ser humano se refugiar na estupidez, impotência, insegurança e perversão. O capital - "o dinheiro está, de modo devastador, no centro de todos os interesses vitais, e é exatamente este o limite diante do qual quase toda relação humana fracassa".

Reich (2007, p. 6) pontua: "...o grande homem apenas se reserva o direito de ser um ser humano. Chamas-lhe 'a-social', porque prefere o seu gabinete de trabalho ou o seu laboratório, a sua linha de pensamento e o seu trabalho às tuas festinhas ridículas e destituídas de sentido". Uma vida carregada de hábitos bizarros e fúteis é aquela que não tem a simplicidade como beleza, mas aquela que se compraz com as demonstrações de poder econômico, cujo capital direciona escolhas e interesses, até o lazer deixa de ser uma forma de prazer para se tornar uma possibilidade de manipulação.

A possibilidade de manipulação do poderio econômico e político, certamente, influenciará e manipulará pessoas, e como pontua Adorno (1995, p. 119), monstruosidade como a de Auschwitz, por exemplo, deve ser lembrada aos homens, caso contrário, "a barbárie continuará existindo enquanto persistirem no que têm de fundamental as condições que geram esta regressão".

Reich também criou uma figura sinônima de Zé-Ninguém – a **Maria-Ninguém** – representante de todas as mulheres médias, comuns, medíocres, moralistas de rebanho, "combatentes do próprio imoralismo" – cujos desejos sexuais reprimem ou saciam; mentem, negam, se fazem de santas e respeitadas, em aparência. Reich (2007, p. 55) diz: "Tu, virtuosíssima esposa e contribuinte, honorável parideira de patriotas, assim consegues ser mais poderosa que quatro mil anos de filosofia natural. Só que começamos a entender-te e, mais tarde ou mais cedo, a tua hora há-de soar".

Aproximando Reich de Freud, ressalte-se que Freud (1988) considera três tipos de sofrimentos humanos: a) o poder superior da natureza; b) a fragilidade do próprio corpo; c) o relacionamento entre as pessoas.

Constata-se que a natureza é poderosa e, de certa forma, "indomável"; que o corpo tem suas fraquezas e que a natureza subjugada e não esclarecida não facilita nenhum tipo de compreensão; que a repressão do próprio corpo e da libido apenas afasta o homem de um entendimento sobre si mesmo; que é difícil o relacionamento com os outros, sendo fundamental aprender a ser sábio para viver bem consigo mesmo e com os outros.

Para Freud (1988, p. 144) o "superego de uma época de civilização tem origem semelhante à do superego de um indivíduo", existe, "analogia entre o processo civilizatório e o caminho do desenvolvimento individual" [grifos meus]; no relacionamento humano, a agressividade entre as pessoas é a pior manifestação do superego. Assim, o processo civilizatório deve caminhar paralelo ao desenvolvimento individual, de modo que, um fortalece e alimenta o outro.

Reich deixa entender que na era do Zé-Ninguém, a agressividade no relacionamento entre as pessoas, nas atitudes e ações de vigilância e a delação, fazem prevalecer depressão, angústia, rancor, cenário de morte e perseguição.

O homem comum é um homem sem passado e sem futuro, sem história e sem memória; é um espectador alienado, vigilante feroz, observador dos costumes alheios; aquele que se compraz com o mal alheio; aquele que vê o mundo para copiá-lo, sem crítica, sem posicionamento, numa espécie de covardia intelectual e apatia acadêmica; aquele que busca conhecimento como alguém que busca um objeto para consumir.

O Zé-Ninguém é aquele que não conhece os próprios limites; as próprias fraquezas, portanto, não conhece sua potencialidade, sua potência de vida, sua força e vigor (como denunciou, Nietzsche); é um homem refém de si mesmo e do mundo em que habita.

Reich também fala em Liberdade pela educação, o que faz pensar no tipo de educação que o europeu recebia no período em que ele viveu, que o discurso sobre a liberdade era discutido e valorizado, mas, por quem? Liberdade e educação para quem e para quê? Pergunta Adorno, para a não barbarie e para o processo emancipatório do ser humano. Daí, se pode compreender o para quem? e por quê?

De acordo com Adorno (1993, p. 139), vivemos em tempos de barbárie e de civilização, por isso, buscar a liberdade é buscar a felicidade em meio à contradição social, porque "não só a possibilidade objetiva – mas também a capacidade subjetiva para a felicidade - é própria da liberdade." Objetividade e subjetividade para o autor não se excluem na busca por liberdade, felicidade, emancipação humana, ética como processo de humanização.

Esse homem comum de Reich nos faz pensar também no "cidadão não educado" de N. Bobbio – o "cidadão" neutro, o homem sem cidadania, sem história, sem memória; e mais grave, aquele que não percebe que lhe falta tudo isso, especialmente, educação cidadã, por isso, em sua pequenez e mediocridade, elimina a felicidade e a liberdade, acentua aniquilamento da vida e gera opressão individual e coletiva.

Adorno e Horkheimer (1985, p. 160) pontuam que indivíduos "obcecados e privados de sua subjetividade" [grifos meus] fazem retroagir o processo civilizatório, o qual exige a saída da barbárie e capacidade para submeter-se, de maneira esclarecida, às leis e regras morais, fundamentais à convivência coletiva. São sujeitos violentos, aqueles que cultivam desejos de destruição e confundem "boa vida" e "poder" como sinônimos de felicidade e liberdade.

Os Palácios de Cultura, denunciados por Reich, atestam que "poder" e "boa vida" também não são palavras sinônimas de sociedade esclarecida, civilizada; que palácios perfeitos, em aparência, podem atestar apenas as fragilidades e a frialdade espiritual de seres humanos obcecados pela sociedade do consumo, inclusive da cultura industrial, denunciada pelos autores da teoria crítica.

Para Adorno (1993, p. 199-200), a sociedade do consumo, a falta de liberdade e felicidade promovem o desencantamento do mundo sensível, e o homem, por incapacidade, torna-se cego, a ponto de não perceber a si mesmo e o mundo objetivo, porque tudo se resume em produzir e depois consumir as mercadorias, deixando, por isso, os órgãos visuais e os sentidos são, geralmente, atrofiados, dado que tudo "funciona na lei do valor".

Sociedade do consumo que Marcuse (1983, p. 46-7) atesta como transpassada por repressão, fundada na "produção social orientada no sentido do consumo individual e no lucro"; o que, certamente, amplia a dimensão do mal-estar e acentua a dominação cultural, econômica, política e social, que, segundo Lastória (2001, p. 136), reforça carências para

> [...] mobilizar as suas energias psíquicas não mais para se deter diante da força dos costumes e leis sociais, mas para não se deter entregando-se a elas. Em outras palavras, a dificuldade para os indivíduos modernos em estado de massificação é a de, justamente, transgredir as normas, e não a de observá-las [...] Os automatismos e o poder de repressão se fazem tão profundos e abrangentes que deixaram de ser percebidos como tais.

Nesse contexto, para Reich, na sociedade haverá lugar para O homem de bem quando o homem comum aprender a se ver como um alguém também massificado, transgressor de normas, não para cooperar, mas para alienar, condenar; sendo necessário relegar ao esquecimento o Zé-Ninguém para que ele aprenda e veja por si mesmo suas falhas e fraquezas.

A expressão prisão de ventre mental é recorrente nessa obra de Reich, faz pensar que o autor procura chocar o leitor, criticar aqueles que tinham poder aquisitivo e faziam disso um direito ao consumo, inclusive de comidas gordas e temperadas, farturas daqueles que podem se empanturrar nos banquetes; aqueles que deveriam tratar de coisas grandiosas, mas se preocupam com o ar preso no ventre.

Os símbolos das águias e galinhas fazem pensar nos opostos: proteção e mal, desproteção e bem. Que tipo de amor, de educação e de tolerância faz pensar na águia e na galinha? Kant, na obra *Sobre a Pedagogia*, pergunta por que os humanos não conseguem aprender com outros humanos e comenta: pardais, como todos sabem, são passarinhos que não cantam; mas um ovo de pardal colocado no ninho de um canário revela que o pardal cantará como se fosse um canário. Onde está o poder de aprendizado do ser humano pela convivência? Aprende-se com facilidade o que não é tão bom, por vezes, até errado, mas por que não se aprende aquilo que é bom com a mesma facilidade?

Também a pobreza espiritual do período chama a atenção de Reich, se corporifica pelo poder de distorção das descobertas científicas na área médica, mas também atestam experiências horrendas; injustiças, calamidades; tecnologia a serviço da barbárie, como os fornos de alta tecnologia e potência, construídos para matar/asfixiar e queimar seres humanos "indesejáveis"; o etnocentrismo eliminou os diferentes; operou por uma massificação de seus humanos; cientistas foram subjugados e reféns aos ditames políticos do totalitarismo.

Para Adorno e Horkheimer (1985, p. 47):

> A regressão das massas, de que hoje se fala, nada mais é senão a incapacidade de poder ouvir o imediato com os próprios ouvidos, de poder tocar o intocado com as próprias mãos [...]. Pela mediação da sociedade total, que engloba todas as relações e emoções, os homens se reconvertem exatamente naquilo contra o que se voltara a lei evolutiva da sociedade [...] meros seres genéricos, iguais uns aos outros pelo isolamento na coletividade governada pela força.

Regressão, incapacidade de ver e ouvir os clamores, temores e viver a realidade presente, em que a "coletividade governada pela força", ficou enfraquecida, por isso, surgiram os seres genéricos, inferiores, moldados como se fossem de argila, no seio da **ditadura** nazista, da qual Reich (2007, p. 17) pontua:

> [...] sobre esta pequena negligência de um grande homem construíste todo um sistema gigantesco de mentiras, perseguição, tortura, deportações, enforcamentos, polícia secreta, espionagem e denúncia, uniformes, marechais e medalhas - enquanto deitavas fora tudo o mais. Começas a perceber como funcionas, Zé Ninguém? Ainda não? Ora tentemos novamente: As. "condições econômicas" do teu bem-estar na vida e no amor, confundiste-as com "mecanização"; a emancipação dos homens, com "grandeza do Estado"; o levantamento das massas, com o desfilar da artilharia; a libertação do amor, com a violação de todas as mulheres a que pudeste deitar a mão ao chegar à Alemanha; a eliminação da pobreza, com a erradicação dos pobres, dos fracos e dos desadaptados; a assistência à infância, com a "formação de patriotas"; o *controle* da natalidade, com medalhas às "mães de dez filhos". Não tinhas já sofrido bastante, com esta tua ideia da "mãe de dez filhos"? [p. 17]

Para Adorno (1993, p. 7) "o processo de produção material arrasta consigo a vida como um apêndice sem autonomia e sem substância própria. Quem quiser saber a verdade acerca da vida imediata tem que investigar sua configuração alienada". Quem quiser compreender a realidade, cujo processo de produção material ignora a vida e sua autonomia, precisa compreender primeiro a configuração alienada que a criou e gerou.

Considerar-se-á que a política, para Adorno e Horkheimer (1985, p. 162), "não é mais somente um negócio, mas o negócio é a política inteira... a vida é negociada todo o tempo"; e a racionalidade que seria fundamental na compreensão e saída da subjugação política, "... ligada à dominação está, ela própria, na base do sofrimento... fica demonstrada a impotência [...] da reflexão, da significação, e por fim, da verdade." (158-60).

Nesse contexto de dor e sofrimento, pode-se perguntar o que é a verdade? E pode-se responder, seguramente, que em nome da verdade, a vida não pode ser relegada a segundo plano e nem aniquilada, em nome do que quer que seja a política do momento ou do progresso almejado. Todo um trabalho humano se perde no processo de dominação, manipulação e massificação de pessoas, em nome da política, economia e cultura.

Os detalhes da dor de viver aparecem na obra de Reich como aquilo que causa tristeza, opressão e mal-estar a si mesmo e ao outro, dor que transborda em suas palavras, e atestada por Tiburi (2001, p. 98) quando diz que a "solidariedade não exige – embora possa contar com isso – que se conheça o sofrimento empiricamente no próprio corpo, mas no corpo do outro, momento em que a filosofia se torna um tipo de experiência intelectual acerca do sofrimento alheio."

Por isso, para Adorno e Horkheimer (1985, p. 99), bondade e beneficência, em face de um sistema de punição, "tornam-se pecado, a dominação e a opressão virtude".

Para Reich, (2007), as categorias de amor, trabalho e conhecimento podem ser inviáveis quando há má-formação do indivíduo, limitação da consciência, impraticabilidade ética; quando a sociedade é contraditória, quando, segundo Adorno, (1993, p. 175-6), "o excêntrico pode ser capaz de refletir sobre o ilusório desastre, e de se conscientizar de que, além de que ele ainda vive, mas de que ainda há vida".

O conceito de indivíduo emerge de um processo histórico, cuja racionalidade social constitui os sujeitos nela inseridos, capazes de estabelecer relações de troca, salvaguardando-se, de acordo com Adorno, (1995, p.188) da "deformação e coisificação do indivíduo na sociedade".

Para Marcuse (1979, p. 25), o mundo das relações e "do trabalho se torna a base potencial de uma nova liberdade para o homem no quanto seja concebido como uma máquina e, por conseguinte, mecanizado". A racionalidade existente no funcionamento social confere aos indivíduos uma carga de

ELENCO DOS COMPLEXOS

repressão, de exigência demasiada, provocando carência desmedida e desigual, "mais-repressão", ou seja, coação "imposta e intensificada pelo interesse de dominação, num progresso que perpetua a dominação..., trabalho forçado e penoso"(MARCUSE, 1983, p. 48).

Carência e escassez, segundo Marcuse (1983, p. 48), são "impostas pela violência" e também por uma forma racional de poder, uma "racionalidade da dominação".

De acordo com Marcuse (1983, p. 82-3), essa "racionalidade tecnológica absorve em grande parte os instintos destrutivos modificados" cujas "técnicas provêem [sic] as próprias bases do progresso; a racionalidade tecnológica estabelece o padrão mental e comportamental para o desempenho produtivo".

Por isso, "o trabalho que criou e ampliou a base material da civilização foi principalmente labuta, trabalho alienado, penoso e desagradável – e ainda é". (1983, p. 82).

Trabalho penoso, alienado e desagradável, como mostrou Reich, não somente pela função ou cargo, mas pela falta de formação educacional, profissional e humana das pessoas.

Para Lajonquière (2000, p. 91), a obra de Reich postula uma "psicoprofilaxia educativa na infância"; uma possibilidade de se estudar para prevenir as neuroses mediante uma educação profilática (herança de Freud) – prevenir pela educação e curar pela terapia; cabendo ao educador ter conhecimentos de psicanálise para compreender a criança e seu desenvolvimento.

Cabe lembrar o esforço da filosofia, como capaz de exercer um papel de *pharmacon*, cujo diálogo livre e salutar contribui para uma boa saúde da alma.

Nesse contexto freudiano de uma proposta de uma educação para educadores, Reich acredita em um educador capaz de se educar quando educa o outro, sem descuidar do inconsciente como fator de influenciação.

Reich, assim como Freud, percebeu que há uma relação entre educação e neuroses, também denunciada por Gaston Bachelard, quando adverte a respeito do abuso do saber mais do que o abuso do poder; a educação e o educador que adoecem; a escola que é prisão e não exercício de liberdade; a sociedade que não educa o sujeito porque não se vê como uma escola; o conhecimento que não liberta porque não é conhecimento, mas repetição de lições vazias, banais e, por vezes, carregado de impregnação cultural, preconceitos, ou, o conhecimento que aprisiona o sujeito, numa espécie de servilismo.

Albertini (1990, p. 35-36) lembra que, nos anos 20 e 30, a educação higiênica era uma chamada global[108]. Em 1930, representantes de 52 países realizaram, na cidade de Washington, o *I Congresso Internacional de Higiene Mental*. Higiene mental, também recorrente nesse texto de Reich.

Espera-se que uma racionalidade esclarecida favoreça um trabalho em sociedade de maneira complementar, que não seja apenas oposto, mas com atributos complementares: racionalidade e corpo; emoções e afetos; criatividade e sensibilidade; ludicidade e imaginário, espiritualidade e formação; sendo fundamental considerar, também, uma formação de qualidade, crítica e autoformação; desenvolver a capacidade de relacionar-se consigo mesmo e com o outro; atingir uma educação que valorize a racionalidade, sem negligenciar, contudo, uma corporeidade e uma sensibilidade, fundantes e constituintes do próprio ser humano.

Ser humano complexo, que exige que se considere o processo científico e filosófico em sua gênese e desenvolvimento; e como pontua Capra (1988), passamos de uma concepção mecanicista, em Descartes e Newton, para uma visão sistêmica/holística - visão que trouxe discussão e muita perturbação, posto que o mundo atômico e subatômico desafiou a realidade; com Einstein, surgiu uma nova compreensão da estrutura da matéria, o que o fez afirmar que massa é energia condensada; "toda matéria é energia" diz Pierre Lupasco, citado por G. Bachelard, sendo portanto, necessário, saber olhar o novo para ver o novo que desponta em todas as direções; e como disse Paulo Freire: não basta ver o mundo, é fundamental saber vê-lo, ouvi-lo, para ler e interpretar o mundo interior/exterior, que está dentro e fora do sujeito curioso, criativo, sonhador e agente transformador.

Dessa forma, o homem precisa voltar seu olhar para se interrogar até onde pode ir e compreender os múltiplos saberes, áreas e fenômenos (físicos, biológicos, psicológicos, culturais, sociais, educacionais). Essa visão de totalidade coloca o homem na rota da curiosidade e da admiração, na desconfiança

---

108 Cabe lembrar os Ideais da Escola Nova. A limpeza, a higiene física e do local para as escolas populares, que via de regra eram feias, sujas e tristes; e uma higiene mental para a escola elitista, aquela que deveria colocar na sociedade pessoas polidas e capazes de reprimir, censurar e vigiar a própria mente ou o superego.

geradora da dúvida, precursora de todo e qualquer crescimento; o espanto primeiro da filosofia que o faz repensar e pensar a vida sob outras óticas, diferentes e complementares.

Do ponto de vista individual, essa visão de totalidade implica ver e rever conceitos, categorias e a forma de compreensão de nós mesmos e do mundo que nos cerca.

Por isso, para Leonardo Boff (1999, p. 34), o cuidado consigo mesmo "representa uma atitude de ocupação, preocupação, de responsabilização e de envolvimento afetivo com o outro".

Reich (2007, p.66 / 129) finaliza sua obra advertindo os espíritos invigilantes e fracos:

> **Os ditadores e os tiranos, os aduladores e difamadores** e os **chacais** sofrerão a sorte que outrora lhes foi anunciada por um velho sábio:
> Plantei neste mundo o estandarte de palavras sagradas.
> Muito depois de estar murcha a palmeira
> e de se ter esfarelado a rocha;
> muito depois de monarcas deslumbrantes
> terem desaparecido como o pó de folhas secas,
> mil arcas levarão minha palavra pelos dilúvios afora:
> Ela prevalecerá [grifos meus]

Encerra-se, aqui, este texto a respeito do Complexo de Zé-Ninguém com W. Benjamim (1994, p. 119), quando o autor comenta a experiência e a pobreza que envolve a modernidade:

> [...] ficamos mais pobres, abandonamos uma depois da outra todas as peças do patrimônio humano, tivemos que empenhá-las muitas vezes a um centésimo do seu valor para recebermos em troca a moeda miúda do 'atual'. A crise econômica está diante da porta, atrás dela está uma sombra, a próxima guerra. A tenacidade é hoje privilégio de um pequeno grupo dos poderosos, que sabe Deus não são mais humanos que os outros; na maioria bárbaros, mas não no bom sentido. Porém os outros precisam instalar-se, de novo e com poucos meios. São solidários dos homens que fizeram do novo uma coisa essencialmente sua, com lucidez e capacidade de renúncia. Em seus edifícios, quadros e narrativas a humanidade se prepara, se necessário, para

sobreviver à cultura. E o que é mais importante: ela o faz rindo. Talvez esse riso tenha aqui e ali um som bárbaro. Perfeito. No meio do tempo, possa o indivíduo dar um pouco de humanidade àquela massa, que um dia talvez retribua com juros e com os juros dos juros.

191. COMPLEXO DE ZEUS

Junito de S. Brandão (1994, vol. II, p. 256, 344), autor do *Complexo de Zeus*, comenta a respeito das atitudes e ações cujos sentimentos explosivos e excêntricos de Zeus na mitologia, fazem pensar na figura do pai autoritário que não sonha com a hipótese de ser superado, nem ser desobedecido, o pai dos deuses e dos homens, na mitologia, revela tendência

> [...] a monopolizar a autoridade e a destruir nos outros toda e qualquer manifestação de autonomia, segundo se patenteia na Ilíada, VIII, 19-27. **O temor de que sua autocracia, sua dignidade e seus direitos não fossem devidamente acatados e respeitados tornavam Zeus extremamente sensível e sujeito a explosões coléricas, não raro calculadas. Descobrem-se nesses complexos as raízes de um manifesto sentimento de inferioridade intelectual e moral, com evidente necessidade de uma compensação social, através de exibições de autoritaris**mo (p. 256).

Esse complexo caracteriza o autoritarismo de pais, mestres e pessoas com autoridade, porém excêntricas a ponto de não observarem os desejos alheios, mas apenas os seus desejos e necessidades; é o sujeito do "manda quem pode [eu posso] e obedece quem tem juízo" [meus subalternos]; complexo bastante comum no mundo dos negócios e da competitividade, em que obedecer é uma primeira regra, anular-se uma segunda regra, e seguir obedecendo é a terceira regra, a de sobrevivência. Mesmo diante de inúmeras denúncias de assédio moral, danos morais, existem sujeitos que se julgam acima dessas "regrinhas" e sequer se importam de agir com agressividade e desrespeito diante de uma recusa do outro em aceitar sua loucura e autoritarismo.

192. COMPLEXO DE WALTER MITTY

Marcos Xavier Vicente (2015), jornalista do Gazeta do Povo[109], comenta que o termo *Complexo de Walter Mitty*, surgiu do imaginário americano, advindo das aventuras que se pode compreender no filme dirigido por Ben Stiller, de 2013, uma comédia com muita aventura e fantasia, a partir do conto, *A vida secreta de Walter Mitty*, de 1939, escrita por James Thurber, escritor, humorista, cartunista, jornalista e dramaturgo americano.

Vicente pontua que leu a história de Walter Mitty e compreendeu porque as crianças se identificam com a sua história, Mitty conta histórias com simplicidade e de qualquer lugar, usando a sua imaginação criativa, por isso, "crianças tendem a levar um Walter Mitty dentro de si. Acreditam ser super-heróis, dançarinas, jogadores de futebol, astronautas, princesas ou qualquer coisa, para onde sua imaginação as conduza".

O blog, APROVEITOPRALER[110] também comenta sobre o complexo de Walter Mitty:

> **Snoopy é um cão extrovertido com complexo de Walter Mitty**, com muitas virtudes. A maior parte delas não são reais, mas sonhos que fazem parte do seu mundo de fantasia, que aparecem quando Snoopy dorme no telhado da sua casota.
>
> (...)
>
> Muitos dos momentos memoráveis dos "*Peanuts*" ocorreram durante esses sonhos nos quais ele era um escritor: o seu eterno abrir da mala onde está a máquina de escrever. "Estava uma escura e tempestuosa noite..." foi tirado de uma história de Edward George Bulwer-Lytton escrita em 1830 chamada Paul Clifford. O contraste entre a existência de Snoopy no mundo dos sonhos e de Charlie Brown no mundo real é o centro do humor e da filosofia de Peanuts...
>
> (...)

---

109 Disponível em: <https://www.gazetadopovo.com.br/vida-e-cidadania/colunistas/marcos-xavier-vicente/complexo-de-walter-mitty-2g2x1n19lcq6h53iclgef2i7s/>.

110 Texto disponível em: <https://aproveitopraler.wordpress.com/2015/08/14/comentarios-snoopy-no-mundo-da-lua/>.

Schulz, numa entrevista em 1997, disse o seguinte acerca do carácter do Snoopy: **"ele tem que sair do seu mundo de fantasia para sobreviver. Por outro lado, se assim fosse ele levaria uma vida miserável e aborrecida."** [grifos meus].

Esse complexo caracteriza também, a meu ver, pessoas que vivem literalmente "no mundo da lua", aquelas que preferem o mundo dos sonhos ao mundo real - no qual elas podem ser contrariadas, já, no mundo dos sonhos, tudo parece perfeito e nada parece contrariar as pessoas.

Esse mundo do Snoopy ou melhor do Walter Mitty, pode ser o mundo dos que sonham com a carruagem da Cinderela, o cavalo branco do Príncipe, os números da loteria revelados em sonho ou por uma sorte que surpreende; aqueles que desejam transformação sem participar dela; aqueles que sonham com um bom casamento como recompensa por sua beleza ou presteza sexual; aqueles que acreditam mais no destino do que nas atitudes que praticam; aqueles para quem a espera é sinônima de alcance, ainda que não ajam enquanto esperam; aqueles que se sentem tão especiais que a sorte bate na porta, na janela e até nos vidros do carro; aqueles que acreditam mais nas previsões dos astros do que naquilo que fazem.

Esse complexo simboliza, acima de tudo, os sonhadores de toda natureza que preferem sonhar a ter que enfrentar a realidade; bem como, os sonhadores sem limites para sonhar.

193. COMPLEXO DE WENDY

Clarice Casado[111] descreve o *Complexo de Wendy*, que caracteriza as pessoas que têm uma figura frágil, mas são os braços fortes e o amparo de muitas outras. Comentário da blogista:

> Ontem, pensei que seria ótimo ser o Peter Pan. Mas o Peter Pan é menino. Não, acho melhor ser a Wendy. Não que eu tenha problemas com isso, porque, em realidade, a minha "porção masculina" é bastante forte, consigo pensar "como homem" em diversas situações. Meus amigos homens até de

---

111 Disponível em: <http://www.paginadois.com.br/textos/complexodewendy.html>. / <https://www.recantodasletras.com.br/cronicas/4203>.

certo modo incluem-me no grupo, porque sabem que sou uma mulher um pouco diferente das outras. Compreendo os homens e seus "mecanismos". Em realidade, Wendy também é uma menina diferente, já que é inserida em um universo completamente masculino na Terra do Nunca, e adapta--se muito bem a toda aquela situação de aventuras e lutas com os piratas e o Capitão Gancho. E torna-se também uma espécie de líder. Líder sentimental. É a "mãe" que eles precisam, e também a conselheira, a ouvinte incondicional, o elemento apaziguador, o braço forte travestido na figura frágil. **Assim, penso que sofro de algo que resolvi chamar de "complexo de Wendy".** Isto é inegável.

[...] **descobri que o Peter Pan, além de não crescer nunca, não compromete-se sentimentalmente com ninguém e nem com nada**. E não comprometer-se sentimentalmente, explico logo, não é "não amar", ou "não odiar", não, nada disso. **Não comprometer-se sentimentalmente é amar ou odiar algo ou alguém sem ter a plena consciência disso**. [...] [grifos meus].

Esse complexo de Wendy pode também caracterizar a pequena mãe notável, aquela que faz a diferença nas ações de que participa. Felizmente, existem muitas Wendys por aí; aquelas pessoas que marcam o território por onde passam porque contribuem com aquilo que é necessário para o lugar ficar melhor. Podem ser pequenas, simples e passar despercebidas, mas o trabalho que realizam dificilmente passa despercebido.

194. COMPLEXO DOS CABELOS RAPADOS

Para **G. Bachelard** (1989a, p. 54), esse *Complexo dos Cabelos Rapados* é uma forma metafórica do complexo de castração.

O cabelo rapado ou raspado na guerra tinha um significado. Nos campos de concentração tinha também um significado, era uma forma de higienização, de deixar as pessoas mais feias e sem uma aparência que pudesse personalizar, a igualdade como discriminação e maldade humana. Os carecas são pessoas de um grupo que raspa a cabeça para simbolizar que elas pertencem a determinada tribo.

Nas escolas, as cabeças raspadas, que, muitas vezes, trazem dor e sofrimento, o olhar de zombaria dos colegas para aquela criança cuja família faz opção por raspar sua cabeça para garantir que ela não tenha piolhos.

Esse complexo simboliza, no sentido bachelardiano, os sofrimentos infringidos a Lautréamont ou melhor, Isidore Ducasse, pelas chacotas dos colegas, na escola, ao rasparem sua cabeça por este afrontar e confrontar as regras da escola; uma cabeça raspada, no sentido bachelardiano, simboliza as humilhações morais de crianças que tiveram a cabeça raspada, não como uma opção da própria criança, mas uma imposição da escola ou da família. A criança que tem o cabelo raspado por punição pela falta de cuidado, porque o cabelo que tem não é aquele tipo de cabelo que a família desejava e esperava; raspar a cabeça da criança a fim de esconder sua etnia, sua origem; raspar a cabeça para contemplar estilos que a família valoriza, ou como no caso do nazismo na Alemanha, o holocausto que assassinou seis milhões de povos judeus e muitos, muitos outros. Num campo de concentração, pessoas magras, esqueléticas e com as cabeças raspadas, assemelhavam-se doidamente a fantasmas vivos ou quase vivos. O desrespeito e a maldade mudam de intensidade, mas sobrevivem às luxurias e loucuras humanas.

195. COMPLEXO DO CISNE

G. Bachelard (1989a, p. 12, 37, 40 e 132) pontua que esse complexo se relaciona com as pessoas que revelam uma imagem hermafrodita; imagem que se caracteriza por um desejo do ser que canta ao morrer. Nesse sentido, lembra o autor, pode ser a imagem de um desejo sexual, da satisfação de uma morte passageira. O autor considerado para esse exame é Goethe, em *Fausto* – segunda parte, ato II.

Esse complexo caracteriza as pessoas que têm desejos sexuais cuja inspiração não remete ao gênero, mas ao ato sexual mesmo, a vontade de esvair-se nos desejos; caracteriza aquelas pessoas que valorizam mais a realização de um desejo sexual que a pessoa com quem realiza tal desejo.

196. COMPLEXO DO DESMAME

Jacques Lacan (2008, p. 19) pontua que "o *Complexo do Desmame* fixa no psiquismo a relação da alimentação, sob o modo parasitário que as necessidades dos primeiros meses de vida do ser humano exigem; ele representa a forma primordial da imago materna".

Esse complexo marca, de acordo com as palavras de Lacan, nossa relação biológica, especialmente com aqueles que nos foram mais próximos, a relação do ser humano com a alimentação, com o peito materno. De modo negativo, pode marcar a ligação exagerada com a mãe alimentadora quando a criança não quer passar pelo desmame. Pode estar relacionado com a dependência da família, ainda muito conservadora. Também pode remeter a essa dependência no sentido de buscar proteção, acolhimento, por carência e medo da morte.

Para o autor (2008, p. 22), é um dos complexos mais primitivos, de difícil sublimação, considderando que

> Os complexos, no entanto, demonstram desempenhar um papel de 'organizadores' no desenvolvimento psíquico; assim eles dominam os fenômenos que, na consciência, parecem os mais integrados à personalidade; assim, são motivadas no inconsciente não apenas justificações passionais, mas racionalizações objetiváveis. O alcance da família como objeto e circunstância psíquica foi, ao seu tempo aumentado

197. COMPLEXO DO EGO OU COMPLEXO EGÓICO

Para **C. G. Jung** (1985), o *Complexo do ego ou Complexo Egóico* tem a ver com os arquétipos mais importantes, que são os arquétipos do Ego ou complexo do ego, que funcionam como centro da consciência; esse complexo se desenvolve a partir de um núcleo arquetípico, como a parte da psique, que melhor se identifica conosco; mas, para o ego se expressar, ele depende das categorias de tempo e espaço.

Nesse complexo, os arquétipos são produtos do inconsciente e se mostram plenos, repletos de energia, podendo, por isso, assimilar ou recusar outros complexos. O complexo do ego, para Jung, é o responsável por nossa subjetividade – a qual nos permite diferenciar entre a noção de sujeito e a noção de objeto; procura se ajustar com outras partes do social; procura, no entanto, também se preservar para não ser eliminado ou se dissolver no coletivo; é através do complexo do ego que o sujeito percebe as coisas e se importa com os demais complexos da psique.

A esse respeito, o professor Walter Boechat[112], destaca

> Os complexos se organizam a partir de experiências emocionais significativas do indivíduo. Nesse ponto de vista, o próprio ego, para Jung o centro da consciência, seria um complexo, *o complexo egóico.* Outros complexos na personalidade podem agir sobre o ego, interferindo no funcionamento adequado da consciência, perturbando a adaptação criativa do sujeito. Um complexo de poder, caracterizado por idéias obsessivas de domínio e uma postura onipotente, pode dominar de tal forma o complexo egóico que o indivíduo se sente identificado com esses conteúdos de poder originados de raízes inconscientes não imediatamente definidas.

Esse complexo caracteriza a forma de percepção, de si mesmo e do coletivo, na consciência; caracteriza a imagem construída de nós mesmos perante os outros e a nós mesmos, é aquela imagem subjetiva, forte e potente que nos faz diferenciar o que somos do como os outros podem nos ver.

198. COMPLEXO DO GLÁDIO

Para **G. Durand** (1997a, p. 186), o *Complexo do Gládio,* na ótica dos 'doentes', ou seja, aquelas pessoas que sofrem de *Spaltung,* os objetos, os sons e os seres se apresentam de forma separada. Nesse sentido, diz-se que os que sofrem com os sintomas da *Spaltung* sofrem do complexo do gládio. O gládio é um instrumento que pode ser usado para separar, assim,

> Na Spaltung será menos na atitude caracterológica de 'separar-se' que no comportamento representativo de 'separar' que poremos a tônica. O Rorschach evidência com clareza a Spaltung. É assim que a tabua III, onde é natural ver balconistas, homens pacatos, etc., é interpretada de maneira fragmentária: o sujeito vê apenas a cabeça, o pescoço, os braços. **Aparecem**

---

112 Disponível em: <http://www.posugf.com.br/noticias/todas/1737-a-teoria-dos-complexos-de-c-g-jung>.

continuamente nas descrições esquizomorfas termos como 'cortado; partido, separado, dividido em dois, fragmentado, com falhas, despedaçado, roído, dissolvido...', que evidenciam, à obsessão, o 'complexo do gládio'.[grifos meus].

O complexo do gládio se caracteriza pela obsessão de certas pessoas em ver ou sentir que as coisas estão separadas; aqueles que sofrem por enxergar apenas as partes das coisas, mas não conseguem ver a totalidade das mesmas.

199. COMPLEXO DO GRANDE INQUISIDOR

M. Maffesoli (1985, p. 36) considera que, esse *Complexo do Grande Inquisidor* caracteriza o "fantasma calculador do poder", aquele que calcula como e quanto as pessoas devem gastar para ser felizes, dado que

> Na Bíblia, a faculdade de contar por números é atributo de Deus; parece normal que este privilégio revenha aos seus substitutos mundanos. Assim, tudo – e sobretudo a felicidade do povo – é passível de mensuração. **E aí encontramos o que podemos chamar de complexo do Grande Inquisidor, que pretende calcular a quantidade e a qualidade da felicidade social e individual.** Todos os reformadores, os tiranos ou os revolucionários, cujas histórias são conhecidas, tiveram este mesmo cuidado em suas respectivas ações. [grifos meus].

Esse complexo caracteriza as pessoas calculistas, aquelas que, para serem felizes ou almejar a felicidade, pensam antes é um preço; pessoas que não conseguem buscar a felicidade sem pensar no valor que a felicidade pode lhe custar.

Pode-se pensar, aqui, em denominar - a meu ver - as famílias muito ricas, as elites abastadas, endinheiradas e "nobres" que se consideram como tal perante relacionamentos dos filhos com pessoas menos ricas e "menos nobres" o que constitui um obstáculo à felicidade. Os tiranos, reformadores e revolucionários familiares, nesse caso, podem ser caracterizados pelos membros da família, os pais ou avôs, com poderes para decidir sobre os bens da família e também para impor suas tiranias aos que fogem da regra do cálculo; a felicidade, nessa situação, pode ser almejada, comprada e administrada.

200. COMPLEXO DO INCONSCIENTE

Para **G. Deleuze** e **F. Guattari** (1976, p. 129, p. 137), esse *Complexo do Inconsciente*, possivelmente, os cortes que separam as famílias não são familiares, são complexos, dado que

> As famílias são cortadas por cortes que não são familiares: a Comuna, o caso Dreyfus, a religião e o ateísmo, a guerra da Espanha, a subida do fascismo, o stalinismo, a guerra do Vietnã, maio de 68... tudo isso forma **os complexos inconscientes, mais eficazes que Édipo sempiterno.** E se trata realmente do inconsciente. Se existem estruturas, não existem no espírito, à sombra dum fálus fantástico que lhes distribuiria as lacunas, as passagens e as articulações. Elas existem no real imediato impossível. Como diz Gombrowicz, os estruturalistas 'buscam suas estruturas na cultura, eu, na realidade imediata. Meu modo de ver estava em relação direta com os acontecimentos de então: hitlerismo, stalinismo, fascismo (...) Eu estava fascinado pelas formas grotescas e terrificantes que surgiam na esfera do inter-humano destruindo tudo o que era até então venerável.

Os autores atestam que, de fato, os complexos inconscientes são complexos que perpassam, não apenas a mente e a psique dos indivíduos, mas também a esfera social através das instituições e órgãos que podem interferir na vida das pessoas. Os autores (ibid.) pontuam que

> Os helenistas têm razão de lembrar que, mesmo no Édipo venerável, já se tratava de 'política'. Erram apenas ao concluir disso que a libido, desde então, não tem nada a ver. É exatamente o contrário: o que a libido investe através dos elementos disjuntos de Édipo, **e, medida em que esses elementos não formam nunca uma estrutura mental autônoma expressiva, são esses cortes extra-familiares, subfamiliares, essas formas da produção social em relação com a produção desejante.** A esquizo-análise não esconde, portanto, que é uma psicanálise política e social, uma analise militante: não porque generalize Édipo na cultura, sob condições ridículas que tiveram curso até agora. Mas, ao contrário, porque se propõe mostrar a existência de um investimento libidinal inconsciente da produção social histórica, distinto dos investimentos conscientes que coexistem com ele. [...] A esquizo-análise se propõe a desfazer o inconsciente expressivo edipiano,

sempre artificial, repressivo e reprimido, mediatizado pela família, para atingir o inconsciente produtivo imediato. [...] **Ao menos no começo**, o inconsciente se exprimiria num estado de relações e de constelações familiares onde estariam misturados o real, o imaginário e o simbólico. [grifos do autor].

201. COMPLEXO DOS LATINOS

Ana Paula Sousa, jornalista da Folha de São Paulo, escreveu, na sexta--feira, dia 9 de julho de 2010, na Folha Ilustrada, página E1 – matéria intitulada *Complexos dos Latinos*, a respeito de comentários do cineasta argentino Marcelo Piñero, nos quais afirma que "os latinos ainda têm tendência a encarar as diferenças no cinema como um jogo de futebol entre Brasil e Argentina, em que um perde e outro ganha".

O Complexo dos Latinos caracteriza – a meu ver – as ojerizas, ranços, rancores e invejas entre os povos latinos; faz prevalecer uma vontade imaginária de ser melhor que o outro; tentativa equivocada de fazer sobressair uma cultura superior a outras que possam se destacar no continente; esse complexo se caracteriza, ainda, pela rapidez dos latinos em classificar a cultura do outro e, especialmente, atestar nossa ignorância por não conhecermos as diversificadas culturais do continente, nos enfraquecendo, como vizinhos, nos separando como rivais ou inimigos.

Problemas históricos e políticos também perpassam essa questão, dado que existe, ainda, incapacidade dos países para se aproximarem e estabelecerem parcerias, fazendo intercâmbios e, especialmente, não assumindo que há um divisor de águas, econômico e cultural, o qual impede as aproximações que seriam fundamentais para enxergarmos as diferenças, mas, sobretudo, aprendermos a ressaltar as qualidades de cada povo; valorizando-nos, enquanto vizinhos, pelos elementos que nos aproximam e pelos elementos que nos distanciam.

Testemunhei em minha jornada acadêmica uma crise de ego nacional de uma professora natural de Cabo Verde. Ela tentava preencher a declaração do Imposto de Renda, sem sucesso, porque, todas as vezes que colocava seu país, ele aparecia como uma cidade de Minas Gerais, Brasil. A moça, enfurecida, bradou que o Brasil não era superior, em nada, ao seu país. Nesse aspecto, parece funcionar a Lei de equivalência, a qual qualifica uns, discrimina outros e reduz outros, em sua majestade e potência. Faltam atitudes e ações que possam espelhar a grandeza de cada povo e nação, sem menosprezar ou tentar fazer transparecer uma realidade que não condiz com os fatos

202. COMPLEXO DO NASCIMENTO

G. Durand (1997a, p.238) pontua que esse *Complexo do Nascimento* caracteriza os rituais de inumação, o sepulcro como o lugar da inumação, o qual

> [...] está ligado à constelação ctônico-lunar do *Regime Noturno* da imaginação, enquanto os rituais uranianos e solares recomendam a incineração. Há nas práticas da inumação, e mesmo nas da dupla inumação, uma intenção de conservar ao máximo o despojo carnal, um certo respeito pela carne ou pela relíquia óssea que o catarismo uraniano e o espiritualismo solar não conhecem, contentando-se... com o troféu craniano. A diferença dos ritos funerários implica, como mostrou Piganiol, uma profunda diferença cultural. Os cananeus, por exemplo, praticavam um rito de inumação crônico e foram perseguidos elos israelitas nômades, iconoclastas de feroz monoteísmo uraniano. **Do mesmo modo, a estatuária egípcia ou a estatuária indiana e mexicana têm a ver com o complexo do nascimento e com os ritos da reinvolução fetal,** enquanto a estatuária grega, segundo Rank, persegue um projeto de emancipação e levantamento postural das formas significativo de um esforço cultural de separação da mãe, da materialidade, da aspiração ao repouso. [grifos meus].

Esse complexo caracteriza as culturas que enterram seus mortos, de maneira especial, contando com a preservação dos mesmos, por isso, perpassa um complexo do nascimento, o desejo daqueles que enterram seus mortos, dos quais os corpos inumados possam renascer.

Também está presente – a meu ver – no imaginário de pessoas que, em vez de pedir para serem enterradas, pagam caro, com antecedência, para serem congeladas, na tentativa de preservar o próprio corpo para – quem sabe – voltar a acordar com a ajuda dos avanços científicos, podendo, assim, talvez, nascer novamente ou renascer.

203. COMPLEXO DO NINHO DE ÁGUIA

Para **G. Bachelard** (1994c, p. 86), esse *Complexo do Ninho de Águia* se caracteriza pela construção de moradias humanas, castelos na beirada dos rochedos, que se assemelham aos ninhos de águias, pois

> [...] desse 'ninho de águia' sonhando numa embriaguez de solidão e de altura, não se pode fazer o signo de um complexo? esse **complexo de ninho de águia** deve achar localização nos numerosos complexos associados à morada dos homens. Mas porque polemizo infindavelmente com as imagens, digo docemente aqui a meu gravador: por que construir tão alto, quando a choupana pode ser tão carinhosamente abrigada no canto de um vale? [grifos meus]

A necessidade de habitar em lugares altos, íngremes e difíceis caracteriza o complexo de águia, de pessoas que desejam morar como as águias, em lugares altos, nos picos, cuja visão e inacessibilidade são fundamentais; perpassa, ainda, um desejo de uma moradia diferente, inusitada, que fuja dos padrões convencionais. É possível atestar esse tipo de moradia de palafitas a moradias caras e ilustres; são fundamentalmente resultantes da criatividade de espíritos criativos ou extravagantes.

As choupanas terrestres, como os castelos sem colinas, sem assentamentos nas alturas, perdem para essas pessoas o encanto, como moradia; por isso, se pode compreender a necessidade imaginária de fazer uma moradia diferente e, ao mesmo tempo, com todos os elementos e atributos fundamentais de uma morada humana.

Se essa criatividade em construir em locais tão difíceis e íngremes fosse respaldada economicamente, teríamos, no Brasil, as construções mais incríveis e criativas; mas exatamente por cumprir apenas a lei das necessidades básicas, milhares de construções, – que poderiam chamar a atenção pela força e beleza do proteger-se, como um diferencial, – são construções de habitações condenáveis, dado que entristecem a paisagem e fazem a vida parecer mais difícil e banal, e com isso, embrutecendo e condenando a paisagem.

204. COMPLEXO DO PAI AUSENTE

Para **James Hillman** (1984, p. 25), esse *Complexo do Pai Ausente* "constitui-se num desastre tão amplo quanto no mito da paternidade incerta, que Freud, pretendeu fosse o núcleo da personalidade, colocando no centro de nosso campo".

O complexo de pai ausente, certamente, alcança milhares de filhos e pais na atualidade; pais que se culpam e se ressentem por ter que abandonar os próprios filhos para se dedicar a profissões; filhos que se sentem distantes dos pais pelos mesmos motivos.

A meu ver, esse complexo pode homenagear, especialmente, os pais que abandonam os filhos por não estabelecer vínculos afetivos e de amor com os mesmos; abandonos provocados por relacionamentos mal concretizados; relacionamentos passageiros, superficiais; filhos que são resultado de relacionamentos por excesso de álcool e libido; filhos que são resultado de distração dos pais na ora do acasalamento; relacionamentos que terminam, de maneira violenta, para os casais, deixando impressão negativa do outro; relacionamentos fragilizados por desconfiança, irresponsabilidade; relacionamentos que acabam, mas a relação permanece, frágil, artificial, aparente; pais que não planejaram os filhos, mas depois de tê-los não conseguem assumir a responsabilidade para com eles; pais que não queriam ter filhos, mas se viram obrigados a aceitá-los para não perder o parceiro, mas, mesmo assim, acabam perdendo o parceiro, e não sabem como compensar a falta dele na vida dos filhos.

A fragilidade das relações sociais, humanas e amorosas inevitavelmente enfraquece o relacionamento dos pais com os filhos; na vida moderna, ainda que haja amor e afeto, falta tempo para conviver com eles e valorizar experiências e vivências, deixando transparecer sentimento de abandono que afeta os filhos, mas também os pais.

205. COMPLEXO DO PEQUENO LUCRO

Para **G. Bachelard** (1996b), o *Complexo do Pequeno Lucro* é também denominado de *Complexo de Harpagon* ou ainda, *Complexo de Laffitte*.

Há um histórico cultural desse complexo, diz Bachelard, principalmente, na era clássica, porém, ele também pode se revelar como obstáculo à cultura científica, pois a inflaciona com valores materiais e qualidades. Revela excesso de afetividade e subjetividade. Revela, ainda, o excesso do *querer Ter* e do *querer Ser*.

Mas é na obtenção de conhecimento, no ato mesmo de conhecer, que esse complexo revela a avareza direta e inconsciente, diz o autor (1996b, p. 172):

> A pedra preciosa é pequena e tem muito valor. Concentra a riqueza. Serve, portanto, para concentrar a suave meditação do proprietário. Fornece a clareza da prova do complexo do pequeno lucro. **Em geral, o complexo do pequeno lucro revela-se a partir de objetos insignificantes: é o complexo de Laffitte ao apanhar um alfinete.**[grifos meus].

Bachelard trabalha esse complexo procurando evidenciar dois vieses do inconsciente: em primeiro lugar, revela-se como obstáculo ao conhecimento científico, pela excessiva valorização do objeto enquanto valor material – econômico, o que, subjetivamente, revela a avareza do realista, pois "o homem inconsciente, que sonha com uma pérola na mão e um diamante no dedo, é uma alma mais pesada" (1996c, p. 172).

Em segundo lugar, esse complexo também aparece no viés poético, por exemplo, quando revela o "mito do tesouro escondido" – a pequena pedra que concentra muito valor. Só que o resgate, aqui, aparece em obras literárias e não em construções teóricas, como é o caso do escritor Villiers de l'Isle-Adam, que resgata o sonho materialista do pai, que procurou, durante toda sua vida, encontrar um tesouro que fora de seus antepassados; mas o resgate aconteceu de forma poética, pois Villiers escreveu a obra, *Axel*.

Esse complexo, na ótica bachelardiana, revela a avareza humana, pois o amor pelo ouro acaba justificando o ódio pelo desperdício. Revela também a ambivalência do sentimento de posse (1996c, p. 182).

Em *A terra e os devaneios da vontade*, Bachelard (1991, p. 235) diz que esse complexo revela a paranoia humana pelas riquezas, pois "lembramos que o pai de Villiers de l'Isle-Adam passou a vida procurando tesouros". Esse complexo pode revelar, ainda, um objeto real que se tornou um objeto poético – transita da realidade para o sonho.

Esse complexo caracteriza as pessoas avarentas, aquelas que valorizam em demasia qualquer objeto, pois veem, nele, valor econômico; são os avarentos disfarçados de economistas; são aquelas pessoas que dizem que valorizam tudo, que não gostam de desperdícios, que não aprovam nenhum tipo de excesso, que controlam tudo porque podem precisar no futuro; não guardam os objetos porque eles têm valor estimativo, mas porque esperam que ele possa ter uma valorização econômica, guardam porque almejam qualquer tipo de lucro.

206. COMPLEXO DO PLAYBOY

Para **Raphael Patai** (1972, p. 261), o *Complexo do Playboy* se caracteriza pela fantasia a respeito do sexo e do dinheiro; o sentir-se poderoso em meio a mulheres bonitas, sérias, que oferecem uma imagem de que estão dispostas a manter relações extraconjugais, o que, certamente, mexe com as fantasias dos homens playboys,

> Destarte, no mundo de fantasia criado por **Playboy**[113], todo homem é um James Bond potencial no que diz respeito ao aspecto sexual dessa grande personalidade mítica. O estereotipo de **Playboy**, apresentado como 'meta para alcançar, modelo de comportamento para emular e identidade para assumir', é profundo conhecedor de roupas, elegância, decoração de interiores, automóveis, música (especialmente jazz), comidas, bebidas, festas, viagens, esportes, entretenimentos e mulheres, a cujo respeito adota e pratica os dogmas da completa liberdade sexual. Em tudo isso, o ideal de **Playboy** se parece muito com James Bond.

> (...). Ao que parece, isto é uma coisa que o celibatário norte-americano abonado, requintado e maduro, não pode sustentar, nem mesmo em suas fantasias. Se pudesse, **o complexo dePlayboy**, tão insistentemente atirado ao seu rosto na revista e nos clubes, teria provavelmente escolhido por emblema um animal selvagem e perigoso, qualquer coisa como uma pantera negra, uma onça, uma sussuarana [sic], um tigre, um leopardo. [grifos do autor e grifos meus].

Esse complexo caracteriza os homens galanteadores; aqueles que sonham em conquistar mulheres difíceis e comprometidas, os playboys sonham com o prazer que terão em exibi-las como troféus. A imagem do galanteador da

---

113 O autor se refere à **Revista Masculina Playboy** e ao **homem playboy.**

revista Playboy foi, artificialmente, projetada como uma imagem sedutora, mas distante da realidade, porque se fizesse jus ao que ela sugere, em lugar das coelhinhas facilmente domáveis, ter-se-iam animais "como uma pantera, uma onça, uma suçuarana, um tigre, um leopardo"; o conquistador de mulheres difíceis e inacessíveis a qualquer um fica distante desse ideal quando se projeta também como imagem frágil.

207. COMPLEXO DO PONCHE

G. Bachelard (1994a, p. 123-144; 1989a, p. 101) comenta que esse *Complexo do Ponche* simboliza uma bebida quente. O fogo, o ponche, a chama do álcool, servem de inspiração para Hoffmann, como em *O canto de Antonia* e *Les sources du merveilleux chez Hoffmann*, de Sucher.

Esse complexo caracteriza as pessoas que gostam de bebidas alcoólicas, que preferem se aquecer se embriagando; é o complexo dos alcoólatras, em que o canto, a quentura do fogo remetem à taça de bebida; o ponche pode ser símbolo dos amantes e apreciadores de bebidas, que não precisam de uma ocasião especial para degustar uma bebida.

É cada vez mais alarmante, o número de pessoas que se tornam dependentes do álcool, das diversas opções de consumo, as bebidas são fabricadas para todos os gostos e bolsos, das mais econômicas às mais sofisticadas, o alcoolismo é um vício estimulado culturalmente, e os viciados sequer assumem em algum momento de suas vidas, que são dependentes químicos do álcool.

208. COMPLEXO DO PREJUÍZO

Para **Nadia Julien** (1992, p. 538-39), o *Complexo do Prejuízo* tem uma relação com a rocha do mito de Sísifo, e pode simbolizar a rocha da impiedade, caracterizar os trabalhos intermináveis porque há sempre um recomeçar. Esse complexo caracteriza as pessoas marcadas pelo destino de sempre retomar uma tarefa, de recomeçar,

> [...] as mesmas situações penosas. Suas relações amigáveis ou amorosas também terminam da mesma forma: traição, decepção... Não conseguem realizar aspirações e nem conservar um emprego. Esta situação é atribuída

por Freud à **repetição das mesmas reações nocivas** ligadas aos acontecimentos afetivos vividos no curso da primeira infância, deixando nos personagens **as marcas inconscientes**. As causas exteriores dessa atitude são diversas: falta consciência de si e dos seus limites, subestimar o valor próprio e suas capacidades, ambição desmesurada, **incapacidade de tirar lição de seus erros, e por consequência de seu aperfeiçoamento por faltar-lhe críticas, julgamento, prudência ou reflexão... O complexo do prejuízo é acompanhado geralmente de um sentimento de impulsividade, de franqueza, de insegurança, de humilhação.**[grifos meus].

No sentido amoroso, esse complexo caracteriza os relacionamentos repetitivos, as idas e vindas numa relação amorosa; as caídas em ciladas amorosas; as constantes repetições de erros e experiências; as traições e decepções que são vivenciados em cada relacionamento; simboliza, também, as pessoas que demoram, demasiadamente, para cumprir uma tarefa e, por não terminá-la, reiniciam, sem cessar, a mesma tarefa; é comum testemunhar pessoas que estão sempre fazendo a mesma coisa e que não conseguem fazer algo diferente, justamente, porque acreditam que existem tarefas, funções, cargos e atividades que são intermináveis porque oferecem muitas possibilidades de sempre se renovar.

209. COMPLEXO DO PRENDER

G. Durand (1997a, p. 168) considera que esse *Complexo do Prender* é o arquétipo do aprisionamento do homem no mundo, das situações que deixam o homem prisioneiro.

Esse complexo caracteriza as pessoas que se veem presas do/no mundo, que se sentem prisioneiras em qualquer lugar, em qualquer função ou tarefa; simboliza as ações inconscientes de pessoas que se veem privadas de liberdade porque estão presas em afazeres e tarefas que consomem muito tempo; normalmente, são pessoas com dificuldade em administrar e organizar o próprio tempo, também de organizar o tempo livre a fim de se isentar de situações e afazeres para se divertir e fugir do cotidiano fatigante; são pessoas que, muitas vezes, se sentem prisioneiras porque subestimam a capacidade de outras pessoas para substituí-las em tarefas e funções que exigem responsabilidade, determinação e competência.

210. COMPLEXO DO PROFESSOR

Theodor W. Adorno (In Zuin et al, 2008, p. 167) comenta a respeito do *Complexo da Força Física*, relacionado-o com o *Complexo do Professor*, observando que "se eu tivesse que fazer pesquisas empíricas sobre o **complexo do professor** este fato me interessaria mais do que todos os demais. Na imagem do professor se reproduz, mesmo que abrandada, um pouco da imagem do carrasco, tão afetivamente pesada" [grifos meus]

> Que esse imaginário reforça a crença de que o professor não é um senhor, mas um fraco que castiga ou um monge sem cargo, fica bem evidente no plano erótico; por outro lado, na apaixonada adolescência desempenha um papel libidinoso substancial. No entanto, na maioria dos casos apenas como objeto inatingível; basta apenas que se observe nele leves manifestações de simpatia para difamá-lo como objeto. Essa inacessibilidade conjuga-se à representação de um ser excluído da esfera erótica. **Do ponto de vista psicanalítico essa imagerie redunda em castração do professor.** Um professor que, por acaso, como aconteceu em minha infância com um que era muito humano, se vista com elegância, porque tem posses ou porque assim assume agir por pose acadêmica, cai, na mesma hora, no ridículo. **É difícil distinguir se tais tabus específicos na realidade são apenas de natureza psicológica ou se, além disso, a práxis, a ideia do professor de vida imaculada, modelo para os imaturos, o obriga, na verdade, a uma ascese do erotismo muito mais rigorosa do que a exigida em outras profissões,** como, digamos para citar uma, a de representante. (ADORNO, IN ZUIN ET AL, 2008, p.167).[grifos meus].

Esse complexo está relacionado com a profissão de professor, e se caracteriza por falsificar a imagem do educador como aquele que tem uma imagem neutra, sem cair numa esfera erótica, nem ser alvo de modismo, de comportamento inadequado; o professor, nesse caso, está nimbado por uma falsa aura de quem está acima das questões humanas mais pujantes, das banalidades cotidianas que alcançam qualquer sujeito; veste-se de uma falsa aura de humanismo e distanciamento das coisas materiais, devendo se trajar com simplicidade e não exibir condição econômica e nenhum tipo de vício.

A meu ver, pode-se homenagear, como representante desse complexo, Immanuel Kant, por simbolizar o modelo ideal de professor que, possivelmente, perpassa o imaginário das pessoas, com uma imagem forte e potente de retidão moral, ética, inteligência, bondade, generosidade, simplicidade e desprendimento das coisas materiais.

211. COMPLEXO DO RETORNO À MÃE

Para **G. Durand** (1997a, p. 231 e 236), o *Complexo do Retorno à Mãe* "vem inverter e sobredeterminar a valorização da própria morte e do sepulcro" (p. 236).

Esse complexo marca o símbolo da morte e o sepulcro como o retorno à mãe-terra, à casa espiritual, a última viagem ou a morada eterna.

Também, pode caracterizar as pessoas que admitem a morte como um retorno ao lugar de origem, a casa Celestial, ao seio da mãe-terra, ao sepulcro como o lugar da paz perpétua.

A meu ver, pode-se homenagear, com esse complexo, os espíritas para quem a morte não existe; para quem a morte é o retorno à casa materna, casa do espírito, morada verdadeira, reencontro com a verdade Divina, a consciência de sua essência e condição espiritual; a volta para os verdadeiros entes familiares, o reencontro com os amigos espirituais; a retomada de tarefas interrompidas, a preparação para um novo renascimento no seio da família em que há comprometimento espiritual.

212. COMPLEXO DO SUPERJONAS

Para **G. Durand** (1997a, p. 207), o *Complexo do Superjonas,* ou complexo de Jonas ao cubo, simboliza o redobramento da negação, do engolidor engolido. Nesse complexo, o animal não engole apenas outros animais menores, mas também, instrumentos, como é o caso de Jonas, no barco, ambos são engolidos, inteiros pela baleia,

> Como revela a lendária fauna estomacal onde se agitam sapos, lagartos, peixes, serpentes e rãs, fauna que Bachelard enumera em Colin de Plancy e em Cardan e Raspail. Num grau mais avançado, é o engolidor que é explicitamente engolido. André Bay detecta a formação espontânea deste mito na criança: o leão engole o pastor, cai ao mar, é apanhado na rede, uma

> baleia, por fim, traga o barco e o carregamento. Bachelard, num dos melhores capítulos do seu livro, entretém-se a procurar esse "complexo do super-jonas", de "Jonas ao cubo" em **Lês mémoires** de A. Dumas, em Barbarin, Louis Pergot e V. Hugo. [grifos do autor].

Esse complexo caracteriza as pessoas que sonham com a possibilidade de serem tragadas em situações difíceis para não ter que enfrentar as consequências físicas, sonham em permanecer intactas, mesmo em situação de perecimento, de fatalidade.

A meu ver, simboliza aquelas pessoas que têm dificuldade com a mastigação, que sofrem para se alimentar de animais, plantas; aquelas pessoas que, também, têm dificuldades em entender o mundo e o comportamento do animal, cuja sobrevivência, muitas vezes, depende da capacidade daquele que vai devorá-lo, sendo impossível permanecer, como Jonas, na barriga da baleia, ou como a Chapeuzinho Vermelho e a vovó que, depois, são resgatadas intactas da barriga do lobo, do super-lobo; no reino animal, a degustação e os elementos que levam à digestão estão acima do bem e do mal, são realidades e potências que garantem a vida. Essas pessoas têm dificuldade em aceitar a mastigação e o devoramento, como características das necessidades primárias e primordiais, para a manutenção da vida animal.

213. COMPLEXO DO VISCOSO

Para **G. Bachelard** (1991, p. 90-106), o *Complexo do Viscoso* é caracterizado pela atração e repulsa à matéria suja, grudenta, viscosa. O autor considerado para o exame desse complexo é Jean-Paul Sartre, em *La nausée* e *L'être et le néant*. Segundo Bachelard, o tema do viscoso, em Sartre, é trabalhado de forma positiva, visto que há uma valorização da matéria viscosa.

Esse complexo caracteriza os artistas e artesãos que trabalham com matérias grudentas, como o barro, colas, resinas e outros. Caracteriza as pessoas que se sentem felizes em contato com esses elementos e, dessa experiência, constroem obras de arte e utensílios para embelezamento e suprimento de necessidades; são pessoas que sentem atração pelo viscoso e não ojeriza pelo elemento em questão.

Sartre é o homenageado de Gaston Bachelard, mas podemos estender essa homenagem também aos artistas e artesãos que trabalham com matérias grudentas; também se pode pensar, aqui, nas crianças e adolescentes que se comprazem em se lambuzarem na própria comida, no barro, nas massinhas, nas colas coloridas, na massa de celulose para criar ou divertir-se.

214. COMPLEXO DUCASSIANO

Para **G. Bachelard** (1989a, p. 69), o *Complexo Ducassiano* caracteriza a capacidade do escritor em dominar os verbos, em retrair-se e mudar de direção, no caso de Lautrémaont, Ducasse consegue retrair-se da própria agressividade, tornar praticamente nula sua produção animal.

Esse complexo caracteriza os escritores que têm excelente erudição, que são ecléticos e sagazes para lidar com determinadas situações sem tomar partido e, ao mesmo tempo, sem isentar-se de sua opinião; simboliza - a meu ver – os escritores que assumem a ambiguidade dos fenômenos da vida animal e humana.

Ducasse é o exemplo maior por simbolizar aquele que descreve, com perfeição, as cruezas da vida animal e a capacidade felina e cruel do homem em ferir sem motivo, apenas por maldade e prazer, com gestos gratuitos e bestiais; a bestialidade animal aparece nas ações e agressões humanas desprovidas de motivação.

215. COMPLEXO ESPETACULAR

De acordo com **G. Bachelard** (1991, p. 301), esse *Complexo Espetacular* revela a contemplação da imensidão da terra, capaz de despertar no contemplador atitudes de Mago. Bachelard justifica essa atitude em Victor Hugo, e diz:

> [...] o poeta, porém, apenas obedece a uma lei de ampliação mútua das forças íntimas e das forças naturais. Reage a uma espécie de **complexo de Atlas do ilimitado**. E Charles Baudouin compreendeu justamente o caráter *normal* **do complexo** espetacular num grande contemplador. Não hesitou em salientar o que há de **pequenez psicológica** numa fácil acusação de

presunção. Essa *presunção* é normal e bela diante do espetáculo **imponente** e esplendido. [grifos do autor e grifos meus].

O autor considerado nesse exame é Victor Hugo, nas obras *Les alpes et les Pyrénées* e *L'homme qui rit*. A máquina fotográfica registra bem esse complexo espetacular porque, segundo Bachelard, procuramos juntar a imagem do que queremos ver com a nossa própria imagem (como queremos ser vistos).

A meu ver, como a máquina fotográfica foi citada por Bachelard como o instrumento de registro de imagens, esse complexo pode caracterizar os fotógrafos que sobem em picos e lugares altos a fim de registrar, do alto, a imagem do lugar ou da coisa que se quer mostrar; são eles que arriscam a vida em meio à multidão e nos cumes de edifícios a fim de registrar um acontecimento social, cultural político, como uma imagem de criminoso, uma imagem de guerra social ou guerra mundial.

Certamente, a homenagem é para os bravos fotógrafos que escalam montanhas e obstáculos a fim de registrar uma bela imagem, a sua imagem favorita de algo que lhes parece ser coerente com a situação em questão.

216. COMPLEXO ESPETACULAR COM INTERDIÇÃO DO OLHAR

Para **G. Durand** (1997a, p. 369), esse *Complexo Espetacular com Interdição do Olhar* se caracteriza pelos tabus e interditos para enfraquecer o cônjuge devorador. Na primeira forma, o esposo sobrenatural deseja devorar o seu cônjuge – pode-se descobrir a façanha, assim como, fugir para não ser devorado; na segunda forma, o cônjuge sobrenatural não se expõe e, uma vez descobertas suas intenções, ele foge; na terceira forma, o desenrolar é "em torno do **complexo espetacular com interdição do olhar**, interdição de pronunciar o nome, interdição de maltratar etc., são eufemismos do vigilante auxiliar do monstro, tais o falo e o sino mágico que vigiam a esposa no conto haitiniano *Domangage*". [grifo do autor, grifos meus].

Esse complexo - a meu ver - caracteriza todas as pessoas que convivem com um cônjuge violento, agressivo – devorador de sonhos, de alegrias, de esperança, de sorrisos; muitas mulheres e também muitos homens convivem com parceiros violentos, agressivos, desequilibrados, autoritários, por isso, fazem de tudo para não provocá-los, não contrariá-los; muitos se calam, não porque consentem, mas porque temem as consequências de uma discussão, temem perder a vida ou perder pessoas que estão no meio da relação, por isso, passam a não discutir, não reclamar; nesse tipo de relacionamento, medo e pavor colocam, sob a cauda do monstro, as possibilidades de manifestação e libertação; o símbolo daquele que vence esta situação é a liberdade conquistada pelo cônjuge capaz de dizer não para esse tipo de relacionamento sem perder a vida – vencer o monstro para libertar-se da opressão e dar dor.

Na atualidade, no Brasil, tornou-se assombroso o número de assassinatos, por gênero, por doenças mentais, por vícios em drogas lícitas e ilícitas e outros tipos de dependência. O Brasil é um país violento no quesito relacionamento, está sempre na lista dos rankings, quando se trata de assassinato de mulheres, de crianças, de idosos e maus-tratos destes e dos que têm uma orientação diferenciada, da forma convencional e legitimada como a única,, a heterossexualidade, que ganha adesão com um número considerável de religiosos. Também, o Brasil entra nos rankings quando se trata de pedofilia, de escravização de pessoas, de exploração moral e sexual. Milhares de vítimas se calam, por conviver cotidianamente com a pessoa, que lhe causa dores e sofrimentos. Chama a atenção também, os assassinatos de crianças pelos pais, impedindo, a vítima de se manifestar e muitas vezes, quando se manifesta, não pode contar com o aval da escola, dos familiares e amigos, desacreditada, a criança que sofre, se cala e muitas vezes, morre.

217. COMPLEXO FAMILIAR

J. Hillman (1984, p. 59) pontua que esse *Complexo Familiar* simboliza e se refere aos problemas familiares tratados como se fossem trastes velhos, dos quais, todos querem esquecer ou descartar, porque,

> Para alarme dos moralistas e sociólogos, o modelo familiar do século XIX está se desintegrando. Quando este problema familiar é concebido somente através do mito de Édipo, ele não só se torna antiquado, mas o próprio **complexo familiar** se torna insolúvel e a vida familiar insuportável, necessitando o mito do herói cuja jornada em direção à consciência o conduz para longe de casa. Mas não podemos retornar para casa, nem mesmo como pródigos arrependidos. Nem podemos, nós modernos, com nossa

consciência caracterizada por desenraizamento, exílio e por uma tendência 'antifamiliar' tentar restaurar um modelo de família do século passado, repetindo-o em nossas vidas. A reconstrução familiar não pode ser baseada nem na metáfora anterior de pais e filhos, nem na nova, a da família democraticamente 'funcional'. **Para recriar a família em nossa geração, Eros e psique devem ter a possibilidade de se encontrar no lar; isto favoreceria o fazer alma e daria uma perspectiva completamente diferente às relações familiares.** Essa perspectiva não se apoia nas relações hierárquicas de pais e filhos e nas questões da primeira infância, autoridade e rebelião, mas visa a relação de almas, como entre irmão e irmã. Mãe-filho (Édipo) e pai-filha (Electra) expõem apenas metade da dupla união; onde o interesse pela alma for soberano, a relação tenderá a assumir a natureza do par irmão-irmã. Compare a **sóror** em alquimia e as denominações de 'irmã e irmã' nas sociedades religiosas. Compare também as inter-relações simbólicas no **I Ching**, onde seis dos oito hexagramas são 'filhos' e 'filhas', os quais, um em relação ao outro, são irmãos e irmãs. A libido de parentesco que, como mostrou Jung, está por trás do fenômeno do incesto, no modelo irmão-irmã fluiria em reciprocidade para fazer alma mais do que regrediria em direção aos pais. [grifos meus, grifos do autor].

Esse complexo caracteriza as relações familiares na atualidade, na qual os filhos saem de casa porque, a certa altura da vida, preferem viver sozinhos, em nome de uma liberdade individual e também porque se sentem sufocados com a relação familiar. Também não se relacionam com os pais como no modelo do século XIX de família, que está se desintegrando; relacionam-se como irmãos, posto que, ao tomarem consciência de sua própria jornada, tendem a assumir seu destino sem interferência de ninguém ou pedido de socorro à família.

Deve-se considerar que, na atual situação econômica, os jovens não conseguem, com muita facilidade, se desprender, se soltar do seio da família, ainda que eles tenham consciência de que precisam fazer sua jornada individual, uma vez que, quase sempre, as condições de trabalho que lhes são oferecidas pela sociedade impedem ou dificultam muito a realização dessa jornada; a dependência que têm os iniciantes continua, ainda que de forma involuntária.

Parece, a meu ver, muito saudável que os jovens lutem por sua liberdade de viver por conta própria e longe da família, considerando que, atualmente, as famílias estão cada vez menores; o número de filhos tem sido cada vez mais reduzido, os filhos únicos são uma realidade, o que dificulta no futuro manter uma relação próxima com os familiares, já que eles inexistem, mas apenas os parentes próximos. As novas gerações precisam aprender a conviver e viver com esta realidade, com a falta de familiares na sua convivência diária, também, a opção por não ter filhos é cada vez mais notável entre os jovens.

218. COMPLEXOS FAMILIARES

Gaston Bachelard, na obra A Poética do espaço (1974b, p. 430) se refere aos complexos familiares, mas não desenvolve nenhuma explicação sobre o mesmo.

O autor é **Jacques-Marie Émile Lacan** (2008), psicanalista francês, a obra Os *Complexos Familiares* na formação do indivíduo: ensaio de análise de uma função em psicologia.

A respeito dos complexos familiares, Lacan (2008, p. 18) comenta que "complexos, imagos, sentimentos e crenças vão ser estudados em sua relação com a família e em função do desenvolvimento psíquico que organizam, desde a criança educada na família até o adulto que a reproduz".

Os complexos familiares, em Lacan, abrangem o complexo do desmame, o complexo da intrusão, o complexo de Édipo e as considerações a respeito dos complexos familiares em patologia, destacando as neuroses e psicoses.

Esse complexo caracteriza os momentos de afastamento na relação afetiva dos filhos com os pais, especialmente da mãe com o filho, no processo de desmame; se a criança tiver um irmão mais velho, este tende a interferir nessa relação.

219. COMPLEXO FRATERNO

Jacques Lacan (2008, p. 37), citado anteriormente, se refere ao *Complexo Fraterno*, no sentido positivo, quando o psiquismo trabalha com os elementos essenciais ao equilíbrio, "o simbolismo primordial do objeto favorece tanto sua extensão fora dos limites dos instintos vitais quanto sua percepção como instrumento. Sua socialização pela simpatia ciumenta funda sua permanência e sua substancialidade". No entanto, na identificação com o grupo familiar, as discordâncias são mais recorrentes, visto que

As conexões da paranoia com o complexo fraterno se manifestam pela frequência dos temas de filiação, de usurpação, de espoliação, como sua estrutura narcísica se revela nos temas mais paranoicos da intrusão, da influência, do desdobramento, do duplo e de todas as transmutações delirantes do corpo. Tais conexões se explicam pelo fato de que o grupo familiar, reduzido à mãe e à fátria, desenha um complexo psíquico no qual a realidade tende a permanecer imaginária ou, no máximo, abstraída. A clínica mostra que, efetivamente, o grupo assim tornado incompleto é muito favorável à eclosão das psicoses e que aí se encontra a maioria dos casos de delírio a dois. (LACAN, 2008, p. 39).

Também o complexo fraterno foi estudado por René Kaës (2010), psicanalista francês, que analisa três níveis para o mesmo:

Em primeiro lugar no aspecto intrapsíquico, a partir da análise clínica de duas curas; depois em aspectos intersubjetivos dos laços entre irmãos, em suas relações de amor e de ódio; e por fim no convívio do indivíduo com os diversos grupos. A profundidade do tema é debatida com elementos interessantes, por exemplo, os mitos de Édipo a Narciso, os relatos de livros sagrados, a mitologia e as referências à literatura e ao cinema, que dão uma dinâmica atraente à leitura e análise da obra.

René Kaës (2010), na obra o *Complexo Fraterno*, de acordo com a resenha do livro da Editora Ideias e Letras, "analisa três níveis do complexo fraterno. Em primeiro lugar no aspecto intrapsíquico, a partir da análise clínica de duas curas; depois em aspectos intersubjetivos dos laços entre irmãos, em suas relações de amor e de ódio; e por fim no convívio do indivíduo com os diversos grupos".

O autor (2010, p. 141-142) considera que

O complexo fraterno dá conta de uma formação inconsciente e as relações fraternas descrevem uma estrutura de vínculos consangüíneos horizontais, entre pares. Esses vínculos situam-se, necessariamente em relação às gerações que os organizam, em relações verticais, aos pais e aos avós, principalmente. (...) O complexo fraterno, então, define uma organização fundamental dos desejos amorosos, narcísicos e objetais, do ódio e da agressividade com relação a esse outro que um sujeito reconhece como irmão. Esse complexo inscreve-se, também, na estrutura das relações inter-subjetivas organizadoras pela representação inconsciente das localizações correlativas ocupadas pelo sujeito, o irmão e a irmã em relação ao objeto do desejo da mãe e/ou do pai. Ele qualifica, para todo sujeito, a criança única ou membro de uma fratria, uma experiência fundamental da psique humana.

220. COMPLEXO HESITAÇÃO-CRIAÇÃO

Gaston Bachelard (1994c, p. 125-26) é o autor do *Complexo de Hesitação-Criação*, e considera que, se uma vez mais, analisado o complexo de Empédocles, mediante as considerações do poeta Hölderlin, é possível perceber o quanto se pode criar sob a inspiração e esforços criativos, dado que

> Pode-se pensar que Hölderlin, na tensão da criação, sonhou muitas vezes com o destino de Empédocles. **O complexo hesitação-criação, estudado ao nível da criação literária, colocaria muitos problemas para uma psicologia das nuances.** Os psicólogos estudam a hesitação antes de agir. Mas eles não consideram a hesitação antes de escrever. É muito fácil, para descartar o problema, dizer que é uma maneira de agir. Quem escreve arrisca – quem arrisca recria. [grifos meu]

G. Bachelard compara o tipo de hesitação em Hölderlin e em Arnold, o escritor francês que também escreveu sobre Empédocles, só que suas críticas à sua própria obra revelam sua hesitação em ter escrito, enquanto que em Hölderlin, suas hesitações o impossibilitaram de escrever mais sobre o filósofo pré-socrático.

Esse complexo caracteriza os escritores que hesitam na hora de escrever e aqueles que hesitaram depois de terem escrito; é o complexo dos indecisos e inseguros perante o que devem fazer e as ações ou atitudes que já tomaram.

221. COMPLEXO INFERNAL

De acordo com **Gaston Bachelard** (1991, p. 312), esse *Complexo Infernal*, se refere à descida ao nosso próprio inferno interior, à busca de superação das paixões íntimas.

Na literatura, Bachelard nomeia dois representantes: Strindberg e Verharem, que, nos poemas, descrevem lamas e pântanos como expressões dos infernos íntimos. Há também outro representante para o exame desse complexo, Robert Desoille, pelas constantes referências, em suas sessões de desbloqueio do inconsciente, à descida aos pântanos e ao inferno de nós mesmos.

Na literatura psicanalítica e psiquiátrica, é recorrente o número de pessoas que descrevem o inferno interior, muitos contam os absurdos vivenciados, as dores e sofrimentos vividos, sem que possam identificar um causador, uma causa específica.

Os transtornos interiores causam sofrimentos e sobrecarregam a mente humana, que acaba adoecendo sem poder compreender ou se justificar diante do inferno que criou para si mesmo.

Uma alternativa pode ser, cortar vínculos ou eliminar os dramas interiores, contudo, não é uma tarefa fácil, e talvez, não consiga fazer sem uma ajuda de outra pessoa ou grupo, mas, muitos ignoram os tratamentos psíquicos que poderiam lhe ajudar a sair do inferno interior, ou buscar alternativas que possam fortalecer a sua vida interior, como cortar relacionamentos tóxicos, buscar se expressar através de algum tipo de arte, participar de grupos de cura, dança, canto, enfim, encontrar formas de se equilibrar para viver mais e melhor.

222. COMPLEXO LACUNAR

G. Bachelard (1994b, p. 75) comenta que esse *Complexo Lacunar* aparece como tentativa de descrever o tempo psíquico. O autor, em questão, é Dupréel, em *Théorie de la consolidation*. As ideias, as críticas de Dupréel reforçam, segundo Bachelard, as teorias sobre a explicação do inferior pelo superior – que, na questão do tempo, é tempo vivido e tempo pensado:

> [...] tempo vivido em estado nascente, ou seja, que o pensamento é sempre, em alguns aspectos, a tentativa ou o esboço de uma vida nova, na tentativa

de viver de outro modo, de viver mais ou até mesmo, como queria Simmel, uma vontade de ultrapassar a vida. Pensar o tempo é enquadrar, localizar a vida, não é tirar da vida uma aparência particular, que se captaria de modo tanto mais claro quanto mais se tiver vivido. É quase fatalmente propor que se viva de outro modo, que se retifique antes de tudo a vida e em seguida que se a enriqueça. Nesse momento a crítica é conhecimento, a crítica é realidade. Esses dois momentos da meditação temporal irão aparecer distintamente ao seguirmos a filosofia temporal, simultaneamente tão simples e profunda de Dupréel (1994b, p. 76)

223. COMPLEXO MÁGICO

Para **Edgar Morin** (cf Pena-Vega et al, 2008, p. 91-95), o *Complexo Mágico* se caracteriza por três estados imaginários: o primeiro estado é a magia – nesse estado, aquilo que não é humano torna-se antropomórfico e aquilo que é humano torna-se cosmológico; o segundo estado tem a ver com o mito do duplo. O primeiro e o segundo simbolizam uma visão mágica de mundo e o terceiro estado tem a ver com fixações, fetichismos; simboliza os sistemas mágicos, parcialmente.

224. COMPLEXO MATERNO

Na obra de **Carl-Gustav Jung**, *Os arquétipos e o inconsciente coletivo* (2014), o *Complexo Materno* tem a ver com as projeções do pai para o filho, que no sentido do inconsciente, pode traduzir amor ou ódio, como os sentimentos passionais, que somente interessam para o consciente, ou seja, para o ego da pessoa, porque:

> Um pai positivo ou **complexo materno** pode ser tão prejudicial quanto um negativo. Isso amarra a pessoa. O inconsciente pouco se importa com amor ou ódio. Você fica amarrado por um ou por outro. Se é amor ou ódio só importa para o consciente, para o ego. O ódio pode ser uma força tão passional como o amor. (...) É como se eu estivesse atribuindo certas qualidades minhas a outra pessoa, como se pertencessem a outra pessoa e não a mim. Por que fazemos isso? Existe algum ganho? - Alguma perda?

Sra. Sigg: Quando boas qualidades são projetadas, elas não têm que ser vividas. Dr. Jung: Sim, então você tem a vantagem de ser capaz de viver a vida provisória. (...) Então, se você pode projetar suas qualidades no pai, você se liberta da responsabilidade delas, e você pode levar uma vida provisória. Você pode viver despreocupado, porque você deu para o pai todas as qualidades pelas quais você era responsável. (...) Projeção é uma força formidável. Você é movido por ela e você não sabe por quê. O impacto das projeções chega a você como uma bola de bilhar. Por meio da projeção, coisas terríveis podem ser trazidas à tona. (JUNG, 2014, p.169 [grifos do autor])

225. COMPLEXO MATERNO DE EROS

Para **James Hillman** (1984, p. 63), o *Complexo Materno de Eros* está relacionado com a infantilidade da psique, e é representado, de acordo com Hillman

> [...] pelas figuras maternas nas variações dos mitos de Eros. Na versão do Apuleio, Afrodite sente ciúmes de Psique e tenta mantê-la afastada de Eros. Pois, entregar Eros a Psique significa o fim 'daquele encantador e malicioso rapaz' que percorre o mundo como o alegre mensageiro de sua mãe. A mãe de Eros no mito do Banquete é Penia, ou 'carência'. Quando negativa está carência e é a voraz e egoísta demanda de amor, como saciada, sempre 'vazia'. Ser positiva, essa mesma necessidade é a patente força motivante presente em todo o desenvolvimento psicológico, o impulso faustiano. Jung escreveu sem 'necessidade', nada se move, a personalidade humana menos do que qualquer coisa. Ela é tremendamente conservadora, para não dizer entorpecida. Somente a necessidade aguda é capaz de despertá-la. A personalidade em desenvolvimento não obedece a nenhum capricho, a nenhum discernimento, apenas apura necessidades, à força motivadora da fatalidade interna ou externa'.

Infantilismo protetor, simplicidade da criança, infantilidade de amor, são elementos que estão presentes no complexo materno de Eros, considerando que:

[...] a simplicidade da criança tem dois lados: prazer e alegria e a ferida que não é consciente de sua própria dor. A aproximação através de erros nos permite retornar à mesma inocência que cura ao fazer a criança despertar para si mesma, mas agora com distância retrospectiva. Como cuidar da infantilidade da psique (aquela resistência natural à auto-reflexão) e como enfrentar as influências do eros infantil (os únicos desejos naturais que permanecem dominados pelo complexo materno. (HILLMAN, 1984, p.63).

226. COMPLEXO NUCLEAR

Para **G. Deleuze** e **F. Guattari** (1976, p. 71; p. 80) o *Complexo Nuclear* se caracteriza pelas tendências que ultrapassam a relação meramente edipiana, no triângulo familiar; é quando a psicanálise atribui a Édipo certas características que saem do

[...] triângulo papai-mamãe-ego, a constelação familiar em pessoa... não ignora a existência de relações ditas pré-edipianas na criança, exoedipianas no psicótico, para-edipiana em outros povos. A função de Édipo como dogma, ou 'complexo nuclear', é inseparável de um forçamento pelo qual o teórico psicanalista se eleva à concepção de um Édipo generalizado.

227. COMPLEXO OPPOSITORUM

Junito de S. Brandão (1995, vol. I, p. 189, 217, 235; vol. II p. 200-02; vol. III, p. 41, 323), considera que o *Complexo Oppositorum*: "Deus é amor". Qualquer que seja o alcance dessa frase, revela nossa dependência de Eros (amor) como vítimas ou instrumentos do "amor" cosmogônico. Relação de dependência e fundamento. O amor é o desconhecido do desconhecido.

C. G. Jung (cf Hillman, 1984, p. 100) pontua:

Eu poderia como muito antes de mim tentaram fazer, tentar abordar este *daimon* cujo círculo de atividade se estende dos espaços infinitos dos céus aos negros abismos do inferno; mas hesito diante da tarefa de procurar palavras capazes de expressar adequadamente os incalculáveis paradoxos do amor. Eros é um **kosmogonos**, um criador, pai e mãe de toda consciência mais elevada (...); poderia, muito bem, ser a primeira condição de toda cognição e a quintessência da própria divindade. Qualquer que seja a interpretação erudita da frase 'Deus é amor', as palavras afirmam a Divindade como **complexo oppositorum**. Em minha experiência médica assim como em minha vida, tenho me deparado constantemente com o mistério do amor, e nunca fui capaz de explicar o que é. (...) Pois nós somos, no sentido mais profundo, as vítimas e instrumentos do 'amor' cosmogônico. (...) O homem está à sua mercê. Pode concordar ou revoltar-se; mas é sempre capturado por ele e permanece seu prisioneiro. Depende dele e tem nele seu fundamento. O amor é a luz e sua escuridão cujo fim não pode ver. 'O amor não cessa' (...) O homem pode tentar dar um nome ao amor, atribuindo-lhe todos os nomes de que dispõe, mas será sempre vítima de ilusões sem fim. Se dispuser de um grão de sabedoria, deporá as almas e chamará o desconhecido pelo ainda mais desconhecido, **ignotum per ignotius** – isto é, com o nome de Deus. [grifos do autor].

228. COMPLEXO OPPOSITORUM DOS HERÓIS

O autor é **Junito de S. Brandão** (1995, vol. III, p. 53-7 e 66-71) do *Complexo Oppositorum dos Heróis, que* comenta a respeito dos heróis com deformidades na mitologia, tal como as monstruosidades do androginismo: "gigantismo, nanismo e teriomorfismo..."; a policefalia, a acefalia, a gibosidade, gagueira, coxeadura e cegueira; polifagia (apetite insaciável). O herói nomeado para esse complexo é Heracles, que, além de comilão, tem apetite sexual voraz, sendo capaz de fecundar, numa só noite, cinquenta mulheres. A potência hercúlea prodigiosa foi considerada fantástica pelos "conciliadores".

229. COMPLEXO PARENTAL

G. Deleuze e **F. Guattari** (1976, p. 69) são autores do Complexo Parental, que eles atribuem a Michel Foucault, na leitura que este autor fez da loucura no cerne das famílias do século XIX, ou seja,

> Michel Foucault pôde notar até que ponto a relação da loucura com a família era fundada em um desenvolvimento que afetou o conjunto da sociedade burguesa no século XIX, e que confiou à família funções através

das quais eram avaliadas a responsabilidade de seus membros e sua culpabilidade eventual. Ora, na medida em que a psicanálise envolve a loucura em um 'complexo parental', e encontra a confissão de culpabilidade nas figuras de autopunição que resultam do Édipo, ela não inova, **mas completa o que tinha começado a psiquiatria do século XIX**: fazer subir um discurso familiar e moralizado da patologia mental, ligar a loucura 'à dialética meio-real, meio-imaginária da Família', decifrar nela 'o atentado incessante contra o pai', 'a surda batida dos instintos contra a solidez da instituição familiar e contra seus símbolos mais arcaicos'. Então, em lugar de participar em uma empresa de liberação efetiva, a psicanálise toma parte na obra de repressão burguesa mais geral, a que constitui em manter a humanidade europeia sob o jugo de papai-mamãe, e em **não terminar com esse problema**. [grifos do autor].

Para os autores (1976, p. 123), no século XIX, a loucura pode ser simbolizada pelo complexo parental, por isso,

Foucault tinha toda razão, portanto, quando dizia que a psicanálise, de certa maneira, completava e cumpria aquilo a que se propusera a psiquiatria asilar do século XIX, com Pinel e Tuke: soldar a loucura a um complexo parental, ligá-la 'à dialética meio-real, meio-imaginária da família' (constituir um microcosmo onde se simbolizam 'as grandes estruturas maciças da sociedade burguesa e de seus valores, Família-Filhos, Falta-Castigo, Loucura-Desordem), fazer com que a desalienação passe pelo mesmo caminho que a alienação, Édipo com duas extremidades, fundar assim a autoridade moral do médico com Pai e Juiz, Família e Lei – e desembocar finalmente no paradoxo seguinte: 'Enquanto o doente mental está inteiramente alienado na pessoa real de seu médico, o médico dissipa a realidade da doença mental no conceito de loucura'. Páginas luminosas. Acrescentamos que, **envolvendo** a doença num complexo familiar interior ao paciente, e, depois, o próprio complexo familiar na transferência ou na relação paciente-médico, a psicanálise freudiana fazia da família um certo uso intensivo... É assim que o estudo das famílias de esquizofrênicos relançou Édipo, fazendo-o reinar na ordem extensiva de uma família desdobrada, onde não somente cada um combinava mais ou menos bem seu triangulo com o dos outros, mas onde o conjunto da família estendida oscilava entre os dois polos de uma triangulação 'sadia', estruturante e diferentemente, e das formas de triângulos pervertidos, operando suas funções no indiferenciado.

230. COMPLEXO PATERNO

Os autores, **Laplanche** e **Pontalis** (1970, p. 123), se referem ao *Complexo Paterno* como sendo uma "expressão usada por Freud para designar uma das principais dimensões do complexo de Édipo: a relação ambivalente com o pai".

Quando existe uma relação ambivalente entre pai e filho ou pai e filha, numa relação que não é conflituosa, mas geradora de sentimentos positivo de ambos os lados, a presença paterna é um elemento fundamental, um agente primordial para o equilíbrio psíquico. Por isso, quando a figura paterna está ausente, pode gerar uma busca por ela e isso pode gerar inúmeros conflitos, como revolta, sentimento de abandono, de rejeição, mas quando há presença da figura paterna de modo positivo, a relação acontece de maneira harmoniosa, amorosa e pacífica, fortalece o inconsciente do filho ou da filha, como uma presença que é fonte de amor e equilíbrio.

231. COMPLEXO PEDAGÓGICO

O autor é **Theodor W. Adorno** (1995, p. 172) nesse *Complexo Pedagógico*, no qual discute a respeito do conceito de emancipação, o sair da minoridade para uma maioridade, como atingir a emancipação, conceito amplamente discutido por Kant e retomado por ele, Adorno, que pontua:

> Contudo, o que é peculiar no problema da emancipação, na medida em que esteja efetivamente centrado no **complexo pedagógico**, é que mesmo na literatura pedagógica não se encontre esta tomada de posição decisiva pela educação para a emancipação, como seria de se pressupor – o que constitui algo verdadeiramente assustador e muito nítido (grifos meu].

A emancipação é um elemento difícil de ser atingido, exatamente porque depende de uma educação que possa emancipar as pessoas, e se não educamos para uma emancipação, certamente, não educamos pautados numa democracia. Adorno (1995, p. 174) lembra que, autores como Karl Marx e Immanuel

Kant também se envolveram nesse estudo da emancipação, que é para ele, um problema mundial, que não deve ser ignorado, nem abandonado pelas escolas e sociedade.

232. COMPLEXO PESCADOR-PEIXE

Para **G. Durand** (1997a, p. 216), o *Complexo Pescador-Peixe* está relacionado com o simbolismo do peixe, que faz sobressair o caráter "involutivo e intimista do engolimento"; esse simbolismo tem a ver com instintos primordiais, pois

> O peixe é quase sempre significativo de uma reabilitação dos instintos primordiais. É essa reabilitação que indica as figuras onde uma metade de peixe vem completar a metade de um outro animal ou de um ser humano. A deusa lua, em numerosas mitologias, tem muitas vezes uma cauda de peixe. Na lenda sagrada de Ísis, o complexo pescador-peixe desempenha um papel importante: é a criança que, assistindo à união de Ísis e do cadáver de Osíris, cai desmaiada e morre ela própria na barca sagrada; é ainda, na lenda, o peixe oxiúrico que engole o décimo quarto pedaço, o falo, do corpo de Osíris. De novo, ventre sexual e ventre digestivo estão aqui em simbiose.

233. COMPLEXO REALIDADE E SONHO

Para **Gaston Bachelard** (1974b, p. 386), o *Complexo Realidade e Sonho*, "nunca está definitivamente resolvido. A casa, mesmo quando começa a viver humanamente não perde toda sua 'objetividade'".

É fundamental estudar a casa que queremos reencontrar, que é, a casa dos sonhos, a casa em que já vivemos uma vez, a casa que retemos nos nossos devaneios, pois, "a casa é um instrumento de topoanálise. É um instrumento eficaz precisamente porque é de uso difícil [...]" (p. 386).

Mas, a casa dos sonhos não pode ser interpretada racionalmente, como é uma tendência da maioria das pessoas. Esse complexo faz a imaginação transitar nas lembranças da memória e nas casas antigas que ainda podem ser vistas e visitadas, bem como, as novas habitações. Uma casa antiga bem desenhada pode conduzir o sonhador ingênuo a ver numa cópia do real, algo de realidade (p. 387).

234. COMPLEXO SADO-ANAL

Para **Nadia Julien** (1992, p. 93), o *Complexo Sado-Anal* está relacionado ao mito de Artemis e outros mitos que marcam o complexo de castração, o qual "se manifesta na mulher pela incapacitação de seu sexo e de sua função natural. Esta reivindicação viril é a expressão de um *animus* (no sentido junguiano, aparece como uma imagem arquetípica da masculinidade na psique feminina) muito potente" (p. 92), e mediante o excesso de autoritarismo do *animus* sobre a *ânima* ou do masculino sobre o feminino. Para a autora (1992, p.92), pode-se observar que

> Os animais que estão ligados a Ártemis ou ao seu culto (oferecidos em sacrifícios) são aqueles que simbolizam os instintos indomados no homem: necessidade de vingança, subestimar a si mesmo, reações agressivas, prazer de fazer sofrer, de humilhar, egoísmo, possessividade, rancor... Estas tendências determinam um comportamento rígido e inflexível semelhante ao **complexo sado-anal** (*necessidade de fazer sofrer*). [grifos da autora].

235. COMPLEXO SEXUAL DOS AMERICANOS

O autor é **Woody Allen**[114], escritor, diretor de cinema, roteirista, cineasta, ator e músico norte-americano, do *Complexo Sexual dos Americanos*.

Em entrevista aos jornalistas, em Berlim, Allen afirmou que os americanos sofrem de complexo sexual, dada a compulsão por armas e religião, cujo temor reside na repressão erótica.

Para Wood Allen, a maioria dos americanos é gorda e complexada. "Tudo ali é expressão do medo e da repressão sexual: a loucura religiosa, o fanatismo pelas armas, a extrema-direita louca. Têm uma visão da sexualidade marcada por duvidosas leis morais"[115]. Para Allen, nos EUA o sexo é "como uma arma dramática, assim como a violência". Allen confessa que leu seu primeiro livro,

---

114 Disponível em: <http://www.estadao.com.br/noticias/arteelazer,americanos-tem-complexo--sexual-e-sao-gordos-diz-woody-allen,476148,0.htm>.

115 A fonte citada, trata-se do Jornal de Berlim – *Die Zeit.*

aos dezoito anos, mas, como a imagem do intelectual para os americanos é fundamental, parece que é isso que conta porque é assim que os americanos veem o diretor Wood Allen.

236. COMPLEXO SIMBÓLICO

Para **G. Durand** (1997a, p. 171), o *Complexo Simbólico* está relacionado com os ritos de excisão e circuncisão, pontuando que

> A proximidade do lugar da cerimônia é interdita como estando contaminada: corre-se o risco de aí contrair o wanzo. A purificação perfaz-se com seis dias de retiro, uma lavagem no rio e um salto triplo por cima de um braseiro; a fim de se estar bem seguro de se desembaraçar das mais pequenas parcelas de impurezas. Vê-se, assim, no próprio ato da circuncisão, convergirem num notável simbolismo purificador a lâmina, o fogo e água. Mas a cabeça do paciente é igualmente objeto de cuidados particulares: a excisada é revestida com um turbante branco, 'cor de faro', os circuncidados cobrem-se com o boné da circuncisão, tecido com lã branca e que protege o circuncidado durante o seu ritual, ficando assim o circuncidado colocado 'na luz protetora e purificadora de Faro', porque a cabeça é parte 'capital' do individuo e deve receber cuidados especiais. Por fim, a esse complexo simbólico está ligado o ouvido, receptáculo do verbo, de que os ornamentos são confeccionados para 'perturbar os portadores de más palavras' e que, sobre o cadáver dos circuncidados, são cortados em lugar do prepúcio 'à maneira de circuncisão'.

237. COMPLEXO SIMBÓLICO DO FOGO

Para **G. Durand** (1997a, p. 176), o Complexo Simbólico do Fogo ressalta as características do fogo, na usurpação e rapto de atributos típicos de um animal por outro animal, por exemplo, o isomorfismo dos peixes, que trazem os fogos, e não os pássaros. Para o autor (1997a):

> O fogo é muitas vezes assimilado à palavra, como no **Upanixade**, onde o isomorfismo liga novamente o cume, o fogo e a palavra: 'Qual é a divindade do Zênite? – Agni! – E sobre o que repousa Agni? – Sobre a Palavra!'

Também na **Bíblia** o fogo é ligado à palavra de Deus e à palavra do profeta cujos lábios são 'purificados' com uma brasa. Encontramos, assim, constantemente, sob o complexo simbólico do fogo, um tema diairético muito marcado e que permite associar parcialmente o elemento ígneo, pela luz que comporta, ao Regime Diurno da imagem. [grifos do autor].

238. COMPLEXO SOCIAL DA EDUCAÇÃO

Para **Lukács** (cf Tassigny[116], 2004), o *Complexo Social da Educação*[117] se caracteriza pela falta de elementos que constituem uma dimensão ontológica do trabalho e da educação, sendo fundamental

> Situar em primeiro plano a dimensão ontológica da educação, ressaltando sua relação com o trabalho, não para limitar o trabalho a uma exegese ou reiteração das concepções atuais sobre a relação trabalho–educação, mas para devolvê-las às suas origens ontogenéticas, ressaltando-as como mediações fundamentais no processo de desenvolvimento do gênero humano (TASSIGNY, 2004, p. 2).

Sendo relevante ainda, segundo Tassigny (2004) destacar a "perspectiva ético-ontológica de Georg de Lukács, numa fundamentação do complexo social da educação... discutir a natureza da relação educativa do homem com a realidade material e social".

Levando-se em consideração que, para Lukács, o trabalho constitui a natureza fundante do ser social, na simbolização desse complexo, se agrupam elementos objetivos e alienantes. Devendo-se considerar que nem toda objetivação tem um papel positivo "no desenvolvimento da personalidade e, em determinadas situações históricas, apresentam-se como verdadeiros obstáculos

---

116 Mônica Mota TASSIGNY, "doutora em educação pela Universidade Federal do Ceará e pelo E.H.E.S.S (École des Hautes Études en Sciences Sociales) de Paris, é professora do Centro de Ciências Humanas da Universidade de Fortaleza (UNIFOR). Publicou: A categoria trabalho como princípio educativo e o debate educacional sobre a relação trabalho e educação. In: ARRAIS NETO, Enéas, Manuel J. P., FELISMINO, Sandra C. (org.). A crise do mundo do trabalho no capitalismo global".

117 Obs.: Em G. Lukács, o conceito de complexo remete ao sentido de categoria, porém ganha um sentido diferenciado, dado que oscila naquilo que seria categoria na filosofia e na sociologia de K. Marx para aquilo que seria complexo em S. Freud.

ao desenvolvimento humano" (TASSIGNY, 2004, p. 6). A educação deve ser entendida como algo para além das instituições escolares, no sentido formal (da escola) e no sentido informal (dos vários âmbitos institucionais na sociedade). Nesse contexto:

> A afirmação segundo a qual a educação remonta às origens do próprio homem, em resposta às suas necessidades, constitui uma completa abstração, se não se reconstituem os reais fundamentos sobre os quais se apoia essa afirmação... as manifestações humanas implicam, sempre, uma proporcionalidade direta entre a subjetividade humana e o seu enraizamento no mundo objetivo (Tertulian, 1980, p. 188) (...) O complexo social da educação realiza-se pela mediação da práxis educativa, por meio das apropriações das capacidades humanas e pelas incorporações, por parte dos sujeitos, dos produtos sociais que constituem patrimônio histórico da humanidade (trabalho, estética, ética etc.) (TASSIGNY, 2004, p. 12)

239. COMPLEXO SOMÁTICO

Para **G. Deleuze** e **F. Guattari** (1976, p.206), o *Complexo Somático* ou Implexo germinal ou, ainda, Influxo germinal, se caracteriza por elementos como: incesto, renascimento e recalcamento. Os autores comentam que

> Jung tem toda a razão de dizer que o complexo de Édipo significa algo totalmente diverso que ele mesmo, e que a mãe é aí também a terra, o incesto, um renascimento infinito (seu erro é apenas acreditar 'superar' assim a sexualidade). **O complexo somático** remete a um implexo germinal. **O incesto remete a um aquém que não pode ser representado como tal no complexo, já que o complexo é um elemento derivado do recalcamento desse aquém**. O incesto, tal qual ele é proibido (forma das pessoas discernibilizadas), serve para recalcar o incesto tal qual ele é desejado (o fundo da terra intensa). O fluxo germinal intensivo é o recalcamento; figura edipiana extensiva é o seu represente deslocado, o engano ou a imagem falsificada que vem recobrir o desejo, suscitada pelo recalcamento. [grifos meu].

CONSIDERAÇÕES FINAIS

Finalizo este estudo com a seguinte pergunta: Por que me embrenhei e naveguei pelas ondas, tramas e armadilhas dos complexos?

Certamente o inconsciente é poderoso, penso que foi esse poder e essa força primitiva que me arrastaram a viver esta saga – esta busca que parecia sem sentido, sem roteiro e sem destino certo; por vezes, árdua, outras vezes, irônica, nefasta. Os complexos podem cativar as pessoas, podem assustar, mas podem, também, seduzir. Acredito que passei por todos esses estágios.

O inconsciente individual e o inconsciente coletivo têm um papel fundamental na caracterização e expressão desses complexos, que foram, aqui, elencados e estudados, ao longo de vinte e cinco anos, pela pesquisadora.

Foi possível, ao longo desses anos, compreender e assimilar, das obras estudadas, a grande distorção do real nas imagens projetadas e veiculadas pelo inconsciente, para manifestar um complexo. Imagens, símbolos e ideias, por vezes, fortes e viris, e outras vezes, falsos, equivocados, deturpados, com sentidos positivo e negativo. Mas é fundamental considerar que todos esses elementos são expressões dolorosas ou harmoniosas das relações e reações do ser humano com as coisas, outros seres humano e o mundo que os cerca.

Ondas, tramas e armadilhas simbolizam, todavia, as nuances, as facetas, as mazelas e, especialmente, o dinamismo e as potencialidades do imaginário, na criação de mecanismos para expressar sentimentos dolorosos e sentimentos de prazer, beleza, magia, benesses, os quais, fundamentalmente, atestam a saúde e a doença psíquica das pessoas, em meio às turbulências e dificuldade de viver e conviver, consigo mesmas e com os outros, para si mesmas e para os outros.

Na disputa por poderes e saberes, que começam, muitas vezes, nos lares e se estendem por empresas, escolas, nas diversas repartições humanas, todas elas estão permeadas por sentimentos e comportamentos, bons e ruins, negativos e positivos, os mais estranhos, diferentes e diversificados.

Na usurpação da sociedade capitalista, amesquinha-se a vida, diminui-se o seu brilho, borra-se o seu colorido com incertezas que não foram projetadas pelas escolhas dos sujeitos conscientes, mas porque foram e são arrastados em meio às intempéries e obstáculos de toda ordem e natureza; fecham-se as portas para a vida, fecham-se as possibilidades espirituais a fim de enxergar saídas, sem perder a força propulsora que protege a vida *da* e *na* sociedade.

Os complexos, por vezes, ganham novas roupagens, umas mais finas e nobres, outras mais grosseiras e distorcidas, outras abusivas, equivocadas, obumbrosas, mas nenhuma deixa de expressar um sentimento desconhecido a qualquer ser humano, independentemente de sua condição social, cultural ou educacional.

O embelezamento estético acontece - a meu ver - porque essas imagens ganharam expressões humanas como saídas, fugas, sublimações ou supervalorizações porque os elementos humanos e cósmicos são construções e produções reais e desejantes (DELEUZE, GUATTARI, 1976).

As assimilações desses elementos podem revelar aspectos positivos e aspectos negativos, como podem ser atestados no elenco, aqui, ofertado ao leitor; são construtivos e deformantes, são reações variáveis, como ódio, rancor, raiva, repressão, violência, agressividade, libertinagem, assim como reações de bem-estar, alegria, amor, prazer, desejo, saúde e vigor. São imagens que atestam a saúde ou a doença do inconsciente, sendo o imaginário o seu porta-voz, a expressão de grandeza e sabedoria, a saída ou canal de comunicação com o mundo ao redor, também dentro e fora de nós.

Excesso ou falta de sublimação revelam estados de saúde do inconsciente; também ao realista, pede-se para tirar os pés do chão para aprender com outros elementos, porque a terra nem sempre é o lugar mais seguro e confortável para se viver e, especialmente, sonhar.

Entraves e limitações subjetivos impossibilitam realizações humanas, assim como, viver para perseguir e alcançar apenas concretizações objetivas e científicas, ou, melhor dizendo, não se pode viver apenas para executar ações e alcançar realizações somente na esfera intelectual; têm que se usar os braços e o resto do corpo, sem sentir-se envergonhado por ser um ser dotado de muitas possibilidades.

Para Durand (2007), as '*constelações de imagens*' se fixam e se agrupam em torno de um núcleo arquetípico; possibilitando, por isso, a cristalização do complexo, e, como diz Jung (1985), os complexos têm vontade própria, por isso, tentar bloqueá-los, fingir que não os têm ou forçar um tipo de complexo, descaracteriza a própria noção de complexo, soará como uma falsa metáfora, sem sentido e sem poder de expressão. Será, na acepção das palavras usadas por Bachelard, larvados, isto é, esclerosados, desbotados, sem força e sem vigor, não poderão nos ensinar nada sobre nós mesmos, sobre o outro e sobre o mundo em nós, ao redor de nós e longe de nós.

Alguns complexos que foram elencados e classificados nesse livro nos pareceram pobres, fúteis e sem expressão significativa, no sentido de um complexo bem formado, aquele que traz uma mensagem velada, aberta ou escondida, mas capaz de expressar - para o bem e para o mal - o seu valor; mesmo assim, foram considerados porque também as imprecisões e distorções atestam a forma de viver e aprender do ser humano.

Mas ao considerar o imaginário como a inteligência cega do espírito, julgamos relevante mostrar que também os elementos fúteis, descartáveis, aleatórios e infantis são expressões significativas, são desabafos, rótulos, preconceitos, ranços superficiais, são manifestações da força bruta e, de certa forma, as produções da primitividade do inconsciente, são sinais de desarranjos, em maior ou menor proporção, por isso, quaisquer que fossem suas expressões, independentemente da superficialidade e falseamento, mereciam ser estudados a fim de verificarmos sua extensão e alcance, ao nível de um arquétipo, sendo possível revelar a sua fonte, posto que estão atrelados a imagens que expressam outros complexos, mais potentes e nem sempre positivos, possivelmente em processo de cristalização.

Em alguns casos, verificou-se que houve certa infantilidade e bestialidade nas simbolizações dos complexos, talvez pela falta de uma cultura escolar mais aprofundada de quem fez algum comentário sobre elas, ou por não expressarem sentimentos humanos mais arcaicos, primitivos, por não descerem à raiz do problema, da fixação, da repressão que solidifica as raízes primitivas, as tornam fixas; ou talvez, por uma evasão inconsciente daquele que vive um tormento inconsciente, mas não conta com o imaginário para sua liberdade de expressão da dor, do amor, do rancor, do sentimento que embota, embeleza ou dignifica a sua vida.

Para uma verdadeira expressão dos sentimentos dolorosos ou de benesses, será necessário permitir que a imaginação possa sonhar e possibilitar ao homem, novamente, idealizar; mas, também, se ver como um sujeito, um agente construtor, cujo equilíbrio, como nos diz Gaston Bachelard, será alcançado quando o sujeito for capaz de descer à raiz do problema, do problema que lhe atormenta ou das benesses que vive, permitindo que o imaginário trabalhe como um aliado, porque, somente quando alcançar a complementaridade entre razão e imaginação, ou entre ciência e poesia o sujeito pode dizer que desceu à raiz do problema; ou no sentido de Gilbert Durand, para quem, é necessário articular os polos opostos do imaginário, cuja saída é a síntese, sem ranço e sem exageros; ou, como nos lembra Edgar Morin, compreender a complexidade inerente à própria vida, fundante do sujeito e dos sistemas construídos pelos próprios sujeitos.

Em nenhum sentido, esta pesquisa pretendeu ser um receituário, um manual de autoajuda, um mapa classificatório de comportamentos de pessoas, uma solução para problemas existenciais, um itinerário, um guia para leitura do inconsciente.

A pesquisadora não é uma profissional da área da saúde e nem uma especialista em comportamentos humanos; ela é filósofa e educadora, por isso, pesquisou e elaborou este material, de forma mais criativa que conceitual, a fim responder às suas próprias limitações e curiosidades; talvez alguns se identifiquem com suas limitações e curiosidades porque estão ávidos por se conhecerem melhor perante os problemas que os atingem, e em meio ao mundo que os cerca.

Será um leitor em potencial desta obra aquele que tem muitas interrogações e que não se contagia por receitas prontas e acabadas. Nesse sentido, este livro é uma obra que procurou coletar, valorizar e destacar as ideias dos verdadeiros autores, aqueles que manifestaram suas opiniões, nas mais variadas fontes, aqui referendadas.

REFERÊNCIAS

ADORNO, T. W. **Prismas**: crítica cultural e sociedade. São Paulo: Ática, 1998.

_____. **Educação e emancipação**. Rio de Janeiro: Paz e Terra, 2006.

_____. **Introdução à sociologia**. São Paulo: UNES, 2008.

_____. **Mínima Morália**. São Paulo: Ática, 1993.

_____. **palavras e sinais**: modelos críticos 2. Petrópolis: Vozes, 1995.

_____. **Prismas**: crítica cultural e sociedade. São Paulo: Ática, 1998.

AGUIAR, Flávio. Complexo de Titanic. Disponível em: <http://www.cartamaior.com.br/templates/materiaMostrar.cfm?materia_id=15256>.Acesso em 02/09/2009.

ALBERTINI, P. **Reich**: história das idéias e formulações para a educação. São Paulo: Ágora, 1994.

AMORIM, Paulo Henrique. **"Minoria com complexo de Maioria ou o partido do jatinho"**. Disponível em: <http://brasiliaeuvi.wordpress.com/2009/08/07/pha-minoria-com-complexo-de-maioria-ou-o-partido-do-jatinho/>. Acesso em 02/09/2009.

ANGELIM, Paulo. **Complexo de Gabriela**. Disponível em: <http://www.pauloangelim.com.br>. Acesso em 05/06/2006.

ARAUJO, Alberto Filipe; BAPTISTA, Fernando Paulo (coord.). **Variações sobre o imaginário:** Domínios, Teorizações, Práticas Hermenêuticas. Lisboa: Instituto Piaget, 2003.

ARISTÓTELES. **Poética**. São Paulo: Nova Cultural, 1987.

AUGRAS, Monique. **A dimensão simbólica**: o simbolismo nos testes psicológicos. São Paulo: Vozes, 1998.

BACHELARD, G. **Essai sur la connaissance aprprochée**. Paris: Vrin, 1928.

_____. **A filosofia do não**: ensaio de uma filosofia do novo espírito cientifico. São Paulo: Abril Cultural, 1974a.

_____. **A poética do espaço**. São Paulo: Abril Cultural, 1974b.

_____. **O racionalismo aplicado**. Tradução de Nathanael C. Caixeiro. Rio de Janeiro: Zahar, 1977.

_____. **O novo espírito científico**. Rio de Janeiro: Tempo Brasileiro, 1985.

_____. **A água e os sonhos**: ensaio sobre a imaginação do movimento. São Paulo: Martins Fontes, 1989a.

_____. **Lautréamont**. Lisboa: Litoral Edições, 1989b.

_____. **A chama de uma vela**. Rio de Janeiro: Bertrand Brasil, 1989c.

_____. **O ar e os sonhos**: ensaio sobre a imaginação do movimento. São Paulo: Martins Fontes, 1990a.

_____. **A terra e os devaneios do repouso**: ensaio sobre as imagens da intimidade. São Paulo: Martins Fontes, 1990b.

_____. **Fragmentos de uma poética do fogo**. São Paulo: Brasiliense, 1990c

_____. **O materialismo racional**. Lisboa: Edições 70, 1990d.

_____. **A epistemologia**. Lisboa: Edições 70, 1990e.

_____. **A terra e os devancios da vontade**: ensaio sobre a imaginação das forças. São Paulo: Martins Fontes, 1991.

_____. **La formación del espíritu científico**: contribución a un psicoanálisis del conocimiento objetivo. Madri: Siglo veintiuno editores, s.a de c.v, 1993.

_____. **A psicanálise do fogo**. São Paulo: Martins Fontes, 1994a.

_____. **A dialética da duração**. São Paulo: Ática, 1994b.

_____. **O direito de sonhar**. Rio de Janeiro: Bertrand Brasil, 1994c.

REFERÊNCIAS

_____. **A poética do devaneio**. São Paulo: Martins Fontes, 1996a.

_____. **A formação do espírito científico**: contribuição para uma psicanálise do conhecimento. Rio de Janeiro: Contraponto, 1996b.

_____. **Le Racionalisme appliqué**. Paris: PUF, 1949.

_____. **Ensaio sobre o conhecimento aproximado**. Tradução Estela dos santos Abreu. Rio de Janeiro: Contraponto, 2004.

_____. **A intuição do instante**. Tradução de Antonio de Padua Danesi. Campinas: Verus editora, 2007.

_____. **Estudos**. Rio de Janeiro: Contraponto, 2008.

_____. **O pluralismo coerente da química moderna**. Tradução Estela dos Santos Abreu. Rio de Janeiro: Contraponto, 2009.

_____. **A experiência do espaço na física contemporânea**. Tradução Estela dos Santos Abreu. Rio de Janeiro: Contraponto, 2010.

BALBINO, Antonio Gilberto; SILVA, Luzia Batista de Oliveira; SAIKI, Miriam. **Educação e libertação na América Latina:** Combater a barbárie promovendo a dignidade humana In: https://www.livrariadafisica.com.br.1 ed.São Paulo: Editora Livraria da Física, 2020, v.1, p. 145-158.

BANDEIRA, Manuel. Libertinagem. Rio de Janeiro: Globo, 1930.

BARBIER, R. **"O complexo de Nero na obra de Jean-Yves Barreyre"**. In._____. A Pesquisa-ação. Brasília: Líber Livro, 2004.

BARBOSA, Eliana. **Gaston Bachelard:** o arauto da pós-modernidade. Salvador: Edufba, 1996.

_____.; BULCÃO, Marly. **Bachelard**: pedagogia da razão e pedagogia da imaginação. Rio de Janeiro: Vozes, 2004.

BENJAMIN W. **Rua de mão única:** Obras Escolhidas II. São Paulo: Brasiliense, 2000.

_____. **Magia e Técnica, Arte e Política**. São Paulo: Brasiliense, 1994.

BENJAMIN, Walter. **Sobre o Haxixe e outras drogas**. Tradução de João Barrento. Lisboa: Assírio & Alvim, 2010.

BETTONI, Jacob. **Complexo de Édipo e Pedofilia** (artigo). Disponível em: <http://www.webartigos.com/articles/20153/1/complexo-de-edipo-e-pedofilia/pagina.html>. Acesso em 06/07/2009.

BIQUINI CAVADÃO. **Zé Ninguém** (letra de música). Disponível em: <http://letras.terra.com.br/biquini-cavadao/44611/>. Acesso em 10/11/2008.

BOFF, L. **Saber cuidar**: ética do humano - compaixão pela terra. 4 ed. Petrópolis: Vozes, 1999.

BOLEN, Jean Shinoda. **As Deusas e a Mulher**: nova psicologia das mulheres. São Paulo: Paulus, 1990.

BOSCO, Henri. **L'Antiquaire**. Paris: Gallimard, 1972 (Collection Folio).

_____. **Malicroix**. Paris: Gallimard, 1988 (Collection Folio).

_____. **Hyacinthe**. Paris: Gallimard, 1995 (Collection Folio).

BRANDÃO, Junito de S. **Mitologia Grega** (vol. I - III). 6. ed. Petrópolis: Vozes, 1995.

_____. **Dicionário mítico-etimológico da mitologia e religião romana**. 2. ed. Rio de Janeiro: Vozes, 1993

BRUCKNER, Pascal. **O complexo de Culpa do Ocidente**. Portugal: Europa-América, 2008.

BRUNEL, Pierre. **Dicionários de mitos literários**. Rio de Janeiro: UnB, 1997.

BULCÃO, Marly. **O racionalismo da ciência contemporânea:** Uma análise da epistemologia de Gaston Bachelard. Rio de Janeiro: Antares, 1989.

BULFINCH, Thomas. **O livro da mitologia**: (a idade da fábula): história de deuses e heróis. 26. ed. São Paulo: Ediouro, 2002.

CAMPBELL, Joseph. **A Imagem Mítica**. Campinas: Papirus, 1994a.

REFERÊNCIAS

_____. **As máscaras de deus.** Mitologia Oriental. v. 2. São Paulo: Palas Athena, 1994b.

_____. **O vôo do pássaro selvagem**: ensaio sobre a universalidade dos mitos. Rio de Janeiro: Rosa dos Tempos, 1997.

_____. **O poder do mito**. 16. ed. São Paulo: Palas Athena, 1998.

_____. **As máscaras de deus**. Mitologia primitiva. v. 1. 5. ed. São Paulo: Palas Athena, 2000.

_____. **Isto és tu**: redimensionando a metáfora religiosa. São Paulo: Landy, 2002.

_____. **Essencia y efecto del concepto de simbolo**. México: Fondo de Cultura, 1990.

CARVALHO, Edgard de Assis. **Virado do Avesso**. São Paulo: Selecta Editorial, 2005.

_____. (Org) et al. **Ética, Solidariedade e Complexidade**. 2. ed. São Paulo: Palas Athena, 2000.

_____. ; Alex Galeno; SILVA, J. C.; Ângela Almeida; Nelson Marques. **Brasil em tela**: cinema e poéticas do social. Porto Alegre: Sulina, 2008. 143p.

_____. ; CASTRO, Gustavo; ALMEIDA, Maria da Conceição de (Orgs.). **Ensaios de Complexidade**. Porto Alegre: Sulina, 2001.

_____. **Enigmas da cultura**. São Paulo: Cortez, 2003, 120p.

_____. (Org.). **Educação e complexidade**: os sete saberes e outros ensaios. São Paulo: Cortez, 2002, 102p.

_____. **Edgar Morin**: em busca dos fundamentos perdidos, textos sobre o marxismo. Porto Alegre: Sulina, 2002, 126p.

_____. (Org.). **Ilya Prigogine, Ciência, Razão e Paixão**. Belém: Eduepa, 2001, 102p.

CASTRO, Mauricio Guilherme Couto de. **Complexo de Sansão**. Disponível em: <http://anaisdedemartologia.org.br/dowload_file.php?file=pdf/63_2.pdf>. Acesso em 02/08/2009.

CAPRA, F. **O ponto de mutação**. 7 ed. São Paulo: Cultrix, 1988.

CAUVIN, Jean-Pierre. **H. Bosco et la poétique du sacré**. Editions Klincksieck, Paris, 1974.

CHAUÍ, Marilena. **Brasil:** Mito fundador e sociedade autoritária. São Paulo: Fundação Perseu Abramo, 2000.

CHEVALIER, Jean; GHEERBRANT, Alain. **Dicionário de símbolos**. 13. ed. Rio de Janeiro: José Olympio, 1999.

DAMÁSIO, A. R. **O erro de Descartes**: emoção, razão e o cérebro humano. São Paulo: Companhia das Letras, 1996.

DOWLING, Colette. **O Complexo da Loba**. São Paulo: Rosa dos Tempos, 1996.

_____. **O complexo de Cinderela**. São Paulo: Círculo do Livro, 1981.

_____. **O Complexo de Perfeição**. Rio de Janeiro: Record, 2001.

_____. **Complexo de Sabotagem**. Rio de Janeiro: Rosa dos Tempos, 2000.

DELEUZE, G.; GUATTARI, F. **O anti-édipo:** Capitalismo e Esquizofrenia. Rio de Janeiro: Imago, 1976.

DUBORGEL, B. **Imaginário e pedagogia** – do iconoclasma escolar a uma cultura dos sonhos. Brasília: UnB, 1999.

DUMMAR FILHO, João. **O complexo criativo**. São Paulo: Vozes, 1999, 126p.

DURAES, I. O. S.; SILVA, Luzia Batista de Oliveira. **Direito e Educação em Giorgio Agamben:** O educador em tempos de pós-verdade, estado de exceção e distopias In: Teoria crítica e teorias críticas latino-americanas e educação.1 ed.São Paulo: Editora Livraria da Física, 2020, v.1, p. 131-142.

DURAND, Gilbert. **L'âme tigrée, les pluriels de Psychê**. Paris: Donod, 1981.

_____. **Mito, símbolo e mitodologia**. Lisboa: Editorial Presença, 1982.

_____. **Mito e sociedade**: a mitanálise e a sociologia das profundezas. Portugal: A Regra do Jogo, 1983.

_____. A renovação do encantamento. **Revista da FEUSP**, São Paulo, v. 15 (1), 1989.

REFERÊNCIAS

385

_____. **Figures mythiques et visages de l'oeuvre**: de la mythocritique à la mythanalyse. Paris: Dunod, 1992.

_____. **A imaginação simbólica**. Lisboa: Edições 70, 1995a.

_____. **A fé do sapateiro**. Brasília: UnB, 1995b.

_____. **Campos do imaginário**. Lisboa: Instituto PIAGET, 1996a.

_____. **Science de l'homme et tradition**: "Le nouvel esprit antropologique". Paris: Albin Michel, 1996b.

_____. **Introduction à la mythodologie**: Mythes et sociétés. Paris: Albin Michel, 1996c.

_____. **As estruturas antropológicas do imaginário**: introdução à arquetipologia geral. São Paulo: Martins Fontes, 1997a.

_____. **O imaginário**: uma introdução à filosofia e às ciências da imagem. São Paulo: CICE/FEUSP, 1997b.

ELIADE, Mircea. **Aspectos do mito**. Lisboa: Edições 70, 2000.

_____. **Tratado de história das religiões**. São Paulo: Martins Fontes, 1998.

_____. **Mefistófeles e o Andrógino**: comportamentos religiosos e valores espirituais não-europeus. 2. ed. São Paulo: Martins Fontes, 1999.

_____. **Mito e realidade**. São Paulo: Perspectiva, 1972.

_____. **O Mito do Eterno Retorno**. Lisboa: Edições 70, 2000.

ENCYCLOPÉDIE Philosophique Universelle, Les Oeuvres Philosophiques. v. 2. Paris: PUF, 1992.

ESTES. Clarissa Pinkola. **Mulheres que correm com lobos**. Rio de Janeiro: Rocco, 1999.

FERNANDES, Hermes; ZAMPARETTI, Júlio. **Complexo de Ícaro**. Disponível em: <http://www.pulpitocristao.com/2009/08/rene-terra-nova-compra-aviao.html> e <http://saletto.com.br/italo/?tag=complexo-de-icaro>. Acesso em 01/08/2009.

FIRMINO, Hiram. **Complexo de Pinóquio**: um caipira nos States. São Paulo: EMW Editores, 1987.

FOUCAULT, Michel. **Vigiar e Punir**. Petrópolis: Vozes, 1980.

FREUD, S. **Luto e Melancolia**. Disponível em: <http://www.spectrumgothic.com. br/gothic/luto.htm>. Acesso em 05/09/2009.

_____. **O mal-estar na civilização**. Rio de Janeiro: Imago, 1988.

GALVÃO, Gláucia. Gonzaga; SILVA, Luzia Batista de Oliveira. **A dor e o silêncio na educação de alunos de uma escola pública de MG**: reflexões In: Educação, Estética e Experiência: entre saberes e práticas na contemporaneidade.1 ed.São Paulo e Criciúma/SC: Editora Livraria da Física e UNESC, 2019, v.1, p. 185-196.

GAY, Peter. **A experiência burguesa da Rainha Vitória a Freud**: a educação dos sentidos (vol. 1). São Paulo: Cia. das Letras, 1999.

_____. **A experiência burguesa da Rainha Vitória a Freud**: A paixão terna (vol.2). São Paulo: Cia. das Letras, 2000.

_____. **A experiência burguesa da Rainha Vitória a Freud**: O cultivo do ódio (vol.3). São Paulo: Cia. das Letras, 1995.

_____. **A experiência burguesa da Rainha Vitória a Freud**: O coração desvelado (vol.4). São Paulo: Cia. das Letras, 1999.

_____. **A experiência burguesa da Rainha Vitória a Freud**: Guerra do prazer (vol.5). São Paulo: Cia. das Letras, 2001.

GEORGES, J. **Bachelard, la infancia y la pedagogía**. México: Fondo de Cultura Económica do México, 1989.

GIANOTTI, Henrique; SILVA, Luzia Batista de Oliveira; VIEIRA, J. T. **A criança e a infância em Walter Benjamin e Gaston Bachelard** In: Teoria crítica e teorias críticas latino- americanas e educação.1 ed.São Paulo: Editora Livraria da Física, 2020, v.1, p. 63-76.

GIANOTTI, Henrique; SILVA, Luzia Batista de Oliveira. **Iniciação `a pesquisa:** relato de uma experiência da união entre Psicologia e Filosofia em prol da Educação

In: Educação e experiências formativas: ensaios, relatos e vivências educativas.1 ed.São Paulo: Editora Livraria da Física, 2020, v.1, p. 33-36.

GODIN, Jean-Cléo. **Henri Bosco:** une poétique du mystère. [s.l.]: Les Presses de L'Université de Montréal, 1968.

GUIMARÃES, Humberto. **O Complexo de Saturno**. Piauí: EDUFPI, 1996.

GUSDORF, Georges. **Mito y metafísica**: introducción a la Filosofía. Buenos Aires: Editorial Nova, 1960.

_____. **Professores, para quê?**: para uma psicologia da pedagogia. São Paulo: Martins Fontes, 1970.

_____. **A agonia da nossa civilização**. São Paulo: Convívio, 1978.

HEYN, Dalma. **O complexo de Amélia**: Guia para evitar as armadilhas do casamento. São Paulo: Mercúrio, 2001.

HEERRA, Rafael Angel. Autoengano e Filosofia Crítica. IN: ESPANHA, Olmedo. Pensamento Filosófico atual na América Central. Londrina: EDUEL, 1997, p. 240.

HESSE, Herman. **Demian**. Rio de Janeiro: Record, 1983.

HILLMAN, James. **O mito da análise**. Rio de Janeiro: Paz e Terra, 1984.

_____. **Cem anos de psicoterapia... e o mundo está cada vez pior**. São Paulo: Summus Editorial, 1992.

_____. (org.). **Encarando os deuses**. São Paulo: Cultrix/Pensamento, 1997a.

_____. **O código do ser**: uma busca do caráter e da vocação pessoal. Rio de Janeiro: Objetiva, 1997b.

_____. **O mito da Torre de Babel**. In._____. Conferência no Centro Interdepartamental de Estudos Antropológicos sobre Cultura Antiga da Universidade de Siena – Itália, 17 de nov. de 1999.

HORKHEIMER, M. ADORNO, T.W. **Dialética do esclarecimento**. Rio de Janeiro: Zahar, 1985.

_____. **Temas básicos de sociologia**. São Paulo: Editora Cultrix, 1973.

_____.; ADORNO, T. W.; MARCUSE H. **Cultura e sociedade**. Lisboa: Editorial Presença, 1970.

JAEGER, W. **Paidéia**. São Paulo: Martins Fontes, 1987.

JORDAN, Michael. **Miti di tutto il mondo**: enciclopedia tematica. Milano: Mondadari, 1998.

JULIEN, Nadia. **Le dictionnaire des mythes**. Belgique: Marabout, 1992.

JUNG, Carl Gustav. **Seminário sobre as visões** (1930). Tradução, para fins didáticos, do Grupo de Estudos do Dr. Pethö Sandor, Instituto Sedes Instituto Sedes, São Paulo, 1982.

_____. **O homem à descoberta de sua alma**. Porto: Livraria Tavares Martins, 1975.

_____. **Psicologia do Inconsciente**. Petrópolis: Vozes, 1983.

_____. **O homem e seus símbolos**. Rio de Janeiro: Nova Fronteira, 1985.

_____. **Ao encontro da sombra**: o potencial oculto do lado escuro da natureza humana. São Paulo: Cultrix, 1992.

_____. **Jung**: vida e pensamento. São Paulo: Martin Claret, 1997a.

_____. **A Vida Simbólica**. Petrópolis: Vozes, 1997b.

JUNG, C. G. **Os arquétipos e o inconsciente coletivo**. 11. ed. Petrópolis: Vozes, 2014.

KRISTEVA, Julia. **Sol negro**: depressão e melancolia. 2. ed. Rio de Janeiro: Rocco, 1989.

_____. **Estrangeiros para nós mesmos**. Rio de Janeiro: Rocco, 1994.

_____.; CLÉMENT, C. **O feminino e o sagrado**. Rio de Janeiro: Rocco, 2001.

_____. **No princípio era o amor:** psicanálise fé. Tradução Leda Tenório da Motta. Campinas, SP: Versus, 2010.

REFERÊNCIAS

KERÉNYI, Karl. **Os deuses gregos**. 9. ed. São Paulo: Cultrix, 2000.

KILEY, Dan. **Síndrome de Peter Pan**. São Paulo: Círculo do Livro, 1987.

LACAN, Jacques. **Os complexos familiares na formação do indivíduo:** ensaio de análise de uma função em psicologia. 2. ed. Rio de Janeiro: Zahar, 2008.

LAZNIK, Marie-Christine. **O Complexo de Jocasta**. São Paulo: Cia de Freud, s/d.

LEE, Rita; DUNCAN, Zélia. **Pagu** (letra de música).

LIMA, Daniel. **Complexo de "Gata Borralheira"**. Disponível em: <http://dadomoura. com/2006/12/03/complexo-de-gata-borralheira/>. Acesso em 05/10/2008.

LAJONQUIÈRE, L. (1999). **Infância e ilusão (psico) pedagógica**: Escritos de psicanálise e educação. Petrópolis, RJ: Vozes.

LAPLANCHE, J.; PONTALIS, J. B. **Vocabulário da Psicanálise**. Lisboa: Martins Fontes, 1970.

LASTÓRIA, L. A.; CALMON, N. **Teórica crítica, ética e educação**. Piracicaba/ Campinas: Editora UNIMEP / Editora Autores Associados, 2001

LAZNIK, Marie-Chistine. **O complexo de Jocasta:** a feminilidade e a sexualidade sob o prisma da menopausa. Tradutor Sandra Regina Felgueiras. SP: Cia. Freud, 2003.

LYOTARD, Jean-François. **O Pós-Moderno**. 2. ed. Rio de Janeiro: José Olympio, 1986.

LUCKESI, C. C. Educação, ludicidade e prevenção das neuroses futuras: uma proposta pedagógica a partir da Biossíntese. In: _____. (Org.). **Ludopedagogia - Ensaios 1**: Educação e Ludicidade. Salvador: Gepel, 2000. v. 1, p. 9-41.

MAFFESOLI, M. **O tempo das tribos**. Rio de Janeiro: Forense Universitária, 1998.

_____. **A Sombra de Dionísio**: Contribuição a uma sociologia da orgia. Rio de Janeiro: Graal, 1985.

_____. **A Parte do Diabo**: Resumo da Subversão pós-Moderna. Rio de Janeiro: Record, 2004.

MAIA, Eduardo. **Complexo de Hamlet**. Disponível em: <http://cafecolombo.com. br/2006/10/22/o-complexo-de-hamlet/>. Acesso em 01/08/2009.

MARTINS, Antônio José Santana (Tom Zé). **Complexo de Épico** (letra de música).

MEIRELES, Cecília. **Ilusões do Mundo**. Rio de Janeiro: Nova Aguiar, 1976.

_____. **Olhinhos de gato** (1938). São Paulo: Moderna, 1983.

MARCONDES CESAR, Constança. **BACHELARD**: ciência e poesia. São Paulo: Edições Paulinas, 1989.

_____. **A hermenêutica francesa**: Bachelard. Campinas: Alínea, 1996.

MARCUSE, H. **A ideologia da sociedade industrial:** o homem unidimensional. Rio de Janeiro: Zahar, 1979.

_____. **Eros e civilização**. São Paulo: Círculo do Livro, 1982.

_____. Industrialização e capitalismo na obra de Max Weber. In: **Cultura e sociedade.** São Paulo: Editora Paz e Terra, 1998.

MATURANA, H. et al. (Org.). **A ontologia da realidade**. Belo Horizonte: UFMG, 1997.

MORIN, E. **O homem e a morte**. Rio de Janeiro: Imago, 1997.

_____. **Saberes Globais e Saberes Locais**: o olhar interdisciplinar. Rio de Janeiro: Garamond, 2001.

_____. **Os sete saberes necessário à Educação do Futuro**. São Paulo: Cortez; Brasília, DF: UNESCO, 2000.

_____. A ciência sem consciência está condenada? In **Café Philo**: as grandes indagações da filosofia (Le Nouvel Observateur). Rio de Janeiro: Zahar, 1999.

_____. **Ciência com consciência**. Lisboa: ----------------, s/d

_____. **O problema epistemológico da complexidade**. Lisboa: --------------, s/d

_____. **Complexidade e Transdiciplinaridade**: a reforma da universidade e do ensino fundamental. Natal: EDUFRN, 2000.

_____. **A Cabeça bem-feita**: repensar a reforma, reformar o pensamento. Rio de Janeiro: Bertrand Brasil, 2001.

_____. **Meus Demônios**. Rio de Janeiro: Bertrand Brasil, 1997.

_____. **Para sair do século XX**. Rio de Janeiro: Nova Fronteira, 1986.

_____. **O Paradigma Perdido**: a natureza humana. 5.ed. Portugal: Publicações Europa, 1991.

_____. **Introdução ao Pensamento Complexo**. 2.ed. Lisboa: Instituto Piaget, 1995.

_____. **Introdução ao Pensamento Complexo**. 3.ed. Porto Alegre: Sulina, 2007.

_____. **Diário da China**. Porto Alegre: Sulina, 2007.

V **Bibliografia sobre Edgar Morin** (por Alejandro García Malpica). Disponível em: <http://www.google.com.br/search?hl=pt-BR&source=hp&q=jean-yves+barreyre+-+complexo+de+nero&btnG=Pesquisa+Google&meta=&aq=f&oq=>. Acesso em 11/09/2009.

NEUMANN, Erich. **História da origem da consciência**. São Paulo: Cultrix, 1995.

_____. **A grande mãe**: um estudo fenomenológico da consciência feminina do inconsciente. São Paulo: Cultrix, 1999.

NIETZSCHE. F. **Gaia Ciência**. São Paulo: Cia. das Letras, 2001.

_____. **Ecce Hommo**. São Paulo: Cia. das Letras, 1999.

PATAI, Raphael. **O mito e o homem moderno**. São Paulo: Cultrix, 1972.

PENA-VEJA, Alfredo; NASCIMENTO, Elimar P. do. **Pensar Complexo**: Edgar Morin e a crise da modernidade. Rio de Janeiro: Garamond, 1999.

_____.; et al (orgs.). **Edgar Morin**: Ética, Cultura e Educação. 3. ed. São Paulo: Cortez, 2008.

PEREIRA, Sylvia Brinton. **O complexo de bode expiatório**: rumo a uma mitologia da sombra e da culpa. São Paulo: Cultrix, 1991.

POPE, Harrison G.; PHILLPIPS, Katharine A.; OLIVARDIA, Roberto. **O complexo de Adônis**. Rio de Janeiro: Campus, 200?

PRATA, Mário. **Você é um envelhescente?**. In. _____. "100 Crônicas". São Paulo: Editorial/Jornal O Estado de São Paulo, 1997, p.13.

PUCCI, B. (Org.). **Teoria Crítica e Educação:** a questão da formação cultural na Escola de Frankfurt. Petrópolis/São Carlos: VOZES/Editora da UFSCar, 1995.

_____.; COSTA, B. C. G. da; LASTÓRIA, L. A. C. N. (Orgs.). **Teoria Crítica, ética e educação**. Campinas/Piracicaba: Autores Associados/Editora da UNIMEP/FAPESP, 2001.

REICH. **Escute, Zé-Ninguém!** São Paulo: Martins Fontes, 2007.

_____. **Os jardins de infância na Rússia Soviética**. In W. Reich, Conselho Central dos Jardins de Infância Socialistas de Berlim, & V. Schmidt, Elementos para uma pedagogia anti-autoritária. Porto: Escorpião, 1975.

_____. **Os pais como educadores**: A compulsão a educar e suas causas. In W. Reich, Conselho Central dos Jardins de Infância Socialistas de Berlim, & V. Schmidt, Elementos para uma pedagogia anti-autoritária. Porto: Escorpião, 1975.

RIBEIRO, R. Janine. **Fundamentos éticos da educação para a cidadania**. São Paulo, SESC-SP, 2006.

RICOEUR, Paul. **Do texto a acção**: ensaios de hermenêutica II. Portugal: Rés-Editora, 1986.

_____. **Interpretação e ideologias**. 4. ed. Rio de Janeiro: Francisco Alves, 1990.

_____. **Teoria da interpretação**: o discurso e o excesso de significação. Lisboa: Ed. 70, 1999.

RODRIGUES, Marcos Henrique Camargo Rodrigues. Cognição estética - o complexo de Dante. São Paulo: Annablume, 2013.

REFERÊNCIAS

RODRIGUES, Nelson. "**Complexo de Vira-Latas**". In. ANGELINI, Ronaldo. Disponível em: <http://www.revistabula.com/materia/complexo-de-vira-latas-e-o-homem-da-carrocinha/1069>. Acesso em 02/08/2009.

ROSSI, Agnaldo. **Complexo de Cachorro** (letra de música).

ROTH, Philip. **Complexo de Portnoy**. São Paulo: Cia. das Letras, 2004.

SAIKI, Miriam; SILVA, Luzia Batista de Oliveira; SCARPINETTI, Antonio. **A água na poética filosófica de Gaston Bachelard e as imagens das águas de Scarpinetti no Brasil** In: Educação e experiências formativas: ensaios, relatos e vivências educativas..1 ed.São Paulo: Editora Livraria da Física, 2020, v.1, p. 179-196.

SAMUELS, A.; SHORTER, B.: PLAUT, F. **Dicionário crítico de análise junguiana**. Rio de Janeiro: Imago, 1988.

SARTRE. Jean-Paul. **A Imaginação**. 8. ed. Rio de Janeiro: Bertrand Brasil, 1989.

SCHILLER, Friedrich. **Cartas sobre a educação estética da Humanidade**. São Paulo: E.P.U, 1992.

SCHNITMAN, D. F. (org.). **Novos paradigmas, cultura e subjetividade**. Porto Alegre: Artes Médicas, 1996.

SETTY, Rejesh. **Complexo de Hulk**. Disponível em: <http://www.anacarmen.com/blog/2006/10/22/complexo-de-hulk-so-desmancha-o-penteado/>. Acesso em 01/08/2009.

SIJIE, Daí. **Complexo de Di**. São Paulo: Objetiva, 2004.

SILVA, Luzia Batista de Oliveira. A Pedagogia do Imaginário em Gaston Bachelard. **Revista Reflexão** (71), PUCCAMP, 1998.

_____. **Psicanálise, Poética e Epistemologia**: Uma contribuição de Gaston Bachelard. Londrina: UEL, 1999.

_____. Acerca da Axiologia na Educação. **Revista Acadêmica Augusto Guzzo**, no 02, maio de 2001.

_____. A problemática da violência relacionada a crianças e adolescentes. **Revista Conflitualidade e Adolescência – UNIBAN**, n. 2, julho de 2010a.

_____. O mito do duplo no filme Noturno Indiano. **Revista Eletrônica Travessias, UNIOESTE** – Cascavel, Paraná, 2010b.

_____. **Adorno e Bachelard** – olhares que se cruzam sob a educação. Anais do Congresso Teoria Crítica, UNICAMP, 2010c.

_____. **Cecília Meireles:** imaginário, poesia e educação. São Paulo: Terceira Margem, 2011.

_____. O complexo de zé-ninguém e a educação em W. Reich. **Impulso: Revista de Ciências Sociais e Humanas,** v.22, n. 53, 2012.

_____. **Os complexos imaginários:** imagens, estereótipos e obstáculos. Curitiba: CRV, 2013.

_____. **O imaginário e os complexos imaginários na obra de Gilbert Durand.** In: Diálogos com o Imaginário.1 ed.Curitiba: CRV / Fundação Araucária / Governo do Estado de Paraná, 2014, v.1, p. 29-46.

_____. **Educadores refugiados sob a sombra do neoliberalismo nas organizações educativas contemporâneas.** In: SILVA, Luzia Batista de Oliveira. Descortinando e desconstruindo olhares e leituras sobre Walter Benjamin.1 ed.São Paulo: Editora e Livraria da Física, 2015, v.1, p. 247-270.

_____.**A unidade sistemática - Kant, Nietzsche e Sade e as negações da ambiguidade da razão e da imaginação:** uma leitura a partir da Dialética do Esclarecimento In: O trágico, o sublime e a melancolia.1 ed.Belo Horizonte: ABRE - Associação Brasileira de Estética, 2016, v.V.3, p. 130-139.

_____. **Formação de Professores para a Diversidade.** In: O Processo de Formação do Professor. 1 ed.Cascavel: Trajetos Editorial, 2017, v.1, p. 201-222.

_____. **Psicanálise, Poética, Epistemologia e Educação**: A contribuição de Gaston Bachelard. São Paulo: Editora Livraria da Física, 2018, v.1., 195p.

_____. **Versos In-Versos Cotidianos:** Alma, Corpo, Liberdade e Sofrências. São Paulo: Editora Livraria da Física, 2019, v.1. 225p.

SILVA, Luzia Batista de Oliveira; OLIVEIRA, Adriel Gonçalves. **A criação das imagens, das palavras e dos conceitos no sentido poético da infância.** In: Educação, Estética e Experiências: Entre saberes e práticas na contemporaneidade..1 ed.São Paulo/SP e Criciúma/SC: Editora Livraria da Física / Unesc, 2019, v.1, p. 31-52.

REFERÊNCIAS

SILVA, Luzia Batista de Oliveira; AGOSTINI, N. **Arte na infância, imagens e memórias:** sensibilidades e diálogos formativos In: Educação, Estética e Experiência: Entre saberes e práticas na contemporaneidade.1 ed.São Paulo e Criciúma/SC: Editora Livraria da Física e UNESC, 2019, v.1, p. 53-68.

_____. **O thambos ou sentimento da presença do invisível na poética da infância de Henri Bosco.** In: Imaginar: Uma constelação de estudos sob a ótica do imaginário.1 ed.Uberlândia - MG: Navegando Publicações, 2019, v.1, p. 91-110.

_____. Casa in-comum, corpo e pés des-calços: sensibilidades ofuscadas e confiscadas no espaço urbano periférico In: Educação e experiências formativas: ensaios, relatos e vivências educativas.1 ed.São Paulo: Editora Livraria da Física, 2020, v.1, p. 167-178.

SILVA, Marina. **Complexo de Lear**. Disponível em: <http://altino.blogspot.com/2009/08/complexo-de-lear-html>. Acesso em 02/09/2009.

SORIANO, Waldick. **Eu não sou cachorro não** (letra de música).

TASSIGNY, Mota Mota. Ética e ontologia em Lukács e o complexo social da educação. **Revista do Centro de Ciências Humanas,** Universidade de Fortaleza - Ceará, Jan /Fev /Mar /Abr 2004 Nº 25. **Revista Brasileira de Educação**. Rio de Janeiro, n. 25, p.82-93, abr., 2004.

TEIXEIRA, Maria Cecília S. **Antropologia, cotidiano e educação**. Rio de Janeiro: Imago, 1990.

_____. O concreto e o simbólico no cotidiano escolar: as abordagens de Michel Maffesoli e de José Carlos de Paula Carvalho. **Revista Educação & Sociedade**, [s.l.], n. 38, p. 91-99, abr. 1991.

_____. **Discurso pedagógico, mito e ideologia:** o imaginário de Paulo Freire e de Anísio Teixeira. Rio de Janeiro: Quartet, 2000.

_____.; PORTO, M. do Rosário S. (orgs.). **Imagens da cultura**: um outro olhar. São Paulo: Plêiade, 1999.

_____.; PORTO, M. do Rosário S. (orgs.). **Imaginário, cultura e educação**. São Paulo: Plêiade, 1999.

_____. **O imaginário como dinamismo organizador e a educação como prática simbólica**. São Paulo: FEUSP, 2001.

TIBURI, M. Adorno e a impossibilidade da ética. In: LASTÓRIA, L. A.; CALMON, N. **Teórica crítica, ética e educação.** Piracicaba / Campinas: Editora UNIMEP / Editora Autores Associados, 2001.

VARELLA, Dráuzio. **"A Porta ao Lado"** (o Complexo de perseguição). Disponível em: <http://www.otimismoemrede.com/aportadolado.html>. Acesso em 02/05/2009.

VERNANT, Jean-Pierre. **O universo, os deuses, os homens**. São Paulo: Companhia das Letras, 2000.

VIEIRA, Geraldinho. **O complexo de Clark Kent**: Super-heróis os jornalistas. São Paulo: Summus, 1991.

VIEIRA FILHO, Henrique. **Complexo de Deus** (artigo). Disponível em: <http://www.sinte.com.br/revistaterapiahilistica/psicoterapia/psicanalise/195-complexo-de-deus-terapia>. Acesso em 02/08/2009.

VIEIRA, Jade Tresca; SILVA, Luzia Batista de Oliveira; GIANOTTI, Henrique. **A experiência formativa e o brincar como libertação:** Walter Benjamin, Gaston Bachelard e as contribuições da psicanálise In: Teoria crítica e teorias críticas latino-americanas e educação.1 ed.São Paulo: Editora Livraria da Física, 2020, v.1, p. 31-50.

WUNENBURGER, Jean-Jacques. **Filosofia delle immagini**. Torino: Giulio Einaudi Editores, 1999.

XAVIER, Rosalva Stella. **A Violência na Instituição Escolar**. Dissertação de mestrado - Faculdade de Educação da Universidade de São Paulo, FE/USP, 2005.

ZIMMER, H. **A Conquista do Mal**. São Paulo: Palas Athena, 1995.